CAHIERS DES ÉTATS

DE

NORMANDIE

SOUS LES RÈGNES DE LOUIS XIII ET DE LOUIS XIV

DOCUMENTS RELATIFS

A CES ASSEMBLÉES

RECUEILLIS ET ANNOTÉS

PAR CH. DE ROBILLARD DE BEAUREPAIRE

TOME IIᵉ.

(1620-1631)

ROUEN

CHEZ CH. MÉTÉRIE

LIBRAIRE DE LA SOCIÉTÉ DE L'HISTOIRE DE NORMANDIE

RUE JEANNE-DARC, Nº 11

—

M DCCC LXXVII.

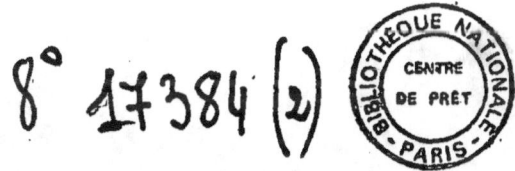

CAHIERS
DES
ÉTATS DE NORMANDIE

ROUEN. — IMPRIMERIE DE E. CAGNIARD,
Rues Jeanne-Darc, 88, et des Basnage, 5.

ARTICLES
DES
REMONSTRANCES
Faictes en la Convention des Trois Estats
DE NORMANDIE
Tenue à Rouen, le septième jour de décembre, et autres jours ensuivans mil six cens vingt.

Avec la Responce et Ordonnance sur ce faicte par le Roy estant en son Conseil,
Tenu à Saint Germain en Laye, le vingt-quatrième jour de mars mil six cens vingt ung.

AU ROY.

Et a Monseigneur le duc de Longueville et d'Etouteville, Pair de France, Comte souverain du Neufchastel et de Vallengin en Suisse, aussi Comte de Dunoys, de Chaumont et de Tancarville, Connestable héréditaire de Normandie, Gouverneur et lieutenant général pour sa Majesté en ladicte Province.

Et à Mésseigneurs les Commissaires depputez à tenir la présente Convention.

Sire,

C'est une ancienne cérémonie observée au Sacre des Roys de France, et qui a esté pratiquée lors du vostre, de leur mettre deux sceptres d'or aux mains, dont l'un leur est commun avec tous les roys de la terre, et l'autre n'appartient qu'à eulx, à la pointe duquel il y a une main d'ivoire; l'un hiérogliphique, de force et de terreur, l'autre de droiture et d'équité; l'un représente la puissance de dompter et forcer par armes, courber, prosterner, et chastier les rebelles et les réduire soubz le joug de l'obéissance; et par l'autre est le Prince adverty que Dieu luy donne l'auctorité d'establir des loix, les faire garder et observer, voire luy commande d'administrer justice à son peuple, sans laquelle les Estats et Royaumes ne seroient que désordres et confusion. Voz lauriers et victoires tesmoignent assez que vous avez royallement exécuté ce que l'un de voz sceptres ne représente qu'en figure; de l'autre nous en attendons les effectz soubz la faveur de vostre justice incomparable, dont la première et principalle partie est la distribution des charges, impostz et tributz selon les forces et facultez de voz subjectz. Ceste Province, sans se ressouvenir des misères des années passées, a esté tellement traictée par les soldats qui ont esté levez pendant ces derniers mouvemens, que quatre années de taille ne luy auroient tant apporté d'incommodité que les désordres et ravages qu'ils ont faict, en deux ou trois mois qu'ils se sont desbordez avec toute licence et impunité. Vostre Majesté est suppliée avoir esgard à nostre pauvreté, et proportionner la charge que nous imposerez à la puissance qui nous reste d'y satisfaire. Imitez ce bon Empereur qui, pour ses vertus, acquist le surnom de Pieux, soubz le règne duquel toutes les provinces de l'Empire florirent, et qui ne receut jamais plaisir ny contentement de gaing, proffit, ou revenu qui apportast incommodité à son peuple : ce qui a rendu après tant de siècles son nom célèbre et honnorable ; et le vostre, Sire, décoré de ce tiltre auguste et vénérable de Juste, demeurera pour mesme raison en la mémoire des hommes tout autant que les hommes.

I.

Il est juste que les Ecclésiastiques soient maintenus aux priviléges que l'importance et la nécessité de leur sacré ministère leur défèrent, estant plus facile d'imaginer un estat sans villes et sans richesses que sans religion, sans sacrifices et sans quelque recongnoissance extérieure du service de Dieu, dont les Ecclésiastiques sont les organes, les interprettes et les directeurs. Il plaira donc à vostre Majesté les conserver en leurs franchises et immunitez et les descharger du quatrième pour les boissons provenantes de leur patrimoine.

Au Roy. Et en sont les Commissaires d'advis.

Le Roy veult que les Ecclésiastiques jouyssent de leurs priviléges et immunitez, ainsi qu'ilz ont faict par le passé.

II.

Ce n'est sans raison que la Noblesse est jalouse de ses prérogatives, ayant par sa vertu et magnanimité donné le nom à la France, nom qui du commencement n'estoit point pour signiffier un peuple, ains une marque de valleur et de générosité, pour s'estre ceste Noblesse Françoise courageusement vendiquée en liberté, affranchie du joug de servitude, et maintenue en exemption de payement de tributs, subsides, péages, ny de recongnoistre et obéyr à autres qu'à ses roys et princes naturels, desquels, Sire, vous estes successeur. Elle vous supplie, puisque elle est cause du nom, qu'elle joüisse de l'effect, et soit tenue franche et exempte de tous tributz populaires, tant du sel, entrées des villes, que tous autres, ainsi que les officiers de voz Courts souveraines.

Au Roy. Et sont les Commissaires d'advis, que la Noblesse soit conservée en ses franchises et immunitez.

Le Roy veult que Sa Noblesse jouisse de ses privilèges comme elle a faict par le passé, mais pour le regard des exemptions demandées par les Gentils-hommes de la dicte Province, ils doibvent considérer qu'en ce royaume leur demeure ordinaire n'est dans les villes, et que ceulx mesmes qui sont à la suitte du Roy et ont leur domicille dans Paris ne jouissent d'aucune exemption.

III.

Bien que le tiers Estat soit le marchepied, le sommier qui porte tout le faix, le père nourricier de tous les autres ordres, sy est-il, néantmoins, comme en anathème et exécration, abandonné de tous, voire opprimé par tous : l'Eglise prend sur luy; chacun sçait comme il est indignement traicté par aucuns de la Noblesse; le soldat impieux le bat, le violle, le volle, ne luy laisse que ce qu'il ne peult emporter; des gens de justice il ne s'en ozeroit plaindre; les maltotiers et ingénieux architectes de nouveaux impostz le chargent de fardeaux insupportables; la peste l'a persécuté; les gresles et impétuosité extraordinaire des eaües ont ravagé les fruictz; parmy tous ses destroictz, il ne luy reste que la voix seulle pour crier à Dieu et à vous, Sire, son lieutenant icy-bas, d'avoir pitié et compassion de sa misère, et le soulager sinon du tout, au moins d'une partie de ce que luy demandez, à ce qu'ayant loisir de prendre nouvelles forces, il vous puisse continuer tous les ans le service que désirez de luy, et principallement vous supplie le descharger de la grande Creue.

AU ROY.

Quand les affaires du Roy lui pourront permettre de soulager ses subjectz de quelque partie des levées qui se font sur eulx, Sa Majesté, qui en a toujours eu la volonté, n'en perdra point l'occasion.

IV.

La charge et contribution des tailles est tellement attachée aux personnes en Normandie, que, depuis que quelqu'un y a esté une fois imposé, il ne peult, en façon du monde, s'exempter de les payer en ceste Province, en quelque autre lieu ou territoire qu'il puisse après avoir son domicille. Cela s'est ainsi pratiqué de tout temps, et est un privilége confirmé, tant par lettres-patentes données à Piquigny, arrest du Grand Conseil sur ce intervenu, que par la responce et déclaration faicte sur le règlement de la Taille en l'année mil six cens. Et toutes fois il y en a plusieurs qui transfèrent leur demeure au Maine, Ponthoise, et autres lieux limitrophes, et, soubz ce prétexte, s'y font employer aux roolles des tailles, à la foulle des contribuables de ceste Province. Ce nous sera donc un extrême soulagement, s'il plaist à vostre Majesté nous conserver nos antiens droitz, et, conformément à iceulx, ordonner que ceulx-là qui auront esté cottisez aux tailles en Normandie ne pourront s'en exempter pour les payer autre part, encores qu'ils y facent actuelle résidence, interdisant à ceste fin toute congnoissance, aux Esleuz des autres Provinces, des différendz qui naistront pour ce subject.

Au Roy. Et en sont les Commissaires d'advis.

La volonté du Roy est, que ceulx qui, ayant esté cottisez aux Tailles en ladicte Province, se retireront ès villages prochains pour s'en exempter, en les payant aux lieux où ils feront leur résidence, ne puissent jouyr de ladicte exemption, ains qu'ils soient tenus de continuer à les payer aux parroisses d'où ils seront partis, et que les Esleuz en première instance, par appel, la Court des Aydes de ladicte Province congnoissent des différendz qui naistront pour ce subject.

V.

Entre autres abuz que commet le Recteur de l'Université de Paris sur les provisions qu'il délivre pour les offices de Messagers, c'est qu'au lieu que, par les ordonnances, il ne doibt avoir que deux Messagers au plus en chaque diocèse, qui, pour s'esjouir de l'exemption des tailles, sont tenus de faire registrer leurs lettres en la Court des Aydes de ceste Province, sy est-ce néantmoings qu'il se trouve qu'en tel Diocèse il y a jusques à quinze ou vingt pourveuz desdicts offices, sy bien qu'estant appellez par devant les Esleuz sur leur contribution aux tailles comme supernuméraires, ils n'ont autre refuge pour travailler les communaultez et leur faire lascher prise, que d'évocquer par devant le Prévost de Paris, comme conservateur des priviléges de l'Université : ce qui est manifestement contre l'intention de l'édict faict en l'an mil cinq cens quatre-vingts dix-sept, sur le réglement des tailles, par lequel la congnoissance de telz différendz est interdite au Grand Conseil, Prévost de Paris et autres juges hors la Province. Il seroit bon de deffendre audict Recteur de ne pourveoir plus de deux Messagers en chaque diocèse et d'ordonner que les procez concernans les abuz commis touchant lesdicts offices ne se pourront décider que devant les juges naturelz, qui sont les Esleuz de Normandie.

Au Roy. Et en sont les Commissaires d'advis.

Le Roy n'entend point que lesdicts Messagers excèdent le nombre antien, ne que les procez concernans les abuz commis touchans lesdicts offices se puissent décider par devant autres juges que ceulx de la Province.

VI.

Nous demandons un pareil règlement pour coupper le pied aux évocations que les officiers de vostre Maison et de celles de Messieurs les Princes pratiquent journellement aux Requestes de l'hostel, ne recherchant ceste voye oblique à autre desseing que pour se mettre à l'abry de toutes tailles et charges, au préjudice de voz édictz, qui ne leur donnent exemption de taille en ceste Province que jusques à cent sols seulement et non plus.

Au Roy. Et en sont les Commissaires d'advis.

Le Roy a faict faire en son Conseil un bon règlement sur ce subject pour le soulagement de son peuple, et l'a envoyé à sa Court des Aydes de Normandie pour y estre vériffié, sa Majesté voulant qu'il soit suivy et observé.

VII.

L'on nous avoit permis de rembourcer ceulx qui joüissent du port des Mandemens; mais ceste faculté nous est à présent onéreuse, à raison des grands deniers que vostre Majesté a du depuis levez sur eulx pour le suppléement de finance. Il ne nous reste donc, puisque la chose est réduite à ce point, sinon de vous supplier que ledit droict n'ayt lieu pour les parroisses qui, à cause de leur pauvreté, portent moins de cinquante livres du principal de la taille et de dix livres de creues tant ordinaires qu'extraordinaires.

Au Roy. Et en sont les Commissaires d'advis.

Ceulx à qui ce droict a esté engagé ayans financé pour en jouyr, il ne se peult à présent rien changer aux conditions ausquelles il leur a esté baillé.

VIII.

Nous continuerons incessamment nos plaintes contre les Commissaires des tailles jusques à ce qu'ils ayent esté entièrement supprimez, veu qu'en oultre que tels offices rompent et confondent l'ordre qui de tout temps s'est observé en la perception des deniers de la taille, ils sont grandement onéreux à voz subjectz, sur lesquels ils prennent le vingtième denier de toutes les levées qui se font par votre commandement, jusques-là que les Gentils-hommes, mesmes les Esleuz, Greffiers et autres telz officiers s'estans faict pourveoir desdicts offices en plusieurs parroisses, ils les font excessivement charger de tailles, affin que leurs droictz multiplient à la mesme proportion, ou les empeschent d'avoir aucune diminution, quelque perte, stérilité ou ravage qu'elles ayent peu souffrir.

Au Roy. Et en sont les Commissaires d'advis.

Les offices de Commissaires des tailles ayans esté vendus pour subvenir à la nécessité des affaires du Roy, sa Majesté ne les peult supprimer.

IX.

LES Commissaires, establis aux parroisses où le sel se baille par impost, sont aultant ou plus intollérables et plus encor à la foulle de vostre peuple. Quelle apparence que, soubz ce prétexte, l'on hausse le prix du sel de quinze à seize sols pour minot à tant de pauvres personnes qui peuvent à grand peine entretenir leurs familles, à la sueur de leurs bras, qui desjà sont contraincts d'achepter du sel deux fois plus qu'il ne leur en fault pour leur provision, et qui d'ailleurs, soubz couleur des recherches que l'on faict sur iceluy, ne souffrent que trop de traverses et d'exactions? Toutes ces considérations, SIRE, autant justes que véritables, seront-elles point assez fortes pour combler vostre bonté à nous accorder la suppression desdicts offices, ensemble des deux sols qui se lèvent pour lieue à cause du port de chaque minot de sel?

Au Roy. Et sont les Commissaires d'advis, que pour les deux sols, attendu que les particuliers en font la voicture, que le peuple en soit deschargé.

Le Roy ne peult rien adjouster à la responce qui a esté faicte par sa Majesté à semblable article du Cahier de l'année passée.

X.

LA Traicte foraine ne se doibt payer que pour les marchandises qui se transportent aux provinces où les aydes ne se lèvent point : c'est pourquoy nous demandons qu'il soit deffendu aux fermiers desdictes Traictes de rien exiger pour le droict d'icelles sur les marchandises qui se transportent de lieu en aultre en ceste Province, ny mesmes ès villes de Bordeaux et Thoulouse, veu que les aydes y ont cours, et que de tout temps elles en ont été exemptes.

Au Roy. Et en sont les Commissaires d'advis.

Les Bureaux de la Traicte foraine ne sont point establis ès villes de Bordeaux et Thoulouse : c'est pourquoy les marchandises qui s'y transportent ne peuvent estre exemptes des droictz pour les raisons déclarées aux supplians sur leurs précédens Cahiers. Et, pour ce qui se porte de lieu en autre dans la dicte Province, le Roy entend que le fermier suive exactement ce qui est porté par les ordonnances et les arrests de son Conseil des 11 mars et 7 Novembre mil six cens vingt, par l'arrest de la Court des Aydes de Rouen du dernier jour de janvier dernier passé et le 10ᵉ article de son bail.

XI.

Il vous plaira deffendre aux fermiers de l'Impost qui se lève sur les boissons de rien exiger de celles qui croissent dans la banlieue de Rouen, veu que tel droict n'est deub que pour les boissons qui s'apportent d'ailleurs dans ladicte ville et banlieue, laquelle s'est tousjours esjouye de pareilz droictz et franchises que la ville mesme.

Au Roy. Et en sont les Commissaires d'advis.

Il ne se peult rien changer à ce qui a accoustumé de s'observer pour ce regard.

XII.

Les Fermièrs des vingt-deux deniers de poisson sallé de la ville de Paris exigent, depuis quelque temps, ce droict des marchands qui trafficquent dudict poisson par les villes de la rivière de Seine, encores que, de tout temps, lesdicts marchands en ayent esté exempts, et que, par les baulx mesme desdicts Fermiers, il ne soit deub que pour le poisson qui se vend dans la ville et faulx bourgs de Paris. Il plaira à vostre Majesté maintenir lesdicts marchands en ceste exemption et enjoindre ausdicts fermiers de se contenir dans les bornes de leur adjudication.

Au Roy. Et en sont les Commissaires d'advis.

Sa Majesté entend que ledict fermier ne lève aucuns droictz que ceulx qui ont esté levez par ceulx qui ont tenu ceste ferme devant luy et conformément aux clauses de son bail.

XIII.

ENCORES que par la responce du Cahier de l'année mil six cens dix-huict vostre Majesté nous eust accordé la révocation du pied fourché qui se lève par ceulx de Caen pour les bestiaux passans et non consommez en ladicte ville, sy est-ce que, depuis trois ou quatre mois en ça, ils ont bien ozé renouveler cest impost : ce que nous demandons leur estre très-estroictement deffendu, estant hors d'exemple d'olluder ainsi impunément l'effect des responses favorables qu'il vous a pleu donner à vostre peuple.

Au Roy. Et en sont les Commissaires d'advis.

Lorsque le Roy estoit, l'année passée, en ladicte ville de Caen, sa Majesté accorda aux habitans d'icelle des Lettres-Patentes pour la continuation de ladicte levée, laquelle sa Majesté veult estre limitée à neuf années, durant lesquelles ilz seront tenuz de suivre, pour l'employ des deniers en provenans, les règlemens faicts sur ce subject et l'arrest de son Conseil du 20ᵉ jour de mars mil six cens dix.

XIV.

Vostre Majesté enjoindra, s'il luy plaist, aux Trésoriers de France, lorsqu'ils feront les adjudications du pied fourché, de limiter le droict qui se doibt prendre pour iceluy, parce que ordinairement les adjudicataires en exigent aultant qu'il leur plaist, n'en ayans aultre reigle que leur appétit et avarice. Et requérons, par un mesme, que, pour les droictz qui sont deubz pour toutes sortes de marchandises, l'on soit tenu d'en afficher, aux marchez publics, Pancartes de fer blanc et non de papier ou parchemin qui se peuvent facillement gaster ou effacer, d'aultant que, par tel moyen, on surprend plusieurs pauvres particuliers, et commet-on sur eulx des abuz et concutions sans nombre.

Au Roy. Et en sont les Commissaires d'advis.
Accordé.

XV.

L'on abstraint voz subjectz en Angleterre d'observer rigoureusement le concordat faict entre vostre Majesté et le Roy de la Grand'Bretagne, touchant les marchandises qui se doibvent transporter d'un Royaume à l'autre. Et néantmoings, contre la teneur dudict concordat, les Anglois ne laissent de nous apporter journellement des drapperies falsifiées et contrefaites à celles de ceste Province, soubz ombre qu'ilz sont exemptz de visitation. Qu'il vous plaise deffendre l'apport de telles marchandises, à ce que vostre peuple ne soit de pire condition que l'estranger en ce qui touche la loy dudict concordat.

AU ROY.

En sera conféré avec l'Ambassadeur du Roy de la grande Bretaigne; et cependant sera observé le traicté de l'an mil six cens six.

XVI.

Le peuple reçoit un grand préjudice à cause du retranchement d'une moitié des rentes deues sur les receptes génerales : il vous plaise ordonner qu'à l'advenir lesdictes rentes seront entièrement payées sur le fondz affecté à icelles sans divertissement.

Au Roy. Et en sont les Commissaires d'advis.

Le Roy a toujours continué de donner le mesme fondz que faisoit le feu Roy, pour le payement desdites rentes, et l'a assigné sur la recepte générale de Rouen pour la commodité des supplians, ainsi que sa Majesté leur a déclaré par sa response au vingt-troisiesme article du Cahier qu'ils luy présentèrent en l'année mil six cens dix-neuf.

XVII.

Il est raisonnable de faire rendre aux Eschevins de Rouen le canon qui autrefois avoit esté transporté de leurs magasins à Verneuil par vostre commandement, n'estant juste que la ville capitale de la Province soit ainsi dégarnie de son artillerie et munitions.

Au Roy. Et en sont les Commissaires d'advis.

Le Roy ordonne de l'artillerie qui est en son Royaume, selon les occurences et la congnoissance que sa Majesté a des lieux où elle est plus nécessaire.

XVIII.

Les fortiffications qui se font à Quillebeuf sont entièrement préjudiciables : car oultre qu'elles causeront la diminution du trafficq par toute la France, et particulièrement ès villes de Paris et Rouen, ce lieu ne peult faire aucun bon effect. Qu'au contraire, il peult nuire grandement, s'il estoit surprins, d'aultant que vostre Majesté ne pouvant rencontrer de puissance esgalle en son Royaume, peult aisément ruiner tous ceulx qui le vouldroient fortiffier contre sa volonté, où estant debout, il seroit impossible, au moins très-difficile, d'en chasser ceulx qui l'auroient occupé. Nous vous supplions très-humblement qu'au paravant que les dictes fortiffications soient plus advancées d'en accorder pour la troisième fois la démolition, ayant desjà cousté plus de trente mil livres à la ville de Rouen pour ce subject.

AU ROY.

Ceste place s'est recongnue si importante au service du Roy et à la sureté de sa province de Normandie, par les mauvais desseings qui se sont descouverts avoir esté faicts sur icelle, tant dedans que dehors le royaume, depuis que les fortiffications qui y avoient esté faictes ont esté démolies, que sa Majesté a jugé nécessaire, pour le bien de ses subjectz et pour n'estre plus en crainte des inconvéniens qui en peuvent arriver, de faire restablir lesdictes fortiffications et les mettre en tel estat qu'elles puissent résister à toutes entreprises et en donner la charge à personne fidelle et capable de la bien servir et si affectionnée à son service et au bien de ladicte Province qu'elle ne sera d'aucun préjudice au traffic, et mesmes y sera utile.

XIX.

Nous en demandons autant pour les chasteaux de Falaise et Bayeux, pour les incommoditez qu'ils peuvent apporter à la Province.

AU ROY.

Le Roy se réserve d'ordonner de la démolition desdicts chasteaux selon que sa Majesté jugera estre plus à propos pour le bien de son service et de la Province.

XX.

Les édictz de pacification ont remis, aboly et estouffé tout ce qui pourroit avoir esté commis d'un party à l'autre par le malheur des troubles derniers, mais non les volleries et exactions faictes au pauvre peuple, comme estant chose qui ne concerne point le faict de la guerre. Nous supplions vostre Majesté qu'il en soit informé et rendu justice exemplaire ; mesme qu'il vous plaise faire vivre par estappes les gens de guerre qui se lèveront en ceste Province à l'advenir, à ce que les plus foibles et misérables ne servent de butte à l'effrénée licence de tant de scélératz qui s'emportent à toutes sortes de meschancetez, aux moindres bruitz ou mouvemens qui peuvent arriver; et par un mesme, faire exécuter la promesse que vous nous avez faicte par plusieurs fois touchant la tenue des grands jours, et que la Chambre soit composée des trois ordres.

Au Roy. Et en sont les Commissaires d'advis.

Le Roy a très-agréable qu'il soit faict justice des désordres commis par les gens de guerre, qui ont esté levez dans ladicte Province durant les derniers mouvemens ; que ceulx qui y seront doresnavant vivent par estapes, et que la Chambre des grands jours que sa Majesté leur a cy-devant accordée y soit envoyée.

XXI.

C'est trop de rigueur aux officiers de la maison de monsieur l'Admiral d'exiger, quand toutes choses sont paisibles, cinq sols par feu, pour droict de guet, de ceulx qui sont riverains de la mer : qu'il vous plaise nous descharger de ceste levée, dont le prétexte ne peult estre plausible pendant le calme de la paix.

Au Roy. Et sont les Commissaires d'advis, qu'en temps de guerre les particuliers facent le guet, et en temps de paix, qu'ils en soient deschargez, et que l'on ne lève sur eux aucun droict pour iceluy.

Le Roy entend que les particuliers qui sont tenus à ce debvoir y satisfacent comme par le passé, mais qu'il ne soit converty en argent, et ne s'en face aucune levée sur eulx à ceste occasion.

XXII.

L'IMPOST de l'escu pour tonneau de mer ruine tout-à-faict le commerce : c'est pourquoy vostre Majesté est suppliée le révocquer, et par un mesme, l'impost des neuf livres pour tonneau de vin, quarante sols pour tonneau de sildre et vingt pour poirey, qui se lèvent aux villes de Rouen, Havre et Dieppe.

AU ROY.

Le Roy a déclaré sa volonté sur cet article par ses responces aux Cahiers précédents, et n'y peult rien changer pour ceste heure.

XXIII.

Nous demandons la révocation des Assesseurs et Commissaires examinateurs vaccans par mort, Parisis, droict de clerc, doublement et tiercement de sceau, ensemble du droict de présentation, ou du moins que ce droict n'ayt lieu pour les causes qui n'excèderont trente livres, ny pareillement pour celles que peuvent avoir les collecteurs des tailles touchant la perception et assiette de voz deniers.

Au Roy. Et en sont les Commissaires d'advis pour les présentations.

Le Roy accorde la révocation des offices vaccans par mort, et que le droict de présentation n'ayt lieu pour les causes que peuvent avoir les Collecteurs des Tailles touchant l'assiette et perception des deniers de sa Majesté.

XXIV.

Le nombre effréné des officiers de l'Eslection apporte du désordre à la justice et de l'incommodité à voz subjectz. Vous remédierez à l'un et à l'autre de ces inconvéniens, en les réduisant au nombre antien d'un ou deux au plus en chaque Eslection. Et pour cest effect, attendu que par arrest du Conseil de l'an cinq cens quatre-vingts dix-neuf, il auroit esté ordonné que leurs gaiges seroient réduits au denier dix, il est raisonnable que ce qu'ils ont receu par chacun an en plus outre leur soit imputé, comme plus que suffisant pour les rembourcer de ce qu'ils justiffieront estre loyallement entré en voz coffres. Par ce moyen vous remettrez la justice en son lustre, soulagerez vos subjects et deschargerez voz finances d'une grande et excessive despence.

Au Roy. Et sont les Commissaires d'advis de la réduction en l'antien nombre, et les supprimer par mort.

Le Roy a desjà accordé aux supplians, par sa responce au huitième article de leur Cahier de l'année passée, la suppression desdicts Esleus excédans le nombre ancien, quand ils viendront à vaquer par mort.

XXV.

Il est juste de deffendre aux jaulgeurs et à leurs commis de visiter les fustailles que les particuliers ont dans leurs maisons, le jaulge n'ayant esté introduict que pour empescher les abuz qui se pourroient commettre au faict des marchandises qui se vendent en plain marché, et non pour les vaisseaux que chacun peult avoir chez soy, pour son usage et commodité particulière.

Au Roy. Et en sont les Commissaires d'advis.
Accordé.

XXVI.

Sy pour avoir tant de fois représenté à Vostre Majesté l'importance et la désolation qu'apporteroit l'exécution de

. l'édict des Paluz et Marais de Caen et Costentin, nous n'en pouvons impétrer la révocation, que du moins il vous plaise permettre aux habitans desdicts bailliages de depputer personnes d'entre eulx par devers Monsieur et Madame la comtesse de Soissons, en faveur desquels cest édict a esté créé, pour leur faire offre de quelque honneste récompense, dont les deniers seront levez sur lesdicts habitans interessez, qui par ce moyen éviteront la ruine et calamité que cet édict leur eust apporté, et mon dict Sieur et Dame seront satisfaicts du don et grattiffication qui leur a esté faicte par vostre Majesté.

AU ROY.

Accordé.

XXVII.

LA justice qui contient vostre peuple en une esgalle ballance ne se peult administrer que par formes, solemnitez et cérémonies qui y sont requises et nécessaires, les unes deppendantes immédiatement de vostre seule auctorité, comme tous pourvoys et rescripts que vulgairement on appelle de grâce, les autres de l'office de voz juges qui anciennement subvenoient de remèdes nécessaires en tout ce que estoit la justice. Depuis on en a révoqué la pluspart en vostre auctorité, et les a-t-on faict obtenir en voz Chancelleries ; les aultres petits affaires, comme doléances du vicomte au bailly, et autres semblables avoient toujours esté délaissez en la puissance des juges qui les concédoient sans frais, sans voyage et sans incommodité, jusques à ce que, depuis quelque temps, les secrétaires et autres officiers de voz Chancelleries ont faict inhiber et deffendre à tous juges de concéder tels pourvoys, ains les prendre et obtenir soubz vostre sceau : qui apporte un dommage à vostre peuple, peu moins contagieux que la taille, d'autant que de venir de cinquante ou soixante lieues pour obtenir une appellation du vicomte au bailly, et autres telz petits remèdes deppendans des formes de justice, et où il ne s'agist parfois que de quatre livres ou cent sols, est une extrême coustage et vexation. Il plaira à vostre Majesté ordonner, au grand soulagement de voz subjectz et sans qu'aucun y soit préjudicié, que, suivant qu'il étoit accoustumé, les juges concéderont telz pourvoys de justice, sans désormais estre contraincts les venir prendre et obtenir en vostre Chancellerie.

AU ROY.

Les règlemens sur ce faits seront reveuz pour y estre pourveu ; et cependant en sera usé comme par le passé.

XXVIII.

Vostre peuple vous ayant par plusieurs fois remonstré le préjudice que les Ecclésiastiques voulloient apporter à toutes les familles de la province, vous importunant de leur prolonger le temps de retirer ce qui a esté alliéné de leur temporel, vous luy aviez promis de n'y passer à l'advenir. Et toutes fois lesdicts Eclésiastiques en ont obtenu une nouvelle prolongation, avec attribution au grand Conseil des différends qui interviendront pour et à cause desdictes aliénations (qui est encores une ouverture pour accabler tout-à-fait ceulx qui seront contraincts, par ce moyen, d'aller requérir justice à cent et six-vingts lieues de leurs maisons, et dont les frais absorberont le principal). Les deux autres ordres supplient vostre Majesté considérer la conséquence de cet affaire, combien de misères et ruines l'exécution de cet édict tirera avec soy sur eulx. Qu'il vous plaise du tout le révocquer suivant voz précédentes promesses, ou à tout le moins déclarer qu'il n'aura lieu que pour ce qui a esté alliéné depuis quarante ans, temps suffisant pour asseurer le domaine des choses, ores qu'il n'y eust aucun tittre, et que les procés et différends, qui se mouveront pour cet effect, seront traictez par devant les juges des lieux, et par appel en vostre Parlement de Normandie.

AU ROY.

Le Roy ne peult rien changer en la grâce qu'il a accordée aux Eclésiastiques; et le terme d'icelle est prest à expirer.

XXIX.

Enfin vostre Majesté pourra, s'il luy plaist, clairement recongnoistre la condition chétive de ses subjectz par l'échantillon de ceste pièce qui n'est qu'un racourcy de noz calamitez. Les médecins tiennent que la saignée est un grand et singulier remède pour restituer la santé à un corps malade. Que sy elle est excessive, elle achève de l'énerver et affoiblir; au contraire, le sang médiocrement tiré luy redonne les forces et la vigueur. Nous sommes desjà tellement abbatus de misères, que, sy on nous abstrainct à plus que notre foiblesse ne peult porter, nous voilà tout-à-faict accablez, sans poulx, sans mouvement et sans espérance de ressource. Mais nous reprendrons force et haleine, sy on nous impose des charges à l'esgal de nostre pauvreté. Et qu'il plaise à vostre Majesté se contenter pour toutes choses, comme nous la supplions,

Sçavoir, pour la Généralité de Rouen, de neuf cens soixante-huict mil quatre cens quarante livres,

Et pour la Généralité de Caen, de la somme de cinq cens trente-quatre mil sept cens vingt livres,

Toutes lesquelles sommes reviennent ensemble à la somme de quinze cens trois mil cent soixante livres.

Faict en la Convention des Estatz de Normandie tenus à Rouen, en la maison abbatialle de Saint-Ouen, le lundy septiesme jour de décembre mil six cens vingt.

Signé : Echard.

Les Commissaires tenans la présente Convention, ayans ouy la responce des delleguez des Estatz à la proposition et demande à eulx faicte de la part du Roy, par laquelle ils consentent luy payer, pour l'année prochaine mil six cens vingt-ung, la somme de quinze cens trois mil cent soixante livres, supplians sa dicte Majesté qu'il luy plaise les exempter de toutes autres levées, Nous avons ordonné que la levée des deniers sera faicte en l'année prochaine suivant les lettres-patentes de Commission pour ce expédiées, selon la forme portée par icelles, et ce par provision, et pour le surplus renvoyez par devers sa dicte Majesté. Ce qui a esté prononcé publiquement en l'assemblée desdicts Estatz. Faict à Rouen par nous dits Commissaires, le septiesme jour de décembre mil six cens vingt.

Signé : Langloys.

Toutes les sommes portées par les Commissions du Roy sont si nécessaires aux despences que Sa Majesté a à faire en l'année présente qu'Elle n'en peult rien retrancher. Mais Elle conserve tousiours la volonté de soulager son peuple, et luy en fera ressentir les effectz aussy tost qu'il luy sera possible.

Les articles et remonstrances contenues au présent Cahier ont esté vues et respondues par sa Majesté, estant en son

Conseil. A St.-Germain-en-Laye, le vingt-quatrième jour de mars, mil six cens vingt-cinq.

Signé : LOUIS.

Et plus bas : Potier.

Collationné à l'original par moi sindic des Estats de Normandie.

Signé : Echard.

A Rouen, de l'Imprimerie de Martin Le Mesgissier, Imprimeur ordinaire du Roy, tenant sa boutique au haut des degrez du Palais, M.DC.XXI. Avec privilége dudit seigneur. — Réimprimé d'après l'exemplaire appartenant à M. le marquis de Blosseville.

ARTICLES
DES
REMONSTRANCES
Faictes en la Convention des Trois Estats
DE NORMANDIE
Tenue à Rouen, l'unzième jour de janvier, et autres jours ensuyvans, mil six cens vingt-trois.

Avec la Response et Ordonnance sur ce faicte par le Roy estant en son Conseil,
Tenu à Fontainebleau, le vingt-septiesme jour d'avril audit an.

AU ROY.

Et a Monseigneur le duc de Longueville et d'Etouteville, Pair de France, Comte souverain de Neufchastel et de Vallengin en Suisse, Comte de Dunoys, de Chaumont et de Tancarville, Connestable héréditaire de Normandie, Gouverneur et Lieutenant général pour sa Majesté en ladicte Province.

Et à Messeigneurs les Commissaires depputez à tenir la présente Convention.

Sire,

Les antiens, en leur premier aage, privez de toute autre congnoissance que de celle que la simplicité de nature leur pouvoit donner, n'ont creu qu'il y eust une divinité au Ciel que quand ils ouyrent gronder ses fouldres et tonnerres. Lors luy firent vœux, prières & supplications pour destourner de dessus leur chef la crainte dont ce son espouvantable les rendoit estonnez et abatuz. Tant de martialles rencontres, d'assaultz de villes opiniastrement deffendues, heureusement emportées, tant de victoires acquises, non par voz lieutenans, mais par voz bras invincibles, par vostre conduite, par vostre admirable prudence, environnent vostre chef de lauriers, qui portent et porteront tesmoignage jusques aux plus esloignées parties du monde, que vous régnez en France, le plus grand, le plus généreux et le plus magnanime roy qui habite la terre. Car vous sçavez et pouvez, comme un Hercule, dompter et abbattre les monstres, chastier et punir les désobéissans et rebelles, et, comme Roy juste, supporter et défendre ceulx qui, non espouvantez de voz armes victorieuses, mais comme raviz des merveilles d'icelles, désirent en toute obéissance porter le col, voire tout le corps, pour ayder à advancer le char de voz triomphes, prodiguer et sacriffier leurs vies et leurs commoditez, non pour destourner le fouldre que vous portez en main pour lancer sur les meschans, mais pour provoquer vostre bonté et miséricorde d'avoir pitié des maulx que Dieu a faict plouvoir et descouller sur ceste Province par peste et stérélité de tous fruictz. Que vostre clémence, Sire, entende donc les plaintes et gémissements de vostre pauvre peuple, pour y apporter le remède et soulagement que sa fidélité et droicte intention à vostre service a mérité.

I.

L'ordre des Eclésiastiques est le premier de vostre royaume, comme vostre royaume est le premier de la crestienté; et bien que jamais n'y ait eu nation si barbare qui n'ayt defferé des prérogatives d'honneur aux personnes consacrées au ministère de la religion, si est-ce qu'il s'en trouve tousjours qui taschent tant qu'ils peuvent de diminuer et flétrir leurs priviléges. Vostre Majesté est très-humblement suppliée d'opposer sa piété contre ces entreprises, à ce que les Eclésiastiques soient inviolablement maintenus en tous leurs droitz, préséances et immunitez, et d'ordonner à cette fin que, lors qu'aucun d'eulx sera accusé d'un cas criminel, le procès s'instruira conformément à l'article vingt-deuxième de l'édict de Melun, pratiqué et observé en tous les parlements de vostre royaume, mesmes que voz juges ne pourront, au préjudice de la jurisdiction eclésiastique, prendre congnoissance des réparations des églises et presbitaires, qu'après avoir adverty les évesques d'y tenir la main, et en cas de leur reffus et connivence.

Au Roy. Et sont les commissaires d'advis, qu'il plaise à sa Majesté conserver les Eclésiastiques en leurs immunitez et priviléges concédez par les roys, ainsi qu'ils en ont bien et deuement jouy.

La volonté du Roy est que les Eclésiastiques soient maintenus et conservez en leurs priviléges et immunitez, et pour cet effet ordonne que le présent article sera communiqué à son Procureur Général de sa Cour de Parlement, pour sur iceluy donner advis à sa Majesté dans un mois et, ledict advis veu, y estre pourveu ainsi qu'il appartiendra.

II.

On dict que ce qui se void et descend par les yeux en l'ame a beaucoup plus de force d'esmouvoir et frappe de plus grand coups que ce qui s'entend par les aureilles : vostre Majesté a peu lire dans les histoires les merveilles de la Noblesse Françoise, dont la vertu a porté la terreur et l'horreur de ses armes par toute la terre. Sire, voz yeux ont veu, sont tesmoings de sa générosité, et avec quel courage elle va, sans pallir ny changer de couleur, colleter la mort et espandre son sang pour vostre service. Sy donc par le passé vous avez defféré quelque honneur à son ordre pour avoir ouy les effectz de son courage, maintenant vous luy debvez augmenter toutes sortes de priviléges et prérogatives, pour avoir veu, congneu, et tant de fois éprouvé sa vertu, et à ceste fin deffendre à toutes personnes d'usurper la qualité d'escuyer, et aux femmes de ceulx qui ne sont point nobles, de porter des habitz non convenables à leur condition.

Au Roy. Et en sont les Commissaires d'advis, et que ceulx qui usurpent indeuement, les tiltres, marques, et habitz de noblesse soient punis suivant les ordonnances.

Le Roy veult maintenir sa noblesse en toutes les prérogatives qui luy appartiennent, et dont elle a jouy soubz les Roys ses prédécesseurs, ne voulant que personne en usurpe la qualité, enjoignant à cest effect à ses juges faire garder exactement ses ordonnances contre ceulx qui abusent et prennent la qualité d'escuyer, et aux femmes de porter autres habitz que ceulx qui sont convenables à leur qualité et condition.

III.

Les Commissaires députez pour le droit des francz-fiefz et nouveaux-acquestz y ont compris les biens et rentes des Hospitaulx, Fabriques et Trésors des églises, encores que tels biens ne puissent estre censez domaniaulx, ny partant subjectz audict droict, n'estant que pures aumosnes provenues de la dévotion et charité tant de vos prédécesseurs que de plusieurs particuliers, qui les ont consacrées et destinées au service de Dieu et autres œuvres de piété. Vostre Majesté fera une chose digne de sa bonté incomparable, en accordant main-levée diffinitive desdicts biens et aumosnes, dont lesdits Commissaires n'ont ordonné qu'une simple surséance par provision.

Au Roy. Et sont les Commissaires d'advis que les Hospitaux soient déchargez difinitivement.

Accordé pour les Hospitaux.

IV.

Quand quelques communaultez portées du zèle de piété veullent faire réédifier les églises ruinées et démolies, soit par la fureur des guerres ou autrement, l'on a accoustumé d'obtenir de voz juges des lettres de rassiette jusques à la somme de cent cinquante livres seulement, lesquelles on faict sceller en vos petites chancelleries. Mais, d'autant qu'une somme si médiocre ne peult de beaucoup advancer tels ouvrages, cela est cause que ces entreprises, si sainctes et si louables, se retardent ordinairement ou bien demeurent du tout sans effect. Sire, puisque vous estes le vray patron des églises de vostre royaume, permettez, en faveur d'icelles, à vos dicts juges d'accorder lesdictes lettres jusques à la somme de trois cens livres, selon qu'il sera nécessaire pour réparer ou réédiffier les temples ruinez.

AU ROY.

Il en sera usé ainsi que par le passé.

V.

Bien que, de droict, les Eclésiastiques soient obligez d'entretenir les bastiments qui dépendent de leurs bénéfices, sy est-ce qu'il y a plusieurs abbez en ceste Province qui, se contentans de s'éjouir des fruictz et revenuz de leurs abbayes, en laissent tomber en ruine les manoirs, maisons, et autres édiffices; et, qui pis est, quand les évesques en leurs visites ordinaires les advertissent, exhortent et ordonnent d'en faire les réparations, et que vos juges, pour le deub de leurs charges et en exécution des règlements, en veullent prendre congnoissance et les y abstraindre par saisie de leur temporel, ils obtiennent aussi-tost des évocations, par le moyen desquelles ces poursuites demeurent estouffées et leur mauvais mesnage couvert et fomenté, au scandalle de l'Eglise et du public. Il seroit raisonnable, affin de couper le pied à tel désordre, de révoquer lesdictes évocations, n'en concéder aucunes à l'advenir et ordonner que, si quelques-unes estoient cy-après surprises, l'on n'y ayt aucun esgard, comme subrepticement obtenues.

Au Roy. Et en sont les Commissaires d'advis.

Le Roy pourvoira à ce qu'aucunes évocations ne soient accordées pour ce regard, au préjudice de ses ordonnances.

VI.

La Province reçoit un extrême travail et dommage par les évocations que les écoliers de Paris obtiennent, pour appeler les domiciliez d'icelle par devant le conservateur des priviléges scolastiques de ladicte ville de Paris, contre le privilége de ce païs, Chartre normande, voire contre toute raison et équité : ce que, par sentence arbitralle du vingt-deuxième juing mil quatre cens cinquante-trois, auparavant l'érection de ce Parlement, avoit esté ordonné seulement par provision, laquelle a esté retractée par l'érection dudict Parlement et ordonnances suivantes qui ont prohibé et deffendu de proroger la jurisdiction desdicts conservateurs hors les limites de chacun Parlement. Il plaise à vostre Majesté déclarer les habitans de ceste Province n'estre subjectz à la dicte jurisdiction, et que doresnavant nul ne sera appelé ny tiré hors de ce pays pour quelque procès et cause que ce soit, attendu qu'il y a pareillement université et juges pour les privilégiez.

Au Roy. Et en sont les Commissaires d'advis.

Sa Majesté veult et entend que les ordonnances sur ce faictes et establies soient gardées et observées.

VII.

Il n'est saison, aux affaires où vous estes à présent, de vous représenter le piteux estat, voire plustôt la face hideuse et peu recongnoissable de vostre pauvre peuple affligé par peste, qui en beaucoup d'endroicts a laissé les terres et maisons vuides d'habitans, en tout le reste une telle stérelité qu'il y en jà beaucoup qui combattent avec la famine, qui croist de jour en jour, de sorte que Dieu, le visitant de deux fléaux, le rend impuissant de fournir pour vostre service ce qu'il désireroit. Néantmoings le zèle ardant qu'il a au bien et nécessité de voz affaires luy fera plustost perdre l'haleine que manquer de volonté. Mais il vous supplie de retenir quelque peu les resnes de ceulx qui, par toutes sortes de tributz, indictions, superindictions, nouvelles et non ouyes inventions, le chargent, plustost pour l'accabler que pour luy faire porter son fardeau raisonnable.

Au Roy. Et sont les Commissaires d'advis, que sa Majesté soit suppliée d'avoir esgard à la nécessité du peuple, causée de la maladie contagieuse et pénurie de l'année.

Le Roy pourvoira au soulagement de la Province au mieux que faire se pourra, comme jà il a commencé en faveur de la ville de Rouen.

VIII.

Quelqu'un désirant un jour persuader à son Prince de modérer l'excez des tributz qu'il imposoit sur son peuple, le supplia de prendre seulement la peine, lorsque l'on tireroit de ses coffres quelque somme notable, de la veoir supputer et nombrer en sa présence, affin que l'ennuy qu'il auroit au compte de tant de deniers par le menu, luy fist recongnoistre combien la levée en estoit onéreuse à ses subjectz. Sire, nous avons pareille raison de supplier vostre Majesté nous permettre de luy représenter non entièrement (car ce seroit abuser de sa patience) mais du moins une partie de tant d'offices nouveaux, charges et attributions ruineuses, que nous voyons redoubler sur nous depuis quelques années, affin que, si le seul discours d'une si longue trainée d'édictz et d'impositions ne peut qu'il ne soit importun et ennuyeux à vos aureilles, vous considériez, s'il vous plaist, quand et quand combien le fardeau nous en doibt estre fascheux et insuportable. Nous avons veu les Commissaires des tailles et du sel avec attribution d'un sol pour livre ; les signatures des roolles attribuez aux Esleuz, qui sont neuf sols pour chaque officier et plus de six livres sur chacune parroisse ; les Controolleurs des tailles faicts Esleuz avec les mesmes émoluments et gaiges que les autres officiers des Eslections ; le droict de bordereau attribué ausdicts Esleuz ; la revente des greffes des Eslections, avec attribution nouvelle de six deniers pour livre et création en tiltre d'office d'un Maistre Clerc ausdicts greffes, avec attribution de deux deniers pour livre de toutes les levées, tant ordinaires qu'extraordinaires, qui se feront en l'estendue de leurs Eslections ; une attribution nouvelle de trois deniers pour livre aux gardes des petits sceaux desdictes Eslections, douze deniers pour minot de sel aux Grènetiers tant antiens, alternatifz, que triennaux ; les Questeurs et Controolleurs desdicts Questeurs, en chacune parroisse, aux gaiges de cinquante livres ; l'establissement d'un escu pour tonneau de pastel venant des Accores. Nous voyons encores, depuis deux ans, la création de deux Esleuz en chaque Eslection, d'un greffier d'affirmations, avec quatre deniers d'attribution de toutes levées qui se feront dans lesdictes Eslections, sans leurs autres droictz ; augmentation d'un denier pour livre aux Receveurs des tailles ; création de trois Receveurs particuliers héréditaires en chacun grenier à sel, et trois Receveurs et Controolleurs généraulx en chaque Généralité, avec attributions revenantes à quatre sols, pour minot de sel, sans leurs gaiges; création d'un greffier alternatif aux greniers à sel, et revente de l'antien, avec attribution de douze sols six deniers pour minot en hérédité; d'un garde des petits sceaux ausdits greniers à sel, avec attribution de trois deniers pour livre de la vente du sel ; de trois Receveurs des deniers communs des villes; d'un Commissaire des vivres en chaque Eslection, avec trois deniers pour livre de toutes les levées qui se feront ausdictes Eslections ; d'un sergent des tailles en chaque paroisse, avec six deniers pour livre des deniers qui se lèveront, et dix sols pour chaque contrainte qu'il fera, et finallement de deux cens nobles en ceste Province. Ce nombre effréné d'édictz nous porte à nostre dernière ruine : qu'il plaise à vostre Majesté nous en descharger tout-à-faict, ou du moins supprimer dès à présent tant d'offices inutils, en réduisant au denier seize la finance qu'ils justiffieront avoir payée et estre entrée en voz coffres. L'équité de cet expédient est manifeste, puisque plusieurs particuliers se contentent bien de tirer ce proffict de leurs deniers, lorsqu'ils les constituent en rente, et que par ce moyen voz finances se trouveront grandement deschargées, et vostre peuple soulagé du faiz intollérable de tant d'officiers et d'impositions.

Au Roy. Et sont les Commissaires d'advis qu'il plaise à sa Majesté supprimer lesdicts offices inutils, au remboursement desquels sa dicte Majesté n'est point obligée selon les loix du Royaume.

Sa Majesté ayant esté contraincte, pour la nécessité de ses affaires, conservation de son estat et repos de ses subjectz, recourir à plusieurs moyens extraordinaires, ne perdra occasion d'en soulager la Province.

IX.

De tous les offices qui sont à charge à vostre Majesté et à vostre peuple, pour les grands gages dont ils jouissent, et attributions qu'ils lèvent, il n'y en a point de si pernicieux que ceulx de Sergents des tailles en chaque paroisse : ils ont six deniers pour livre des levées qui s'y font, et dix sols des contrainctes et exécutions, sans les autres extorsions que tels officiers ont accoustumé de faire. Tel pauvre taillable, qui n'est qu'à un sold ou deux de taille ou autre médiocre somme, est contrainct, cinq ou six fois l'année, payer ausdicts Sergents ceste somme de dix sols, sy bien que les contrainctes qu'ils font pour le payement de voz tailles montent beaucoup plus que le principal. Il plaira à vostre Majesté considérer que ces chancres rongent voz subjectz jusques aux os, et qu'avec juste raison nous vous conjurons d'en couper entièrement la racine.

Au Roy. Et en sont les Commissaires d'advis.

Le Roy pourvoira au contenu du présent article au plustost que faire se pourra, et pour cet effect a ordonné à ceux de son Conseil d'y travailler incessamment.

X.

DE pareille et autant périlleuse conséquence sont les Commissaires des vivres pour les estapes, dont l'exercice sera aussi nouveau en ceste Province que le nom. Jamais ne se crée aucun office, tant extraordinaire soit-il, qu'encores on n'en collore l'establissement sur quelque spécieux prétexte. Quelle utilité, quel service peuvent rendre lesdicts Commissaires à vostre Majesté? Au contraire, quelle confusion et ruine n'apporteront-ils point? On leur attribue trois deniers pour livre de toutes les levées qui se feront en chaque Eslection, oultre deux sols pour livre des deniers qui se lèveront pour les estapes. Ces grandes levées achèveront de ruiner les biens de voz subjectz, qui supplient vostre Majesté supprimer tels offices et attributions si excessives et d'en estouffer le nom avec l'effect.

Au Roy. Et en sont les Commissaires d'advis.

Le Roy donnera ordre à ce que la Province ne reçoive aucune oppression par l'establissement desdicts Commissaires.

XI.

Nous nous plaignons tous les ans du grand nombre d'officiers qui sont en chaque Eslection : ils troublent l'ordre de la justice, et apportent une très-grande incommodité à vostre peuple, chargeans et deschargeans sans raison, voire contre raison, les paroisses dont ils n'ont eu ou présents ou recommandation particulière; et mesmes diminuent beaucoup voz finances par leurs gaiges et attributions. Vostre Majesté, recongnoissant la justice de noz plaintes, nous en avoit par plusieurs fois accordé la suppression, lorsqu'ils vacqueroient par mort, jusques à ce qu'ils fussent réduicts au nombre antien, qui estoit d'un ou deux au plus. Mais tant s'en faut que nous ayons peu jouyr de ceste responce, qu'au contraire nous les voyons multiplier en nombre prodigieux, avec droictz et taxations extraordinaires, ayant encores esté envoyé ceste année, un édict portant création de deux nouveaux en chaque Eslection. Qu'il vous plaise ordonner que les responces du huitième article du Cahier de l'an mil six cens dix-neuf, et du vingt-troisième de mil six cens vingt-ung seront exécutez, et en ce faisant, révoquer entièrement ledict édict, et deffendre à l'advenir d'en pourveoir aucun jusques à ladicte réduction : qui sera un soulagement tant pour voz finances que pour voz subjectz.

Au Roy. Et en sont les Commissaires d'advis.

Le Roy accorde la suppression desdicts Esleus excédans le nombre antien, quand ils vacqueront par mort, ainsi qu'il l'a déclaré sur les Cahiers des années précédentes.

XII.

Nous ne cesserons jamais d'importuner vostre Majesté de noz humbles prières, jusques à ce qu'il luy ayt pleu nous donner quelque responce favorable sur la suppression que nous demandons tous les ans des Commissaires des tailles. Ce sont charges du tout inutilles qui apportent un grand désordre en la perception des deniers de voz tailles, outre que vostre pauvre peuple en est extrêmement foullé, au moyen du sol pour livre qui leur est attribué. Quelques gentilshommes et les officiers mesmes de voz Eslections s'en sont faicts pourveoir en plusieurs paroisses, lesquelles, pour ceste occasion, ne peuvent jamais espérer aucun rabaiz ny diminution, quelques misères et calamitez qu'elles ayent souffertes; et, pour comble de noz maux, lesdicts Commissaires envoyent ordinairement, pour le payement de leurs droictz, des huissiers et sergents dont les courses coustent beaucoup plus que ce pour quoy on les a envoyez. Le moyen de remédier à tous ces maux et vexations, est d'en retrencher la cause, en supprimant tels offices.

Au Roy. Et en sont les Commissaires d'advis, suivant l'article huictième.

Le Roy quand à présent ne peut rien adjouster à la responce qui a esté faicte au huictième article des précédents Estats.

XIII.

Nous vous faisons la mesme requeste pour les Commissaires establiz où le sel se baille par impost, vous supplians très-humblement de considérer que ceste levée, qui ne monte pas moins de seize sols pour minot, se prend sur les plus pauvres et nécessiteux habitans, que l'on contrainct d'en prendre deux fois plus qu'ils n'en ont de besoing, oultre deux sols que l'on leur faict payer pour le port du minot pour chacune lieue, dont aussi nous demandons la révocation.

AU ROY.

Le Roy n'entend que lesdicts Collecteurs usent d'aucune exaction sur ses subjectz outre et par dessus les droictz qui leur sont attribuez par les édictz et règlements; et commandera à son procureur général de sa Court des Aydes et Officiers des Greniers à sel d'y tenir la main.

XIIII.

Encores que vostre Majesté nous ayt accordé, par la responce du Cahier des Estatz derniers, que ceulx qui, ayans esté une fois imposez aux tailles en ceste Province, se retireroient ailleurs, ne se pourroient exempter de payer taille aux parroisses d'où ils seroient sortis, et que des différendz qui naistroient pour ce subject les Esleuz en auroient la congnoissance, et par appel, la Court des Aydes de Normandie, avec interdiction à tous autres juges, néantmoins plusieurs particuliers, contrevenans à ce que vous avez si sainctement et solennellement résolu, continuent à nous troubler et traverser, comme il apparoist par l'arrest de vostre Conseil du vingt-neufième juin mil six cens vingt-ung. Il n'est pas jusques aux bourgeois de Paris, qui ne prétendent se faire descharger de ladicte cottisation, encores qu'ils mainbonnissent par leurs mains les terres et héritages qu'ils possèdent en ceste Province : ils taschent d'ennuyer les pauvres habitans de ce pays en longueur de procès et les faire désister de leurs poursuites, à cause qu'il leur convient faire des frais, plus grands parfois que vingt années de tailles, pour poursuyvre les procès que l'on évocque hors la Normandie. Ce désordre est d'une telle conséquence, que, s'il n'y est pourveu par vostre Majesté, ceste Province se trouvera, en plusieurs lieux, denuée d'habitans qui puissent satisfaire au payement de voz tailles. Mais, attendu que la responce du quatrième article du Cahier desdictz Estatz derniers est conforme à voz ordonnances d'Orléans article 129, qui veullent que tous habitans des villes franches, de quelque qualité qu'ils soyent, baillent à ferme leurs terres et héritages, affin que les fermiers aydent à soulager et descharger le pauvre peuple, autrement à faute de ce faire, seront eulx-mesmes cottisez à la taille, il sera juste d'ordonner, sans avoir esgard audict arrest du vingt-neufième juing et prétendu privilége des bourgeois de Paris, que ladicte responce sera exécutée, selon sa forme et teneur, contre tous ceulx qui auront demeuré ou bien laboureront terres en ce pays, avec deffence à toutes personnes d'y contrevenir, et à tous juges, autres que ceulx de ceste Province, d'en prendre court ny jurisdiction, à peine de telle amende qu'il plaira à vostre Majesté imposer, et de tous dépens, dommages et intérestz.

Au Roy. Et en sont les Commissaires d'advis.

Le Roy ne peut, quand à présent, déroger au réglement porté par l'arrest de son Conseil du dix-neufième novembre mil six cens vingt.

XV.

Le payement des tailles nous presseroit beaucoup moins qu'il ne faict, s'il y avoit de l'égalité au département d'icelles, et que les plus forts ne s'en fissent descharger, à la foulle des plus pauvres et misérables. La pluspart des villes, voire les plus riches et plus puissantes, obtiennent journellement des admodiations, et, soubz ombre d'icelles, ne portent pas la sixième partie de ce qu'elles pourroient justement payer. Il est équitable, en révoquant tels priviléges et exemptions particulières, qui ne vont qu'à la ruine du général, ordonner qu'à l'advenir lesdictes villes seront imposées à proportion de leurs forces et moyens ; et, pour obvier aux incommoditez que souffrent plusieurs taillables, nous demandons qu'il vous plaise nous accorder le changement d'octroy pour ceste année.

AU ROY.

Le Roy dès à présent ordonne qu'il sera procédé au régallement des tailles de ladicte Province ; et lors sera pourveu aux changements d'octroy.

XVI.

Nous n'avons peu nous esjouyr de la responce favorable que vostre Majesté nous avoit donnée touchant la révocation du port des Mandemens en les remboursant, à raison des grands deniers que vostre Majesté a depuis levé, pour supplément de finance, sur ceux qui percevoient ce droict. Qu'il vous plaise du moins, puisque ceste grâce nous est ostée, d'en descharger les paroisses, qui, pour leur pauvreté, portent moins de cinquante livres du principal de la taille et de dix livres des crues tant ordinaires que extraordinaires.

Au Roy. Et en sont les Commissaires d'advis.

Ceulx à qui ce droit a esté engagé ayant financé pour en jouyr, il ne se peut à présent rien changer aux conditions ausquelles il leur a esté baillé.

XVII.

Les pontz, chemins et passages sont tellement rompuz qu'ils sont du tout inaccessibles. Cela ruinera tout-à-faict le commerce, s'il n'y est promptement pourveu. Vostre Majesté est suppliée d'ordonner, que les deniers qui se lèvent en ceste Province pour la réparation desdits Pontz et passages, et qui ne montent pas moins de trente mil livres, y seront employez, sans divertissement, par les Trésoriers de France en chacune Généralité.

Au Roy. Et en sont les Commissaires d'advis.

En faisant dresser l'estat des pontz et chaussées, y sera pourveu.

XVIII.

Les rentes qui sont deues sur voz receptes généralles appartiennent à plusieurs pauvres veufves, enfans orphelins et autres personnes de condition misérable, qui n'ont, pour la pluspart, autre moyen ny revenu que celuy-là. Qu'il vous plaise, en considération de leur misère, ordonner qu'ils seront payez du total desdictes rentes, sur les plus clairs deniers desdictes receptes, et par préférence.

AU ROY.

Lesdictes rentes sont payées ainsi que du temps du feu Roy, et comme toutes les autres de semblable nature; et de plus, Sa Majesté les a assignées sur la recepte généralle de Rouen pour la commodité des supplians, qui est tout ce qui se peut accorder pour le présent.

XIX.

Il n'y a apparence de restablir les receveurs des deniers communs des villes, attendu que desjà tels offices ont esté remboursez plusieurs fois par les communautez, joinct qu'en rendant lesdicts offices vénaux, chacun sera receu pour son argent à s'en faire pourveoir, contre les ordonnances et priviléges exprèz desdictes villes, qui ne permettent à aucun, s'il n'a prins naissance dans icelles, d'exercer lesdictes charges et fonctions. Mais ce qui est encores plus important en cet affaire, c'est que tels offices traîneront après eulx la ruine d'une infinité de pauvre peuple, en diminuant le fondz des rentes qu'il a sur les hostelz des villes, pour le convertir en gaiges et taxations. Nous vous supplions très-humblement d'accorder la révocation de cet édict, lequel, bien que faict général pour toute la France, n'a toutefois esté apporté qu'en ceste Province par personne mal affectionnée au bien d'icelle, ny vériffié qu'en la Chambre des Comptes, encores que la suppression en eût esté vériffiée par toutes les autres Courtz souveraines. Ainsi vous restablirez les choses en leur première forme, et trancherez la racine de mille discords, noises et divisions qui se sont meues dans les maisons de villes pour ce subject, et qui ne peuvent qu'apporter de l'empeschement au bien de vostre service.

Au Roy. Et en sont les Commissaires d'advis.

Il y sera pourveu en jugeant la requeste présentée par les députez de la ville de Rouen.

XX.

L'ON a accoustumé de nous apporter des creseaux d'Angleterre, sur lesquels se levoit un impost affecté à plusieurs rentes, nommément créées et assignées sur iceluy. Depuis quelque temps, les marchands Anglois ont cessé ce trafic, et nous ont apporté des sargettes et autres marchandises contrefaictes à celles de ceste Province, dont ils ne payent aucun impost; et ainsi les pauvres particuliers sont privez du payement de leurs rentes justement et loyallement constituées. Qu'il vous plaise deffendre ausdicts marchands Anglois d'apporter désormais les susdictes marchandises contrefaictes, ou bien les charger du mesme impost qui se levoit sur les creseaux dont ils vouloient cy-devant traffiquer.

Au Roy. Et sont les Commissaires d'advis, que les rentes préalable-

ment payées, il plaise à sa Majesté accorder le surplus de ce qui en reste, à l'hospital de Rouen estably pour la santé.

Seront les sargettes employez dans le tarif avec les creseaux selon leur valleur.

XXI.

IL est nécessaire, pour maintenir la grandeur de vostre Estat, que vous ne soyez pas moins puissant sur mer que vous estes sur terre. Néantmoins nous voyons la navigation aujourd'huy presque négligée parmy nous, et voz portz et havres dénuez de navires et pilottes, dont le principal subject est, qu'ordinairement les marchans et autres qui mettent sur mer ayment mieux se servir des estrangers et les employer que non pas voz naturelz subjectz. Il sera facile à vostre Majesté de prévenir les inconvénients qui peuvent naistre d'un tel abus, s'il luy plait deffendre à toutes personnes, et particulièrement à l'adjudicataire général de voz gabelles, de charger aucuns navires estrangers dans voz portz, ny se servir d'iceulx, tant qu'il y en aura de François, et ordonner qu'à ceste fin il en sera employé clause expresse au prochain bail qui se fera de vos dictes gabelles.

Au Roy. Et en sont les Commissaires d'advis.

Le présent article sera communiqué à l'adjudicataire des gabelles de France pour, luy ouy, y estre pourveu; et pour les autres marchandises, les arrestz et règlements faicts au Conseil seront suyvis et observez.

XXII.

IL est juste de n'accorder aucunes évocations aux adjudicataires de voz fermes, d'autant que, soubz ce prétexte, ils commettent de grandes exactions sur voz subjectz, qui ayment trop mieux se racheter de leurs traverses et vexations en leur baillant tout ce qu'ils demandent, bien qu'injustement, que d'aller plaider si loing de leur demeure avec de grands fraiz et distraction de leurs affaires ; n'estant pas moins juste de deffendre à toutes personnes, mesmes aux gouverneurs et cappitaines de voz places, d'exiger aucuns tributz sur les marchandises à l'entrée et sortie de vos dictes places, autres que ceulx qui se lèvent en vertu de vos édictz et ordonnances.

Au Roy. Et en sont les Commissaires d'advis.

L'intention du Roy est que lesdictes évocations n'ayent lieu que quand les droictz de Sa Majesté sont débattus, ainsi qu'Elle a déclaré par ses responces, article cinquième au Cahier précédent; et pour le surplus, Sa Majesté faict très-expresses inhibitions et deffences à tous cappitaines de ses places et chasteaux d'exiger de ses subjects, pour les marchandises passantes dans ou joignant lesdictes places, aucuns droictz que ceulx qui y seront establitz par édictz deuement vériffiez.

XXIII.

Vostre parlement de Normandie avoit cy-devant réglé sainctement les sallaires que les greffiers et tabellions debvoient prendre pour les contractz, sentences et actes qui s'expédient par devant eulx : au préjudice de quoy, ils ont depuis obtenu une déclaration en vostre Conseil, affin d'en empescher l'effect et de pouvoir avec impunité exiger de voz subjectz des sommes immodérées. Il est bon ou de confirmer l'arrest de vostre dit Parlement, ou bien de faire un règlement certain et général pour les taxes et sallaires tant des greffiers et tabellions, que mesmes des juges, pour les signatures de leurs sentences, affin qu'ils sachent ce qu'ils peuvent prendre, et nous ce que nous debvons payer, sans que pour ce ils puissent travailler les particuliers par évocations, que nous vous supplions ne leur concéder à l'advenir.

Au Roy. Et en sont les Commissaires d'advis.

Le Roy fera veoir les règlements de son Conseil, et arrestz de la dicte court de Parlement, pour estre pourveu sur le contenu au présent article.

XXIV.

Nous demandons la suppression des Commissaires examinateurs, parisis, présentation, doublement et tiercement de sceau, Affranchis, Controlle des Titres, et Greffiers des consignations, tout cela estant à la ruine de vostre peuple et n'apportant aucune utilité à la justice, ny au bien de voz affaires.

AU ROY.

XXV.

Nous vous faisons pareille supplication pour la révocation de l'impost de neuf livres pour tonneau de vin, quarante sols pour tonneau de cildre, et vingt pour poirey, qui se lèvent aux villes de Rouen, Havre et Dieppe, ensemble de l'escu pour tonneau de mer.

AU ROY.

Le Roy ne peut accorder le contenu au précédent et subséquent article.

XXVI.

Les habitans de Caen lèvent quatre deniers pour livre sur toutes marchandises qui se font en leur ville, ou qui s'y vendent, quoy-que apportées d'ailleurs, dont il payent l'amodiation de leur taille, si bien qu'ils ne se contentent pas seulement d'estre amodiez, mais aussi veulent que les marchans trafiquans en ladicte ville payent si peu de taille dont ils sont chargez, chose du tout injuste. Nous supplions vostre Majesté révoquer ledict impost, ou que, du moins, il ne se lève que sur les marchandises manufacturées et consommées dans ladicte ville.

AU ROY.

Le présent article sera communiqué aux eschevins de la ville de Caen pour, eulx ouys, estre ordonné ce que de raison.

XXVII.

Nous vous supplions d'accorder la démolition du Chasteau-Gaillard. C'est une place à demy-ruinée, et non seulement inutille, mais qui, pour estre proche de la rivière de Seyne et y commander, peut apporter un monde d'incommoditez aux passagers et marchans, mesme servir de retraicte à ceulx qui voudroient troubler le repos de ceste Province.

AU ROY.

Remis au Roy.

XXVIII.

Vostre Majesté peut disposer de tout ce qui est en son royaume suivant son bon plaisir, Dieu vous ayant donné l'auctorité de commander, et à vostre peuple la nécessité d'obéyr. Néanmoins vos prédécesseurs ont establyy des règles et loix pour conserver et maintenir l'Estat, le changement desquelles ne peut apporter que du mal. L'une des principales est la conservation du domaine de vostre Couronne, auquel on ne peut toucher pour le diminuer ou changer, sans que voz Cours de Parlements et Chambres des Comptes en ayent délibéré et vérifié les causes. Tous les jours on crée des estatz et offices avec grandes attributions, lesquels on faict domaniaux, les vendant en hérédité, encores que les édictz n'en ayent esté vérifiez en vostre Parlement et Chambre, contre l'antien ordre et establissement de cet Estat. Qu'il vous plaise ordonner qu'à l'advenir nul édict de création de nouveaux offices et autres charges et attributions, pour estre vendus en hérédité, ne soit exécuté qu'après avoir esté présenté et vérifié en vostre dicte Court et Chambre des Comptes.

Au Roy. Et en sont les Commissaires d'advis.

Le Roy fera garder et observer les antiennes ordonnances en ce qui regarde l'administration de son Domaine.

XXIX.

Nous avons remonstré à vostre Majesté que le plus onéreux fardeau qui opprime vostre peuple est la multitude d'offices, d'attributions, et de nouveaux édictz, lesquels présentez à vostre Court des Aydes pour les vériffier, quelques-uns des conseillers d'icelle, espérans estre députez pour l'exécution, et ne considérans que les taxes qu'ils en attendent, n'apportent la circonspection qui est nécessaire pour examiner le bien ou le mal que tels édictz peuvent apporter tant à vous qu'à vostre peuple. Il vous plaira ordonner, que cy-aprez nuls des juges qui auront assisté à la vérification des édictz, ne seront commissaires pour l'exécution d'iceulx, à ce que l'espoir des taxes ne les empesche d'apporter une meure délibération et sincérité requise à la vérification de voz édictz.

AU ROY.

Sa Majesté choisira des Commissaires pour l'exécution de ses édictz, de telle qualité que la Province n'aura occasion de se plaindre.

XXX.

Depuis quelque temps, les greffiers du sel ou leurs commis exigent quatre deniers pour les quictances qu'ils délivrent du sel qu'on prend en voz gabelles. Il est bon de deffendre estroictement ceste exaction et d'ordonner qu'il en sera informé par vostre Court des Aydes. Et vous supplions pareillement permettre aux habitans de la vicomté d'Aulge d'user du sel blanc pour leur table, ainsi que vous avez cy-devant accordé pour la basse Normandie.

Au Roy. Et en sont les Commissaires d'advis, et qu'il soit informé des exactions.

Sa Majesté commandera à son Procureur Général de sa Court des Aydes de faire informer de ladicte exaction; pour le surplus, en sera conféré avec le fermier des Gabelles.

XXXI.

Encores que vostre Majesté, par plusieurs lettres-patentes, déclarations et arrestz, nous ayt accordé que l'on n'évoqueroit point les décretz de terres et biens immeubles scituez en ceste Province, sur peine de nullité, sy est-ce que vostre Conseil, Prévost de l'Hostel et autres Juges ne laissent point de les évoquer, en vertu de leurs arrestz et jugements. Nous vous supplions de confirmer ledict règlement par vous donné, et déclarer nuls les décretz qui auront ainsi esté évoquez par attentat et au préjudice d'iceluy.

Au Roy. Et en sont les Commissaires d'advis.

La volonté du Roy est que les lettres-patentes du 24 avril 1614, expédiées en faveur des supplians, et arrestz de son Conseil sur ce intervenus soient gardez et observez; et, en cottant les décretz particuliers, dont ils se plaignent, il leur sera pourveu.

XXXII.

Il se lève tous les ans des deniers destinez pour les affaires qui concernent les Estatz de ceste Province : qu'il vous plaise ne faire aucun don desdictz deniers à quelques personnes que ce soit, aux années que vostre Majesté n'aura jugé à propos d'assembler lesdictz Estatz, estant raisonnable que lesdictz deniers soient plustost employez à leur descharge, qu'en dons et gratifications.

AU ROY.

Accordé.

XXXIII.

Toutes ces remonstrances ne sont qu'un petit eschantillon de noz plainctes particulières. Les autres que nous avons communes avec tout le reste de vos subjectz, et qui ne sont pas moins justes et considérables, sont employées dans les Cahiers des Estatz généraulx de ce Royaume, auxquels nous vous supplions donner responce, affin que nous nous esjouyssions du bien et soullagement que nous attendons et avons espéré jusques à present.

AU ROY.

Sa Majesté y pourvoira au plustost que faire ce pourra pour le bien et repos de ses subjects.

XXXIV.

On dict que le Nil, dont la source est incongnue, féconde l'Egypte et la rend abondante de tous fruictz, quand par chacun an il ne s'enfle qu'à une certaine hauteur; mais quand il se desborde et surpasse ses ordinaires limites, il noye, ruine et destruict tout, rend le pays pauvre et nécessiteux. Sire, si vostre Conseil se contente de lever sur vostre peuple des tributz médiocres et proportionnez à sa puissance, il subsistera, et luy restera la force et commodité de fournir et satisfaire à vostre volonté. Mais, s'il luy impose charges intollérables, comme on a faict jusques à présent, il le jettera par terre, inutile désormais à vostre service. Nous espérons tout bien et soulagement de vostre bonté, et que, congnoissant nos afflictions, y donnerez les remèdes convenables. Et pour ceste année, nous deschargeant de toutes impositions et levées extraordinaires, mesmes de la grande creue, vostre Majesté se contentera,

Sçavoir pour la Généralité de Rouen, de neuf cens soixante-huict mil quatre cens quarante livres,

Et pour la Généralité de Caen, de la somme de cinq cens trente-quatre mil sept cens vingt livres,

Toutes lesquelles sommes reviennent ensemble à la somme de quinze cens trois mil cent soixante livres.

Le Roy ayant faict estat de toutes les sommes portées par ses commissions, nécessaires pour le bien et seureté de son Royaume, n'y peut rien retrancher ; mais sa Majesté tesmoignera à son peuple qu'Elle conserve tousjours la volonté qu'Elle a de le soulager, pour luy en faire sentir les véritables effectz, lorsque ses affaires luy permettront.

Faict en la Convention des Estatz de Normandie, tenus à Rouen au manoir archiépiscopal, l'unziéme jour de janvier mil six cens vingt-trois.

Signé : Echard.

Les Commissaires tenans la présente Convention, ayant ouy la responce des delleguez des Estatz à la proposition et demande à eulx faicte de la part du Roy, par laquelle ils consentent luy payer, pour la présente année mil six cens vingt-trois, la somme de quinze cens trois mil cent soixante livres, supplians sa dicte Majesté, qu'il luy plaise les exempter de toutes autres levées, Nous avons ordonné que levée des deniers sera faicte en ladicte présente année, suivant les lettres-patentes de Commission pour ce expédiées, selon la forme portée par icelles, et ce par provision; et pour le surplus, renvoyez par devers sa dicte Majesté. Ce qui a esté prononcé publiquement en l'assemblée desdicts Estatz, l'unzième jour de janvier mil six cens vingt-trois.

Signé : Langloys.

Les articles et remonstrances contenues au présent Cahier ont esté veues et respondues par sa Majesté, estant en son Conseil. A Fontainebleau, le vingt-septième jour d'avril mil six cens vingt-trois.

Signé : LOUIS.
Et plus bas : Potier.

Collationné à l'original, par moy Procureur sindic des Estatz de Normandie.

Signé : Echard ([1]).

([1]) A Rouen. De l'imprimerie de Martin Le Mesgissier, imprimeur ordinaire du Roy, tenant sa boutique au haut des degrez du Palais. MDCXXIII. Avec privilége dudict seigneur. — Réimprimé d'après l'exemplaire appartenant à M. le Marquis de Blosseville.

ARTICLES
DES
REMONSTRANCES
Faictes en la Convention des Trois Estats
DE NORMANDIE
Tenus à Evreux, le vingtième jour de décembre
mil six cens vingt-trois.

---

*Avec la Responce et Ordonnance sur ce faicte
par le Roy estant en son Conseil,*
Tenu à Compiègne, le vingt-sixième jour d'avril mil six
cens vingt-quatre.

AU ROY.

Et a Monseigneur le duc de Longueville et d'Estouteville, *Pair de France, Comte souverain de Neufchastel et de Vallengin en Suisse, Comte de Dunoys, de Chaumont, et de Tancarville, Connestable héréditaire de Normandie, Gouverneur et Lieutenant général pour sa Majesté en ladicte Province.*
Et à Messeigneurs les Commissaires depputez à tenir la présente Convention.

Sire,

C'estoit une coustume entre les Perses, lorsqu'ils tenoient l'une des monarchies du monde, que tous les matins un seigneur entroit en la chambre du Roy pour l'esveiller et luy dire d'exécuter ce que leur grand Dieu luy avoit enjoinct et commandé, qui n'estoit autre chose, sinon qu'il donnast ordre que son peuple fust gouverné et conservé en toute justice, clémence et douceur. Vostre peuple, Sire, se présentant aujourd'huy devant la face de vostre Majesté, vous supplie de jetter les yeux sur luy et considérer les afflictions, peines et calamitez qu'il a souffertes ceste année, partie de la main de Dieu, immédiatement, par peste et famine, partie par celle des hommes, qui, soubz l'auctorité de vostre nom et peut-estre à vostre desceu, ont par artifices ingénieux et admirables, excogité mille façons pour tirer de leurs biens jusques au dernier denier. Souvenez, s'il vous plaist, que quand ce grand Dieu vous a mis en main l'empire de tant de belles provinces, le commandement sur tant de milliers d'hommes, ç'a esté principalement pour les deffendre de toute oppression, les conduire, régir et gouverner en bonté et droicture. Qu'il vous souvienne aussy que, de soixante-quatre Roys qui ont tenu le sceptre de ceste Monarchie, ce nom de Louis a mérité des tiltres et éloges d'honneur spécieux par dessus tous les autres, l'un de sainct, l'autre de père du peuple, et vous de Juste, pour estre doué d'une vertu qui contient toutes les autres vertus ensemble, et qui vous rend autant admirable à tout le monde que vous estes bon à voz subjectz. Vostre bonté et justice reluira davantage, sy, au lieu de donner des récompenses, proposer des loyers, que l'on appelle droict d'advis, à ceulx qui inventent des tributz inaudits pour ruiner vostre peuple, vous les faictes punir et chastier comme les bons Empereurs romains faisoient les délateurs, à ce qu'il leur soit rendu selon leurs œuvres et selon l'iniquité de leurs inventions : cela confirmera cet auguste nom de Juste, et vous ouvrira, après un long et heureux règne, le chemin du Ciel, laissant sur vostre Trosne les enfans de voz enfans et ceulx qui naistront d'eulx.

PREMIER ARTICLE.

Dieu, par son bras fort et admirable, ayant tiré son peuple d'Egypte, maison de servitude, en ordonna unze tributz pour combattre et faire tous autres ouvrages nécessaires à la vie humaine; s'en réserva seulement un, pour luy estre particulier, destiné à la conservation du Tabernacle et au ministère de la religion, en respect et révérence à tous ses autres frères, pour ce que par prières, sacrifices et oblations il appaisoit l'ire de Dieu courroucé contre leurs crimes et désobéissances. L'ordre ecclésiastique de vostre royaume ayant succédé à cest office, invoquant chacun jour la bonté de Dieu vivant pour vostre salut et prospérité de vostre Estat, mérite d'estre conservé en ses priviléges, libertez et immunitez.

Au Roy. Et sont les Commissaires d'advis, que les ecclésiastiques soient conservez en leurs priviléges, franchises et immunitez.

Le Roy veult conserver et maintenir les Eclésiastiques en leurs priviléges et immunitez, et n'entend qu'il y soit faict préjudice.

II.

La Noblesse françoise, héritière de ces généreux Gaulois, qui estantz allez saluer Alexandre au milieu de ses glorieuses conquestes, leur demanda ce qu'ils craignoient le plus au monde, pensant qu'ils luy deussent dire, que c'estoit la grandeur et terreur de son nom, luy respondirent qu'ils n'avoient peur ny crainte de chose quelconque, sinon que le ciel tombast sur eulx. Cette Noblesse, dis-je, a tesmoigné à voz prédécesseurs, à Henry le Grand, vostre très-honoré père, et à vous, que nul danger ou péril ne la peut retarder d'exécuter vos commandemens, exposer sa vie, son sang, ses biens et fortunes aux plus hasardeuses rencontres, toutes fois et quantes que vous l'ordonnez. Et pour ce avoit esté honnorée de plusieurs priviléges et exemptions de toutes sortes de tailles et tributz populaires, à ce que ses biens fussent conservez pour l'ornement du royaume, et pour les despenser au service des Roys, quand l'occasion s'en présenteroit. Toutes fois, depuis quelque temps, les ingénieux esprits ont tellement travaillé à inventer des tributz, dons et maltostes, que les nobles seuls en payent plus de la moitié. Les unes se lèvent directement sur eulx, comme tous les impostz du sel dont ils portent toutes les mesmes charges que le reste du peuple. Pour les autres, il est vray que leurs noms n'y sont pas employez; mais elles se prennent avec excedz sur leurs fermiers et vassaulx, qui à ce moyen rabaissent leurs terres et fermes. Car il faut nécessairement que les laboureurs prennent toutes ces cotisations sur les terres, qui en font decroistre le revenu aux maistres des deux tiers ou de la moitié pour le moins. Vostre Majesté est très-humblement suppliée de maintenir sa Noblesse en ses franchises, prérogatives et exemptions : ce que ne pouvez faire sinon en luy accordant de prendre du sel en voz gabelles au mesme prix que les officiers de voz Courts souveraines et commandant la suppression et extinction de tant de nouvelles impositions qui ruinent également la Noblesse et le peuple.

Au Roy. Et sont les Commissaires d'advis que les Eclésiastiques soient conservez en leurs priviléges et immunitez.

Sa Majesté n'entend qu'il soit rien altéré des priviléges de la Noblesse, et veult qu'elle en jouysse comme au passé, et pour le regard de l'exemption du sel par eulx demandée, elle ne leur peult estre accordée.

III.

Il y avoit près du temple de Salomon un réservoir d'eau, autour duquel un nombre infiny de malades attendoient que l'Ange de Dieu l'emeust et l'agitast, d'autant que le premier qui se jettoit dedans estoit guary de quelque sorte de maladie que ce fust. Ceste eau, Sire, est vostre bonté, vostre miséricorde, vostre clémence autour de laquelle il y a si longtemps que vostre pauvre peuple, malade et affligé, attend que ce grand Dieu l'esmeuve par quelque intérieure inspiration, affin que, se jettant aux pieds de vostre Royalle Majesté touchée de compassion, il reçoive sinon une guérison entière et parfaicte, pour le moins quelque soullagement en ses afflictions. Il ne vous peult estre caché combien il a souffert par peste et famine, deux fléaux que l'ire de Dieu a lancez sur luy en ces derniers temps, qui l'ont faict décroistre du nombre et consommer tout ce qu'il avoit de moyens. Sy ces esprits de ruine continuent, que leurs inventions soyent receues comme par cy-devant, il luy sera difficile de discerner duquel il aura plus grief traictement, soit de la peste ou famine ou de la nécessité engendrée par telles inventions pernicieuses, qui ont faict naistre tant d'édictz nouveaux et tant d'offices inutils, que depuis l'establissement de cette Monarchie (chose incroyable aux siècles advenir!) il ne s'en estoit créé en si grand nombre qu'il a faict depuis quatre à cinq ans seulement. Nous vous en avions représenté une liste au Cahyer de l'année dernière, espérant que le récit importun de tant d'offices, édictz et oppressions frapperoit voz oreilles, et nous en feroit obtenir une entière suppression et descharge, laquelle nous continuons encores à vous demander à présent, et spéciallement la révocation de la grande crue, avec d'autant plus de subject, que nos maulx, plus grands et sensibles que jamais, conjurent vostre Majesté d'en avoir pitié et de conserver son peuple, à ce que vous soyez plustost Roy des vivans que des morts, ou de pauvres languissants et voisins de la mort.

AU ROY.

Le Roy a tant de désir de soulager ses subjectz qu'il ne perdra point l'occasion de les descharger de partie des levées qui se font sur eulx, quand ses affaires le pourront permettre, et en attendant, tout ce que sa Majesté a peu maintenant faire pour eulx a esté de descharger la Province d'une creue extraordinaire levée ès années précédentes.

IV.

Nous demandons pareille exemption du droict des francs-fiefs et nouveaux-acquestz pour les Trésors et Fabriques des églises que celle qu'il vous a pleu nous accorder pour les hospitaulx : les uns et les autres estans esgallement favorables, esgallement concernans la religion et saincteté. Et d'autant que les Commissaires députez pour ledict droict ont indifféremment taxé tous les villages, à raison de leurs communes et pâturages, la mesme raison veult que ceulx-là en soient deschargez qui n'ont ny pastures ny communes. Et quand à ceulx du tiers Estat qui possèdent des fiefs, il seroit bon de régler ce droict sur les taxes anciennes, ou bien les réduire à une année du revenu de chaque fief, au lieu qu'en le taxant sans ceste proportion, on faict que tel fief porte cinquante livres pour ledict droict, qui ne vault point dix livres de revenu.

Au Roy. Et sont les Commissaires d'advis, pour les Fabriques des églises et fiefs possédez par les roturiers, que les taxes soient faictes suivant celles de la dernière Commission de la recherche des francs-fiefs.

Accordé pour les hospitaulx ; et pour les Fabriques, sa Majesté veult que celles qui sont au dessoubz de cinquante livres de revenu soyent deschargées ; et au dessus, seront taxées à raison de quatre livres pour la présente levée seulement, et sans tirer à conséquence. Et pour les fiefs, sa Majesté enjoinct aux Commissaires de procéder à la taxe d'iceulx le plus modérément que faire se pourra.

V.

La stérélité des bledz a esté si grande en ceste Province depuis plusieurs années, qu'elle a causé une famine généralle, et la famine, des maladies contagieuses qui ont emporté un million de personnes. Cela nous contrainct de vous supplier de n'accorder aucunes commissions pour enlever des bledz aux pays étrangers, n'estant raisonnable que nous arrousions le terroir de noz voisins, pendant que le nostre est pressé et altéré d'une si cuisante soif.

Au Roy. Et sont les Commissaires d'advis, qu'il ne soit enlevé aucuns bledz, seigles ou orges du creu de la Province, attendu la nécessité.

Le Roy y a ci-devant pourveu par les arrestz de son Conseil, qu'il veult estre suyvis.

VI.

Vostre Majesté deffendra, s'il luy plaist, aux fermiers de ses traictes foraines d'abstraindre les marchands à prendre des acquictz pour les marchandises qui se transportent de ville en autre en ceste Province : ce qui trouble le commerce desjà presque ruiné et estaint, tant par telles exactions extraordinaires que par les évocations que lesdicts fermiers pratiquent journellement, que vostre Majesté ne leur accordera, s'il luy plaist.

AU ROY.

Il en sera usé ainsi qu'il a esté faict par le passé suivant les ordonnances, arrestz et reiglemens du Conseil.

VII.

Nous supplions aussi vostre Majesté d'ordonner par un mesme, que nulles commissions extraordinaires ne s'exécuteront à l'advenir en ceste Province que, au préalable, elles n'ayent esté présentées et registrées en voz Courts souveraines.

AU ROY.

Le Roy y pourvoirra selon la qualité des Commissions.

VIII.

La mer a esté assiégée de pirates, et plusieurs navires françois vollez depuis quatre à cinq ans, au moyen de l'intelligence qui est entre les Turcs et les Hollandois et des retraictes qu'ils ont aux costes de Barbarie : vostre Majesté fera un acte digne de sa grandeur, redoutable sur la mer aussi bien que sur la terre, en nous vengeant, ou du moins nous mettant à l'abry des courses et volleries de ces escumeurs, ce qui se pourra, en advertissant vostre ambassadeur en Hollande à ce qu'il ayt à s'en plaindre au Conseil des Estatz et à leur faire sçavoir que vostre Majesté n'entend point que telles déprédations se facent, et que, soubz ombre de leurs traictez et confédérations avec les Barbares, la liberté de la mer et du commerce soit empeschée à ses subjectz.

Au Roy. Et sont les Commissaires d'advis qu'il plaise à sa Majesté pourveoir à la sureté du traffic de ses subjectz de la Province par la force sur la mer et autres moyens qu'Elle verra estre plus propres.

Le Roy a commencé d'y pourveoir par les vaisseaulx que sa Majesté entretient pour cest effect; et pour le surplus, y donnera ordre, par l'entremise de ses ambassadeurs et augmentation d'autres forces qu'Elle jugera utilles et nécessaires.

IX.

Nous porterions plus patiemment l'excessif fardeau de la taille, sy elle ne servoit point de levain et de matière pour de jour en jour lever de nouveaux droictz et ériger un tas de petits offices dont l'exercice ne gist qu'à exercer le peuple et dévorer toute sa substance. De ce nombre sont les ports des Mandemens, les Commissaires des vivres, les Sergents et Commissaires des tailles et autres telles charges, soubz le voille et licence desquelles, en outre leurs attributions, il se commet impunément des extorsions et rapines sans nombre. Ce sont des enfans que la taille a escloz, mais qui enfin ont suffoqué leur mère, nous ayans rendus impuissans de fournir la taille mesme par les maulx et incommoditez que nous en avons soufferts. Vostre Majesté, meue de la justice de noz plaintes, nous promist l'année dernière d'y pourveoir le plus tost qu'il luy seroit possible ; mais c'est une promesse soubz un temps incertain, qui peult-estre n'arrivera que bien tard ou jamais, sinon que par vostre bonté il vous plaise le borner et limiter selon l'extrémité de noz misères, lesquelles, comme elles sont très-présentes, aussi l'est tout de mesme l'occasion et le temps de nous accorder l'effect de ceste favorable promesse, en supprimant entièrement lesdicts droicts et offices, et qu'à ce moyen, les deux sols pour livre seront rendus aux collecteurs de voz tailles, à ce qu'ils puissent plus commodément en faire la collecte.

Au Roy. Et sont les Commissaires d'advis que sa Majesté soit suppliée d'y pourveoir.

Le Roy faict estat de révoquer l'édict des Sergents des tailles; et pour le surplus, y pourvoirra aussi tost que la nécessité de ses affaires le pourra permettre.

X.

Les Commissaires, establiz aux lieux où le sel se baille par impost, lèvent un sold pour livre, en oultre que l'on y contrainct le peuple de prendre du sel deux fois plus qu'il ne luy en fault pour sa nécessité : ce sont des surcharges sur les plus pauvres et calamiteux et particulièrement sur les riverains de la mer, qui encores, ces années dernières, ont esté forcez par les cappitaines des costes, d'achapter des armes pour deffendre les ports et havres de ceste Province, fardeau aussi pesant pour le moins que la taille. Il est très-expédient pour le bien du pauvre peuple de faire cesser lesdictes charges de Commissaires et leurs attributions comme trop onéreuses, et en ce faisant, ordonner que les habitans desdicts lieux où le sel se baille par impost auront le sel au mesme prix que voz autres subjectz, à ce que la condition des uns et des autres soit rendue esgalle, en révoquant par un mesme les deux sols qu'on leur faict payer pour le port d'un minot de sel pour chaque lieue, veu qu'ilz vont quérir le sel en voz greniers, et qu'il seroit rude de leur faire payer un service et une fonction dont eulx-mesmes s'acquittent, sans le ministère d'autruy.

AU ROY.

Le Roy n'entend qu'il soit faict aucune exaction sur ses subjects par lesdicts collecteurs, ny qu'ils lèvent autres droictz que ceulx qui leur sont attribuez par ses édictz et reiglements, voulant que lesdicts collecteurs soyent tenus de faire porter le sel aux particuliers habitans subjectz à l'impost, conformément ausdicts édictz et reiglements.

XI.

Les Commissaires examinateurs, Procureurs communs des siéges, controlle des tiltres, Affranchis et Receveurs des Consignations sont autant de charges dont nous demandons la révocation, pour n'apporter aucune utilité, ains plus tost, traverser et empescher les pactions, contractz et négociations entre voz subjectz.

AU ROY.

XII.

Nous demandons pareille révocation de l'impost d'un escu pour tonneau de mer, trois escus pour tonneau de vin, quarante sols pour tonneau de sildre et vingt sols pour poirey, qui se lèvent ès villes de Rouen, Havre et Dieppe.

Au Roy. Et sont les Commissaires d'advis, qu'il plaise à sa Majesté employer les deniers de l'escu pour tonneau de mer à la garde de ses costes de la marine, et pour la seureté des marchans traffiquans sur mer.

Le Roy ne peult accorder le contenu au présent et subséquent article.

XIII.

Nous sommes le plus souvent contraincts de cesser à poursuivre nostre bon droict en justice, plus tost que de nous submettre à l'avarice et rapacité des greffiers et tabellions, qui nous tondent, voire nous escorchent, par les sallaires immodérez qu'ils exigent : vous retrancherez ce désordre, en réglant ce qu'on leur doibt payer pour chaque expédition suivant les arrestz sur ce donnez en vostre Parlement de Normandie, et révoquant les évocations qui leur servent comme de refuge, pour exiger ainsi licentieusement de vostre peuple.

Au Roy. Et en sont les Commissaires d'advis.

Sa Majesté veult que les règlements de son Conseil et les arrestz de sa Court de Parlement de Rouen soyent veuz par les Commissaires qui seront par Elle nommez pour cet effect, avant que pourveoir sur le contenu au présent article, et mesmes pour révoquer lesdites évocations, si faire se doibt.

XIV.

C'est une chose dure que l'occasion du désordre et du desréglement procède d'où l'ordre et la justice debvroient naistre. L'on avoit antiennement establi la jurisdiction des Esleuz pour le bien et soulagement du peuple et pour terminer, selon le droict et l'équité, les différends qui regardent la perception de voz deniers; mais la misère du siècle a faict multiplier les officiers d'Eslection jusques à un nombre si desréglé, qu'au lieu de nous soullager et de vuider noz différends avec candeur et sincérité, ce ne sont que vexations, longueurs et confusion. Les taillables qui ont à desmeller devant tant d'officiers leur sont une moisson dorée où chacun glane son espy, de sorte que les frais montent ordinairement trois fois le principal. Vostre Majesté nous a accordé la suppression desdicts officiers jusques à la réduction au nombre ancien, vacation advenante par mort. Mais le droict annuel dont ils s'esjouissent est un ver qui de ses cendres les fait incessamment renaistre, ou, pour mieulx dire, les empesche de mourir. Il est nécessaire à ce que ladicte réduction ne soit éludée par telles voyes obliques, de les distraire du droict annuel. Et ainsi, en faisant insensiblement décroistre le nombre de ceux qui nous doibvent rendre la justice, on le fera croistre de ceulx qui nous la rendront en effect. Et seroit bon d'ordonner que jusqu'à ce que le dict nombre soit réduit à l'ancien, lesdicts officiers qui ne sont de qualité noble soient contribuables aux tailles, aussi bien que les officiers de voz juridictions ordinaires, dont les fonctions sont plus relevées, plus anciennes et plus universelles que celles desdicts Esleuz.

Au Roy. Et sont les Commissaires d'advis, que les suppressions ordonnées par Sa Majesté ayent lieu, et que les Esleuz de qualité roturière soient imposez aux tailles.

Le Roy accorde la suppression desdicts Esleuz excédans le nombre antien, quand ils vaqueront par mort, ainsi que sa Majesté l'a desclaré sur les Cahiers des années précédentes ; et n'entend point sa dicte Majesté que lesdicts officiers Esleuz jouyssent d'aucuns priviléges, que ceulx portez par les édicts et déclarations de sa Majesté.

XV.

L'on nous a accordé le changement d'octroy pour le soullagement du peuple ; mais affin que cela sorte effect, il est à propos d'empescher les abus qui, soubz ce prétexte, se commettent, et, en ce faisant, ordonner que les taux des taillables seront personnels, en sorte que ceulx qui, soubz ombre dudict octroy, se retireront aux villes pour se faire descharger, demeureront au mesme taux à quoy ils estoient cottisez, ou pour le moins, que les villages et paroisses seront deschargez des sommes que tels contribuables portoient, et les villes où ils se retireront chargées desdictes sommes à la mesme proportion.

AU ROY.

Après que les Commissaires, qui sont dans la Province pour le régallement des tailles, auront rapporté leurs procès-verbaulx, et iceulx veuz au Conseil, leur sera pourveu.

XVI.

Il y a desjà longtemps que nous nous plaignons de la ruine et dégradements des ponts et passages de ceste Province. Cela apporte une telle incommodité, qu'à cause de difficiles acceds desdicts pontz, il s'est perdu, en beaucoup d'endroits, quantité de chevaulx et charettes chargées de marchandises et mesmes plusieurs personnes. Qu'il vous plaise effectuer la promesse que vous nous avez faite d'y pourveoir, par la response du dix-septième article du Cahier de l'année dernière, et ordonner que M. de Longueville fera travailler à ces ouvrages, affin qu'ils soient plus promptement faicts, et les deniers plus fidèlement employez, et sans divertissement, de peur que le mal s'empirant devienne du tout irrémédiable et face totalement cesser le commerce.

Au Roy. Et en sont les Commissaires d'advis.

Le Roy pourvoira sur le contenu au présent article en dressant l'état des ponts et chaussées.

XVII.

Les partisans de la revente du Domaine ont fait assigner en vostre Conseil ceulx qui tiennent les Sergenteries héréditaires, comme si elles estoient domaniales. Vostre Majesté considérera, s'il luy plaist, que ce sont fiefz propres et patrimoniaux en ceste Province, et dont les possesseurs ont pareils droictz, tiltres d'inféodation et d'investiture que des autres fiefz et héritages qui relèvent de vostre Majesté ou médiatement ou sans moyen, et lesquels on pourroit en pareille raison faire réunir, annexer et incorporer à vostre Domaine, et ainsi déposséder tous voz subjectz de leurs héritages. Il vous avoit pleu pour ces considérations nous accorder, en mil six cens douze, mainlevée desdictes sergenteries, laquelle nous vous supplions de confirmer tout de nouveau.

Au Roy. Et en sont les Commissaires d'advis.

Accordé comme ès Cahiers de six cens et unze et six cens douze.

XVIII.

En quatre-vingts trois, le Roy Henri troisiéme establit un impost sur les chartes, lequel fut révoqué par la responce des Estatz de l'an mil cinq quatre-vingts sept : du depuis, par la menée de quelques partisans, ce mesme impost fut remis sus en six cens cinq, soubz Henry le Grand, vostre père. Mais comme il aymoit son peuple d'une affection paternelle, aussi en sursist-il l'exécution et la levée pour la pernicieuse conséquence d'iceluy. Il se trouve néantmoins encor des enfans de perdition qui taschent aujourd'huy de remuer ceste pierre, et qui avant faict revivre ce vieil poison en la pluspart des villes de la France, en veulent faire autant de ceste Province, comme si la surcéance ordonnée par le feu Roy ne debvoit pas demeurer saincte et inviolable. SIRE, puisque tant est qu'on veult renouveler ceste playe, il n'appartient qu'à vous, très-digne fils d'un père si grand, de parachever ce qu'il avoit si heureusement commencé, et de supprimer tout-à-faict ceste levée, que luy-mesme eust estouffée dès le berceau, n'est qu'il a voulu vous en réserver la gloire, comme d'une chose tellement importante à voz subjectz, qu'elle attireroit la ruine totale d'une infinité de personnes qui gaignent leur vie à la manufacture des chartes. Et de faict, la seule appréhension dudict impost a desjà relégué en Angleterre grand nombre d'artisans qui, prévoyans leur misère certaine et inévitable, ont mieux aymé trouver moyen de vivoter, en enseignant ledict mestier aux étrangers, que de mourir de faim, en l'exerçant ingratement parmy les leurs : ce qui causeroit à la fin la cessation dudict traffic en vostre royaume, à l'advantage de voz voisins et désolation de vostre peuple.

AU ROY.

Accordé, conformément à l'arrest du Conseil du vingt-uniesme octobre mil six cens vingt-trois.

XIX.

Les habitants des vicomtez de Bayeux, Coustancés et St-Lo désireroient bien que la rivière de Vire fut rendue navigables jusques à la ville de St-Lo, et offrent à ceste fin en faire les frais et récompenser ceulx qui en pourroient souffrir de l'intérest. Cela apportera de la commodité au peuple, nulle incommodité à personne, et augmentera le traffic desdictes vicomtez. Il vous plaira leur permettre de faire le susdict ouvrage, lequel est très-facile, et d'accorder à ceste fin commission soit à un Trésorier général de voz Finances, ou autre juge royal de la Province, lequel se transportera sur le lieu pour la conduite de cest ouvrage.

Au Roy. Et en sont les Commissaires d'advis.

Sera délivrée commission à un Trésorier de France pour informer de la commodité ou incommodité de la navigation de ladicte rivière de Vire, intérest des particuliers et indemnité des propriétaires, lequel Trésorier dressera procès-verbal qui sera apporté au Conseil, pour, iceluy veu, y estre ordonné ce qu'il appartiendra.

XX.

Depuis quelques moys vos Juges se sont advisez de dresser un estat au vray des fiefs de ceste Province, de la qualité d'iceulx et de la quantité des terres en quoy ils consistent. Vostre Noblesse croit cela ne se pratiquer, sans intention de faire retomber quelque grand orage sur elle. Elle supplie vostre Majesté de deffendre auxdicts juges de procéder, en plus oultre, à faire l'estat et description desdicts fiefs, vous suppliant donner cela à l'humble prière qu'elle vous a faict de luy oster le mal présent et la descharger de la crainte de l'advenir. Ainsi, bien traictée par son Roy, elle ne perdra jamais, au contraire luy augmentera la volonté de le bien et fidellement servir.

Au Roy. Et en sont les Commissaires d'advis.

Sa Majesté n'a point entendu faire procéder à la dicte description.

XXI.

On s'est autrefois étonné que, soubz un certain Empereur, on voulut lever des impostz sur les choses du monde les plus viles et les plus sordides, cela resentant je ne sçais quoy d'extraordinaire et d'inhumain. Doibt-on, Sire, pas tenir aujourd'huy pour un prodige, que, soubz un si bon et si juste Roy comme vous, la malice de ces monstres d'iniquité, inventeurs d'inventions pour accabler voz subjectz, soit venue jusques à ce point que de vouloir rendre les peines, les sueurs et les labeurs du mesme peuples tributaires, d'avoir donné advis d'ériger en tiltre d'office, bref d'avoir faict entrer en party si peu de gain et de sallaire que les personnes infimes, comme langueurs de porcs, porteurs de pommes, boys et charbon, compteurs d'oranges et d'écailles, deschargeurs de marée, emballeurs et chargeurs de marchandises et autres mercenaires de pareille condition peuvent tirer pour se nourrir, en supportant le poids et la chaleur du jour, et dont tel ne gaigne point deux ou trois sols en une journée entière. Il arrivera de ce désordre que ceux qui sont pourveuz de telles charges commettront mille fraudes, monopoles et exactions sur les particuliers, qui seront forcez de les payer à leur taux, ne pouvant en employer d'autres. Et ce qui est le plus considérable, de dix mille pauvres personnes qui gaignent leur vie à ces menus services, le nombre en estant réduit à si peu qui ont financé, tout le reste sera contrainct de mendier ou de mourir misérablement de faim. Vostre majesté est très-humblement suppliée, par les larmes de tant de pauvres familles, de révoquer ledict édict, qui d'un seul coup leur a osté la vie, leur ostant le moyen de la gaigner, et de considérer que le seul bruit et estonnement d'iceluy a desjà poussé les plus misérables à telle extrémité, voire plus tost fureur et désespoir, que de commettre des actes contre l'obéissance qu'ils vous doibvent, plus dignes néantmoins de pardon et de miséricorde que de punition. Ainsi vous ferez paroistre de plus en plus que, comme vray père de vostre peuple, vous l'aymez et désirez le maintenir et conserver, non le perdre et exterminer.

Au Roy. Et en sont les Commissaires d'advis.

Le Roy en a accordé la révocation.

XXII.

Vostre Majesté est très-humblement suppliée d'ordonner que M. le duc de Longueville fera promptement travailler, par les Eschevins de la ville de Rouen, à la réfection du pont de ladicte ville, suivant les devis et proclamations qui en ont esté cy-devant faictes, et qu'à ceste fin les deniers destinez à cet ouvrage qui sont ès mains du receveur des ponts et chaussées et receveurs généraulx, seront mis ès mains du receveur de la ville de Rouen, pour y estre employez, à ce qu'après la perfection de cet ouvrage, nous puissions espérer la révocation des levées qui se font pour ce subject.

Au Roy. Et en sont les Commissaires d'advis.

Sa Majesté fera vérifier l'estat de la recepte et des sommes desdicts deniers, pour, iceluy veu au Conseil, y estre promptement pourveu à la construction dudict pont.

XXIII.

Il nous est impossible de pouvoir jamais assez dignement remercier vostre Majesté du soin et du zèle dont elle est portée au salut de son peuple. Nous n'en pouvons avoir de tesmoignage plus fidèle que celuy qui nous a esté rendu de vive voix par Monsieur le duc de Longueville, qui nous a

publiquement asseurèz, qu'entre autres effects de vostre
bonté en nostre endroict, vous n'entendiez point que la
Commission du régallement des tailles s'exécutast à autre
fin qu'au soullagement des taillables, et non au préjudice
et ruine des habitans de Normandie. Nous advouerons in-
génuement que ce seroit choquer la vérité des oracles, de
vouloir révoquer en doubte ce qui nous a esté si sainctement
protesté par une personne que nous sçavons brusler d'ardeur pour le bien de ceste Province, et auquel vostre Majesté, par un traict admirable de sa prudence, a voulu, à
l'exemple d'un grand Empereur, commettre le gouvernail
de ses plus fidelles subjectz, tout ainsi qu'il n'a point de
second en fidélité à son service. Mais toutesfois, SIRE, vous
nous osteriez tout-à-faict les ombrages que nous avoit donnez ceste commission, (dont l'esclat avoit estonné un million
de personnes qui prenoient vostre intention à contrepoil),
s'il vous plaist ou la révoquer du tout, comme très-humblement les trois ordres de ceste Province vous en supplient, ou
du moins ordonner que les Commissaires depputez pour l'exécution d'icelle, ne congnoistront de ce qui touche l'Église
et la Noblesse, que les taxes qui se feront sur ceulx que
l'on trouvera avoir abusé au faict de la taille iront à la descharge des plus pauvres et nécessiteux, ainsi que nous
sçavons estre l'intention de vostre Majesté, et que les appellations qui s'interjecteront desdicts Commissaires resorti-
ront en vostre Court des Aydes de ceste Province.

AU ROY.

*Le Roy n'a ordonné le régallement des tailles que pour
le soullagement de ses pauvres subjectz taillables, voulant sa Majesté que les Commissaires depputez pour
ledict régallement suivent exactement les instructions et
mémoires qui leur ont esté donnez à cest effect, par*

lesquels n'est faict aucun préjudice aux priviléges des Eclésiastiques ny de la vraye et antienne Noblesse.

XXIV.

IL y a quelques bailliages et vicomtez en ceste Province qui n'ont point de plus grand allègement ny qui leur ayde autant à subvenir aux tailles et à nourrir leurs familles que l'usage du sel blanc : il vous plaira les maintenir en ceste liberté et à ceste fin révoquer toutes commissions qui pourroient avoir esté décernées au contraire.

Au Roy. Et en sont les Commissaires d'advis.

Après que le fermier général des Gabelles et le sieur Turquant auront esté ouys au Conseil, sera ordonné ce que de raison.

XXV.

IL vous a pleu évoquer à Paris la commission de la revente de vostre Domaine, à cause des maladies contagieuses dont Roüen estoit affligé ; mais autant de particuliers de divers endroicts, voire des extrémitez de ceste Province, ont intérest en ceste revente et souffriroient de si grands fraiz et incommoditez d'aller poursuivre leurs droicts et faire porter les tiltres, contractz et lettres qu'ils peuvent avoir touchant ledict Domaine, sy loing de leurs domicilles (dont quelques-uns ne sont pas moins esloignez de quatre-vingts à cent lieues de Paris), que ces considérations nous font vous supplier très-humblement de renvoyer ladicte commission par devant voz juges de Normandie, à ce que le peuple soit soulagé de toutes ces peines et despences inutiles.

AU ROY.

Le Roy en ordonnera ainsi qu'il jugera à propos pour le bien de ses affaires.

XXVI.

Comme ceulx qui marchent à pied dans la mer, plus ils vont, plus ils s'enfoncent et trouvent le fondz loing, voire le trouvent sans fondz, ainsi, Sire, quant nous voulons mettre noz maulz et afflictions en quelque ordre pour vous les représenter, nous y trouvons un abisme de misères, des charges en tel nombre et confusion qu'il est impossible de les vous faire veoir en particulier, et sommes comme ces désespérez qui, n'ayans plus aucun moyen de salut, se jettoient dans les aziles et temples des Dieux, d'où il n'estoit loisible les tirer, y trouvans toute immunité et franchise. Vostre pauvre province de Normandie, destituée de tout secours, se voyant à deux doigts du naufrage et ruine, son dernier refuge est à l'asile et autel de vostre miséricorde. Qu'il lui plaise ouyr sa voix plaintive, et ne destourner son oreille de ses soupirs et clameurs et la faire participante de vostre bonté et justice, en la deschargeant de tant d'édictz et nouvelles inventions qui l'accablent, vous contentant pour ceste année : Sçavoir, pour la Généralité de Rouen, de la somme de huict cens huict mil quatre cens quarante livres, et pour la Généralité de Caen, de la somme de quatre cens quatre mil sept cens vingt livres,

Toutes lesquelles sommes reviennent ensemble à la somme de treize cens trois mil cent soixante livres.

Faict en la convention des Estatz de Normandie, tenus à Evreux, au Couvent des Cordeliers, le mercredy, vingtiesme jour de décembre mil six cens vingt-trois.

Signé : Echard.

Les Commissaires tenant la présente Convention, ayant ouy la responce des déléguez des Estatz à la proposition et demande à eulx faicte de la part du Roy, par laquelle ils consentent luy payer, pour l'année prochaine mil six cens vingt-quatre, la somme de treize cens trois mil soixante livres, suppliant sa dicte Majesté qu'il luy plaise les exempter de toutes autres levées, Nous avons ordonné, que levée des deniers sera faicte en ladicte année prochaine, suivant les lettres-patentes de Commission pour ce expédiées selon la forme portée par icelles, et ce par provision, et pour le surplus, renvoyez par devers sa dicte Majesté, ce qui a esté prononcé publiquement en l'assemblée desdicts Estatz, le vingtiesme jour de décembre mil six cens vingt-trois.

Signé : LANGLOYS.

Les affaires de sa Majesté ne luy permettent à présent de retrancher aucune chose des sommes portées par ces Commissions; mais elle aura soing du soullagement de ses subjetz, lorsqu'elles le pourront permettre.

Les articles et remonstrances contenues au présent Cahier ont esté veues et respondues par le Roy estant en son Conseil, à Compiègne, le vingt-sixième jour d'avril mil six cens vingt-quatre.

Signé : LOUIS.

Et plus bas : POTIER.

Collationné à l'original par moy Procureur Sindic des Estatz de Normandie.

Signé : ECHARD (1).

---

(1) A Rouen. De l'Imprimerie de Martin Le Mesgissier, imprimeur ordinaire du Roy, tenant sa boutique au haut des degrez du Palais, M.DC.XXIII. Avec privilège de sa Majesté. — Réimprimé d'après l'exemplaire de M. le marquis de Blosseville.

ARTICLES
DES
REMONSTRANCES
Faictes en la Convention des Trois Estats
DE NORMANDIE

Tenus au Palais Archiépiscopal de l'Archevesché de Rouen, le treizième jour de septembre, mil six cens vingt-quatre.

Avec la Responce et Ordonnance sur ce faicte par le Roy estant en son Conseil,

Le vingt-unième jour de janvier mil six cens vingt-cinq.

AU ROY.

Et a Monseigneur le duc de Longueville et d'Estouteville, *Pair de France, Comte souverain de Neufchastel et de Vallengin en Suisse, aussi Comte de Dunoys, de Chaumont et de Tancarville, Connestable héréditaire de Normandie, Gouverneur et lieutenant général pour sa Majesté en ladicte Province.*

Et à Messeigneurs les Commissaires depputez à tenir la présente Convention.

Sire,

Les antiens représentoient un de leurs Dieux avec deux visages, l'un devant, l'autre derrière, pour donner à entendre que les roys et princes, qui sont comme Dieux mortels et visibles en ce monde, doibvent avoir deux visages, c'est-à-dire un singulier soing des peuples qui leur sont submis, veoir devant et derrière le traictement qu'on leur faict, congnoistre le bien que ceulx qu'ils préposent sur eulx leur apportent, ou le mal qu'ils leur font souffrir. S'il plaist à vostre Majesté retourner un peu l'œil, elle verra une année de misères, de calamitez et d'oppressions, une Province, autrefois si riche et opulente, capable de vous servir et de subvenir à toutes nécessitez de vostre Estat, à présent déchirée, nécessiteuse, et réduite à toute sorte de misère. Vous n'avez, SIRE, en vostre éminente grandeur, rien de plus souverain que de pouvoir, ny en vostre nature rien de meilleur que de vouloir sauver et conserver plusieurs. Entre voz bontez, nulle n'est plus généreuse que vostre miséricorde, ny plus admirable que vostre clémence, ny ne pouvez de plus près approcher de la grandeur de Dieu, qu'en conférant et faisant du bien à vostre peuple, qui est vostre héritage. Il vous conjure, par le nom de Dieu que vous servez, par vostre bonté naturelle, par les longs et fidelles services que luy et ses ayeulx vous ont faicts et à voz prédécesseurs, et par l'horreur des maulx et afflictions dont le doigt de Dieu l'a touché, depuis cinq à six ans que la peste continue à le persécuter, qu'ayez pitié de luy, vous le deschargiez de tant de commissaires et commissions d'offices et officiers, et de tant d'édictz nouveaux, qui ne servent qu'à bastir la fortune de ceux qui en sont les autheurs, à voz despens, et des tables du naufrage de vostre peuple. Que s'il vous plaist, suivant l'exemple d'un grand Empereur, les estreindre comme esponges pour leur faire rendre ce qu'ils ont injustement du vostre et du sang de voz subjectz, ils rempliront les fosses qu'ils ont faictes en voz finances, et donneront quelque espérance de resource à un million de pauvres personnes qu'ils ont, par leurs meschantes inventions, jettez par terre sans espoir qu'en vostre bonté et miséricorde.

PREMIER ARTICLE.

Dieu pour accommoder à l'infirmité des hommes la divine opération de sa loy et faire que, d'elle qui est morte et de soy muette, nous en ressentions des effectz vifs et sensibles, a establi au milieu de nous un rang de sacrificateurs, pour de vive voix interpréter sa saincte parolle et nous rendre capables de l'exécution et observation d'icelle, lesquels, comme appellez à une function divine, obligent les Roys et princes à favoriser leurs personnes, auxquels les droictz et voz prédécesseurs ont concédé beaucoup de priviléges et immunitez. Ils vous supplient les leur conserver et empescher qu'il n'y soit contrevenu.

Au Roy. Et en sont les Commissaires d'advis.

Le Roy n'entend pas qu'il soit fait aucun préjudice aux priviléges, franchises et immunitez des Eclésiastiques de sa province de Normandie; mais au contraire sa Majesté veult les maintenir et conserver.

II.

Encores que voz ordonnances enjoignent aux Evesques et autres supérieurs eclésiastiques de pourveoir à la restauration et entretènemens des Eglises, et que pourtant il soit de leur function de donner ordre que les meubles laissez par les curez et autres pourveus de bénéfices ne soient divertis, ains employez aux réparations des Eglises et bastiments despendans desdicts bénéfices, néantmoings, tout aussi-tost qu'un eclésiastique, pourveu de bénéfice en ceste Province, est décédé, voz juges et officiers se transportent en sa maisôn et, de leur mouvement, sans réquisition aucune, font inventaire de ses meubles et autres biens, dont ils prennent des sallaires plus grands que la valleur de son hérédité. Il vous plaira leur deffendre de s'ingérer à l'advenir en la confection desdicts inventaires, sinon en cas de négligence des Doyens ruraulx et autres supérieurs eclésiastiques, un mois après le décedz desdicts bénéficiers.

Au Roy. Et sont les Commissaires d'advis que les ordonnances soient gardées, et que les officiers tant ecclésiastiques que royaulx ne prennent aucunes taxes ne sallaires pour les scellez et saisies.

Sa Majesté remet à sa Court de Parlement de Rouen à pourveoir au contenu au présent article, luy enjoignant de ce faire en toute diligence et aux moindres frais que faire ce pourra.

III.

Ceulx qui ont descript la Noblesse ont dict qu'elle consiste en la générosité, grandeur de courage et biens qui nous ont esté délaissez par noz majeurs, accouplants les biens avec la vertu, sans lesquels elle ne peult expliquer ny faire paroistre sa valeur. De l'un elle l'a retenu, en faict fondz pour vostre service, pour lequel elle prodiguera sa vie et son sang, toutes fois et quantes que le commanderez; de l'autre, qui sont les richesses, elle en est despouillée par un monde d'édictz et inventions nouvelles, qui, l'enveloppants avec le reste de vostre peuple, la rendront semblable à luy, flestrie de misères, défigurée de pauvreté et désormais inutile, non de volonté, mais de moyens et de commoditez, à vous servir avec le lustre et splendeur qu'elle désireroit. Elle vous supplie de la maintenir en ses priviléges, et qu'elle puisse, soubz vostre auguste règne, se vanter d'avoir recouvré l'honneur et auctorité qui luy appartient.

Au Roy. Et sont les Commissaires d'advis que les priviléges de la Noblesse luy soient conservez.

Le Roy veult conserver les priviléges accordez à la Noblesse par les Roys ses prédécesseurs, et qu'elle en jouysse comme au passé, sans qu'il y soit rien altéré.

IV.

Le tiers Estat n'a plus de parolle pour vous pouvoir representer les peines et supplices dont on l'afflige, le grève et espuise-t-on par toutes sortes de rigueurs jusques à la dernière goutte de son sang. Aux années passées, on lui promettoit quelque soulagement, quelque espoir de mieulx, parolles qui, comme belles tapisseries, ont servy de parade et ornement à descouvrir et desguiser les plus desraisonnables traictemens qu'ont peu inventer ceulx qui battent en ruine vostre province de Normandie. Car tout ce qu'ils vous représentent pour servir de médecines, ce sont autant de poisons desguisez de noms spécieux, qui, glissans sur le corps général de vostre peuple, le rendent paralitique et réduisent à une langueur, la fin de laquelle est la mort. Tant de commissions, tant de nouveaux offices, tant de daces, tributz et péages qui engraissent et enflent les autheurs, comme la ratte de vostre Estat, à la diminution et ruine du reste! Sire, ce corps est vieil et languissant. Sy vous-mesme, que Dieu a préposé à cet ouvrage, n'y apportez les remèdes propres et convenables, la vieillesse et les syncopes, où souvent il est contrainct de retomber par les cruelles saignées que l'on luy baille, le mettront en tel estat qu'il ne pourra plus subvenir aux nécessitez de voz affaires. Ce qui luy reste de lamentable voix, de larmes et de soupirs, après avoir senty l'inclémence du Ciel et des gresles qui ont ravagé les fruictz en plusieurs endroicts, puissent esmouvoir vostre bonté à avoir pitié de luy et le descharger de tant de fardeaux insupportables et principallement de la grande creue!

AU ROY.

La Province a grand subject de remercier Sa Majesté de la descharge qu'Elle a faicte en la présente année des douze cens mil livres qui ont esté levez en la dernière; et ne pouvant quant à présent diminuer la levée de ladicte grande creue, Elle pourvoirra à leur soulagement, quant ses affaires le pourront permettre.

V.

C'est une chose estrange que le sel, que la mer nous donne libérallement pour nostre commodité, ne sert que pour nous incommoder. Le prix en est si excessif, tant d'impostz créez de jour en jour sur iceluy, tant d'officiers préposez à le distribuer, que l'amertume de cest assaisonnement, si desreglément dispensé aux plus misérables, les porte à deux doigts de la mort, et leur oste tout moyen de vivre et de payer les tailles et autres droictz et subventions qui se lèvent sur eulx. Mais, au lieu de nous y donner le soulagement que l'importunité de nos justes supplications nous faisoit espérer, nous y voyons tousjours quelque charge de surcroist : comme ces derniers jours, un édict envoyé en la Chambre des Comptes portant création en tiltre d'office de deux lieutenans de robbe longue et deux visiteurs de mesures en chaque grenier à sel, avec attribution de quatre à cinq cens livres de gaiges et d'un sold pour minot de sel, pour chacun officier, le tout en hérédité. Puisque l'on continue ainsi à nous surcharger, nous continuerons à supplier et conjurer vostre Majesté, non-seulement d'estouffer ces offices dès leur naissance, avant que d'en attendre le progrez ny le contre-coup des oppressions inévitables dont ils menacent vostre peuple, mais de révoquer par un mesme tous les édictz et attributions semblables, comme les Commissaires de l'impost du sel, les deux sols pour livre que l'on faict payer aux collecteurs de l'impost du sel pour le port d'iceluy, et autres levées et droictz que l'on a mis sus depuis six à sept ans, et de nous diminuer d'un tiers le prix du sel.

Au Roy. Et sont les Commissaires d'advis qu'il plaise à sa Majesté révoquer ledict édict présenté en ladicte Chambre des Comptes et non vérifié; et pour le regard des autres, en descharger son peuple, quand ses affaires le pourront permettre.

Le Roy a faict estat des deniers qui proviendront de la création desdicts offices, pour l'entretènement de ses armées; et quant aux droictz des collecteurs de l'impost, estant droictz anciens, vendus et alliénez, sa Majesté n'y peult, quant à présent, toucher.

VI.

Il y a quelque trois cens ans que la Court des Monnoyes, ayant esté tirée de la Chambre des Comptes de Paris, fut faict un corps séparé; et dès lors leur function, gaiges et salaires, limitez, où depuis il n'a rien esté changé, leur travail non acreu ny augmenté. Néantmoings, comme si ceste pauvre Province estoit un arbre bas, dont chacun en tirast une branche pour n'y laisser que le tronc, les officiers de ladicte Court des Monnoyes y sont accourus pour en avoir leur part, ont obtenu un édict du mois d'avril mil six cens vingt-trois, par lequel ils prétendent se faire attribuer un sold pour minot de sel d'augmentation de gaiges sur tous les greniers de Normandie. Il est expédient que les choses demeurent aux termes où elles ont tousjours esté, et de révoquer cet édict, lequel, pour assouvir l'avarice de quelques novateurs, ruineroit un nombre de pauvres personnes.

Au Roy. Et en sont les Commissaires d'advis, veu l'excessif prix du sel et nécessité extrême du pauvre peuple.

Attendu que lesdicts officiers ont leur jurisdiction estendue par tout le royaume, il est très-raisonnable que la province de Normandie contribue de sa part, comme les autres, au payement de leurs gaiges.

VII.

La misère du siècle a esclos un tas d'officiers de néant, comme gardes des petits sceaulx, Commissaires des tailles et vivres, Greffiers des affirmations, Greffiers aux Eslections et Greniers à sel, alternatifs et triennaux, Greffiers des consignations et autres de mesme farine, qui, comme sauterelles et locustes, naiz à nul autre effect que pour manger, ruiner et escorcher vostre peuple, n'ont autre prétexte de leur establissement sinon d'avoir financé quelques deniers, dont ils retirent des usures centiesmes, qui faict qu'ils sont non-seulement inutiles et très-pernicieux, mais aussi de grande charge à la République. Vostre Majesté la deschargera de ce pesant fardeau, et mettra ceulx qui nous le font porter hors d'intérest, sy Elle trouve à propos, comme Elle en est très-humblement suppliée, de révoquer toutes leurs functions et convertir cependant en rente, au denier seize, ce qu'ils justiffieront avoir loyallement financé en voz coffres, et ordonner que le surplus de l'intérest du revenu annuel desdicts deniers s'employera, chaque année, par les collecteurs des parroisses, au racquit du sort principal. Ainsi vostre Majesté et vostre peuple seront par ce moyen insensiblement deschargez, sans qu'ils en souffrent de l'incommodité, ny les acquéreurs, du préjudice.

Au Roy. Et en sont les Commissaires d'advis, mesmes attendu que, de l'intérest reçeu par le passé, la pluspart des acquéreurs sont rembourcez.

Le Roy ayant révoqué l'édict des sergens des tailles qui estoit à la foulle de son peuple, ne peult révoquer ce qui est porté par leur édict.

VIII.

En vain nous serions nous plains tant de fois des maulx et exactions que nous souffrons par le nombre effréné d'officiers qui sont en chaque Eslection, sy les procédures extraordinaires qui se sont faictes contre eulx n'avoient faict veoir à l'œil la vérité de noz plainctes, ne s'en estant trouvé que bien peu qui n'ayent trempé en ce désordre, et qui n'ayent suby la censure des Commissaires que vous avez envoyés en ceste Province. Vostre Majesté estouffera l'occasion de ces abbus, et retranchera ce chancre qui ronge la substance de son peuple, s'il luy plaist supprimer ces officiers supernuméraires, jusques à ce qu'ils soient réduicts au nombre antien, ainsi qu'Elle nous l'a cy-devant promis, et à ceste fin les distraire du droit annuel, à ce que l'effect de la réduction ne soit empesché.

Au Roy. Et en sont les Commissaires d'advis.

Sa Majesté accorde la suppression, en cas de mort, ainsi qu'Elle a faict par les Cahiers précédents.

IX.

PLUSIEURS particuliers ont esté condamnez, par les Commissaires depputez pour le régallement des tailles, en grandes restitutions de deniers et amendes, sur de simples billetz et mémoires et sans information précédente. Il est raisonnable de casser dès à présent lesdites condamnations, ou du moins ordonner qu'au cas qu'elles seroient cy-après confirmées sur les appellations qui s'en sont interjectées en votre Court des Aydes, à laquelle nous supplions vostre Majesté d'en attribuer la congnoissance, les deniers en seront employez à la descharge des pauvres habitans des parroisses où les appellants sont résidents et domiciliez. Et supplions par un mesme vostre Majesté de révocquer tout-à-faict la dicte commission, qui n'apporte que de l'incommodité et de la vexation à vostre peuple et nulle utilité ny advancement au bien de voz affaires.

Au Roy. Et sont les Commissaires d'advis que les condamnations, restitutions, réparations, intéresti, amendes et confiscations soyent employez à la descharge du peuple, sans estre divertis ailleurs, et que les appellations des Commissaires se renvoyeront en la Court des Aydes.

Après que les Commissaires depputez par sa Majesté pour le régallement des tailles auront esté ouys, sera pourveu sur le contenu au présent article; et pour le regard des appellations, y a esté pourveu par l'arrest du Conseil du.....

X.

Vostre Majesté, sur la vérité de noz plaintes et des concussions, désordres et incommoditez que nous apportoient les sergens des tailles les auroit révocquez; mais ceste révocation a faict naistre d'autres officiers, non moins à la ruine du peuple, qui sont les Commissaires alternatifz des tailles, avec attribution de six deniers pour livre dont jouissoient lesdicts sergens, ensemble des six deniers pour livre qui restoient pour tout sallaire aux pauvres Collecteurs. Nous vous supplions, comme desjà par plusieurs fois nous avons faict, de supprimer non-seulement les antiens offices de Commissaires, mais aussi les nouveaux dont l'édict n'a jamais esté vériffié aux Courts souveraines de ceste Province, et faire rendre ausdicts Collecteurs les vingt deniers dont ils jouissoient avant l'année mil six cens dix-sept, pour supporter la perte des monnoyes, fraiz des advances de deniers et autres charges ausquelles ilz sont obligez. Cela facilitera le recouvrement de voz deniers, dont autrement il ne se trouvera personne qui puisse faire la collecte, suivie de tant de pertes et charges, sans aucune attribution.

Au Roy. Et en sont les Commissaires d'advis.

Le Roy ne peult accorder le présent article, attendu la grande despence en laquelle il est obligé en la présente année.

XI.

Nous supplions vostre Majesté n'accorder aucunes évocations aux Fermiers et partisans, au moyen desquelles ils ruinent et traversent mille personnes qui ont à desmeller avec eux, mesme deffendre aux Receveurs de vostre Domaine d'évocquer en la Chambre du Trésor de Paris les habitans de ce pays pour les droictz et différends concernans ledict Domaine, les juges de ceste Province n'estant pas moins capables de rendre la justice que ceulx de la dicte Chambre ; à joindre que les particuliers ayment trop mieux payer ce qu'on leur demande, et fust-il le plus injuste du monde, que d'en aller plaider si loing à tant de fraiz, qui à la fin monteroient plus que le principal.

Au Roy. Et en sont les Commissaires d'advis.

Le Roy n'entend accorder aucune évocation aux Fermiers, sinon en cas que ses droictz soient révoquez en doubte.

XII.

Ceulx qui possèdent vostre Domaine, soit par engagement, soit par aultre tiltre, ne font ordinairement expédier les lettres des offices qui sont en leur nomination qu'après avoir long-temps poursuivi et sollicité ceulx qu'ils préposent à leurs affaires. Pour coupper pied à telles vexations, nous vous supplions d'ordonner qu'à l'advenir les expéditions desdits offices se délivreront en la mesme sorte et aussi promptement que tous autres ausquels vostre Majesté pourvoit.

Au Roy. Et en sont les Commissaires d'advis.

Le Roy veult que ceulx qui jouissent de son Domaine par engagement nomment aux offices dans le temps porté par les ordonnances ; autrement il y sera pourveu par sa Majesté.

XIII.

C'est un extrême soullagement au peuple, quant la justice luy est rendue près de luy, sans estre contrainct de l'aller chercher loing de sa demeure. Néantmoings, en ce qui concerne la commission des francs-fiefs et nouveaux acquetz, aydes-chevetz et autres deubz à vostre Majesté, s'il arrive que quelques particuliers se veullent pourveoir contre les taxes faictes sur eulx, soit pour estre excessives, soit pour estre exempts de quelques-ungs desdicts droictz, à cause de leur qualité, ils sont forcez de faire de longs voyages et de mandier la justice loing de leurs domicilles, avec beaucoup de peine et de despence, d'autant que ceulx qui sont nommez par vostre Majesté pour l'exécution des dictes Commissions, ne s'assemblent pour cet effect qu'en la ville de Rouen. Il seroit bon d'adresser d'oresnavant les dictes commissions aux juges des lieux, qu'ils pourront facilement exécuter, sans que vos subjectz en soient ainsi inutillement travaillez

AU ROY.

Attendu que la Commission est preste à expirer, sa Majesté y pourvoira à l'advenir.

XIV.

Nous souffrons des vexations, autant ou plus grandes, quand il est question d'exécuter par les Huissiers ou Sergents les dictes Commissions et autres tant ordinaires qu'extraordinaires. Et ne fust que pour donner de simples assignations, l'on en envoye le plus souvent qui sont domiciliez et resséantz en la ville de Rouen, lesquels, pour leurs courses et vacations de s'estre transportez de quarante lieues loing, se font faire de grandes taxes, qui ruinent et consomment en fraiz les particuliers. Vostre Majesté ordonnera, s'il luy plaist, que par cy-après telles Commissions s'exécuteront par les sergents resséants en chacune vicomté; ou, sy d'autres y sont employez, ils ne pourront demander plus grands sallaires qu'eussent faict les Sergents des lieux. Il sera facille de remédier de la mesme façon aux mesmes désordres qui se commettent par les Huissiers de la Chambre des Comptes qui vont exprès, et ne fallust-il qu'assigner quelques particuliers pour rendre leurs adveuz à la Chambre. Cela se peult faire à moindres fraiz, s'il vous plaist ordonner que, quand telles occasions s'offriront, l'on envoyera des mémoires aux substitudz de vostre Procureur général, avec expresses injonctions d'en faire faire les exploictz et diligences, chacun en son district.

Au Roy. Et sont les Commissaires d'advis que toutes les exécutions sur les biens soyent faictes par les huissiers et sergents des lieux ; et en cas qu'il y soit envoyé autres huissiers ou sergents, ne prendront pas plus de taxes que feroient les Huissiers des lieux ; et sera informé des contraventions et concussions.

Le Roy ordonne que les exploictz seront faicts par les sergents des lieux; et en cas que d'autres sergents y soyent employez, ne pourront prendre plus haulte paye que ceulx des lieux. Et pour le regard des Huissiers de la Chambre des Comptes, la taxe leur sera faicte par journées et non par exploicts.

XV.

Les ponts et passages de ceste Province sont tellement dégradez, que nous sommes contraincts de supplier vostre Majesté d'ordonner que les deniers, qui se lèvent pour la réparation d'iceulx, soyent employez en chaque Généralité, sans les divertir, ou d'en révocquer la levée puis qu'elle ne nous apporte aucun fruict.

Au Roy. Et en sont les Commissaires d'advis.

Sa Majesté y pourvoirra en dressant l'estat.

XVI.

Il se lève tous les ans de grands deniers sur le peuple, pour le payement des gaiges du Prévost général et de ses Archers. Ceste imposition qui nous est autant sensible, que l'utilité de telles fonctions a tousjours esté insensible, nous faict recommencer à demander la suppression dudict Prévost général, du moins vaccation advenante par mort.

AU ROY.

Le dict office estant estably pour le bien de la Province, sa Majesté ne le peult révoquer.

XVII.

Tout le monde s'estonne que l'Espagnol et le Hollandois ozent bien faire tomber sur voz subjectz l'échec de leurs guerres et divisions. Car encor que l'un et l'autre de ces peuples puissent librement aborder en voz ports et havres, et que le traffic leur soit libre en vostre royaume, sy est-ce que les Espagnols déclarent de bonne prise tous les navires françois qui vont en Hollande, et les Hollandois, en revenche, exercent pareils actes d'hostilité sur ceulx qui vont en Espagne, comme sy nous estions le jouet et la butte de leurs fureurs et animositez. Sire, sy autrefois le premier Empereur Romain, dans l'ardeur de ses conquestes, ne laissoit pas de tenir ceux-là pour amis qui ne levoient les armes ny pour ny contre luy, Vostre Majesté ne doibt souffrir que la barbarie de ces deux peuples s'emporte jusques à violer ainsi le droict des gens, à l'endroict du premier Roy du monde, qui se montre esgallement amy de l'un et de l'autre, et qui ne peult leur estre ennemy, qu'à la ruine prompte de tous les deux ensemble. Nous vous conjurons, par la grandeur redoutable de votre nom, de refréner ceste licence estrangère, soit d'user du droit de représailles, soit de donner ordre, par l'entremise de voz Ambassadeurs, que la mer soit esgalement libre à voz subjectz pour le commerce d'Espaigne et de Hollande, comme elle est aux Espagnols et Hollandois pour celuy de vostre royaume.

Au Roy. Et en sont les Commissaires d'advis.

Le Roy y pourvoira par l'établissement et armement des vaisseaux de guerre que sa Majesté a ordonnez pour cet effect.

XVIII.

C'est un soing Royal et digne de vostre Majesté, de faire que non-seulement les chemins soyent en telle seureté et asseurance que les domestiques et estrangers y puissent aller sans peur et incommodité, ains aussi que le commerce de la mer soit sans dangers, d'où viennent les principalles et plus rares richesses de vostre royaume. Mais, soubz ombre qu'en ceste Province il y a plusieurs petites rades, ports et havres escartez, plusieurs y esquipent et arment barques et navires de guerre, avec lesquels ayant piraté et déprédé voz subjectz et alliez, et se retirant par après ausdictes rades, portz secretz et incongnus, on n'a aucune congnoissance des délitz par eulx commis en ceste vaste solitude de mer, où il ne se rencontre tesmoings qui les puisse convaincre. Vostre Majesté est suppliée ordonner que deffences seront faictes à toutes personnes, de quelque qualité qu'elles soyent, sur peine de la vie, d'armer ou esquiper aucuns vaisseaulx en guerre, que aux ports et havres de villes closes, où il y a juges, siège et officiers de l'admirauïté, affin que, conformément aux ordonnances, les juges visitent lesdicts navires, voyent les provisions, armes et équipages, prennent le serment des cappitaines, maistres, contre-maistres et mariniers de n'offenser voz subjectz ny alliez, et facent leur retour au mesme havre dont ils seront partis, pour rendre raison de leur voyage et satisfaction des offenses, sy aucunes ont commises.

Au Roy. Et en sont les Commissaires d'advis.
Accordé.

XIX.

Nous demandons la révocation des Conseillers assesseurs, Commissaires examinateurs, parisis, présentation, droict de clerc, doublement et tiercement de sceau, port des Mandemens, controole des tiltres et marque de cuirs et sergents aux magasins et greniers à sel, attendu mesme qu'il n'ont aucun édict de création : tous lesquels offices sont à la foulle du peuple, sans luy apporter aucun bien, soulagement ny utilité.

Au Roy. Et en sont les Commissaires d'advis.
Sa Majesté n'y peult pourveoir quant à présent, pour les raisons déduites aux précédents articles.

XX.

La révocation du tonneau de mer est demandée et des neuf livres pour tonneau de vin, quarante sols pour sildre et vingt pour poirey, levez aux villes de Rouen, Havre et Dieppe, comme ruinans entièrement le commerce.

AU ROY.

Attendu que ce sont fermes ordinaires, dont le Roy faict estat, il n'y peult rien diminuer.

XXI.

Vostre Majesté avoit accordé, par la responce de l'article neufiesme du Cahier de l'an mil six cens treize, qu'aux greniers l'on distribueroit le sel par quartes et non par boisseaux, un monde de pauvres personnes n'ayant la commodité ny le moyen de prendre un boisseau de sel tout à la fois. Mais comme il n'y a loi si saincte dont l'on ne puisse, par artifice, tromper et violer l'intention, les officiers des greniers à sel ont inventé un moyen de nous rendre la faveur de vostre responce inutile, d'autant que la pluspart d'iceulx ont achepté les reventes du sel à petites mesures : qui faict qu'aux greniers, ils ne veullent faire délivrer au peuple le sel par quartes, affin de le contraindre d'avoir recours aux petites reventes, où le prix du sel est plus cher qu'il n'est en voz mains, sy bien que ce qui nous estoit donné d'une main, sçavoir de pouvoir prendre le sel par quartes, nous est ingratement arraché de l'autre, par l'avarice desdicts officiers, qui nous relèguent aux petites reventes, où nous acheptons le sel à un plus grand prix, dont ils tirent le proffict. Estant d'ailleurs considérable que, soubz ce prétexte, ils font des recherches sur le peuple, qu'ils condamnent à de grosses amendes, pour n'avoir pas prins aux greniers le sel qui luy est nécessaire pour sa famille. Qu'il vous plaise ordonner que la responce dudict neufiesme article sera inviolablement exécutée, et qu'en ce faisant, il y aura des quartes en tous les greniers pour y distribuer le sel, avec inhibitions très-expresses auxdicts officiers desdicts greniers de prendre part aux reventes du sel, soit en leur nom, soit de personnes interposées, et que ceulx qui par cy-devant sont entrez au party d'icelles seront tenus de s'en deffaire dans trois mois, sur peine de confiscation et de telle amende qu'il plaira à vostre Majesté ordonner, deffendant, par un mesme, toutes lesdictes recherches, qui en effect ne sont rien qu'exactions palliées du voile de justice.

Au Roy. Et sont les Commissaires d'advis que ce qu'il pleut à Sa Majesté ordonner en l'an mil six cens treize soit exécuté, et à ceste fin que les Greniers à sel seront fournis de quartes, et faire deffenses aux adjudicataires et officiers du sel de prendre part aux petites reventes, à peine de concussion.

Le Roy faict deffences aux officiers de ses Greniers à sel de posséder pour eulx ou faire posséder par personnes interposées aucunes charges de regratiers dans l'estendue de leurs Greniers, à peine de privation de leurs offices. Et pour l'autre chef, après avoir ouy le fermier général des gabelles et les adjudicataires du droict des regratiers, il y sera pourvu.

XXII.

Nous demandasmes par le Cahier de noz remonstrances de l'an mil six cens vingt-deux qu'il vous pleust révoquer l'impost de quatre deniers pour livre, qui se lève par ceulx de Caen sur toutes marchandises qui se font en la dicte ville ou qui s'y vendent, quoyqu'apportées d'ailleurs, ou du moins d'ordonner qu'il ne se levast que sur les marchandises lesquelles y sont manufacturées et consommées. Sur quoy vostre Majesté auroit différé à nous faire justice, jusques après que les eschevins de Caen auroient esté ouys. Mais d'autant que, par une tacite défiance de leur droict, ils n'ont tenu compte depuis tant de temps de faire veoir en vostre Conseil les chartres et octroys de ceste levée, qui incommode grandement le commerce, nous vous supplions nous en descharger, du moins par provision, jusques à ce que, eulx ouys, en ayt esté diffinitivement ordonné.

AU ROY.

Sur ce que le depputé de la ville de Caen a remonstré au Roy que pour les mesmes affaires les eschevins de ladicte ville estoient en procès au Parlement de Rouen contre des particuliers, où ils avoient produict leurs octroys et autres lettres, Sa Majesté a renvoyé les supplians audict Parlement, pour leur y estre faict droict sur le contenu au présent article, à laquelle fin les esche-

vins de ladicte ville communiqueront, dans trois moys, leurs tiltres au procureur desdictz Estatz ; autrement et à faulte de ce faire, ledict temps passé, le présent article sera exécuté selon sa forme et teneur.

XXIII.

Il est raisonnable que vostre peuple, tant qu'il pourra, confère ses tallens et contribue aux nécessitez de vostre Estat, se saigne pour vous offrir le meilleur et le plus pur sang qu'il aye. Mais ses veines sont sy espuisées, les sources couppées, voire taries, par les immodérées sommes qu'on a levé aux années passées, qu'il ne luy reste plus rien que la mémoire d'avoir eu. Ce sont misérables remarques de la grandeur d'une Province, que celles qui se recueillent de la grandeur de sa ruine. Noz yeulx n'en ont plus d'autres aujourd'huy qui leur puissent représenter ce que la Normandie a esté, que le misérable estat où elle est. Dieu veuille, puisque toutes choses luy deffaillent, que vostre bonté et miséricorde ne luy défaille point, et que vous imitiez, en son endroict, le Roy du Ciel, duquel vous estes l'image, qui n'entend rien plus volontiers, et n'exauce rien plus favorablement, que ceulx qui, destituez de tout autre moyen, n'ont plus que les souspirs et larmes pour l'invoquer. Toutesfois en nostre misère, quelle qu'elle soit, nous vous offrons pour ceste année,

Sçavoir pour la Généralité de Rouen, ung million vingt-cinq mille trois cens soixante dix-sept livres six sols,

Et pour la Généralité de Caen, cinq cens soixante mil six cens quatre-vingts quatre livres unze sols,

Lesquelles sommes, reviennent ensemble à seize cens cinquante-six mil soixante-une livre dix-sept sols, Supplians vostre Majesté se contenter desdictes sommes, et nous descharger du surplus.

Faict en la convention des Estats de Normandie tenus à Rouen, au manoir archiépiscopal, le treiziesme jour de septembre mil six cens vingt-quatre.

Signé : Echard.

Les Commissaires tenant la présente convention, ayant ouy la responce des déléguez des Estats à la proposition et demande à eulx faicte de la part du Roy, par laquelle ils consentent luy payer, pour l'année prochaine mil six cens vingt-cinq, seize cens cinquante-six mil soixante et une livre dix-sept sols, supplians Sa Majesté qu'il luy plaise les exempter de toutes autres levées, Nous avons ordonné que levée de deniers sera faicte, en ladicte année prochaine, suyvant les lettres-patentes de Commission pour ce expédiées, selon la forme portée par icelles, et ce par provision. Et pour le surplus renvoyez par devers sa dicte Majesté. Ce qui a esté prononcé publiquement en ladicte assemblée desdicts Estatz, le treiziesme septembre mil six cens vingt-quatre. Signé : Par lesdicts sieurs Commissaires.

Aubourg.

Sa Majesté ne peult faire autre responce que celle qui a esté faicte en pareille demande aux articles précédents.

Les présents articles ont esté veuz et respondus par le Roy, estant en son Conseil, le vingt-uniesme jour de janvier mil six cens vingt-cinq.

Signé : LOUIS.
Et plus bas : Potier.

Collationné à l'original par moy Procureur Sindic des Estatz de Normandie.

Signé : Echard ([1]).

([1]) A Rouen. De l'imprimerie de Martin Le Mesgissier, imprimeur ordinaire du Roy, tenant sa boutique au haut des degrez du Palais. MDCXXV. Avec Privilége dudict seigneur. — Réimprimé d'après l'exemplaire appartenant à M. le marquis de Blosseville.

ARTICLES
DES
REMONSTRANCES
Faictes en la Convention des Trois Estats
DE NORMANDIE
Tenus à Rouen le dixième jour de décembre mil six cens vingt-six.

Avec la Responce et Ordonnance sur ce faicte par le Roy estant en son Conseil,
Tenu à Paris le quatrième jour de febvrier mil six cens vingt-sept.

AU ROY.

Et a Monseigneur le duc de Longueville et d'Estouteville, *Pair de France, Comte souverain de Neufchastel et de Vallengin en Suisse, aussi Comte de Dunoys, de Chaumont et de Tancarville, Connestable héréditaire de Normandie, Gouverneur et lieutenant général pour sa Majesté en ladicte Province.*

Et à Messeigneurs les Commissaires depputez à tenir la présente Convention.

Sire,

Sy celuy qui a dict que Promethée avoit paistry dans les larmes l'argille dont il forma les hommes l'avoit accommodée à vostre pauvre province de Normandie, il auroit, par ceste fabuleuse et misterieuse invention, véritablement exprimé la misère et calamité qui l'oppresse, n'estant les habitans d'icelle nez que pour pleurer les adversitez qui les gesnent de tous costez. Et, de faict, quel mois, quelle semaine, mais plustost quel jour se passe que nous ne soyons occupez à gémir nos infortunes, qui se redoublent les unes sur les autres comme flotz furieux, et nous plongent à un désespoir de jamais revoir ce feu sainct Elme, qui au fort d'un orage promet aux mariniers un temps calme et serain? Les années passées, vostre peuple avoit franchy tant de dangereux précipices! En ces deux dernières il s'est veu renversé en de grandes et affreuses fondrières qui luy emplissent le cœur d'amertume et la bouche de plainctes. Tant de soldats barbares et inhumains qui n'ont traicté vostre pauvre peuple par où ils ont passé moins cruellement que si ce eussent esté Gettes ou Scytes; les playes continuelles [qui ont] gasté les fruictz et rendu ses moissons si petites qu'elles n'ont peu et pourront suffir à sa nourriture; des torrens et déluges d'eaues qui en beaucoup d'endroictz ont emporté les maisons, noyé les hommes et bestail, arraché les arbres et laissé un triste spectacle qui ne se réparera de long temps, tellement qu'il est demouré comme un arbre qui n'a plus rien que le bois, et, subsistant, par son poids seulement, estend au vent un sec et nud branchage, qui ne faict plus d'ombre que par son tronc! Néanmoings, environné de tant de maux, il se resouvient qu'il n'y a poinct de plus douce liberté au monde que le service d'un bon prince, ny plus grand heur que son obéissance; faict comme le pèlerin qui, lassé d'une longue et dure journée, voyant le giste où il doibt arriver pour avoir quelque repos, redouble ses forces et se délasse en travaillant. Ainsi vostre pauvre peuple, quasy hors d'haleine, combattu, voire abattu par l'inclémence du Ciel, stérillité de la terre, inhumanité des hommes, se haste de venir se prosterner aux piedz de vostre clémence et miséricorde, où il a mis tout l'espoir de son repos et soulagement. Ayez doncques pitié de luy, au nom de ce grand Dieu qui vous faict régner, à ce que, de tout son cœur et de toute son âme, il le supplie faire découler sur vous toutes sortes de bénédictions.

PREMIER.

L'ORDRE ecclésiastique, qui nourrit vostre peuple en la piété, et qui arrache du Ciel ce feu qui eschauffe et imprime en son cœur la charité, le zèle et dévotion qu'il doibt avoir envers Dieu et vostre service, et qui par ses prières continuelles tasche d'appaiser son ire et faire tomber de ses mains les verges et fléaux dont il l'a visité ces deux dernières années, mérite d'estre maintenu en ses priviléges, exemptions et franchises mieux à l'advenir qu'il n'a esté par le passé : ce qu'il supplie vostre Majesté luy concéder et commander estre faict, deffendant aux fermiers de voz quatriesmes de les troubler en la liberté qu'ils ont de vendre les boissons provenantes des terres et possessions dont ils jouissoient, ny les évocquer hors ceste Province pour ce subject.

Au Roy. Et en sont les Commissaires d'advis.

Le Roy n'entend qu'il soit faict aucun préjudice aux privilléges, franchises et immunitez des Ecclésiastiques de sa province de Normandie; mais au contraire sa Majesté veult les maintenir et conserver; et faisant apparoir des évocations dont ils se plaignent, y sera pourveu.

II.

LES Ecclésiastiques de ceste Province se sont plaincts par plusieurs fois, et encores par les derniers Cayers présentez à vostre Majesté, qu'ils estoient très-rigoureusement traictez par vos juges pour les réparations des presbitaires et chancelz, contre vos ordonnances, qui ne leur permettent d'y mettre la main, sinon en cas de négligence des Doyens et autres juges ecclésiastiques, veu mesme que lesdicts Doyens en ceste Province sont responsables en leurs propres noms desdictes réparations. Néantmoings, aussi tost que quelques uns pourveus de bénéfices sont décedez, voz officiers se transportent en leurs maisons, font inventaire des biens et meubles qu'ils ont délaissez, et pour telles vaccations prennent des sallaires si grands qu'à peine les biens des décédez suffisent à les payer. Vostre Majesté est suppliée deffendre à voz juges telles entreprises, ou du moins descharger les Doyens de respondre desdictes réparations et y condamner voz juges, puis qu'ils font la fonction desdicts Doyens, et qu'ils emportent par telles taxes les biens et deniers destinez ausdictes réparations.

Au Roy. Et sont les Commissaires d'advis, qu'il plaise à sa Majesté ordonner que, dans le mois du jour du décedz des curez et autres bénéficiers, les Doyens seront tenus procéder aux réparations des maisons bénéficiales, faulte de quoy faire, permis aux officiers royaux d'en faire les diligences, sans que les uns ny les autres puissent prendre sallaires ny vaccations, à peine de concussion et exaction, dont sera informé.

Suivant l'advis du Parlement, sa Majesté ordonne que, un mois après le décedz des curez et autres bénéficiers, les Doyens seront tenus procéder aux réparations des maisons bénéficialles; faulte de quoy faire, sera permis aux officiers du Roy d'en congnoistre et faire l'inventaire des curez et ecclésiastiques décedez, sans que les uns ny les autres puissent prendre sallaire ny vaccation, à peine de concussion et exaction, dont il sera informé.

III.

L'Esprit de Dieu conduisant son Eglise a, pour le bien et ornement d'icelle, introduict les moynes de l'un et l'autre sexe, fondez en pauvreté, qui est la principalle colonne de leurs vœux avecques laquelle les premiers ont triomphé du Diable, du Monde et de ses délices, et ont, par leurs prières, jeûnes, austérité de vie et bons exemples, tellement proffité que beaucoup d'eulx ont, durant et après leur vie, faict miracles (ainsy qu'attestent leurs légendes). Mais Satan, qui ne dort jamais, sçachant que la sollicitude et fallace des richesses mondaines estouffent la parolle de Dieu et engendrent toutes sortes de débauches, a, en ceste vieillesse du monde, trompé et abusé les âmes d'aucuns abbez et abbesses et autres supérieurs des monastères de l'un et de l'autre sexe, et imprimé une telle avarice qu'aujourd'huy, pour recevoir un novice, il fault marchander, promettre et donner quatre, cinq, six et sept mil livres et autres grans sommes, que les pauvres pères, obéissant à la volonté de leurs enfans, qui, touchez de l'esprit de Dieu, eslizent ceste profession, sont contraincts de payer auparavant la réception du novice : qui est une déplorable symonie, crime le plus détestable qui soit en l'Eglise. Il est équitable, voire nécessaire, estouffer ces nouveaux vices et rapeller les antiennes vertus. Que deffenses soient faictes, à tous supérieurs des monastères de l'un et de l'autre sexe, de prendre, exiger ou stipuller aucunes sommes de deniers ou autre chose équivalente pour la réception desdicts novices, qu'ils admettront gratuitement comme il estoit accoustumé, sur peine d'estre privez de leurs bénéfices, charges et offices, et outre punis des peines introduictes par les saincts décretz et sanctions canoniques contre les simoniacles. Néantmoings aux monastères et collèges de femmes, qui n'ont biens et revenus, se pourra stipuller quelque médiocre rente et pension pour ayder à nourrir et entretenir celle qui y sera receue, dont le monastère jouyra, la vie durant d'icelle, qui demeurera extainte par sa mort.

Au Roy. Et en sont les Commissaires d'advis.

Les ordonnances du Roy ont pourveu au présent article, lesquelles sa Majesté veult estre entretenues.

IV.

Qu'il plaise à vostre Majesté admonester et enjoindre à Messieurs les Evesques, suivant leur charge et debvoir, visiter par chacun an les abbayes et prieurez et autres maisons monastiques, tant d'hommes que de femmes, exemptz et non exemptz, s'enquérir des contraventions faictes à l'article cy-dessus, ensemble faire recevoir gratuitement et sans frais en chacune d'icelles le nombre de religieux et religieuses qui y doibt estre suivant les fondations et que les revenus le peuvent porter, corriger leurs excedz, punir leurs faultes et restablir l'ancienne et droicte discipline monastique, nonobstant priviléges ou exemptions qu'aucuns d'iceulx puissent dire ou alléguer, suivant et conformément à voz ordonnances.

AU ROY.

Sa Majesté entend que les Evesques et autres ecclésiastiques soient advertis de faire les visites ausquelles ils sont obligez par le debvoir de leurs charges et par les ordonnances.

V.

Le plus grand soing que vostre Majesté très-chrestienne doibt avoir est de la distribution des deniers de l'Eglise, à ce qu'ils soient employez aux usages ausquels ils sont destinez. Or est-il que, Dieu visitant son peuple de maladie de lèpre, plusieurs avoient aumosné, tant en terres que autres revenus, grans biens pour nourrir et entretenir les malades. Ce fléau cessant à présent, grâces à Dieu, ces revenus demeurent entre les mains de plusieurs particuliers qui en abusent. Vostre Majesté ordonnera, s'il luy plaist, que lesdicts biens qui ne sont affectez à aucuns Trésors d'églises, et les fondations et services accomplis, seront remis aux hospitaux des villes plus prochaines, pour estre, suivant l'intention des fondateurs, employez à la nourriture des pauvres, et que les comptes desdicts deniers se rendront gratuitement et sans aucuns fraiz ny taxes.

AU ROY.

Sa Majesté prendra advis du sieur Cardinal de la Rochefoucauld, Grand Aumosnier de France, pour y estre pourveu; et veult ce pendant que les comptes soient rendus sans fraiz.

VI.

La Noblesse françoise, qui, soubz les auspices de ses princes, a dompté tout ce qui s'est opposé à elle, couvert et asseuré, soubz les aisles de ses armes, tous ceulx qui se sont jettez à refuge entre ses bras, qui n'a jamais manqué ny ne manquera d'ardeur et affection de prodiguer ses biens, respandre son sang, sacrifier sa vie pour vostre service, s'exposer, comme un rempart et plus asseurée frontière, contre tous les périls qui se peuvent présenter, doibt estre maintenue en ceste volonté par voz bien-faicts, et excitée à la continuation de ceste générosité par l'augmentation de toutes sortes de priviléges et conservation de ceux desquels elle est en possession, altérez néantmoings et diminuez par une infinité d'inventions d'espritz subtils qui la veullent rendre tributaire et semblable au reste de vostre peuple. Elle vous supplie doncques qu'elle soit franche et exempte (comme elle a esté par le passé) de tous tributs populaires, comme quatriesmes, entrées des villes et autres, et qu'elle puisse prendre du sel en vos Gabelles au prix du marchant, dont la quantité que chacun en debvra prendre sera réglée par vos officiers, eu esgard au nombre de leurs domestiques et serviteurs.

Au Roy. Et en sont les Commissaires d'advis.

Le Roy veult conserver les priviléges accordez à la Noblesse par les roys ses prédécesseurs, sans qu'il y soit rien altéré.

VII.

Le tiers Estat, Sire, peut emprunter la voix de Iérémie pour plaindre ses misères; et néantmoings il ne les plaindra qu'à demy. Dieu l'a nombré avec le glaive; la peste le consomme, la famine le dévore, les daces et tributz insolitz et excessifs l'exterminent; son plus heureux souhait est celuy de la mort. Toutesfois, comme l'éguille du cadran touchée de la pierre d'aymant tire tousjours vers le Nort, ainsi ce pauvre peuple, accablé et touché de toutes sortes d'afflictions, tourne son regard et tout le reste de son espoir vers son Prince et son Roy, duquel seul il attend quelque soulagement. Autrement, la tempeste est si grande, et ce misérable vaisseau flotte entre tant d'esceuils que, s'il n'est secouru de vostre Majesté comme de son vray pilote, il n'y a plus d'espoir de salut. Ceste attente nous faict lever les yeux de dessus vous, qui estes l'image vivante du Dieu vivant, pour les tourner vers Dieu mesme, affin de le supplier qu'il vous inspire à ne vouloir que ce qui est bon et juste et rejetter entièrement toutes les mauvaises et pernicieuses inventions que les sansues populaires vous pourront proposer, à la ruine, charge et oppression de voz pauvres subjectz, et, par un mesme, nous descharger entièrement de la grande Crue, et non-seulement de la part de six cens mil livres, dont vostre Majesté promet, ceste année prochaine, faire diminution sur toutes les Généralitez de ce royaume.

AU ROY.

Sa Majesté a deschargé ses subjectz de six cens mil livres en la présente année, dont sa province de Norman-

die a esté deschargée en son particulier de six-vingts mil livres, et continuera à l'advenir autant que la nécessité de ses affaires le pourra permettre.

VIII.

La disette des bledz et de toutes autres sortes de grains a esté si grande en ceste Province, depuis trois ou quatre ans, qu'elle a causé une famine presque universelle, et ceste nécessité obligé le pauvre peuple à chercher sa nourriture aux herbes, racines et autres choses jusques icy non congneues pour le vivre des hommes, ce qui a faict naistre plusieurs sortes de maladies contagieuses, qui ont emporté presque la moitié des habitans de ceste Province. Cela faict que nous vous supplions n'accorder aucune commission pour enlever des bledz aux pays estrangers, le commerce de telle marchandise estant bon, quand nous en avons abondance, et non, quand il y en a nécessité, comme ceste année.

Au Roy. Et en sont les Commissaires d'advis, attendu la grande disette et nécessité du peuple, et que le bled est plus cher en ceste saison qu'il n'estoit l'année passée à la St-Jean.

Le Roy a pourveu au présent article, par les deffences dernières qui ont esté publiées et réitérées depuis peu.

IX.

Toutes les plus grandes maladies qui ayent jamais agitté les républiques ont esté des usures, qui, comme morsures d'aspic, font mourir l'homme en dormant, ruinent insensiblement les biens et fortunes des familles, et lesquelles toutes loix divines et humaines ont prohibées et deffendues. Vostre Majesté, ces dernières années, a décerné commission à vostre Cour de Parlement pour rechercher, punir et chastier ceulx qui s'en trouverroient coulpables. Sire, plaignez vous vous-mesmes, et demandez justice de ceulx qui ruinent vos finances et vostre peuple, par manifestes usures. La nécessité de vos affaires a, en ces derniers temps, faict ériger maints estatz, ausquels on a attribué, aux uns un sold pour livre de la taille, aux autres huict deniers, six, quatre, et trois deniers, tous lesquels vendus en hérédité n'ont poinct fourny en vostre Espargne argent qu'à raison du denier six, sept, et le plus hault, huict ou neuf, qui doibt estre par vostre ordonnance en ceste Province au denier quatorze, qui est une usure insolite, excessive et punissable. Qu'il plaise à vostre Majesté recevoir vostre pauvre peuple dénonciateur contre ceulx qui abusent des loix, et qui, contre icelles, tirent un si excessif proffict, et faisant droict sur leur plaincte, révoquer dès à présent toutes leurs fonctions, réduire au denier quatorze ce que chacun de ces nouveaux et inutilz officiers justiffieront avoir financé et estre entré en voz coffres pour l'achapt desdicts estatz, leur précomptant sur le sort principal ce qu'ils ont eu par chacun an d'usures plus que le légitime prix, et donner à vostre peuple le surplus, pour estre, par les Collecteurs des tailles en chacune parroisse, employé tous les ans au raquit de ce qui se trouvera deub de reste du sort principal. Ce faisant, les acquéreurs desdicts offices ne se pourront plaindre d'avoir le proffict de leur argent au prix ordinaire et légitime ; voz finances s'en trouveront grandement deschargées, et vostre pauvre peuple bénira vostre Majesté du soulagement qu'il en recevra.

Au Roy. Et en sont les Commissaires d'advis.

Le Roy a fait proposer un semblable article en l'assemblée des Notables, pour luy en estre donné advis, suivant lequel il pourvoira, pour le bien de ses subjectz, le plus favorablement qu'il se pourra.

X.

Nous la supplions aussi, pour mesme raison, révoquer l'édict du mois de febvrier dernier, depuis peu présenté à la

Chambre des Comptes, portant augmentation de gaiges aux Controlleurs généraulx des finances, du taillon, des bois, et autres, ensemble une nouvelle attribution d'un denier pour livre aux Receveurs généraulx de voz finances et taillon et de trois deniers pour livre ausdicts Receveurs de voz bois, et ce en hérédité, estant de pareille conséquence que les autres et autant à la charge de voz finances et oppression de vostre pauvre peuple.

AU ROY.

L'attribution desdicts droictz et augmentation de gaiges est prise sur le fondz du Roy et non imposée sur son peuple, de sorte qu'ils n'ont pas subject de se plaindre et d'en demander l'extinction.

XI.

Comme un mal tire l'autre, et ne va jamais tout seul, les payements qu'il convient faire de tous ces droictz héréditaires à tant de différentz particuliers ruinent entièrement les Collecteurs de vos tailles, d'autant qu'il ne s'en trouve possédés par aucuns habitans de ceste Province, et qui partant n'y ont domicile, sy bien qu'ils ne sçavent à qui s'adresser pour les payer, voyant plustot des sergeans et huissiers pour leur demander que les propriétaires, les courses desquels leur couste plus que ce pour quoy on les a envoyez. Il plaira à vostre Majesté, en attendant qu'Elle puisse entièrement nous descharger de si pesants fardeaux, ordonner que ceulx qui possèdent lesdicts droitz, esliront domiciles ès villes et lieux où se faict vostre recepte, lesquels ils feront tous les ans signifier aux Collecteurs de vos tailles.

Au Roy. Et en sont les Commissaires d'advis, suyvant l'arrest du Conseil du...

Le Roy a pourveu au soulagement de son peuple.

XII.

Les Collecteurs des tailles, qui chacun an sont pour les asseoir et recueillir, ont de grandes peines et coustz, pour ausquels subvenir et ayder à supporter ce fardeau, on leur avait attribué vingt deniers pour livre, lesquels ils cédoient, et outre donnoient du leur trente, quarante et cinquante escus, selon la grandeur des paroisses. Aujourd'huy, Sire, on leur a osté lesdicts vingt deniers entièrement, qui est proprement chacun an ruiner un ou deux de voz subjectz en chaque paroisse et les rendre du tout misérables et impuissants, et, pour la révolution de quelque nombre d'années, les mettre, l'un après l'autre, tous au bissac, vous priver de tailles et de Collecteurs tout ensemble. Ce que vostre Majesté mesme recognoissant leur a, par ces dernières patentes, attribué six deniers pour livre, pour leur ayder aucunement à supporter les fraiz qu'ils sont contraincts de faire pour ladicte collecte; mais d'autant que ceste levée est une nouvelle charge, et partant grandement à la foulle et oppression du général, nous la supplions qu'il luy plaise révoquer ladicte nouvelle levée et attributions et ordonner que les vingt deniers pour livre, dont lesdicts Collecteurs jouissoient cy-devant, leur seront rendus (cela empeschera la ruine de vostre peuple, et conservera vos tailles) et, par un mesme, ordonner qu'ils ne seront obligez d'appeler les Commissaires des tailles lors de la confection des roolles, pour les abbus et surprises qu'ils y commettent, les changeant, altérant, et variant, ainsi que bon leur semble, par l'authorité qu'ils s'y donnent, pour estre possédez par personnes plus puissantes que lesdicts Collecteurs.

Au Roy. Et sont les Commissaires d'advis que les Collecteurs ne soient tenus d'appeller les Commissaires des tailles.

L'attribution du droict de six deniers aux Collecteurs a esté accordée par sa Majesté sur les remonstrances qui en ont esté faictes par les Trésoriers de France et offi-

ciers des Eslections, pour donner moyen ausdicts Collecteurs de supporter la charge et fraiz de la collecte des deniers de la taille; et sur la plaincte qui se pourra faire contre les Commissaires, lesdicts Collecteurs se pourvoirront par devant les Esleuz, auxquels est enjoinct d'y apporter tel règlement à l'advenir, que lesdicts Collecteurs n'ayent subject de s'en plaindre; et faict sa Majesté deffences à toutes personnes, de quelque qualité et condition qu'elles soient, d'empescher la liberté de l'assiette.

XIII.

Il y a longtemps que nous nous plaignons du nombre excessif des Esleuz; et toutesfois, au lieu de les diminuer, ainsi que vostre Majesté nous avoit promis et faict espérer aux années dernières, nous les voyons journellement multiplier jusques à un nombre sans nombre, ayant encor esté ceste année apporté édict du mois de décembre mil six cens vingt-cinq en la Cour des Aydes, pour en créer deux nouveaux. Nous supplions très-humblement vostre Majesté de considérer les raisons portées par cet édict, sur lesquels elle fonde la révocation des Esleuz des sièges particuliers, qui ne sont que cinq en ceste Province, estimants que, sy vous les avez jugées pertinentes pour en supprimer cinq, qu'elles doibvent avoir plus de force pour révoquer ceulx érigez par cet édict, qui sont plus de soixante, l'un seul desquels fera plus de mal et sera plus en charge à vostre peuple que les cinq ensemble. Il plaira donc à vostre Majesté se resouvenir des promesses qu'Elle nous a faictes et réitérées depuis quatre à cinq ans en ça, et y ayant esgard, révoquer non seulement ceulx créez par cet édict, mais mesmes suprimer tous les autres, jusques à la réduction du nombre antien, qui estoit d'un ou deux au plus, et pour cet effect, ne permettre à l'advenir qu'ils soient receuz à payer le droict annuel.

Ainsi réduits, ils vous rendront plus de service, et plus de justice à vos subjectz, ce nombre déréglé ne faisant que diminuer vos finances par leurs gages, taxations et exemptions de tailles, et, comme sansues, tirant la substance de vos peuples, par les espices et autres droictz qu'ils exigent d'eulx. Nous vous supplions aussi réduire les Trésoriers de France au nombre qu'ils estoient anciennement.

Au Roy. Et en sont les Commissaires d'advis, supliant sa Majesté d'ordonner la supression desdicts Esleuz, vacation advenant par mort, jusques au nombre qu'il plaira à sa dicte Majeeté, et à ceste fin qu'ils ne seront receuz au droict annuel.

Vaccation advenant par mort, sa Majesté veult et entend qu'ils soient supprimez.

XIIII.

Nous demandons la révocation des Conseillers Assesseurs, Commissaires Examinateurs, parisy, présentations, droict de clerc, doublement et tiercement de sceau, Procureurs des juridictions inférieures, secondz Advocats de vostre Majesté, controolle des tiltres, marques des cuirs, ports des mandemens et Receveurs des consignations, ou du moins qu'il n'ayt lieu, lorsqu'il est question de vos deniers, et que les Collecteurs des tailles sont demandeurs pour estre payez de voz droictz et tailles.

Au Roy. Et sont les Commissaires d'advis, qu'il soit faict deffences aux Receveurs des consignations de recevoir aucuns droitz pour la consignation des deniers des tailles ou autres deniers appartenans au Roy, à peine de concussion.

Le Roy n'entend pas que les Receveurs des consignations prennent aucun droict pour les biens vendus pour le payement des tailles, et veult que lettres de déclaration nécessaires soient expédiées sur ce subject.

XV.

Nous demandons pareillement la révocation de l'escu pour tonneau de mer, trois escus pour tonneau de vin, quarante sols pour tonneau de sildre, et vingt sols pour tonneau de poirey, qui se payent aux entrées des villes de Rouen, Havre et Dieppe, tels impostz ruinant tout-à-faict le commerce.

AU ROY.

Le Roy ne peult diminuer lesdicts droictz qui se lèvent ès entrées, attendu les grandes despences qu'il est à présent contrainct de faire pour l'establissement et seureté du commerce et conservation des costes.

XVI.

Le sel, don de Dieu et trésor de la France, dont la nature est de donner goust, assaisonner et conserver toutes choses, la perd en ceste Province, par le prix excessif où il est, qui croist de jour en jour, qui dégouste, affadit et ruine le peuple, réduit pour la pluspart à vivre caninement, c'est-à-dire à ne manger que du pain et boire de l'eau, jusques-là que l'on nous menace encores de plusieurs édictz pour en augmenter le prix de six deniers, quatre deniers pour livre et autres grandes attributions héréditaires. Les adjudicataires mesmes de voz Gabelles, pour achever de ruiner vostre peuple, depuis peu de temps, lui ont baillé du sel qui n'est ny bon, ny naturel, encores vert, et tout dégoutant d'eaue : ce qui a perdu toutes les provisions qui en avoient esté sallées. Sire, considérez, s'il vous plaist, la misère où il est à présent ; et, en ayant pitié, réduisez toutes choses à tel poinct qu'il puisse vivoter soubz vostre règne. Remettez doncques le sel au prix où il estoit du vivant de voz prédécesseurs, révoquez tous ces offices de Commissaires et autres charges qui ont esté vendus en hérédité depuis l'année mil six cens dix-huict, et commandez qu'il soit gardé en dépost en vos Gabelles, le temps porté par vos ordonnances, avant que le distribuer à vos subjectz, et enjoignez aux Trésoriers de France, en faisant leurs chevauchées, visiter vos greniers et faire jetter celuy qu'ils y trouveront qui ne sera bon et loyal. Ce sera un acte digne de vostre bonté et clémence envers vostre peuple, qui fera que Dieu entendra plustost les prières et supplications qu'il faict et continuera de faire pour vostre prospérité et salut de vostre Estat, que les gémissements, angoisses et soupirs des oppressions que l'on luy faict souffrir.

Au Roy. Et sont les Commissaires d'advis, que les adjudicataires soient tenus de mettre le sel en dépost durant six mois suivant les ordonnances, et qu'il soit enjoinct aux Trésoriers de France, faisant leurs chevauchées, de visiter les greniers, présence des adjudicataires, et jetter le sel qui ne se trouvera bon et naturel, et enjoinct aux adjudicataires y avoir boisseaux, demys boisseaux et quartes, suivant les ordonnances et règlements.

Le Roy ne peult diminuer le prix du sel, mais entend que ses ordonnances soient gardées, et que le sel ne soit vendu aux greniers qu'il n'ayt acquis le dépost porté par icelles.

XVII.

La nécessité de l'Estat a faict vendre les greffes de toutes les juridictions de Normandie, qui sont exercez, par les acquéreurs ou ceulx qu'ils y préposent, avec telle avarice et excedz, que ce dont il ne leur appartient que dix sols, ils en exigent trente, et de qui trente en prennent cinq, six et sept francz; et ainsi de tous les actes qu'ils délivrent; et ce à la ruine de vostre pauvre peuple. Ce qu'ils font impunément pour avoir osté la congnoissance de leurs exactions aux juges ordinaires et Cours souveraines de ceste Province, et attribuée à vostre Conseil, sçachant que le pauvre n'y sçauroit aller, ny le riche consommer le reste de son bien à la suitte d'iceluy, pour avoir raison de l'exaction commise en son particulier. Vostre Majesté est supliée, pour pourveoir à ce désordre, d'ordonner que lesdicts greffiers se contenteront, pour les actes qu'ils délivreront, du sallaire limité par vos ordonnances et arrestz de vostre Parlement, tant pour peau de parchemin, que feuilles de papier bien et légitimement escriptz, tant pour le nombre des lignes que des sillables en chacune ligne, et que lesdictes taxes seront escriptes et attachez à un tableau posé en lieu public de chacun auditoire, et rendre la congnoissance des contraventions aux juges ordinaires et Cours souveraines de ceste Province. Autrement la justice perdra son nom, et dégénérera à un manifeste brigandage.

Au Roy. Et en sont les Commissaires d'advis.

Le Roy veult que les greffiers gardent les règlements qui ont esté faicts pour leurs charges et sallaires, et qu'ils soient affichez en lieu public en l'auditoire; et s'il y est contrevenu, en présentant requeste, y sera pourveu.

XVIII.

Vos subjectz de la basse Normandie n'ont point de meilleur moyen ny qui leur ayde autant à subvenir au payement de vos tailles et autres contributions, que la vente et usage du sel blanc, lequel leur est maintenant rendu inutile, par la rigueur des fermiers de vos quatriesmes, lesquels, sans considérer les grands fraiz qu'il convient advancer pour le faire, veulent rigoureusement avoir en essence le quatriesme dudict sel, ce que les précédents fermiers n'avoient accoustumé de prendre, s'accommodans de telle sorte que les uns et les autres pouvoient vivre et vous payer. Nous supplions vostre Majesté remédier à ceste rigueur, et ordonner que lesdicts adjudicataires se contenteront du quatriesme du prix à quoy sont affermées lesdictes salines, ou bien, s'ils veulent avoir le sel en essence, du huitième boisseau.

Au Roy. Et en sont les Commissaires d'advis.

Les fermiers et adjudicataires des aydes et gabelles ouys, sa Majesté pourvoirra sur le contenu au présent article, ainsi qu'il appartiendra par raison.

XIX.

La mauvaise fortune, quelque ingénieuse qu'elle peust estre, ne pouvoit employer autres outilz pour faire un chef-d'œuvre de calamité et misère que les procès, dont la nécessité est née avec les hommes, et ne finira qu'avec eulx, qui ruine les corps, les espritz et les biens, y ayant des formes subtilles et tresbuchetz où les plus fins et rusez attrapent les plus simples, et où la bonne cause est renversée par la mauvaise. Entr'autres est un stylle de signature, observé aux procès réglez par escript, par lequel, après que les parties ont déduict et articulé leurs faictz probatifz et négatifz par leurs demandes, deffenses, répliques et dupliques, au lieu de conclusion, ils eslizent leurs signatures en faict ou droict, de sorte que quelques faux faictz que le plus fin et rusé aura articullez luy demeurent pour vrays et constans, sans en faire preuve, et sur lesquels se décide le procès, au grand préjudice du bon droict. Qu'il plaise à vostre Majesté, à la suplication de tout vostre peuple, abolir ceste façon de signatures, qui n'est qu'un stylle introduict par abusage, non par ordonnance, loy ny coustume, et ordonner qu'après que les parties auront instruit le procès, ils clorront iceluy pour attendre droict et jugement; et le juge voyant le procès ordonnera aux parties de faire preuve des faicts qu'il jugera pertinens pour la décision de la cause.

Au Roy. Et sont les Commissaires d'advis qu'il soit adressé Commission à son Parlement pour en délibérer, et, l'advis veu, estre ordonné par sa Majesté qu'il appartiendra.

Sa Majesté renvoye cet article au Parlement, pour luy donner advis sur le contenu en iceluy; et sera commission délivrée à cet effect.

XX.

Il y a plusieurs années que nous avons faict plaincte à vostre Majesté du desbris et dégradements des ponts, chemins, et passages, lesquels, pour avoir esté négligez depuis un si long-temps, ont enfin ceste année esté tout-à-faict ruinez par les déluges et grandes inondations d'eaues, ce qui a entièrement faict cesser le commerce. Qu'il vous plaise recommander aux Trésoriers de France, en chaque Généralité, d'y faire promptement travailler, à ceste fin ordonner que les deniers levez en ceste Province pour cet effect, qui ne montent pas moins de trente mil livres, y demeureront, sans estre portez à vostre Espargne, et employez sans divertissement aux lieux les plus importans et nécessaires pour la conservation du commerce, sans lequel il est impossible à vos subjectz de subvenir au payement de vos tailles.

Au Roy. Et en sont les Commissaires d'advis.

Sa Majesté pourvoirra l'année présente d'un fondz suffisant pour réparer les chemins, pontz et chaussées de ladicte Province.

XXI.

Les voix et lamentations des pauvres veufves, enfans orphelins et autres personnes de condition misérable, qui combattent avec la nécessité des vivres qui est à présent, ayants pour tous biens quelques rentes sur vos receptes tant généralles que particulières, supplient vostre Majesté de les entendre et ne permettre que, faulte de payement, ils périssent de faim, et ordonner que fondz sera faict entier, certain et ordinaire, pour payer lesdictes rentes à tous ceulx ausquels elles sont deues, à ce que personne ne se repente d'avoir faict service à vos prédéceesseurs et à vostre Maiesté, ny retarde à l'advenir, quand l'occasion s'en présentera, d'en continuer de semblables.

AU ROY.

Le Roy a satisfait au présent article par la responce au dix-huitième article des Cahiers des Estatz du unzième janvier mil six cens vingt-trois, à laquelle il ne peut rien adjouster.

XXII.

La commodité de la mer amène plusieurs estrangers en ceste Province, qui aujourd'huy font tout le commerce de marchandise, de quelque qualité qu'elle soit, au préjudice des habitans d'icelle, qui avoient accoustumé seuls traicter ledict traffic, qui rendoit vostre royaume riche, opulent, et nécessaire à toutes les nations voisines et esloignées, n'estant permis aux estrangers par les loix et police de vos bonnes villes se mesler dudict traffic. Mais pour les circonvenir, aucuns obtiennent de vostre Majesté lettres de naturalitez, soubz le privilége desquelles ils deçoivent et vostre intention et le bien public. Car après avoir amassé grandes richesses et mis par devers eulx les biens de la Province, qu'ils font secrètement emporter, se retirent en leur païs, la privant de leurs personnes et de leurs facultez. Qu'il plaise à vostre Majesté ne concéder lesdictes lettres qu'à personnes qui soient mariez à femmes de France, ayants enfans, maisons, terres et professions de grande valeur, du moins jusques à trente mil livres, qu'ils ne pourront ny vendre ny alliéner, ains demeureront spéciallement affectez pour assurance de leur demeure, ou autres gaiges qui les puissent obliger et qui ostent tout soupçon d'abandonner vostre Royaume, lesquelles lettres ils feront vériffier en vos Cours souveraines, et registrer ès registres des hostelz communs de vos villes, comme en cas semblable il est prescrit par vos ordonnances.

Au Roy. Et en sont les Commissaires d'advis.

Le Roy pourvoirra par un bon règlement à ce qui concerne les naturalitez des estrangers en son Royaume et le commerce d'iceulx, et en fera expédier ses lettres de déclaration, qu'il envoyera en sa Cour de Parlement de Rouen, comme en toutes les autres de ce royaume.

XXIII.

Les sansuës du peuple et ennemis du repos public, non contens d'avoir mis sus tant d'édictz, charges et impositions qui ruinent et accablent vos subjectz, aucuns d'eulx se sont advisez d'obtenir de vostre Majesté don des places, loges et boutiques que les marchands ont en la foyre de Guibray, comme si elles estoient domaniales, et ce pour achever de tout perdre et rompre ce dernier canal par lequel nous tirons encores quelques commoditez pour vivre et payer vos tailles. Les intéressez ont justiffié à vostre Conseil les droictz en vertu desquels ils en jouissent et la possession immémoriale et plus que centenaire qu'ils en ont, après laquelle ils pensent debvoir estre asseurez. C'est pourquoy ils supplient vostre Majesté révoquer ledict don, et deffendre, comme desjà vous avez faict par plusieurs arrestz, à toutes personnes de les y troubler et inquiéter, à ce qu'ils puissent continuer le traffic par le seul moyen duquel ils peuvent fournir au payement de vos tailles et autres droictz et subsides.

Au Roy. Et en sont les Commissaires d'advis.

Le Roy révoquera tous les dons qui ont esté expédiez, et au surplus pourvoirra, ainsi qu'il verra estre à faire par raison.

XXIIII.

Encores que, par le quatrième article du Cayer des Estatz tenus en mil six cens vingt-ung, vostre Majesté nous eust accordé que ceulx qui, ayants esté une fois imposez aux tailles, comme naturels taillables, ès paroisses dépendantes des Eslections de ceste Province, se retirans ailleurs, ne pourroient pour ce s'exempter de la payer aux paroisses dont ils seroient sortis, néantmoings plusieurs obtiennent journellement en vostre Conseil des descharges au préjudice de ce règlement si nécessaire et si sainctement donné. Ce qui est de telle conséquence, que, s'il n'y est pourveu par vostre Majesté, cette Province se trouvera, en peu de temps, destituée d'habitans qui puissent payer la taille et fournir aux autres charges de l'Estat, estant un vray moyen pour affranchir tous les riches taillables, les faire nobles, ou du moins leur donner un commencement de noblesse, d'autant que se retirant au Mayne, Bretaigne ou aux autres Provinces limitrophes, après la demeure de trois ans èsdictes Provinces, ils seront entièrement deschargez de la taille de Normandie, sy bien que, revenans demeurer après ces trois ans expirez en l'une des villes franches ou amodiez de ce païs, ils ne seront plus imposez aux tailles, ains seront exemptz de toutes charges au préjudice des pauvres et nécessiteux. C'est pourquoy nous suplions vostre Majesté d'ordonner, conformément à tant d'arrestz, lettres et déclarations, et sans avoir esgard aux arrestz depuis deux ou trois ans en çà donnez en vostre Conseil par surprise, que la responce dudict quatrième article sera gardée et observée selon sa forme et teneur, contre tous ceulx qui auront esté enrollez comme naturelz taillables aux paroisses dépendantes des Eslections de ceste Province, avec deffences d'y contrevenir, et en interdisant toute congnoissance et juridiction aux juges des autres Provinces, l'attribuant aux Esleuz, et par appel à la Cour des Aydes de ce païs de Normandie.

Au Roy. Et en sont les Commissaires d'advis.

Le Roy prendra advis de la Cour des Aydes et Trésoriers de France de Normandie sur le contenu du présent article, pour y pourveoir ainsi que de raison ; et cependant le précédent règlement sera gardé.

XXV.

Nous nous plaignons contre le Fermier des Traictes foraines, de ce que, au préjudice de son bail, il a estably, de son authorité particulière, de nouveaux bureaux à Alençon et au bourg de Cousternes, ce que les précédents adjudicataires n'avoient jamais entrepris. Vostre Maiesté, s'il luy plaist, cassera ces bureaux, et luy fera deffences d'en établir en autres lieux de ceste Province que ceulx qui y estoient pendant les fermiers précédens, et, par un mesme, révoquera toutes commissions extraordinaires, et deffendra à tous juges qui ne sont de ceste Province de les venir exécuter, y en ayant assez et plus qu'il n'en fault en ce païs pour nous faire justice.

Au Roy. Et en sont les Commissaires d'advis.
Le Fermier ouy, y sera pourveu.

XXVI.

Sire, nous ne pouvons assez vous représenter le misérable estat où nous ont réduit les soldats et gens de guerre qui ont passé et séjourné en ceste Province : ils ont battu et outragé noz corps, traicté indignement les femmes et filles, logé et pillé les maisons des gens d'Eglise, emply leurs bourses de noz biens, et finalement défiguré les lieux par où ils ont passé, faisans plus de mal en un jour, que la peste et la famine ne nous a faict en six ou sept ans. Le moyen de remédier à ces désordres est d'ordonner qu'avant qu'aucunes troupes de gens de guerre entrent en ce païs, ou y soyent envoyez pour y tenir garnison, Nosseigneurs noz Gouverneurs seront advertis des chemins et lieux où ils doibvent passer et séjourner, et ce en temps qu'ils puissent commo-

8

dément faire dresser les estappes pour les trouppes passantes, suivant vos édictz et ordonnances sur ce faictes, et lesquelles ils feront garder selon leur forme et teneur ; et pour celles qui seront envoyées en garnison, Vostre Majesté commandera qu'ils facent monstre avant qu'entrer ausdictes garnisons, qui leur sera payée des deniers qui se lèvent en ceste Province pour la solde desdicts gens de guerre, auquel effect certaine somme sera laissée ès mains de vos Trésoriers. Cela leur ostera le prétexte de nous piller, et sera un très-grand soulagement à vos subjectz.

Au Roy. Et en sont les Commissaires d'advis.

Les estappes seront establies ainsi qu'elles ont desjà esté ès Provinces de Champagne et Picardie; et pour le regard de l'établissement des garnisons, il y sera pourveu selon qu'il sera arresté et ordonné par sa Majesté, après l'advis donné par l'assemblée des Notables.

XXVII.

Vostre Majesté nous permet de lever sur nous quelques deniers pour les fraiz de l'assemblée des Estatz, payer le voyage de nos députez, acquitter les gaiges de nos officiers, et autres charges qui nous arrivent, dont compte est rendu tous les ans pardevant quatre Trésoriers de France nommez de vostre Majesté et six depputez desdicts Estatz, ordre très-ancien et gardé jusques à ce jourd'hui. Néantmoings, ceste année, en l'estat de vos finances expédié en vostre Conseil et envoyé aux Trésoriers de France, il est dict en l'article concernant la délivrance desdicts deniers, que la somme destinée pour nos dictes affaires ne sera délivrée à nostre Trésorier qu'après qu'il aura porté en vostre dict Conseil l'estat de la despence d'icelle, nouveauté extraordinaire et non jusques à ce jour pratiquée. Qu'il vous plaise, sans avoir esgard au contenu dudict article, ordonner que les deniers destinez pour nos affaires seront mis tous les ans ès mains de vostre Trésorier, ainsi qu'il est accoustumé, ne pouvant estre mieux distribuez que par les ordonnances de l'assemblée desdicts Estatz, et les comptes plus fidellement s'en rendre qu'en la présence de quatre de vos officiers et six depputez d'entre nous.

Au Roy. Et en sont les Commissaires d'advis, et que sa Majesté ayt agréable, suivant l'ordonnance des Trésoriers Généraulx de France, que les receveurs généraulx de Rouen et Caen seront contraincts et par corps de payer comptant, ès mains du Trésorier des Estatz, les deniers destinez pour les Estatz de la Province, et que ledict Trésorier soit deschargé de porter au Conseil l'estat de sa despence, et sera tenu d'en rendre compte ainsi qu'il est accoustumé.

Accordé.

XXVIII.

Les adjudicataires de vos Gabelles apportent une grande incommodité à vos subjectz par la voicture du sel; car oultre qu'ils les contraignent de la faire au temps de leur labeur, ils les font encor respondre du déchet qui se trouve, plustost par leur malice que par la faulte de ceulx qui le portent. Il vous plaira ordonner que lesdictes voictures se feront en saison commode, et que les voicturiers ne seront tenus d'aucuns déchetz, s'il n'est prouvé contre eulx qu'ils en ayent mal usé, vos adjudicataires, pour plus grande asseurance, pouvant faire accompagner de leurs Archers lesdicts voicturiers, s'ils advisent que bien soit.

Au Roy. Et en sont les Commissaires d'advis.

Les laboureurs qui sont subjectz aux voitures du sel ne seront contraincts de faire lesdictes voictures qu'en temps convenable, en leur payant les droictz accoustumez, et suivant les ordonnances; et pour le déchet, en seront deschargez, s'il n'est prouvé contre eulx qu'ils en ayent mal usé.

XXIX.

Entre les grandes prérogatives qui ont honoré ceste Province, est que vostre Majesté a esté Gouverneur d'icelle avant son advènement à la Couronne, usé et jouy des priviléges déférez de tout temps à ceulx que vos prédécesseurs ont préposez à ceste honorable charge, entre lesquels est de pourveoir aux Maistres des postes, invention d'Auguste, l'un des plus grands monarques qui ayt esté en l'Empire Romain, pour la nécessité et utilité d'estre adverty de ce qui se passoit aux Provinces plus esloignées, lesquels Maistres des postes tirent leurs gaiges des deniers destinez pour les affaires de ceste Province, suivant l'estat qui en est dressé tous les ans par Nosseigneurs les Gouverneurs, et desquels compte est rendu par chacun an par devant les députez des Estatz d'icelle. Aussi est-il raisonnable qu'ils soient pourveuz et préposez par nosdicts seigneurs les Gouverneurs et Lieutenans généraulx de vostre Majesté, dont ils sont en possession de temps immémorial, pour leur commander ce qui est de vostre service et deffendre ce qui y pourroit préjudicier. Néantmoings le sieur Dalmeras, Controlleur général des postes, depuis peu, contre les priviléges de la Province et authorité de vos dicts Lieutenans généraulx, a prétendu nommer et pourvoir ausdictes charges, et ordonner de leurs gaiges. Vostre Majesté est supliée ne permettre ceste entreprise nouvelle et maintenir l'ordre de tout temps gardé et observé touchant l'establissement desdicts postes.

Au Roy. Et en sont les Commissaires d'advis.
Remis au jugement de l'instance pendante au Conseil.

XXX.

Sire, nous recognoissons la nécessité de vos affaires, et désirerions que ceulx qui ont manié vos finances, les années passées, nous eussent laissé quelque chose pour vous offrir;

mais ils ont usé de tant d'inventions, édictz, commissions ordinaires et extraordinaires, qu'ils ont faict tarir la source de toutes noz commoditez. Les estangs qui ne coulent que par leur canal et conduit ordinaire s'entretiennent tousjours ; mais quand la bonde est levée, ou la chaussée rompue, ils sont incontinent à sec. Les années passées, on a tiré de nous, sans ordre, sans mesure, tout ce que nous avions, et sans esgard à nostre pouvoir, qui nous rend en celle-cy tellement impuissans, que nous ne vous pouvons rien offrir. Néantmoings, l'affection que nous avons et aurons à jamais au bien de cet Estat et de vostre service, nous faict surmonter toutes ces nécessitez pour vous offrir, ceste année, Assavoir, pour la Génerallité de Rouen, la somme de six cens vingt-cinq mil trois cens soixante-seize livres seize sols,

Et pour la Généralité de Caen, la somme de trois cens soixante mil six cens quatre-vingts quatre livres six sols,

Lesdictes deux sommes revenans ensemble à neuf cens soixante et seize mil soixante et une livre douze sols, à quoy nous supplions très-humblement vostre Majesté se contenter, nous deschargeant de toutes autres levées.

Faict en la Convention des Estatz de Normandie, tenus à Rouen au manoir Archiépiscopal, le dixième jour de décembre mil six cens vingt-six.

Signé: Echard.

Les Commissaires tenans la présente Convention, ayans ouy la responce des déléguez des Estatz à la proposition et demande à eulx faicte de la part du Roy, par laquelle ils consentent luy payer, pour l'année prochaine mil six cens vingt-sept, neuf cens soixante et seize mil soixante et une livre douze sols, suppliant sa Majesté qu'il luy plaise les exempter de toutes autres levées, Nous avons ordonné que levée de deniers sera faicte en ladicte année prochaine, suivant les lettres-patentes de commission pour ce expédiées, selon la forme portée par icelles, et ce par provision ; et pour le surplus, renvoyez par devers sa dicte Majesté. Ce qui a esté prononcé publiquement en la dicte assemblée desdicts Estatz, le dixième jour de décembre mil six cens vingt-six. Signé : Par lesdicts sieurs Commissaires :

AUBOURG.

Le Roy ne peult quant à présent faire autre responce que celle des Cahiers des années vingt-quatre et vingt-cinq, et qu'il a faict sur l'article septième du présent cahier.

Les Articles et Remonstrances contenues au présent Cahier, ont esté veues et respondues par le Roy estant en son Conseil, tenu à Paris, le quatrième jour de febvrier mil six cens vingt-sept.

Signé : LOUIS.

Et plus bas : POTIER.

Collationné à l'original, par moy Procureur sindic des estatz de la Province de Normandie.

Signé : ECHARD.

Extraict des Registres du Greffe des Estatz de la Province de Normandie.

LES COMMISSAIRES ordonnez et depputez par le Roy à tenir la Convention et assemblée des Estatz de la Province de Normandie en la présente année, sur ce qui a esté représenté par noble et discrète personne maistre Barthelémy Hallé sieur d'Orgeville, chanoine en l'église cathédralle Nostre Dame de Rouen, promotteur général de l'archevesché dudict lieu, et archidiacre d'Eu, ensemble par tous les déléguez et gens des trois Estatz de la province de Normandie, que, de tout temps immémorial, les greffiers, tant des bailliages que vicomtez de ceste Province, sont obligez délivrer gratuitement et sans aucuns sallaires, aux déléguez et gens des trois Estatz de ceste dicte Province, les procurations et actes de nomination qui sont faictes de leurs personnes pour venir assister à la convention des Estatz qui sont tenus en ceste Province, et néantmoings lesdicts greffiers, par usurpation et comme une concussion, auroient, ceste dicte année, faict payer à plusieurs des déléguez une somme d'argent, mesmes obligez à faire des festins et banquets auparavant que de leur avoir voulu délivrer leurs procurations et actes de nomination, contre et au préjudice de ce qui a esté de tout temps observé, à quoy ils nous ont supplié vouloir y pourveoir, et ordonner que les greffiers, qui ont pris desdicts déléguez argent pour leurs procurations et actes de nominations, seront contraincts et par corps à leur en faire restitution, avec deffences à eulx faictes de plus commettre telles faultes à l'advenir, Sur quoy Nous, Commissaires susdicts, avons ordonné que les greffiers tant des bailliages que vicomtez de ceste Province, ayants pris argent des déléguez et gens des trois Estatz de ceste dicte Province, pour l'expédition de leurs procurations et actes de nomination, seront contraincts, et par corps, à leur en faire restitution, et deffences faictes à tous lesdicts greffiers des bailliages et vicomtez de ceste Province, de prendre à l'advenir aucune chose desdicts déléguez et gens des trois Estatz d'icelle Province, pour leur délivrer les procurations et actes de nomination qui leur seront cy-après faictes pour assister à la

Convention des Estatz qui seront tenus, lesquelles est enjoinct à tous lesdicts greffiers de leur délivrer gratuitement et sans prendre aucuns sallaires, sur les peines au cas appartenant. Et à ce que la présente ordonnance soit notoire à un chacun, nous avons ordonné qu'à l'instance du Procureur syndic desdicts Estatz et diligence desdicts déléguez, que icelle sera leue et publiée par tous les bailliages et vicomtez de ceste Province de Normandie, à l'instance du Procureur desdicts Estatz et à la diligence des déléguez d'iceulx. Donné à Rouen, à la Convention desdicts Estatz, tenus le dixième jour de décembre mil six cens vingt-six. Et plus bas :

Par lesdicts sieurs Commissaires :

Aubourg.

Et scellé d'un cachet en cire rouge [1].

---

[1] A Rouen. De l'Imprimerie de Martin Le Mesgissier, Imprimeur ordinaire du Roy tenant sa boutique au haut des degrez du Palais M D C. XXVII. Avec Privilége de sa Majesté. — Réimprimé d'après l'exemplaire appartenant à l'éditeur.

ARTICLES
DES
REMONSTRANCES
Faictes en la Convention des Trois Estats
DE NORMANDIE
Tenus à Rouen, le quatorzième jour de décembre mil six cens vingt-sept.

Avec la Response et Ordonnance sur ce faicte par le Roy estant en son Conseil,

Tenu à Paris, le vingt-troisième jour de mars mil six cens vingt-huit.

AU ROY.

Et a Monseigneur le duc de Longueville et d'Estouteville, *Pair de France, Comte souverain du Neufchastel et de Vallengin en Suisse, aussi Comte de Dunois, de Chaumont et de Tancarville, Connestable héréditaire de Normandie, Gouverneur et Lieutenant général pour sa Majesté en ladicte Province.*

Et à Messeigneurs les Commissaires depputez à tenir la présente Convention.

Sire,

Un grand et excellent politique voulant représenter à son Prince combien les intéretz de ses subjectz luy doibvent estre sensibles et communs, inventa le jeu des eschetz pour luy faire voir que leur misère et pauvreté redondoit sur luy-mesme, et qu'il estoit impossible qu'il fust riche et puissant, tant que son peuple seroit pauvre et nécessiteux. Et, de faict, les Roys sont en leur Estat ce que la teste est au corps humain ; et comme il est impossible qu'elle soit bien saine et à son ayse, les membres inférieurs estans carriez et pourris de toutes sortes d'ulcères, affoiblis par grandes et réitérées saignées et débilitez par évacuations très-longues et fréquentes, ainsi l'estat de ceste Province, dont les peuples sont depuis un si long-temps battus des fléaux de Dieu, peste, guerre et famine, appauvris par un monde d'édictz nouveaux, rendus nécessiteux par toutes sortes de levées. Tout traffic et commerce est interdict avec toutes nations, qui est le dernier nauffrage de toutes leurs espérances, ne leur restant que les voix et soupirs pour émouvoir vostre bonté à avoir pitié et compassion de leur misère et à les soulager quelque peu des pesans fardeaux qui les oppressent et accablent. Un peu aydez, ils recouvriront nouvelles forces pour secourir vostre Estat, et redoubleront leurs prières envers Dieu, à ce qu'il continue de couronner vostre chef de lauriers, de faire prospérer de plus en plus voz armes, qu'ayant chassé les ennemis de cet Estat, de voz portz et havres, vous portiez le fer et le feu jusques dans leurs maisons, avec un très-heureux succez de vos entreprises, vous comblant de victoires, d'heurs et de bénédictions.

I.

Les Ecclésiastiques qui ont continuellement les bras levez vers le Ciel, redoublans incessamment leurs prières pour le rendre propice au bien, maintien et conservation de cet Estat, vous supplient que vostre piété intercède pour eulx vers vous-mesme, pour les conserver en leurs priviléges et immunitez, affin qu'ils puissent plus librement vacquer au service de Dieu, auquel ils sont destinez, et, par un mesme, ordonner que, lors qu'aucun d'eulx sera accusé d'un cas criminel, le procès s'instruira conformément à l'article vingt-deuxième de l'édict de Melun, pratiqué et observé en tous les Parlements de vostre Royaume.

Au Roy. Et sont les Commissaires d'advis, qu'il plaise à sa Majesté conserver les Ecclésiastiques en leurs immunitez, franchises, et priviléges concédez par les Rois, ainsi qu'ils en ont bien et deuement jouy.

L'intention de sa Majesté est que les Ecclésiastiques soient maintenus en leurs priviléges, franchises et libertez; et pour ce qui regarde la confection des procès criminelz, prendra l'advis de son Procureur général au Parlement de Paris sur l'usage et exécution de l'édict de Melun, pour, iceluy veu, estre pourveu aux supplians ainsi qu'il appartiendra.

II.

CE seroit renverser tout ordre, si on mesuroit toutes choses en une mesme règle. La Noblesse, qui est le bras droict de cet Estat, la plus belle partie de ce tout, qui luy conserve la vie aux despens de la sienne, doibt estre considérée autrement que le reste du peuple, la conservant en leurs scéances, franchises, libertez et priviléges, comme du sel, entrées des villes, et aultres semblables à ceulx dont jouissent les officiers de voz Cours souveraines, que ceste qualité leur donne et la suite de tant d'ayeulx leur a acquise, n'obmettant nulle occasion de prodiguer leurs biens et moyens pour vostre service, vous produisant pour tesmoing de leur zèle et fidélité qu'avez veuë et esprouvée en ces dernières occasions.

Au Roy. Et sont les Commissaires d'advis que la Noblesse soit conservée en ses droictz, immunitez préséances et priviléges.

Le Roy veult que sa Noblesse jouisse de toutes les prérogatives, préséances, et immunitez qui luy appartiennent, et dont elle a jouy soubz les Roys ses prédécesseurs, ainsi qu'Elle l'a déclaré par ses responces aux Cahiers précédents.

III.

Le tiers ordre est le sommier sur lequel tout le fardeau de l'Estat se jette, les tailles, les tributz, impositions de toutes sortes ; aux vieilles on en ajouste de récentes, et propose-t-on pris et loyer à ceulx qui inventent nouvelles daces, comme nouvelles gesnes et tortures pour vexer ce pauvre corps auquel il ne reste que la peau. Leurs plainctes et gémissemens sont estouffez par ceulx qui s'enyvrent de son sang, ou par artifices tellement déguisez qu'elles ne paroissent ce qu'elles sont. Car vostre bonté est si grande, vostre clémence si approchante de la Divinité, qu'elle seroit esmeue à pitié et compassion, de voir ainsi déchirer noz fortunes et nous réduire à l'extrémité où nous sommes. Qu'il plaise à vostre Majesté prendre pitié de ces misères, et faire congnoistre à vostre peuple qu'avez volonté de luy estre père et protecteur, en le deschargeant d'une partie du fardeau qui l'oppresse, luy ostant non-seulement le double du taillon dont on a commencé à le surcharger ceste année, mais aussi les six deniers pour livre des tailles que l'on prétend attribuer à deux Esleuz, l'édict de création desquels n'a encore esté veu ny vérifié.

Au Roy. Et sont les Commissaires d'advis, que la levée de six deniers pour livre soit surcize, jusques à la vérification des Cours souveraines, ou qu'autrement par sa Majesté en ayt esté ordonné.

La nécessité des affaires du Roy ayant donné subject à la levée de six deniers pour l'attribution des Esleuz nouveaux, est cause que sa Majesté ne peult maintenant donner contentement sur le contenu au présent article.

IIII.

Nous ne pourrons jamais assez dignement remercier

vostre Majesté du soing et de l'affection plus que paternelle dont elle est portée au bien et soulagement de son peuple, et n'en pouvons avoir un plus asseuré tesmoignage que la Commission envoyée pour la tenue de ceste assemblée, par laquelle, nonobstant l'estat de ses affaires, non-seulement Elle confirme la descharge de six cens mil livres dont elle a faict diminution ceste année sur la grande Crue, mais nous promet encore d'en faire diminuer quatre cens mil livres en la prochaine. Nous recongnoissons véritablement estre obligez à vostre Majesté seule de ceste notable descharge; aussi à elle seule en rendons-nous grâces immortelles. Mais le plaisir et contentement que recevons de vostre bonté nous est ravy, voire converty en douleur et amertume, par ceulx qui, comme chenilles, rongent vos finances, et triomphent de ce peu que leur avarice et cruelles inventions nous ont laissé de reste. Car, n'estans contens d'avoir faict restablir tous les édictz, charges et impositions que les troubles et la nécessité des affaires avoit autre-fois faict naistre, depuis avoir faict vendre en hérédité la meilleure partie de voz tailles, gabelles et domaine, ont encore tout de nouveau inventé des offices et levées dont les noms, aussi bien que les choses, n'avoient esté congneuës jusques à présent. Qui avoit jamais ouy parler en ceste Province de Preud'hommes Vendeurs, Chargeurs, Deschargeurs, et Lotisseurs de Cuirs, de Visiteurs marqueurs et Controlleurs de toilles, de Courtiers et Greffiers du prix du vin? Nous supplions vostre Majesté que, nous faisant jouyr de ce qu'Elle nous promet, Elle commande toutes ces nouvelles inventions estre estainctes, seules suffisantes non-seulement d'achever la ruine de ceste Province, mais renverser par désordre et confusion les plus riches et heureuses du monde.

Au Roy. Et sont les Commissaires d'advis, qu'il plaise à sa Majesté l'accorder.

Sa Majesté ayant besoing de moyens pour satisfaire

aux grandes despences qu'Elle est contraincte de supporter pour le siège de la Rochelle, et autres, ne peult maintenant révocquer tous les édictz contenuz au présent article ; mais commandera que, sy il y en a quelques-uns qui soient à la foulle du peuple et de peu de secours, qu'ils luy soient représentez pour en ordonner la révocation.

V.

Nos larmes ne tariront jamais, puisque leur source s'en rend éternelle par tant de charges, édictz et levées nouvelles que l'on impose sur nous, qui nous accablent et oppriment de telle sorte, qu'à peine avons nous moyen de respirer, la nécessité de l'Estat, fondement de toutes les mauvaises affaires que nous voyons, devenant de jour en jour plus grande et hors d'espoir de mieux par la vente en hérédité et alliénations de voz tailles, gabelles et domaines, soit en gaiges d'officiers nouveaux, attributions aux anciens, et autres inventions, sy bien que, le revenu annuel diminuant et les charges ordinaires croissantes par telles voyes, il fauldra nécessairement tous les ans avoir recours à tels moyens extraordinaires: qui enfin nous épuisans de biens, nous ruineront entièrement, et en nostre ruine tireront quant et quant celle de vostre Estat. Nous supplions vostre Majesté jetter les yeux sur les misères présentes de vostre pauvre peuple, croyant que vous ne les pourrez voir sans en avoir pitié: qui nous faict espérer que deffendrez à l'advenir telles nouvelles créations d'offices, alliénations, et autres voyes qui dissipent vos revenus, et révoquerez dès à présent l'édict portant création de trois Recepveurs particuliers du taillon, et donnerez un bon et salutaire règlement pour la suppression des Commissaires des tailles et des vivres, Gardes des petitz sceaulx et autres, qui ont esté créez et establis depuis dix ans en ça.

AU ROY.

Sa Majesté ne peult pourveoir aux supplians sur le contenu au présent article, attendu la nécessité de ses affaires.

VI.

Comme la grande et superfluë abondance d'humeurs ruine les corps, et par les accidents qu'elle leur cause les conduit à la mort, ainsi la multitude d'offices et d'officiers en une république estouffent la vigueur de la justice, désolent les subjectz, et enfin renversent entièrement l'Estat. Toutes les jurisdictions de ceste Province, tant de l'ordinaire que de l'extraordinaire, sont si plaines d'offices et officiers, que les lieux destinez pour la fonction de leurs charges ne les peuvent plus contenir, et offusquent, voire estouffent, plus la justice qu'ils ne la rendent. Toutes fois et quantes qu'ès assemblées générales de cet Estat on a voulu pourvoir au bien et salut de ce Royaume, l'on a tousjours commencé par leur réduction et suppression. Or, si jamais ceste médecine fut utile à aucune république, elle est à présent très-nécessaire à vostre Estat. Qui faict que très-instamment nous supplions vostre Majesté, qu'il luy plaise supprimer de toutes les compagnies de voz officiers, tant de l'ordinaire que de l'extraordinaire, ceulx nouvellement créez, et les réduire au nombre ancien, lesquels, réduits, vous rendront plus de service et plus de justice à voz subjectz que ce grand nombre effréné qui diminuent, par leurs gages, attributions et exemptions de tailles, voz finances, et succent et dévorent la substance de voz subjectz.

AU ROY.

Sa Majesté ne peult faire autre responce que celle qu'Elle a donnée sur semblable article des Cahiers précédents.

VII.

Si nous eusmes jamais subject de plaincte et de conjurer vostre bonté de prendre compassion de noz misères, pour tant d'édictz nouveaux que nous voyons journellement créer et establir sur nous, nous debvons à présent les redoubler, voyant que l'on veult imposer six livres pour minot de sel, charge tout-à-faict inaudite et extraordinaire. Nous vous supplions très-humblement de considérer que c'est un milion de livres dont on surcharge les habitans de ceste Province, faiz qui achèvera de les accabler et faire mourir de faim, estant impossible que jamais ils y puissent fournir. Sire, considérez, s'il vous plaist, que le sel est un don de Dieu en ce royaume, que sans peine et travail il donne de sa pure libéralité. Le mettre et vendre à si hault prix est chose dure ; et puisque vous estes sa vive image icy-bas, que vous le représentez, nous vous supplions nous traicter de mesme, nous bien faire, nous deschargeant non-seulement de ceste levée de six livres pour minot de sel, mais mesme du sold pour livre attribué aux Commissaires où le sel se baille par impost, et autres charges qui y ont esté mises les dernières années.

Au Roy. Et en sont les Commissaires d'advis.

Les six livres pour minot de sel estant desjà establis en toutes les Provinces du Royaume, comme le plus prompt secours que sa Majesté a peu tirer, Elle n'en peut descharger celle de Normandie particulièrement.

VIII.

Vostre Majesté, envoyant l'estat du payement des rentes deues sur les traictes domanialles et foraines, auroit ordonné commandement estre faict aux particuliers porter leurs tiltres et contractz en vostre Conseil pour les y faire vérifier. Nous la supplions de considérer que ces rentes ne consistent, pour la pluspart, qu'en parties de vingt, trente, quarante livres et autres petites sommes, qu'elles appartiennent à plusieurs églises, hospitaux, pauvres veufves, enfants orphelins et autres personnes de condition misérable, ausquels ne reste plus que ce seul bien pour vivre, tous autres moyens de gaigner leur vie leur estant retranchés par la cessation du commerce, que les obliger et contraindre porter les ditz contratz en vostre Conseil, c'est les ruiner, les fraiz qui leur conviendra faire excédans les arrérages et le principal desdictes rentes. Qu'il vous plaise nous dispenser de ceste rigueur; et, si vous estimez quelques-unes desdictes rentes n'estre légitimement deües, vous pouvez enjoindre aux officiers de vostre Chambre des Comptes faire la vérification desdictes rentes sur les comptes qui y sont rendus tous les ans, se pouvant mieux là, que par quelqu'autre moyen que ce soit, voir celles qui ont esté ou acquittées ou réunies à vostre Domaine; et nous vous supplions pour l'advenir destiner un fonds certain et entier pour le payement non-seulement desdictes rentes, mais aussi pour celles deües sur voz Receptes, tant générales que particulières.

Au Roy. Et sont les Commissaires d'advis qu'il plaise à sa Majesté renvoyer la commission à la Chambre des Comptes ou Trésoriers de France de la Province.

Sa Majesté, pour le soulagement des particuliers, veult que les Trésoriers de France facent la vériffication des contratz des rentes deües sur lesdictes natures de deniers, pour après en envoyer estat au Conseil.

IX.

Nous demandons la suppression des Commissaires examinateurs, Parisy, Présentations, doublement et tiercement du sceau, droict de Clerc, Advocats et Procureurs alternatifz tant aux Eslections que Greniers à sel, Controlleurs des tiltres et Greffiers des consignations, tout cela estant à la ruine de vostre peuple, et n'apportant aucune utilité à la justice ny au bien de voz affaires.

AU ROY.

Le Roi ne peult rien changer aux responces qu'il a faictes cy-devant sur pareilles demandes.

X.

Nous la supplions, par un mesme, révoquer et déclarer nulles dès à présent les lettres que vostre Majesté a données à quelques Gentilshommes de ceste Province de Cappitaine du plat pays, telles commissions extraordinaires apportans très-grand désordre et ruine à vos subjectz, lesquels ils contraignent de vendre le peu qui leur reste de meubles pour achepter des armes qui leur sont inutilles, et dont l'achapt leur est autant en charge que la taille mesme.

Au Roy. Et en sont les Commissaires d'advis.

Le Roy ordonne à ceulx qui ont obtenu de pareilles commissions de les rapporter, et ce pendant leur faict deffences de les exécuter et de s'en servir.

XI.

Nous nous plaignons tous les ans des desbris et dégrademens des pontz, chemins et passages, lesquels sont aujourd'huy tellement ruinez qu'il est impossible d'aller ny faire voicturer de lieu en autre sans pertes de chevaulx et des personnes mesme. Vostre Majesté nous avoit promis de remédier à ce mal comme très-nécessaire: nous la supplions d'effectuer ceste promesse, commandant aux Trésoriers de France d'y faire promptement travailler et y employer sans divertissement les trente mil livres qui se lèvent en ceste

Province pour ces ouvrages, lesquels deniers à cet effect demeureront ès mains des officiers de ce pays, sans estre plus à l'advenir portez en vostre Espargne.

Au Roy. Et en sont les Commissaires d'advis, attendu la nécessité, qui est en la Province, que les ponts et chemins soient réparez pour la continuation du commerce.

Le Roy, pour le contentement et le soulagement des supplians, a ordonné par ses estats de l'année dernière plus grand fonds que celuy qui se lève en sa Province de Normandie, et coutinuera le mesme fondz ceste année et les suivantes, voulant qu'il soit actuellement employé ausdictes réparations nécessaires, sans divertissement.

XII.

Puisque l'entreprise de faire un pont de pierre en ceste ville n'a peu réussir, nous supplions vostre Majesté d'ordonner à Monsieur de Longueville d'en faire faire un de batteaux, y faisant employer promptement les deniers qui se lèvent pour cet effect, cet ouvrage estant nécessaire au public et apportant très-grandes commoditez, se pouvant seurement entreprendre et seurement conduire à perfection, affin qu'après qu'il sera faict, vous nous deschargiez des levées qui se font pour ce subject.

Au Roy. Et cependant, attendu l'urgente nécessité, sera procédé à l'adjudication d'un pont de batteaux, par devant les Commissaires jà depputez par sa Majesté, soubz le bon plaisir de sa dicte Majesté.

Sa Majesté fera au plustot expédier Commission pour faire l'adjudication d'un pont de batteaux; et affin que son intention soit exécutée, veult que ceux qui ont eu le maniement des deniers qui se lèvent pour le pont de ladicte ville de Rouen apportent au Conseil estat de la recepte et despences, affin qu'il y soit promptement pourveu.

XIII.

Il y a longtemps que nous importunons vostre Majesté de

noz humbles prières pour la révocation de l'escu pour tonneau de mer, telle levée apportant un grand préjudice au commerce; mais puisque nous ne la pouvons obtenir, au moins qu'il vous plaise faire employer les deniers provenant de ceste levée à l'entretien de plusieurs navires pour la garde des costes de la mer, qui nous puissent asseurer ce peu qu'il nous reste de commerce, et donner lesdicts navires à commander à la Noblesse de cette Province privativement à tous autres, la fidélité de laquelle envers vostre Majesté, leur industrie en tel employ et leur courage en tous périlz vous estant assez cogneus.

AU ROY.

Sa Majesté a tesmoigné par ses responces aux Cahiers précédents, que, pour les grandes charges qu'Elle a esté contraincte de supporter par le passé et supporte encores à présent, Elle ne peut maintenant révocquer lesdictes levées qui sont affectées à des charges nécessaires.

XIV.

Par cy-devant vous avez faict un très-bon et nécessaire règlement sur le faict des monnoyes ; mais comme il n'y a si sainctes constitutions qui, à traict de temps, n'empirent, et principallement pendant les guerres civiles et estrangères qui rendent les loix muettes et introduisent tout désordre et confusion, les monnoyes estrangères ont repris un tel cours qu'il s'en expose peu d'autres : ce qui apporte une grande ruine à vos subjets. Nous vous supplions d'empescher que ce mal n'empire par tollérance, faisant deffences à toutes personnes d'en exposer et d'en recepvoir, à peine de confiscation desdictes monnoyes et de telles amendes qu'il plaira à vostre Majesté d'ordonner, commandant à tous voz officiers d'y tenir rigoureusement la main.

Au Roy. Et en sont les Commissaires d'advis.

Le Roy, par son soing et bonté, a prévenu sur ce subject les supplications de ses subjects et pourveu au contenu de cet article par un bon règlement qu'Elle envoyera par toutes les Provinces de son Estat; et particuliérement deffend toutes monnoyes estrangères.

XV.

Nous espérions que Vostre Majesté, assez advertie de nostre misère et pauvreté s'augmentant tous les jours par le peu de commerce qui nous reste, ayderoit à le remettre et restablir. Au lieu de quoi, nous ne voyons que arrestz et édictz nouveaux pour achever de le ruiner entièrement, comme celui de Courtiers de change et Vendeurs de poisson sec, fraiz et sallé avec attribution de un sold par livre. Nous vous supplions très-humblement de considérer qu'il ne nous reste plus que ceste seule sorte de marchandise dont nous tirons quelque secours, que si cet édict avoit lieu, les marchans porteront ce traffic ailleurs ; et ainsi la Normandie, autrefois la plus florissante de cet Estat, deviendra tout-à-faict misérable et impuissante, non de volonté, mais de moyens, de pouvoir servir et fournir aux nécessitez de vostre Estat.

Au Roy. Et en sont les Commissaires d'advis.

Le Roy a révoqué l'édict portant création des Vendeurs de poisson, en ce qui en reste à exécuter.

XVI.

Le premier soing qui doibt estre en une république est que les citoyens ne soient otieux, ains employez en travail honneste pour gaigner leur vie, l'orner et enrichir d'ouvrages et la fournir de toutes choses nécessaires sans les emprunter de ses voisins. Le contraire de ce se faict en vostre Royaume, où les étrangers sont permis d'apporter leurs manufactures, les y vendre, vostre peuple n'estant que regratier de leurs espèces, emportant par ce moyen une bonne partie des finances du royaume. Vostre Majesté est suppliée de faire deffendre l'apport et vente de tous ouvrages estrangers, ains seulement permettre l'entrée, vente et distribution des estoffes, comme laines, soye, plomb, estain et semblables dont l'employ sera faict par vostre peuple : ce qui enrichira voz Provinces, et les ornera de la perfection de tous ouvrages et artifices.

Au Roy. Et en sont les Commissaires d'advis.

Le Roy, par son édict de la Drapperie, a pourveu au présent article, ayant faict deffences d'apporter aucunes manufactures estrangères, s'estant volontairement privé des droictz des traictes qui lui pouvoient appartenir, pour le soulagement et commodité de ses subjectz.

XVII.

Nous supplions Vostre Majesté d'effectuer ce qui lui avoit pleu nous promettre l'année dernière, qui estoit de pourvoir par un bon règlement aux abbus qui se commettent en l'obtention de lettres de naturalité par les estrangers, et d'en faire expédier et envoyer ses lettres de déclaration au Parlement de ceste Province.

Au Roy. Et en sont les Commissaires d'advis.

Les suppliants ont occasion de contentement, sa Majesté ayant commandé qu'aux lettres de naturalité qui s'expédient, les clauses spécifiées par l'article 22 du Cahier de l'année dernière y soient employées.

XVIII.

Dieu a donné à l'homme, quelque misérable qu'il soit, quelque tourment et peines qu'il puisse souffrir, un remède et quasy une trève contre les douleurs, qui est le dormir, pendant lequel toute affliction cesse. Les sergens et autres ministres exécutans pour voz tailles, amendes et autres droictz et debtes, prennent les lictz, draps de vostre pauvre peuple, et par ce moyen leur ostent ce doux charme contre tant de maulx dont il est accablé. Vostre piété, vostre clémence, vostre bonté est conjurée que vostre Règne ne soit taché de ceste cruauté. Vous pouvez voir et sçavoir en quel misérable estat est vostre peuple, qui vous abandonne tout son bien, ne vous déprie que pour son lict, et supplie que deffendiez à tous sergens et exécuteurs de prendre leurs licts, draps et couvertures, sur peines de grosses amendes.

Au Roy. Et en sont les Commissaires d'advis.

Sa Majesté prendra advis de ses Procureurs généraulx tant de Parlement que Cour des Aydes, pour, iceulx veuz, faire un règlement le plus au contentement des supplians que faire se pourra.

XIX.

Tous les animaux ont un instinct de se nourrir et deffendre, estans pourveus d'une naturelle inclination à chercher ce qui leur est propre, et éviter ce qui leur est contraire. L'homme, le plus imbécille de tous, devient finalement le plus excellent par doctrine et instruction, qui, selon qu'elle est bonne ou mauvaise, devient bon ou mauvais citoyen, n'y ayant partant rien si nécessaire que de préposer de bons et sages Précepteurs qui puissent former les mœurs et dresser la jeunesse en la crainte de Dieu, service du Roy, et observation des loix, lesquels doibvent estre pourveus de toute preud'hommie et suffisance. C'est pourquoy, en un choix si nécessaire, nous supplions vostre Majesté qu'aucun n'entreprenne d'instruire la jeunesse ny tenir Escolles publiques, qu'il ne soit approuvé par Messieurs les Archevesques, Evesques, ou leurs Vicegérents, chacun en son Diocèse.

Au Roy. Et en sont les Commissaires d'advis.

Accordé, pour les petites Escolles.

XX.

Nous supplions vostre Majesté pourveoir aux plainctes que par plusieurs fois nous luy avons faictes, que nous réitérasmes encor' l'année dernière, et laquelle va plus à la conservation de voz tailles qu'à nostre particulier intérest, touchant ceulx qui, ayant esté enrollez comme naturelz taillables en ceste Province, transfèrent leurs demeures en autres de ce Royaume pour se faire descharger des tailles. Et d'autant qu'avant que nous donner responce certaine et diffinitive, vous avez voulu avoir l'advis des officiers de vostre Cour des Aydes de Normandie et Trésoriers de France sur ce subject, ce qui a esté effectué, c'est pourquoi nous la supplions, conformément à tant d'édictz, arrestz et déclarations devant donnez, nous maintenir en noz priviléges, et d'en attribuer la congnoissance aux Esleuz, et par appel en ladicte Cour des Aydes de ceste Province, l'interdisant à tous autres juges, sur peine de grosses amendes et de tous despens et intérestz.

Au Roy. Et en sont les Commissaires d'advis.

Le Roy veult que les règlements cy-devant faicts sur pareils articles soient observez.

XXI.

Il y a procès pendant en vostre Conseil contre la veufve de feu maistre David Doublet, vivant Trésorier desdicts Estatz, et Claude Doublet, son fils, pour la restitution des comptes par eulx rendus des deniers de ladicte recepte et les quittances des payements par eulx faicts. Nous vous supplions renvoyer ceste affaire par devant Messieurs les Commissaires de vostre Majesté qui tiendront la prochaine assemblée desdictz Estatz, ce différent dépendant de l'ordre qu'ils ont accoustumé de tenir et donner en ladicte assemblée, attendu que plusieurs particuliers se plaignent de n'avoir esté payez de ce qui leur est deub pour les années de leur exercice et maniement, dont ils ne peuvent rien justiffier au moyen de la détention et substraction desdicts comptes.

Au Roy. Et en sont les Commissaires d'advis.

En procédant au jugement du procès pendant au Conseil, sera pourveu sur le contenu du présent article, s'il y eschet.

XXII.

Nostre zèle et affection est grande, voire aveugle, pour vostre service. Néantmoings nous vous supplions ne considérer pas tant l'excès de nostre volonté, en nous imposant des charges, que vous n'ayez quant et quant esgard à nostre pauvreté et impuissance. Les flambeaux plus ils ont de mesche et plustost ils sont consommez : ainsi on nous réduira promptement à la dernière extrémité, et nous rendra-t-on tout-à-faict misérables, si l'on continue à tirer de nous comme on a faict aux années dernières Au contraire, l'on réparera noz pertes, et nous donnera-t-on moyen de recouvrer nouvelles forces, sy les tailles et impositions, dont on nous chargera ceste année et les suivantes, ne passent point la portée de nostre puissance. Nous espérons cela de la bonté et clémence de vostre Majesté, et que, nous deschargeant de toutes levées extraordinaires, Elle se contentera, s'il luy plaist, pour ceste année,

Sçavoir : pour la Généralité de Roüen, huit cens trente-cinq mil trois cens soixante et seize livres seize sols dix deniers,

Et pour la Généralité de Caen, quatre cens soixante mil six cens quatre-vingts et quatre livres six sols,

Lesdictes deux sommes revenans ensemble à douze cens quatre-vingts six mil soixante une livres deux sols six deniers, à quoy nous supplions très-humblement vostre Majesté se contenter, nous deschargeant de toutes autres levées.

Faict et arresté en la Convention des Estatz de Normandie, tenus à Roüen au manoir archiépiscopal, le quatorzième jour de décembre mil six cens vingt-sept.

Signé : Echard.

Les Commissaires tenans la présente Convention, ayans ouy la responce des déléguez des Estatz à la proposition et demande à eulx faicte de la part du Roy, par laquelle ils consentent luy payer, pour l'année prochaine mil six cens vingt-huict, douze cens quatre-vingts six mil soixante une livres deux sols dix deniers, supplians sa Majesté qu'il luy plaise les exempter de toutes autres levées, Nous avons ordonné que la levée de deniers sera faicte en ladicte année prochaine, suyvant les lettres-patentes de Commission pour ce expédiées, selon la forme portée par icelles, et ce par provision, réservé toutesfois les six deniers pour livre attribuez à deux Esleuz de nouvelle création, lesquels demeureront en surcéance, et ne seront levez jusques après que l'édict de création desdicts offices ayt esté vérifié où besoing sera, ou que par sa Majesté autrement en ayt esté ordonné, et pour le surplus renvoyez par devers sa dicte Majesté. Ce qui a esté prononcé publiquement en ladicte assemblée desdicts Estatz, le quatorziesme jour de décembre mil six cens vingt-sept. Signé par lesdicts sieurs Commissaires :

Aubourg.

Le Roy, ayant faict estat pour des despences nécessaires au bien et à la seureté de son Royaume, des sommes entières portées par ses Commissions de la présente année, ne se peult passer à moins que ce qui est contenu en icelles. Mais sa Majesté, *conservant toujours la volonté de soulager son peuple, luy en fera ressentir les effectz aussi-tost que ses affaires le luy pourront permettre.*

Les articles et Remonstrances contenues au présent Cahier ont esté vues et respondues par le Roy, estant en son Conseil, tenu à Paris, le vingt-troisième jour de mars mil six cens vingt-huict.

Signé : LOUIS.

Et plus bas : POTIER.

Collationné à l'original par moy Procureur Sindic des Estatz de Normandie.

Signé : ECHARD (1).

---

(1) A Rouen. De l'Imprimerie de Martin Le Mesgissier, imprimeur ordinaire du Roy, tenant sa boutique au haut des degrez du Palais, M.DC.XXIII. Avec Privilége de sa Majesté. — Réimprimé d'après l'exemplaire appartenant à M. le marquis de Blosseville.

ARTICLES DES REMONSTRANCES

Faictes en la Convention des Trois Estats

DE NORMANDIE

Tenus à Rouen, le vingtiesme jour de décembre mil six cens vingt-neuf.

Avec la Responce et Ordonnance sur ce faicte par le Roy estant en son Conseil,

Tenu à Fontainebleau, le quatriesme jour de mars mil six cens trente.

AU ROY.

Et a Monseigneur le duc de Longueville et d'Estouteville, *Pair de France, Comte souverain du Neufchastel et de Vallengin en Suisse, aussi Comte de Dunoys, de Chaumont et de Tancarville, Connestable héréditaire de Normandie, Gouverneur et Lieutenant général pour sa Majesté en ladicte Province.*

Et a Monseigneur de Villars, *Duc et Pair de France, et Lieutenant général pour sa Majesté en ses Païs et Duché de Normandie.*

Et à Messeigneurs *les Commissaires depputez à tenir la présente Convention.*

Sire,

Non sans raison la sage et judicieuse antiquité a faint que les Roys estoient enfants de Jupiter, affin que, par la persuasion de ceste céleste origine, les peuples obéïssent plus volontairement, et les Roys commandassent plus justement ; que leur esprit, touché de ceste opinion, entreprist choses grandes, les exécutast avec plus de vigueur, et les parachevast avec plus d'asseurance. Les lauriers dont vostre chef est environné pour tant de batailles par vous-mesme et non par voz lieutenans gaignées, tant de villes, jusques à ce jour dans l'opinion des hommes tenues pour imprenables, assiégées, battues et emportées, vous eslèvent par dessus le reste des autres roys de la terre, tesmoignage que Dieu (vray père des Roys) vous recongnoist pour son fils aisné et bien aymé. Sire, joignez à cette valleur, à ceste grandeur de courage, à tant de victoires la clémence, qui est la seule vertu qui vous rendra non-seulement fils, mais semblable et vrayement Lieutenant en terre du Dieu vivant. Toutes sortes de calamitez ont assailly ceste pauvre Province, à laquelle il ne reste que l'espoir qu'elle a en vostre bonté et clémence, pour estre soulagée du fardeau qui l'oppresse, voire qui l'accable. Nous renvoyerons pour ce bienfaict milles et milles prières vers le Ciel, qui retomberont sur vous comme pluye agréable, vous comblant de victoires, de prospéritez et bénédictions.

Le Roy ayant tousjours eu une affection particulière pour tout ce qui a regardé le bien et l'advantage de sa Province de Normandie, comme estant une des principalles de son Royaume, remplie autant qu'aucune autre d'antiennes et illustres maisons, composée de grandes et insignes prélatures d'Ecclésiastiques, et d'une nombreuse Noblesse, dont sa Majesté a reçeu de signalez services aux occurrences qui se sont offertes pour la deffence, seureté et conservation de cet Estat, dans lesquelles les officiers et autres ses subjectz de ladicte Province ont aussi, par le secours et assistance qu'ils ont contribué, rendu de grandes preuves de leur fidélité, sa dicte Majesté, pour ces considérations, se resent d'autant plus obligée de prendre soing, ainsi qu'elle fera, de tout ce qui pourra concerner le soulagement de ladicte Province, et de luy faire resentir les effectz de sa bienveillance, lorsque l'estat de ses affaires luy pourra permettre, et que le temps et les occasions luy en fourniront le moyen.

PREMIÈREMENT.

Quand les Eclésiastiques sont honorez et qu'ils jouissent des priviléges autant grands que leur ministère est hault et rellevé, c'est un tesmoignage très-certain d'un estat heureux et bien policé. Ceste Monarchie a toujours esté très-florissante et mieux gouvernée que nulle autre du monde : ce qui faict espérer aux Ecclésiastiques que vostre Majesté les maintiendra en leurs franchises, honneurs et immunitez, et entre autres que, lorsque aucun d'eulx sera accusé d'un cas criminel, le procès s'en instruise conformément à l'article vingt-deux de l'édict de Melun, pratiqué et observé en tous les Parlements de vostre Royaume. Comme aussi il vous plaira dispenser les Curez de faire lectures aux prosnes des messes parrochiales des mandements qui leur sont envoyés, tant par les Esleus que autres de voz juges, mais seulement y advertir le peuple de ceux qu'ils auront receuz, pour en estre faict lecture à la fin desdictes messes, n'estant descent et raisonnable de mesler avec le service divin des actions prophanes et non religieuses.

Au Roy. Et sont les Commissaires d'advis qu'il en soit usé suivant les ordonnances vérifiez au Parlement de Normandie.

L'intention du Roy est que les Ecclésiastiques soient maintenus en leurs priviléges et franchises ; et pour ce qui regarde la confection des procès criminelz, sera envoyé déclaration pour faire observer l'édict de Melun. Quant à ce qui concerne la lecture de toutes sortes de mandements, accordé conformément à l'article.

II

Ils vous supplient aussi, par un mesme, de deffendre à tous huissiers et sergens de faire aucuns exploitz, ventes de biens et autres exploictz de justice aux jours de dimanches et festes, sy ce n'est ceulx ordonnez par la coustume ou pour crime public, cela estant scandaleux et contraire aux loix canoniques, ny recevoir aucun haro au préjudice des sentences ecclésiastiques, telles voyes troublans leur jurisdiction, et empeschant la punition des délictz des gens d'église.

AU ROY.

Le premier chef de cet article, concernant les deffences requises estre faictes à tous huissiers de faire aucuns exploicts aux jours de festes solennelles et dimanches, est accordé, si ce n'est avec permission de juge; et pour le second, accordé aussi pour décret d'Ecclésiastique decerné contre Ecclésiastique seulement, où il n'y aura point eu auparavant contention de juridiction.

III.

Il n'y a chose qui touche d'avantage l'honneur du ministère de l'Eglise que la pauvreté et mandicité des ministres d'icelle, et principallement aux Eglises cathédralles et collégialles, estant de la bien-séance que ceulx qui ont l'honneur d'entrer en ces grandes compagnies ne soient sordidement vestus ny indécemment accommodez. C'est pourquoy les saincts Papes et Roys très-chréstiens ont permis aux Chanoines, à cause du peu de revenu des prébendes desdictes Eglises, de pouvoir tenir et posséder une cure, la faisant deservir par personne capable. Néantmoins, par vostre ordonnance, ce privilége leur est retranché, au grand préjudice desdicts Ecclésiastiques, qui, au moyen du peu de revenu desdictes prébendes, ne pourront à l'advenir se maintenir en la dignité et honnesteté requise. Il vous plaira, pour l'honneur de cet ordre, maintenir lesdictes églises en ces priviléges, jusques à ce qu'il leur ayt esté pourveu de plus ample dotation.

Au Roy. Et sont les Commissaires d'advis que les ordonnances soient gardées en attendant.

L'ordonnance sera observée.

IV.

Vous commandez par voz dernières ordonnances à voz juges qu'ils tiennent la main à la résidence des bénéficiers et à les contraindre, par la saisie de leur temporel, à l'entretien et réparation des églises, maisons et bastiments qui en dépendent, combien que cela appartienne aux Evesques et autres supérieurs ecclésiastiques. Nous supplions vostre Majesté rendre à Dieu ce qui luy appartient, n'attribuant ce droit à voz juges qu'en cas de connivence ou négligence desdicts Evesques et autres supérieurs, et qu'après qu'ils auront eu temps compétent pour faire faire lesdictes réparations.

Au Roy. Et sont les Commissaires d'advis, qu'en attendant les ordonnances soyent gardées.

Sa Majesté ordonne que, dans deux mois au plus tard, les Evesques enjoindront aux Ecclésiastiques la résidence portée par les saincts décretz et ordonnances de sa Majesté, et dans le mesme temps les exhorteront de faire les réparations des maisons dépendantes de leurs bénéfices; après lequel temps passé, s'ils n'y ont satisfaict, les juges et officiers de sa Majesté feront faire lesdictes saisies suivant et conformément à l'édit de Melun et les articles onze et trentiesme des dernières ordonnances.

V.

Nous avons supplié vostre Majesté, ès années dernières,

qu'il luy pleust donner le revenu des léprosaries et malladreries aux hospitaux des villes plus prochaines, Dieu par sa grâce ayant retiré ce fléau de dessus son peuple, pour estre, suivant l'intention des fondateurs, employez à la nourriture des pauvres. Mais Elle avoit désiré avoir l'advis de Monsieur le Cardinal de la Rochefoucault, grand Aumosnier de France, avant que d'en rien ordonner. Nous vous supplions très-humblement prendre l'advis dudict sieur Cardinal, duquel la vie, exemplaire en saincteté, et ses actions religieuses nous font espérer qu'il estimera raisonnable que ces revenus soient plustost employez à l'effect pour lequel ils ont esté aumosnez, que dissipés par ceulx qui les possèdent, comme ils ont esté jusques à présent.

Au Roy. Et en sont les Commissaires d'advis.

Sera pourveu aux supplians au plustost sur l'advis de M. le Cardinal de la Rochefoucault.

VI.

Ce qui a esté sainctement ordonné tant par les Conciles généraulx que voz ordonnances est la convocation et assemblée en chacune Province et Archevesché des Conciles provinciaux, seul remède pour conserver l'ordre et la discipline ecclésiastique, ce qui a esté fait en ceste Province en l'an 1581, auquel furent faictes de bonnes, sainctes et utiles ordonnances tendant à l'honneur de Dieu et observation de l'ordre nécessaire à l'Eglise. Vostre Majesté est suppliée de joindre son autorité audit Concile provincial, pour estre gardé et observé, et les règlements contenus en ycelui, suivant qu'ils ont esté approuvez et confirmés par sa Saincteté.

AU ROY.

Après que ledict Concile aura esté représenté et les

articles d'iceluy veuz par les Commissaires depputez, sa Majesté aura esgard à la demande des supplians.

VII.

Autant qu'il est nécessaire à la république que les Nobles se rendent dignes de leurs ayeulz, autant il est expédient de leur conserver les droictz et priviléges que leurs devantiers se sont acquis par leur sang, et ceulx qui vivent à présent ont continué de mériter par les périls et dangers où ils ont courageusement et volontairement exposé leurs vies pour vostre service. Votre Majesté est suppliée ne permettre qu'ils soient flaistris d'aucunes impositions extraordinaires, ny assubjectis à des conditions que leurs pères et ayeulz n'ont jamais congnues, et en tout les esgaller, pour toutes sortes d'immunitez, aux officiers de voz Cours souveraines, tant pour quatriesme, entrées de villes que autres.

Au Roy. Et en sont les Commissaires d'advis.

Le Roy veult que sa Noblesse jouisse de toutes les prérogatives, préséances et immunitez qui luy appartiennent, et dont elle a jouy sous les Roys, ses prédécesseurs, ainsi qu'Elle l'a déclaré par ses responces aux Cahiers précédents.

VIII.

Vous tesmoignez à votre Noblesse par le 201° article de vostre ordonnance, combien vous faictes estat de leur ordre, et combien vous estimez les services qu'ils vous ont rendus en ces dernières occasions, érigeans en leur faveur deux officiers de Conseiller de robbe courte en vos Parlemens pour estre possédez par eulx avec de pareils droictz, séance et voix délibérative que voz autres Conseillers desdicts Parlemens. Ils vous supplient, en continuant voz faveurs envers eulx, créer pareil nombre de Conseillers de robbe courte par tous les baillages de ceste Province, pour estre possédés par Gentilshommes actuellement réséans et demeurant dans l'estendue desdicts baillages.

AU ROY.

Sa Majesté ayant donné une preuve particulière de sa bonne volonté envers sa Noblesse, en ce qu'Elle a voulu en sa faveur ériger deux Conseillers de courte-robbe en ses Cours de Parlemens, pour estre possédez par personnes de ceste qualité, Elle ne peult, pour la conséquence, estendre ceste grâce plus avant, ny avoir esgard à la demande faicte par cet article, se réservant néantmoings, en autre chose, de leur procurer tout l'advantage qui luy sera possible.

IX.

Vostre Majesté est tous les ans suppliée de maintenir les Ecclésiastiques en leurs exemptions et de conserver sa Noblesse aux privilèges qui les distinguent du reste de vostre peuple : ce qu'Elle leur a toujours favorablement accordé. Entre lesquels l'un des plus remarquables est de pouvoir vendre, sans payer quatriesme, les boissons provenant de leurs héritages. Néantmoings, ces derniers jours, les fermiers des quatriesmes ont, par une forme extraordinaire, faict assigner en vostre Cour des Aydes de Paris, indifféremment, plusieurs tant Ecclésiastiques que Nobles, pour se veoir condamnez à payer quatriesme des boissons provenantes de leur creu, qu'ils ont vendu depuis six ou sept ans en ça : qui est attentat contre ce privilége par vous cy continuellement confirmé, et une vexation très-grande donnée à tant de particuliers. Ils supplient vostre Majesté les descharger des assignations qui leur ont esté ainsi données pour ce subject, et deffendre à tous fermiers et autres de les troubler en ce privilége, dont ils sont en bonne et valable possession de temps immémorial.

Au Roy. Et en sont les Commissaires d'advis.

Sa dicte Majesté entend que les *Ecclésiastiques et Nobles soient conservez dans les exemptions et priviléges contenus en cet article et dont ils ont jouy jusques à présent, sans qu'ils y soient troublez, si ce n'est pour ceux qui abuseront dudict privilége, lesquels en ce cas seront assignez à la Cour des Aydes de Paris, à laquelle sa Majesté a attribué la congnoissance desdicts abbus.*

X.

Par la Coustume de Normandie, article 602, les choses jetées en terre par tourmente et fortune de mer, appartiennent au seigneur du fief dans l'estendue duquel lesdictes marchandises sont arrivées. Néantmoins, par l'article 447 de vostre dernière ordonnance, il semble que vous mettez en doubte ce droict. Il vous supplient de déclarer plus clairement vostre volonté sur ceste affaire, confirmant, en faveur des seigneurs de fiefz, ledict article 602 de la dicte Coustume de Normandie.

Au Roy. Et en sont les Commissaires d'advis.

Le Roy *veult que l'ordonnance faicte sur la marine soit observée, et entendra volontiers les remonstrances de ceulx qui prétendent y estre interessez.*

XI.

Quoyque par cy-devant le tiers ordre fut presque desnué de toute substance et de moyens, néantmoings, tant qu'il luy est resté un seul point de vigueur, ses veilles et sueurs supléans au deffault de ses biens, l'a faict efforcer outre son pouvoir, pour contribuer franchement aux charges de l'Estat. A présent il est tellement désollé, à cause des guerres passées et de la cessation entière du commerce, que ses bras ne luy ont servy de rien, l'industrie et la volonté de travailler leur ayant esté inutile : ce qui les a réduicts à telle extrémité de misère qu'ils meurent de faim, sy bien que à présent il n'y a charge ou imposition, quelque modérée qu'elle puisse estre, qui ne leur soit excessive. Il est donc juste ceste fois, pour ne dire point nécessaire, de nous descharger, sinon entièrement de la taille, au moins de six deniers pour livre attribuez aux corps des Eslections et du doublement du taillon.

Au Roy. Et en sont les Commissaires d'advis.

Comme sa Majesté a esté contraincte de faire avec regret ces impositions pour subvenir aux despences extraordinaires qu'Elle a euës à supporter, aussi a Elle résolu de les diminuer et en soulager sa Province autant qu'Elle pourra, alors que ses affaires le luy permettront.

XII.

Si nous nous plaignons avec raison des grandes et excessives tailles que l'on nous demande, nous avons encor' plus de subject de redoubler nos plainctes, de ce que l'on les lève et recueille avec fraiz autant ou plus excessifz et onéreux que la taille mesme, et ce, soubz le nom d'un tas d'officiers de néant, comme Commissaires des Tailles et des Vivres, Greffiers des affirmations, Gardes des petitz sceaux, et autres semblables, lesquels, comme chenilles, nais à nul autre effect que pour ronger et ruiner vostre peuple, emportent, par leurs taxations héréditaires, le plus beau et meilleur revenu de ceste Province, et ce, soubz prétexte d'avoir financé quelques deniers en vostre Espargne, dont ils retirent des usures excessives, la pluspart ne les possédans qu'au denier huict ou neuf, et le plus hault à dix, estant encor' par les patentes envoyées par vostre Majesté pour tenir la présente assemblée mandé lever ces droictz les uns sur les autres, qui est proprement lever le droict du droict. Nous vous supplions très-humblement nous descharger de ces pesans fardeaux, révoquant dès à présent toutes ces fonctions, et pour mettre hors d'intérest ceulx qui nous les font porter, sans avoir esgard au mandement contenu en ladicte patente, il vous plaise leur convertir en rente au denier quatorze ce qu'ils justiffieront avoir payé et estre entré en voz coffres, et à cet effect faire expédier commission aux Trésoriers de France des Bureaux de Rouen et Caen pour vériffier leurs finances et les sommes dont ils ont jouy depuis leur acquisition jusques à présent, affin que ce qu'ils ont reçeu de plus ès années passées que ce juste intérest leur soit précompté et rabattu sur le sort principal, et que le surplus qui se lève sur nous, l'intérest annuel payé, soit employé tous les ans par les Collecteurs des Tailles en chasque paroisse, au racquit du reste du principal. Ainsi vostre Majesté et vostre peuple s'en trouveront insensiblement deschargez sans incommodité et sans préjudice des acquéreurs.

AU ROY.

Sa Majesté y aura esgard au mesme temps que ses dictes affaires le luy pourront permettre.

XIII.

Nous croyons que vostre Majesté, congnoissant assez l'estat de nostre misère et nécessité, debvoit nous soulager et nous donner quelque notable diminution sur les tailles et creues, pour les proportionner en quelque façon à nostre puissance et pauvreté. Au lieu de quoy nous entendons bruire et gronder une horrible et noire tempeste qui nous ravit le jour, ne nous laissant en veue que foudres et éclairs, nous menaçant d'une prompte ruine et désolation sans resource : qui est l'érection en tiltre d'office de trois Greffiers et trois Maistres clercz gardes des Roolles, en chacune Eslection, avec attribution d'un sold pour livre de toutes levées et quarante sols pour parroisse pour la confection des roolles, quoyque les Commissaires des tailles jouissent de deux sols pour livre pour faire lesdicts roolles, trois deniers pour livre attribuez aux Controolleurs des tailles, neuf deniers pour livre, entre lesquels il y en a deux d'establissement nouveau, aux Receveurs particuliers des tailles et taillon, et trois sols pour droit de signatures des roolles ausdicts Receveurs et Greffiers des Eslections, montant ce droit à de très-grandes sommes par an pour chaque paroisse, et trois deniers pour livre attribuez à des collecteurs de tous ces nouveaux droictz. Tous lesquels offices et attributions, s'ils avoient lieu, achèveroient entièrement de nous accabler, estant une charge éternelle, au moyen de la finance que les acquéreurs desdicts offices et attributions payeront et feront entrer en voz coffres. Nous supplions vostre Majesté, les larmes aux yeux, prenant pitié de voz pauvres subjectz, vouloir calmer par vostre bonté ce rigoureux orage, révoquant tous ces offices et attributions inouyes, à ce que ce tourbillon passe sans nous faire autre mal que l'appréhention que nous avons eue de l'establissement de tant d'officiers inutiles et d'attributions ruineuses.

Au Roy. Et en sont les Commissaires d'advis.

Le Roy, ne pouvant présentement se passer du secours qu'il a reçeu en partie et de ce qu'il doibt receveoir des édictz contenus en cet article, sa Majesté remet en une autre saison de donner aux supplians le contentement qu'Elle désireroit leur pouvoir accorder; et ce pendant pour donner une marque particulière du soing qu'Elle veult prendre du soulagement de la Province, Elle accorde dès à présent la révocation de l'édict du fer et de celuy des saisies réelles.

XIV.

Le payement des tailles presseroit beaucoup moins, sy les plus riches ne s'en faisoient descharger à la foulle des plus pauvres et misérables, au moyen des offices portans exemption du payement desdictes tailles, depuis peu érigés en tiltre d'office, dont ils se font pourveoir, comme : des Receveurs particuliers du taillon, et autres. Ces descharges qui font retomber tous les fraiz sur les plus pauvres est un moyen qui rendra la levée des tailles inutille et impossible, lesdictes tailles et autres levées augmentans tous les jours, et le nombre de ceulx qui le doibvent et peuvent porter diminuant par tels priviléges. Il vous plaïra ou révoquer tels offices portans exemption du payement des tailles, ou bien diminuer les tailles à proportion de ces exemptions; autrement il ne restera personne qui les puisse payer, tous estans ou exempts ou sans biens.

AU ROY.

Le Roy se fera au plustost représenter l'estat des exempts des tailles par le Procureur général de la Cour des Aydes, pour y pourveoir au contentement de ses subjectz, autant qu'il luy sera possible.

XV.

Nous supplions vostre Majesté de nous accorder la révocation de trente mil livres qui se lèvent sur les Généralitez de Rouen et Caen et Paris, et de la levée de vingt sols pour muid de vin destinez pour la confection du pont de Rouen, puisque le pont de batteaux, que vous avez ordonné estre construict pour la commodité du public, est parachevé, n'estant plus de besoing de continuer ceste levée, puisque l'ouvrage auquel elle estoit destinée est entièrement parfaict.

Au Roy. Et sont les Commissaires d'advis, de révoquer la levée qui se faict pour le pont de Rouen, après l'année de l'adjudication expirée.

Après que l'estat de la recepte et despence du pont de

Rouen et des octroys d'icelle aura esté vériffié au Conseil, sera fait droict aux supplians ainsi qu'il appartiendra.

XVI.

Nous demandons la révocation de neuf livres pour thonneau de vin, quarante sols pour thonneau de sildre, et vingt sols pour thonneau de poirey, comme aussi de l'escu pour thonneau de mer, à cause du grand préjudice qu'il apporte au commerce.

AU ROY.

Le Roy ne peult diminuer ces droictz qui se lèvent et sont affectez pour la conservation de la Province et seureté du commerce.

XVII.

Dieu, de sa seule bonté, sans aucun ministère et labeur d'homme, nous donne le sel pour assaisonner et donner goust à tout ce qui est nécessaire pour le soustien de nostre vie; mais le prix excessif qu'il nous est vendu, la quantité inutile que l'on nous en distribue nous dégouste tellement et affadit le courage, que presque nous souhaiterions, voire il nous seroit expédient qu'il n'en fust point du tout. Vostre Majesté est suppliée se faire représenter par les officiers de voz finances le piteux et lamentable estat où est à présent réduit le pauvre peuple, qui est tel qu'il ne se peult rien adjouster au comble de sa misère. Le surcharger à présent de six livres pour minot de sel, ce seroit l'accabler et le ruiner entièrement. Il espère mieux de la bonté et clémence de vostre Majesté, et se promet que vous ferez deffences à l'advenir d'imposer lesdicts six livres, nous en deschargeants dès à présent, et pour les autres sommes de deniers et droictz qui ont esté establis depuis neuf à dix ans en ça, les révoquerez aussi en bref, lorsque les affaires de vostre Estat le pourront commodément permettre, et que vous ordonnerez que le sel aura acquis le dépost porté par voz ordondances, avant que le nous distribuer.

Au Roy. Et sont les Commissaires d'advis, pour le dépost du sel, que l'ordonnance soit gardée.

L'establissement de six livres pour minot de sel estant général par toute la France, sa Majesté n'en peult accorder la révocation; mais Elle entend que ledict sel ayt le dépost porté par les ordonnances suivant le désir des supplians.

XVIII.

Il y avoit en une cité de Grèce un olivier de sy grande estendue, qu'il avoit dessoubz soy un palmier, le palmier un grenadier, le grenadier une vigne, qui tous croissoient et se nourrissoient soubz l'ombre et le couvert de cet arbre. Cela nous figure l'estat présent de la justice, soubz le voille de laquelle l'on voit un monde d'officiers nouveaux et extraordinaires se multiplier de jour en jour, les uns soubz les autres, qui vivent de la substance de vostre peuple, et se revestent de ses despouilles, estouffans plus la justice qu'ils ne la rendent. Il vous plaira, Sire, apporter quelque ordre à ce désordre, supprimant de toutes compagnies tant l'ordinaire que l'extraordinaire, et particulièrement des Eslections, ceulx nouvellement créez, les réduisans au nombre antien qui estoit petit, mais néantmoins suffisant pour nous rendre justice. Ainsi faisant décroistre le nombre de ceulx qui nous la doibvent rendre, on le fera croistre en ceulx qui nous la rendront en effect, au grand soulagement de voz subjectz et descharge notable de voz finances.

Au Roy. Et en sont les Commissaires d'advis, en remboursant.

Les supplians se doibvent contenter des responces qui leur ont esté faictes par les Cahiers précédents, en suitte desquelles sa Majesté veult que, vaccation advenant par mort, tels offices soyent supprimez.

XIX.

Nous demandons la révocation des lieutenans criminels aux vicomtez, attendu qu'il n'y a aucun édict de création de tels offices, et la suppression du Controolle des tiltres, Receveurs des consignations, Jaulgeurs, Mesureurs, Présentation, droict de Clerc et Courtiers de change et de toutes sortes de marchandises, tous ces offices estans à la ruine de vostre peuple, n'apportans aucune utilité à la justice, et ruinant entièrement le commerce.

Au Roy. Et en sont les Commissaires d'advis.

Sa Majesté accorde le premier chef de cet article, qui est la révocation des Lieutenans criminelz aux vicomtez ; et pour le surplus concernant la suppression des autres offices, Elle n'y peult rien ordonner, attendu le secours qu'Elle en a receu en la nécessité de ses affaires.

XX.

Il y a quelques années que nous avons suppliée vostre Majesté pour le grand soullagement de voz subjectz, et sans qu'aucun y soit préjudicié, de permettre à voz juges de concéder, ainsi qu'ils avoient accoustumé, les petits pouvoirs de justice, comme les appellations du vicomte au bailly et autres que les secrétaires de voz Chancelleries deffendent à voz juges de délivrer. Nous supplions vostre Majesté de nous descharger de ceste vexation, n'estant raisonnable que vostre peuple vienne de quarante à cinquante lieues pour obtenir les petitz pouvoirs qui dépendent plustost des formalitez de justice que de l'authorité de vostre sceau, et pareillement ordonner que ceulx qui à l'advenir obtiendront des appellations comme d'abus exprimeront, dans le relief d'appel, les causes et moyens de l'abus par eulx prétendu, autrement et faulte de ce faire, ledict appel soit déclaré nul, pour manque de ceste formalité.

Au Roy. Et en sont les Commissaires d'advis. Et sera sa Majesté suppliée qu'il en soit usé comme antiennement, et pour les appellations comme d'abbus, que l'ordonnance soit gardée.

Les expéditions seront faictes aux chancelleries présidialles de tout ce qui est au dessoubz d'eulx ; et pour les appelz comme d'abbus, les causes seront exprimées dans les reliefs suivant l'ordonnance ; et seront lesdictes appellations relevées à ladicte Chancellerie et non ailleurs.

XXI.

Voz subjectz reçoivent un très-grand préjudice à cause du retranchement d'une moitié des rentes deues sur les receptes générales, la pluspart desquelles appartiennent aux hospitaux, à de pauvres vefves et enfans orphelins, qui n'ont autre bien ny moyen de vivre. Il vous plaise, subvenant à leur misère et pauvreté, ordonner que à l'advenir lesdictes rentes seront payées entièrement sur le fondz affecté à icelles, par préférence et sans divertissement.

AU ROY.

Le Roy ne peult rien adjouster aux responces cy-devant faictes aux Cahiers précédents sur semblable article, sa Majesté faisant payer lesdictes rentes comme il se faisoit du temps du feu Roy.

XXII.

Il y a longtemps que nous nous plaignons à vostre Majessé des monnoyes estrangères, la tollérance de cet abbus leur ayant donné un tel cours en ceste Province, qu'à présent il ne s'y en expose point d'autres, ce qui apporte une très-grande ruine à voz pauvres subjectz, d'autant que les Officiers de voz Receptes ne les veulent recevoir, estans contraincts de les changer, avec perte de cinq et six sols pour escu. Vostre Majesté est très-humblemeut suppliée donner un prompt remède à ce mal; et cependant, enjoindre aux officiers de voz Receptes et Receveurs des espices de les recepvoir au mesme prix qu'elles sont publiquement exposées.

Au Roy. Et en sont les Commissaires d'advis.

Comme le contenu en cet article regarde aussi bien le général de la France que la Province de Normandie, sa Majesté envoyera au plustost le règlement qu'Elle a faict faire sur les monnoyes,

XXIII.

Les pontz, chemins et passages sont tellement rompus qu'ils sont à présent du tout inaccessibles : ce qui achèvera de ruiner le peu de commerce qu'il nous reste, s'il n'y est promptement pourveu. Vostre Majesté est suppliée d'ordonner que les deniers qui se lèvent en ceste Province pour la réparation desdictz pontz, qui montent à trente mil livres, y seront employez par les Trésoriers de France en chacune Généralité, sans qu'ils soient plus à l'advenir portés en vostre Espargne, ny divertis aux autres ouvrages des autres Provinces de ce Royaume, ny employez au payement des gages et taxations des officiers desdictz ponts et chemins.

Au Roy. Et en sont les Commissaires d'advis.

Le Roy a supprimé les offices de Controolleurs et Receveurs des pontz et chaussées, afin de descharger les finances du fondz qui se prenoit pour le payement des gaiges desdicts officiers; et sera pourveu aux supplians à l'advenir d'un fondz certain pour les réparations des pontz et chemins de la Province; et en la présente année sa Majesté accorde la somme de trente mil livres pour cet effect.

XXIV.

Il y a plusieurs villes en vostre Province de Normandie

qui sont amodiées, et le village et le bourg d'Yvetot qui est franc et exempt de taille, où les veufves et enfans de riches laboureurs se retirent, y louant ou acheptant quelque petite maison pour se descharger du payement de la taille. Nous vous supplions que ces priviléges ne soient en ruine à vostre païs; et puisqu'il a pleu à vostre Majesté leur accorder et confirmer, qu'il vous plaise au moins ordonner qu'ils n'auront lieu que pour les originaires desdictes ville et bourg d'Yvetot, et non pour ceulx qui s'y retirent pour s'affranchir indirectement du payement de vos tailles.

Au Roy. Et en sont les Commissaires d'advis.

Accordé conformément à l'article; et ceulx qui sont domiciliez audit lieu auparavant dix ans ne pourront estre inquiétez.

XXV.

Nous avons desjà plusieurs fois supplié vostre Majesté de rémédier à la rigueur dont voz fermiers du quatriesme du sel blanc usent envers voz subjectz de la basse Normandie, qui est de vouloir avoir précisément le quatriesme en essence dudict sel blanc, sans considérer les grands fraiz qu'il leur convient advancer pour le faire. Nous vous supplions ordonner que lesdicts adjudicataires se contenteront du cinquiesme du prix à quoy sont affermez lesdictes sallines, ou bien, s'ils veullent avoir ledict sel blanc en essence, du huitiesme boisseau.

Au Roy. Et en sont les Commissaires d'advis.

Sa Majesté fera appeler en son Conseil l'adjudicataire pour, luy ouy, estre pourveu aux supplians ainsi qu'il appartiendra.

XXVI.

Plusieurs obtiennent de vostre Majesté lettres pour establir en leurs villages nouveaux marchez : ce qui ruine le commerce de voz villes et vostre peuple qui va à ces marchez plustost pour yvrongner que pour y faire trafficq. Nous supplions vostre Majesté révoquer toutes les lettres qu'Elle a concédées depuis dix ans pour establir tels marchez, et qu'il vous plaise aussi n'en concéder à l'advenir; par un mesme, aussi deffendre à toutes personnes, de quelque qualité et condition qu'ils soient, d'aller à la chasse pendant que les grains sont encores sur la terre, n'estant juste que le plaisir d'un particulier soit en ruine à plusieurs.

AU ROY.

Les foyres et marchez ne seront concédez cy-après qu'aux terres qui sont en tiltre de Chastellenies, et pour le surplus de cet article, sa Majesté veult que ses ordonnances soyent exactement gardées.

XXVII.

Vostre Majesté nous a plusieurs fois promis faire tenir des grands jours en l'une des villes de ceste Province. Le mal nous pressant plus que jamais et les violences que l'on commet tous les jours, principallement envers les ecclésiastiques, nous contraignent de vous supplier de rechef de faire exécuter cette promesse, à ce que vostre peuple vous honore, pour avoir chassé et chastié les monstres qui outragent et violent voz subjectz.

Au Roy. Et en sont les Commissaires d'advis.
Accordé.

XXVIII.

Les Partisans, ennemis du repos public, non contents d'avoir remis sus tous les édictz et impostz que les troubles et la nécessité des affaires avoient autrefois faict naistre de temps en temps, voire en avoir mis sus de sy estranges et extraordinaires qu'ils ont conduit tous les habitans de ce Royaume à leur dernière ruine, ils ont encor' tout de nouveau, en ces derniers jours, pour comble de calamité, inventé un moyen, tout extraordinaire et jusques icy inouy, de contraindre et par corps les officiers ausquels vous avez par leurs inventions attribué quelques nouveaux droictz, à les lever et en payer les sommes pour lesquelles ils ont esté taxez en vostre Conseil, mesme pour édictz desjà révoquez et supprimez. Nous vous supplions très-humblement descharger les officiers de ces dures et rigoureuses contrainctes, et d'ordonner qu'ils ne seront cy-après forcez par telles voyes à lever lesdicts droictz, mais où ils ne le pourroient pour leur pauvreté, permettre qu'ils soyent indifféremment vendus à ceulx qui les demanderont et qui les pourront commodément achepter.

Au Roy. Et en sont les Commissaires d'advis.

En baillant l'estat des officiers contre lesquels lesdictes contrainctes ont esté données, il y sera pourveu.

XXIX.

Nous vous supplions aussi d'ordonner que l'exécution de l'arrest de vostre Conseil du dixiesme novembre dernier, en vertu duquel l'on a saisy tous les revenus tant patrimoniaux que d'octroy de vostre ville de Rouen, demeure surcize jusques à ce que les Eschevins de vostre dicte ville ayent peu se retirer par devers vostre Majesté, pour luy faire veoir le juste employ de ces deniers, lesquels à peine sont suffisans pour supporter les charges d'une sy grande et populeuse ville.

Au Roy. Et en sont les Commissaires d'advis.

Les Eschevins ont apporté l'estat au Conseil, à la vériffication duquel on travaille, après laquelle y sera pourveu.

XXX.

Encores que vostre Majesté ayt pourveu, par plusieurs ordonnances et particulièrement par ces dernières, à ce que les évocations ne soient sy fréquentes, il ne peult néantmoings qu'il ne s'en obtienne journellement, les officiers de voz Cours souveraines ayans plusieurs parens dedans leurs compagnies. Et d'autant que, par voz dictes ordonnances, les procès évoquez d'un Parlement doibvent estre renvoyez au plus prochain, il arrive que ceulx évoquez de vostre Parlement de Rouen sont renvoyez en celuy de Paris, et ceulx du Parlement de Paris en celuy de Rouen, sy bien que les officiers desdicts Parlements, s'aidans les uns aux autres et recommandans réciproquement leurs affaires à leurs parens, faict que les évocations obtenues ne servent de rien, trouvans autant ou plus d'assistance au Parlement auquel ils sont renvoyez qu'ils en avoient à celuy dont ils sont évoquez. Il vous plaira, pour remédier à ce mal, renvoyer les causes des officiers desdictes Cours à voz autres Parlements plus esloignez, et ausquels ordinairement les causes évoquées ne sont renvoyées.

AU ROY.

Sa Majesté pourvoirra avec congnoissance de cause aux évocations qui s'expédieront à l'advenir, pour empescher qu'il ne s'y commette aucun abbus, et que ses subjectz puissent recevoir une bonne justice.

XXXI.

Nous avons occasion de remercier vostre Majesté de la responce qu'il luy a pleu nous donner sur le huictiesme article du Cahier que nous luy présentasmes l'année dernière en ce qu'Elle nous descharge de porter en vostre Conseil les contractz des rentes deues sur les Receptes géneralles, traictes domanialles, foraines et autres, voulant que les Trésoriers de France facent la vériffication desdictz contractz, responce néantmoings qui n'est entièrement conforme à l'intention de vostre Majesté, d'autant qu'elle ne nous descharge absolument des incommoditez représentées par ledit article, ces rentes estans deues à plusieurs personnes non domiciliez ès villes où sont les Bureaux desdicts Trésoriers de France. C'est pourquoy il luy plaira, pour nous soulager entièrement en ce regard, faire faire ladicte vériffication, sans y appeler les propriétaires desdictes rentes, sur les comptes qui sont rendus tous les ans en vostre Chambre des Comptes, coppies des contractz desdictes rentes, ventes d'icelles, adjudications par décret, partages et autres moyens d'acquérir se rapportans sur lesdicts comptes, lorsqu'il y a changement de possesseur, pouvant par ceste voye asseurément veoir celles qui sont mal possédées, comme ayans esté ou racquittées au proffict de vostre Majesté, ou, par quelque autre moyen que ce soit, réunies en vostre Domaine.

XXXII.

Il y a cent, six et sept-vingts ans, que par édictz, bien et deuement vériffiez en voz Cours souveraines, l'on a fieffé à perpétuité plusieurs terres vaines, vagues et inutilles, et entre icelles un grand nombre que l'on a retranchées des communes et pasturages appartenans à plusieurs parroisses et communaultez, à condition d'en payer en vostre Domaine, aux uns douze deniers par an pour acre, aux autres plus grande ou petite somme, selon la qualité et bonté de la terre, qui auparavant ne vous avoient esté en aucun proffict et revenu, ny jamais estimez estre de vostre Domaine. Les

Estat (beaucoup d'icelles ayant esté érigées en fiefz) employèrent le reste du bien qu'ils avoient pour approffiter et mainbonir ces terres, les deffricher, planter et mettre en valeur, y ayans basty maisons et autres édiffices nécessaires : du revenu desquelles terres les Nobles qui les possèdent à présent s'en mettent en équipage pour servir en voz guerres, ce que vous avez veu et congneu en ces dernières occasions, et le tiers Estat en paye la taille, le sel et autres contributions nécessaires à l'Estat. Néantmoings, après tant de despences et une si longue possession, l'on les veult priver de ces terres, soubz prétexte de la revente de vostre Domaine, contre et au préjudice des vériffications de ladicte Commission faictes en voz Cours souveraines. Nous vous supplions très-humblement de considérer quelle calamité traîneroit après soy l'exécution de ceste Commission, combien de familles tant nobles que du tiers Estat se trouveroient ruinées, contrainctes d'aller mandier leurs vies, et se réduire en un hospital avec leurs femmes et enfans, n'ayant la pluspart autre bien ny revenu pour vivre que celuy-là. Nous espérons que votre Majesté, mue de compassion de tant de pauvres et misérables familles, les deschargera entièrement de ces oppressions, et fera deffences à toutes personnes de les troubler en la juste possession de ces terres, lesquelles ils ont mises en valleur par leur industrie, labeur et despence.

Au Roy. Et en sont les Commissaires d'advis.

En payant par les supplians les sommes ausquelles ils ont esté taxez au Conseil du Roy, leurs héritages et fiefz demeureront exemptz à perpétuité à la revente ; et pour faire jouyr les supplians de ceste grâce, seront à cet effect expédiées lettres de déclaration adressantes au Parlement et Chambre des Comptes.

XXXIII.

Nous vous supplions pareillement de considérer que les Partisans de la revente de vostre dict Domaine, par importunité et surprise, ont par arrest faict évoquer en vostre Conseil l'exécution de ceste Commission : ce qui apporte grande incommodité et despence à voz subjectz, estans contraincts d'aller porter leurs tiltres, lettres et contractz sy loing de leur demeure. Il vous plaise, révoquant ledict arrest, renvoyer l'exécution de ladicte Commission par devant voz juges de Normandie, à ce que ces particuliers soyent soulagez de tant de peines et despenses inutiles, qu'il leur convient faire à la suitte de ceste Commission.

A a Roy. Et en sont les Commissaires d'advis.

Le Roy, ayant pour bonnes considérations, évoqué la Commission de l'édict de la revente du Domaine, pour les mesmes raisons il ne peult changer ceste résolution.

XXXIV.

Vostre peuple a juste subject de se plaindre contre les Lieutenans généraulx des bailliz et vicomtes, lesquels ores qu'ils soient réglez par voz ordonnances et arrestz de vostre Parlement pour leurs salaires, néantmoings le désordre est si grand, que, au lieu de se contenter de quinze ou seize sols pour heure de vacation, procédans aux distributions des deniers des décretz et audition des Comptes des tutelles de mineurs, ils en prennent trois fois plus; et ce qu'ils pourroient faire en une heure, ils en employent deux fois autant. Il plaise à vostre Majesté, renouvellant vostre ordonnance, leur deffendre de prendre en plus oultre que le contenu en icelle et arrestz de vostre Parlement.

Au Roy. Et en sont les Commissaires d'advis.

Le Roy voulant pourveoir aux abbus contenus en cet article, qui tournent à la foulle du pauvre peuple, sa Majesté veult que, par le Parlement de Normandie, le sallaire desdicts juges soit bien exactement réglé, et ledict règlement faict et luy estant envoyé, sa dicte Majesté le confirmera, affin qu'il soit gardé et observé à l'advenir.

XXXV.

Nous continuerons de supplier vostre Majesté de ne permettre aux estrangers d'apporter en ce Royaume aucune marchandise manufacturée en leur païs, affin que voz pauvres subjectz, y estans employez, soient secourus par leur travail en la nécessité où ils sont réduits, et puissent de la sueur de leurs bras tirer moyen de vivre et de payer voz tailles, sel et autres levées nécessaires pour l'entretien de cet Estat, et particulièrement aux Anglais, qui non contents d'apporter en ce Royaume les marchandises permises par les concordats et contenues dans le tarif, sur lesquelles se perçoivent des droictz deubz à vostre Majesté, ensemble autres que vous avez octroyez à vostre ville de Roüen, y apportent encor autre grand nombre de marchandises déguisées et contrefaictes à desseing et pour frauder lesdictz droictz. Vostre Majesté est très-humblement suppliée de leur interdire l'apport desdictes marchandises déguisées et contrefaictes, ou bien les obliger d'en payer le droict, et pour cet effect depputer des Commissaires pour dresser un nouveau tarif.

Au Roy. Et en sont les Commissaires d'advis.

Le Roy, traictant avec les Anglois sur le faict du com-

merce et traffic, aura esgard au contenu en cet article pour le bien et advantage de ses subjectz.

On dict que la minière de plomb a cela de propre par dessus tous les autres minéraux, qu'elle rajeunit et recroist, quand l'on la laisse en repos, et que l'on est quelque temps sans y rien prendre. De mesme, sy on nous donne quelque relasche de tant d'impositions ordinaires et extraordinaires, dont nous sommes surchargez, cela rajeunira nos forces, et nous rendra plus prompts et capables de continuer aux occasions urgentes et importantes de l'Estat. Vostre Majesté se contentera donc, s'il luy plaist, pour ceste année, sçavoir :

Pour la Généralité de Rouen, à la somme de huict cens trente-sept mil deux cens soixante livres six sols six deniers,

Et pour la Généralité de Caen, de quatre cens soixante-treize mil quatre cens soixante livres treize sols huict deniers,

Lesdictes deux sommes revenans à la somme de treize cens dix mil sept cens vingt-une livres deux deniers, à quoy nous supplions très-humblement vostre Majesté se contenter, nous deschargeant de toutes autres levées.

Faict et arresté en la Convention des Estatz de Normandie, tenus au manoir archiépiscopal, le vingtième jour de décembre mil six cens vingt-neuf.

Signé : Echard.

Les Commissaires tenans la présente Convention, ayans ouy la responce des déléguez des Estats à la proposition et demande à eulx faicte de la part du Roy, par laquelle ils consentent luy payer, pour l'année prochaine mil six cens trente, treize cens dix mil sept cens vingt-une livres deux deniers, Supplians sa Majesté qu'il luy plaise les exempter de toutes autres levées, Nous avons ordonné que levée de deniers sera faicte, en ladicte année prochaine mil six cens trente, suivant et conformément aux lettres patentes de Commission pour ce expédiées, selon la forme portée par icelles, et ce par provision, fors et réservé pour les sommes dont les édictz n'ont encores esté vériffiez aux Cours souveraines de ceste Province, lesquelles demeureront en surcéance, et ne seront imposées jusques après que les déléguez des Estatz ayent faict leurs Remonstrances à sa Majesté, et que lesdicts édictz ayent esté bien et deuement vériffiez où besoing sera, ou que par le Roy autrement en ayt esté ordonné; et pour le surplus, renvoyez par devers sa Majesté. Ce qui a esté prononcé publiquement en l'assemblée desdicts Estatz, le vingtième jour de décembre mil six cens vingt-neuf. Signé par lesdicts sieurs Commissaires.

Signé : Aubourg.

Les articles et Remonstrances contenues au présent Cahier ont esté veues et respondues par le Roy estant en son Conseil, tenu à Fontainebleau, le quatriesme jour de mars mil six cens trente.

Signé : LOUIS.
Et plus bas : Phelypeaux.

Collationné à l'original par moy Procureur sindic des Estatz de Normandie.

Signé : Echard (1).

(¹) A Rouen. De l'Imprimerie de Martin Le Mesgissier, Imprimeur ordinaire du Roy tenant sa boutique au haut des degrez du Palais. MD. XXX. Avec Privilége de sa Majesté. — Réimprimé d'après l'exemplaire appartenant à M. le marquis de Blosseville.

ARTICLES
DES
REMONSTRANCES
Faictes en la Convention des Trois Estats
DE NORMANDIE
Tenue à Rouen le douzième décembre mil six cens trente.

Avec la Responce et Ordonnance sur ce faicte par le Roy estant en son Conseil,
Tenu à Fontainebleau, le premier jour de juing mil six cens trente-trois.

AU ROY.

Et a Monseigneur le duc de Longueville et d'Estouteville, *Pair de France, Comte souverain du Neufchastel et de Vallengin en Suisse, aussi Comte de Dunois, de Chaumont et de Tancarville, Connestable héréditaire de Normandie, Gouverneur et Lieutenant-Général pour sa Majesté en ladicte Province.*

Et à Messeigneurs les Commissaires députtez à tenir la présente Convention.

Sire,

Nous espérions que le calme de la paix civile, que vous avez acquis à vos subjetz par vos armes, sueurs et travaulx, nous debvoit donner moyen de respirer et quelque peu de relasche à nos plainctes accoustumées; mais du port où nous croyons estre asseurement arrivez, nous nous sommes veuz rejettez au milieu des flotz et orages, qui nous ont versez et bouleversez tellement que nul ancre ny cable ne peust sauver ce pauvre vaisseau des bris et nauffrages. Nous avons veu et voyons encor véritablement la paix comme une lueur très-agréable; mais nous n'en avons senty ny receu aucun bon effect ny commodité. Nos maux n'ont poinct cessé, ils ont changé seulement de forme : ce que l'avarice du soldat ès années passéez nous avoit laissé nous a esté et est encor à présent ravy et emporté par les sergeans et autres ministres de vostre justice, pour le payement des tailles, impositions, et autres levées extraordinaires qui ont esté multipliez ceste année à sommes si grandes et excessives, pour subvenir aux guerres estrangères, qu'il nous est du tout impossible de pouvoir continuer à y fournir, la nécessité et pauvreté nous environnant de tous costez, sy bien que, pour nous déveloper de tant d'esceuils et nous sauver de ces tempestes, il ne nous reste que ceste dernière table de recourir à la bonté et miséricorde de vostre Majesté, la suppliant très-humblement de prendre pitié des afflictions, misères et calamitez qui nous oppriment et accablent, en nous donnant quelque peu de soulagement d'effect, qu'il y a si longtemps que l'on nous promet et faict espérer de parolle.

Le Roy ayant tousjours la mesme affection qu'il a eüe par le passé pour ce qui regarde le bien et advantage de sa Province de Normandie, comme l'une des principalles de son Royaume, remplie d'anciennes et illustres maisons, composée de grandes prélatures d'Ecclesiastiques et d'une quantité de noblesse, dont sa Majesté a receu des services notables aux occurrences qui se sont offertes dedans et dehors le Royaume pour la défense, seureté et conservation d'iceluy, dans lesquelles les officiers et au-

tres ses subjectz de ladicte Province ont aussi donné des marques de leur fidélité, par le secours et assistance qu'ils ont contribuée, sa dicte Majesté prendra plaisir de luy faire ressentir les effectz de sa bienveillance par un soing particulier qu'Elle aura de tout ce qui pourra concerner son soulagement, lors que l'estat de ses affaires le pourra permettre.

I.

Les prières et vœux que les Ecclésiastiques font et redoublent journellement, ont rendu le ciel propice au bien et maintien de cet Estat, grand heur et prospérité de vos armes. Il est juste que vostre piété intercède pour eulx vers vous mesmes, affin de les conserver en leurs libertez, franchises et immunitez.

Au Roy. Et en sont les Commissaires d'advis.

Le Roy ayant en considération les Ecclésiastiques de son Estat, il désire et veult qu'ils soyent maintenus en leurs priviléges et franchises.

II.

En l'an mil six cens vingt-six, vostre peuple vous avoit remonstré le désordre introduit en l'Eglise par l'avarice d'aucuns préposez aux abbayes, tant d'hommes que de femmes, qui ne reçoivent aucun novice sans prix et loyer, et leur font commencer une profession de vie saincte par un détestable crime, qui est la symonie, qui depuis, au lieu de s'estouffer et extaindre, croist de jour en jour, et les prix plus excessifz qui ruinent les pères et familles. Vostre Majesté avoit respondu qu'Elle vouloit que ses ordonnances fussent gardées et observées : responce qui n'apporte aucun remède à ce mal. Elle est suppliée d'enjoindre à sa Cour de Parlement et autres ses juges, chacun en son ressort, d'informer dudict désordre, et à vostre procureur général et ses substitudz de faire toutes diligences pour réprimer tel scandalle, et remettre la réception des novices suivant les reigles et ordonnances de l'Eglise.

Au Roy. Et sont les Commissaires d'advis, que les sommes de deniers donnez aux Religions ne soient qu'à vie seulement, et par forme de pencion.

Accordé, *enjoignant sa Majesté pour cet effect à son Parlement de Rouen et autres juges, ses procureurs et officiers de tenir soigneusement la main à l'observation des saincts décretz et constitutions canoniques, et mesme de l'arrest dudict Parlement, du 17 janvier mil six cens trente-deux.*

III.

LES nobles, pour n'avoir jamais espargné leur vie à deffendre l'Estat, vostre Majesté estant tesmoin avec quel courage ils vont sans paslir ny changer de couleur prodiguer et espandre leur sang pour le maintien et soustien de cette Couronne, ont mérité, de tout temps, des prérogatives par dessus le vulgaire. Ils protestent de persévérer et de continuer en ceste mesme affection : il est raisonnable de leur en conserver les effectz, desquels ils sont privés par l'artifice et avarice des partisans et fermiers, qui les contraignent de payer tous péages, daces et impostz. Vostre Majesté aura esgard au rang qu'ils tiennent en ce Royaume, estant une victime toujours preste à estre sacriffiée pour vostre service; Elle les deschargera donc, s'il luy plaist, de toutes ces charges indignes de leur condition, les faisant joüir effectivement des mesmes priviléges pour le sel, entrée de villes, et autres dont sont exempts les officiers de vos Cours souveraines.

Au Roy. Et en sont les Commissaires d'advis.

Sa Majesté ayant tousjours aymé et estimé la Noblesse,

veult qu'elle jouysse des mesmes immunitez dont elle a tousjours accoustumé de jouyr.

IV.

La justice, qui est la coulomne qui soustient et appuye les Royaumes et grands estatz, sans laquelle ce ne seroit que désordre et confusion, est inutile, s'il n'y avoit des personnes de mérite, sçavoir et intégrité pour l'exercer et administrer au peuple; et, encor' qu'il se trouve tousjours assez, voire trop de personnes qui désirent se faire pourveoir aux estatz et offices vaccans, le choix et eslection néantmoins y est très-nécessaire, pour y préférer ceulx desquels on espère plus de sincérité, zelle et affection, comme sont ceulx qui, sortis et nez de pères et ayeulx généreulx, ont naturellement la vertu imprimée, qui les oblige à conserver l'honneur de leur race, de ne faire rien qui puisse ternir et flestrir leur réputation. Aussi avez-vous, par vos ordonnances, promis de préférer en concurrence les gentilshommes à tous autres en la promotion des offices. La Noblesse suplie vostre Majesté de leur continuer ceste faveur, et ordonner qu'ils seront préférez à tous autres aux conditions ordinaires.

Au Roy. Et en sont les Commissaires d'advis.

Sa Majesté veult que ses ordonnances soyent gardées, et aura agréable que les Compagnies souveraines soyent remplies du corps de la noblesse.

V.

Le tiers estat est réduit à la dernière extrémité; leurs personnes sont alangouries et consommez de faim et de pauvreté; leurs biens et commoditez leur ont esté ostez par les désordres passez; et sy peu qu'il leur en estoit resté est emporté pour le payement des tailles et autres levées extraordinaires. Ny de l'un ny de l'autre ils ne se peuvent plus ayder à supporter les pesants fardeaux dont on les charge ; leur zelle néantmoins est très-grand, et leur affection démésurée à vostre service ; mais leur impuissance, toute notoire, la faict mourir en eulx : la peste et stérélité presque universelle de toutes choses les ayant réduits à tel poinct, qu'il ne leur reste que la voix pour gémir, et nulle commodité pour payer une si excessive taille et tant de levées extraordinaires. Sire, Dieu, qui n'abandonne jamais son peuple sans secours, vous a préposé icy-bas pour luy bien faire, et, ayant esgard à ces affections, le soullager de tant d'impositions, et particulièrement le descharger des six deniers pour livre attribuez aux corps des Eslections et du doublement du taillon.

AU ROY.

Le Roy ayant esté secouru dans la nécessité de ses affaires du fondz qui est provenu de ceste nouvelle attribution, il ne peult en accorder la descharge requise.

VI.

En l'année mil six cens vingt-sept et vingt-huict, vostre Majesté, ayant certaine congnoissance de l'extrême misère à laquelle estoient réduits tous ses subjectz, diminua la grande creue de six cens et quatre cens mil livres ; mais, aux mesmes années, elle doubla le taillon, charge beaucoup plus forte que la diminution que nous avions espérée. En ceste dernière année, l'on a surhaussé ladicte grand'creue de plus de trois cens mil livres en ceste seule Province, charge qui achèvera de nous jetter par terre, hors d'espoir de nous pouvoir relever, et qui nous rendra du tout impuissants à vous servir. Nous nous promettons toute autre chose de la bonté et clémence de vostre Majesté, espérant que vous révoquerez, à nos humbles prières, dès à présent, toutes les augmentations extraordinaires, et nous donnerez quelque notable diminution sur ladicte grand'creue.

Au Roy. Et en sont les Commissaires d'advis.

Sa Majesté, ayant esté obligée, comme chacun sçait, à des despences extraordinaires pour l'entretenement des armées qu'Elle a tenues sur pied en divers endroicts, tant pour le secours de ses alliez, que pour maintenir la paix dans son Royaume, Elle ne peult à présent accorder la révocation des choses dont elle a faict estat pour y subvenir; mais lorsque ses affaires le luy permettront, Elle aura esgard à l'instance qui luy en est faicte.

VII.

Au commencement, les tailles, s'estant levez par le consentement des peuples pour subvenir aux affaires pressantes de l'Estat, sont enfin devenues levées ordinaires par la volonté des Roys et obéissance des subjetz, qui se sont, à traict de temps, tellement augmentées en ceste Province qu'elles accablent plustost qu'elles ne chargent. Et néantmoins nous porterions patiemment cet excessif fardeau, s'il ne servoit de levain et matière à la levée de nouveaux droictz et érection d'un tas de petitz offices, comme Commissaires des tailles et des vivres, greffiers des présentations, gardes des petitz sceaux, et autres, dont l'exercice ne gist qu'à tourmenter vostre peuple et dévorer leur substance. Ce sont des enfants que la taille a éclos, mais qui suffoqueront leur mère, nous rendans impuissans de pouvoir fournir à la taille mesmes. Nous suplions vostre Majesté de considérer l'extrémité de nos misères, et, y ayant esgard, nous soulager, en révoquant dès à présent toutes ces fonctions innutilles; et pour mettre hors d'inthérest les acquéreurs d'iceulx, attendant qu'ayez agréable nous en descharger entièrement, il vous plaise leur convertir en rente les deniers qu'ils justifieront avoir financez et faict entrer en vos coffres, et, pour éviter aux désordres qui arrivent tous les jours sur la perception de ces droictz, vouloir, par un mesme, en limiter le revenu au denier quatorze, pour toutes levées tant ordinaires qu'extraordinaires.

Au Roy. Et en sont les Commissaires d'advis.

Pour les mesmes raisons que dessus, sa Majesté a esté contraincte, à son grand regret, d'augmenter la taille qui se lève sur son peuple, au lieu de la diminuer comme Elle en a tousjours eu la volonté; et lorsqu'Elle verra lieu de luy pouvoir donner le soulagement qu'Elle désire, Elle aura à plaisir de remédier à leurs plainctes.

VIII.

Le juste subject de nos continuelles plaintes avoit émeu vostre Majesté, aux années dernières, à nous promettre de pourveoir sur la révocation de tous ces petitz offices et attributions ruineuses; mais tant s'en fault que nous ayons resenty aucun bon effect d'une si favorable promesse, qu'au contraire nous voyons nos maux redoubler par l'érection d'autres nouveaux, comme de trois greffiers et trois maistres clercz gardes des roolles en chacune Eslection, avec attribution d'un sold pour livre de toutes levées, trois deniers pour livre attribuez aux controolleurs des tailles, deux deniers pour livre aux receveurs particulliers des tailles et taillons, et trois sols pour droict de signature ausdicts receveurs et greffiers des Eslections, un denier obolle aux receveurs généraulx, trois receveurs collecteurs de tous les nouveaux droictz, avec attribution de trois deniers pour livre aux controolleurs des finances des pontz et chaussées, sur lesquels droictz, quoy que non encor' imposez sur votre peuple, les édictz n'en ayant encor' esté vériffiez en ceste Province, l'on a prétendu, en vertu d'arrestz de vostre Conseil, faire lever les deux sols pour livre cy-devant attribuez aux Commissaires des tailles, qui seroit proprement tirer proffict de choses imaginaires. Ce cuisant resentiment de tant de surcharges est un surcroist de plainctes, justement redoublées, que nous faisons à vostre Majesté, la suplians très-humblement (les larmes aux yeux) de vouloir révoquer tous ces nouveaux offices et attributions, veu que les édictz de la création d'iceulx n'ont encor' esté envoyez ni vériffiez aux Cours souveraines de ce païs.

Au Roy. Et en sont les Commissaires d'advis, et que lesdictes levées soyent surcizes jusques après les vériffications ou qu'autrement par sa Majesté en ayt esté ordonné.

Le Roy ne pouvant présentement se passer du secours qu'il a receu en partie de ce qui doit revenir des édictz contenus en cet article, sa Majesté remet en une autre saison de donner aux suplians le contentement qu'Elle désireroit leur pouvoir accorder; et ce pendant, pour marque du soing qu'Elle veult prendre du soulagement de la Province, Elle accorde dès à présent la révocation de l'édict du denier obolle attribué aux receveurs généraulx des finances, et trois deniers pour livre aux controolleurs généraulx des finances, sur les deniers des pontz et chaussées.

IX.

L'un des plus durs fléaux qui battent vostre peuple est le prix du sel, qui est sy excessif à présent, qu'il luy couste plus que le reste de sa nourriture, l'amertume de cest assaisonnement le portant à deux doigtz de la mort et luy ostant tout moyen de vivre, et de payer les tailles et autres subventions qu'on luy demande. L'on l'a haussé tout d'un coup de six livres pour minot, et ceste levée tire encor' après soy autres grandes surcharges, comme les droictz des officiers, les deux sols pour livre où le sel se baille par impost, les trois deniers pour livre aux gardes des petits sceaux, et le demy-parisy aux petites reventes, et lesquels encore, ces derniers jours, l'on a prétendu, en vertu d'arrestz de vostre Conseil, faire lever par doublement, arrestz extraordinaires et sans exemple. Nous suplions très-humblement vostre Majesté de considérer que telles augmentations de prix, quoyque onéreuses à tous vos subjectz en général, sont principallement à la ruine et désolation des plus pauvres et nécessiteux, qui ne peuvent plus, quoy qu'ils travaillent jour et nuict, gaigner à la sueur de leurs bras seulement de quoy vivre, tant s'en fault qu'ils puissent fournir au payement de tant de levées extraordinaires et différentes charges. Nous espérons que vostre Majesté, esmeue de ces considérations, nous accordera la révocation desdits six livres pour minot, droictz des officiers, demy-parisy, sans avoir esgard ausdits arrestz, et de toutes les nouvelles levées, comme les deux sols pour lieue, et autres qui y ont esté establies depuis dix à douze ans en ça, et enjoindre de rechef à l'adjudicataire desdites gabelles de distribuer au peuple le sel par quartes. Ensemble, en confirmant la responce du vingtième article du Cahier de l'année mil six cens dix-neuf, Elle défendra aux archers du sel d'entrer aux maisons des particuliers pour y faire recherche de faux sel que en vertu de sentence de juge, et qu'il y ait dénonciateur domicilié dans l'estendüe du grenier où ladicte recherche se fera, affin de remédier aux scandaleuses et injurieuses actions qui se commettent tous les jours, soubz prétexte de ces faintes recherches.

Au Roy. Et en sont les Commissaires d'advis, veu les responces des Cahiers des Estatz des années précédentes.

Sur le premier chef, qui regarde la descharge des six livres pour minot de sel, n'y peult estre apporté aucune diminution; et au surplus les ordonnances seront observées; et en confirmant la responce de l'article 20 de l'année 1619, sa Majesté deffend aux archers du sel d'entrer aux maisons des particuliers soubz prétexte de la recherche du faulx sel, qu'en présence du voisin, qui signera le procès-verbal, et qu'ils ne pourront faire en suitte aucune exécution qu'en vertu de l'ordonnance des officiers des greniers.

X.

La stérilité de ceste année est telle, qu'à grand'peine la terre nous a elle donné des grains suffisamment de quoy nous pouvoir substenter; et toutes fois il y en a dont l'avarice est tant insatiable que de nous vouloir ravir ce peu que nous avons de bledz pour le transporter ailleurs. Nous vous suplions très-humblement deffendre absolument tel transport, n'accordant aucunes commissions pour en enlever, pour quelque cause ou prétexte que ce soit, n'estant raisonnable que nous arrousions le terroir de nos voisins, pendant que le nostre est pressé d'une sy cuisante soif.

Au Roy. Et en sont les Commissaires d'advis.

Sur les advis que le Roy recevra de l'abondance ou stérilité des grains en ladicte Province, sa Majesté pourvoirra au contenu de cet article ainsi que de raison.

XI.

Nous croyons que le malheur des guerres a esté cause que vostre Majesté n'a donné le remède qu'Elle nous avoit faict espérer aux années dernières touchant l'exposition des monnoyes estrangères. Ce mal par le temps s'estant tellement acreu en ce païs, qu'à présent, chose presque incroyable et néantmoins très-véritable! il ne s'y void nulle monnoye de France, ne s'y en exposant que d'estrangère, nous suplions vostre Majesté d'effectuer ce qu'Elle nous a promis, donnant un prompt remède à ce désordre, et en attendant qu'Elle y ayt pourveu, il luy plaira commander à tous receveurs publicz de recepvoir les monnoyes qui ont à présent cours, au mesme prix qu'elles sont publiquement exposez, ce qui apportera un très-grand soulagement à vos subjectz, qui sont contraincts de les changer avec perte de cinq et six sols pour escu, lorsqu'il est question du payement de vos tailles et autres deniers publicz.

AU ROY.

Il sera pourveu par le règlement général que le Roy a ordonné estre faict sur les monnoyes.

XII.

Nous suplions vostre Majesté, en considération de la misère, pauvreté et nécessité de plusieurs pauvres vefves, enfans orphelins, et autres personnes de condition déplorable, à qui appartiennent les rentes deues sur les receptes génératles et particulières, ordonner qu'ils seront payez du total desdictes rentes sur les deniers desdictes receptes et par préférence.

AU ROY.

Le payement des rentes sera continué ainsi qu'ils ont esté par le passé, en sorte qu'on en aura contentement.

XIII.

Vostre Majesté avoit, l'année passée, à l'humble suplication de vostre peuple, déclarez exemptz de la revente du Domaine les terres qui avoient esté inféodez, il y a cent et six-vingts ans, qui lors estoient vaines, vagues, et inutilles, et depuis par sueur, travail, et despences excessives, réduites à quelque valeur, et qui à présent sont la meilleure partie des biens tant de la noblesse que tiers estat, comme aussi proprement lesdictes terres ne peuvent estre appelez

Domaine subject à revente, que toutes maisons, fiefz, terres, et générallement tout vostre Royaume ne soit censé Domaine. Car, au commencement, tout estoit aux Princes, qui successivement, chacun en son temps, ont concédé aux grands et principaux de leur Estat quantité de terres, qui les ont refieffez et inféodez aux particuliers, dont ont esté composez toutes sortes de fiefs, seigneuries et terres, rotures, qui à présent ne sont ny ne peuvent estre dictz ny censez Domaines, ores qu'ils soyent venus de vos prédécesseurs aux particuliers. Et toutes les ordonnances, faictes pour la conservation de voz Domaines, vériffiez en tous vos Parlements, ont tousjours déclaré telles antiennes inféodations n'estre domanialles ny subjectes à revente. Aussi par ladicte responce qu'il a pleu à vostre Majesté nous donner, Elle a déclaré lesdicts fiefz, terres et héritages exempts de ladicte revente. Néantmoins, par clause du tout contraire et distinctive, on ordonne que les possesseurs desdits fiefz et terres payeront les sommes ausquelles les partisans de ladicte revente les ont faict taxer par leurs roolles : qui feroit revendre à vostre peuple leurs héritages, et dont ils sont en possession depuis un sy long temps, en laquelle par justice, suivant vos ordonnances et toutes les loix du Royaume, ils ne peuvent estre inquiétez ny troublez. Nous nous jettons de rechef aux piedz de vostre Majesté, pour la suplier très-humblement d'avoir pitié de tant de pauvres familles, et les asseurer en la joüissance de ce peu de bien qui seul leur est en revenu pour vivre et payer les charges nécessaires à l'Estat, en déclarant lesdictes terres, fiefz et héritages exemptz absolument de toute cottization.

Au Roy. Et en sont les Commissaires d'advis.
Remis au Roy.

XIV.

Il y a long-temps que l'on nous faict espérer que l'on

dressera un estat certain des officiers de vostre maison, de celles des Roynes et autres privilégez, affin d'en retrencher l'excedz et suprimer les inutilles, et, par ce moyen l'abbus en estant osté, l'on puisse imposer aux tailles, à la descharge des pauvres, ceulx qui ne servent actuellement et qui jusques à maintenant s'en sont faict exempter, soubz prétexte de ces priviléges. Ainsi les foibles seront quelque peu soulagez, et les plus fortz porteront leur part du fardeau. Il plaira doncq' à vostre Majesté commander que ledict estat soit dressé et envoyé en la Cour des Aydes de ceste Province, pour le moins de trois ans en trois ans.

Au Roy. Et en sont les Commissaires d'advis.

Le Roy fera faire en son Conseil un bon règlement sur ce subject pour le soulagement de son peuple, et l'envoyera en sa Cour des Aydes.

XV.

Vostre peuple à présent est contrainct de cesser entièrement à poursuivre son bon droict en justice, à cause des taxes et sallaires immodérez que les greffiers exigent d'eulx, le mal provenant de ce que l'on a osté la congnoissance de ces actions aux juges ordinaires ès Cours souveraines de ceste Province, l'ayant attribuée à vostre Conseil, le pauvre ne pouvant y aller demander justice, et le riche ne voulant s'y consommer en frais qui excéderoient de beaucoup ce dont il demanderoit restitution. Il vous plaira, pour remédier à ce mal, enjoindre ausdicts greffiers se contenter des taxes portées et limitées par vos ordonnances et arrestz de vos Parlemens, et, en cas de contravention, en attribuer la congnoissance à vos juges ordinaires et Cours souveraines de ceste Province.

Au Roy. Et en sont les Commissaires d'advis.

Le Parlement députera deux conseillers de la Cour et un des Gens de sa Majesté, pour, avec les Commissaires qui seront députez par sa dicte Majesté, faire le règlement des sallaires que les greffiers auront à percepvoir; et ce pendant les règlements faicts par le Roy en son Conseil pour les émoluments desdicts greffiers seront gardez et observez, avec défences d'y contrevenir; enjoinct aux juges de tenir la main à l'exécution.

XVI.

Il y a plusieurs années que vostre Majesté nous accorde la suppression des Esleuz vaccans par mort, jusques à la réduction du nombre antien; mais ceste responce a esté jusques à présent inutile et sans effect, à cause du droict annuel dont ils jouissent, estant un ver qui de ses cendres les a faict incessamment renaistre, ou pour mieux dire, les a empeschez de mourir. Il vous plaira, affin que ladicte réduction ayt lieu, les distraire dudict droict annuel, et, par un mesme, casser et révoquer les édictz portant création de trois recepveurs particuliers du taillon, le nombre de ces officiers et ceulx d'Esleuz estant grandement en charge à vostre peuple pour l'exemption des tailles dont ils jouissent.

AU ROY.

Les suplians ont tout subject de contentement des responces qui ont esté cy-devant faictes à leurs Cahiers précédents sur semblable demande.

XVII.

Nous demandons la révocation des Conseillers, Assesseurs, Commissaires examinateurs, parisy, présentations, droict de clerc, doublement et tiercement de sceau, marques des Cuirs, Controolle des Tiltres, et Courtiers de changes, tous lesquels offices sont à la foulle du peuple, les uns n'apportant aucune utilité à la justice, les autres ruinant entièrement le commerce.

AU ROY.

Le Roy ne peult, pour les mesmes raisons portées par la responce faicte sur pareille demande au Cahier de l'année dernière, accorder le contenu au présent article, se réservant, lors que ses affaires le luy permettront, de tesmoigner à ses subjectz le soing qu'il veult prendre de leur soulagement.

XVIII.

La révocation de l'Escu pour thonneau de mer est demandée, et des neuf livres pour thonneau de vin, quarante sols pour sildre et vingt sols pour poyré, levez aux villes de Rouen, Havre et Dieppe, chose si griefve, que chacun père de famille est contrainct d'achepter ce que Dieu luy donne de revenu de ses terres et héritages.

AU ROY.

Ces levées, estans ordinaires et affectez utillement pour la conservation de la Province, sa Majesté n'en peult, quant à présent, accorder la révocation.

XIX.

Ceulx qui recœuillent le droict du pied-fourché le lèvent sy rigoureusement depuis quelques années, qu'ils le font payer de tous bestiaux qui arrivent aux marchez quoy que non vendus. Deschargez vostre peuple de telles exactions.

Au Roy. Et en sont les Commissaires d'advis.
Sera mandé à la Cour des Aydes de Rouen de tenir la

main que les reiglements faicts pour la levée dudit droict soyent gardez et observez.

XX.

Nous vous fismes plainte, l'année dernière, contre les Anglois de ce que, non contents d'envoyer en ce Royaume les marchandises permises par leurs Concordatz, en apportent encor' grand nombre d'autres déguisez et contrefaictes, à dessain de frauder vos droictz et ceulx qu'avez accordez en vostre ville de Rouen. Vostre Majesté nous promist qu'en traictant avec l'Anglois sur le faict du commerce, Elle auroit esgard au contenu dudict article ; mais d'autant que lesdicts Anglois continuent plus que jamais à apporter desdictes marchandises contrefaictes, nous sommes contraincts suplier de rechef vostre Majesté leur interdire l'apport desdictes marchandises déguisez, ou bien les obliger d'en payer pareilz droictz qu'ils font pour celles qui leur sont permises et contenues dans les Concordatz.

Au Roy. Et en sont les Commissaires d'advis.

Seront veus les traictez faictz entre les Couronnes, pour en suitte estre pourveu sur cet article.

XXI.

Depuis quelques moys, un particulier, se disant avoir commission de vostre Majesté, quoy que non registrée en aucune Cour souveraine de ceste Province, a voulu dresser un estat au vray de la valeur des bénéfices et fiefs de ce païs, ensemble de la quantité des terres labourables et autres de chaque parroisse. Les trois ordres de ceste Province craignent cela ne se pratiquer qu'en intention de faire tomber quelque grande calamité sur ce païs. Ils suplient vostre Majesté de révoquer ladicte Commission, et deffendre à toutes personnes de procéder en plus outre à faire ledict estat et description : ainsi vous leur osterez ce mal présent, et les deschargerez de la crainte de l'advenir.

Au Roy. Et en sont les Commissaires d'advis.

Sa Majesté n'ayant point eu intention de faire ladicte description, Elle révoque toutes Commissions qui pourroient avoir esté expediées sur ce subject.

XXII.

Les deniers d'octroy accordez aux villes de ceste Province pour entretenir les réparations des murailles, subvenir aux fortiffications et autres affaires génèralles et communes, ont tousjours esté très-fidellement employez à l'effect pour lequel ils ont esté levez et destinez, et les comptes en ont esté rendus en vostre Chambre des Comptes de ceste Province : ce qui asseuroit ceulx qui les ont maniez par le passé. Néantmoins, par les arrestz de vostre Conseil des mois d'avril et may derniers, il a été ordonné aux Receveurs desdicts deniers d'octroy de la ville de Caen d'en compter de nouveau par estat en vostre Conseil depuis vingt ans, et qu'à ceste fin ils représenteront les doubles de leurs comptes rendus en ladicte Chambre, et porteront en vostre Espargne les sommes demeurées en leurs mains de ladicte nature de deniers, lesquels arretz, s'ils avoient lieu et estoient exécutez, seroient en grandes despences aux pauvres comptables, causeroient la ruine des fortiffications de ladicte ville, et les réparations desjà commencées en demeureroient imparfaictes, et les affaires communes, tellement renversez qu'il seroit impossible de les remettre en bon estat. C'est pourquoy vostre Majesté est supliée descharger ladicte ville et les Recepveurs desdicts deniers de la rigueur desdicts arrestz, et continuer aux habitans d'icelle l'usage desdicts deniers d'octroy suivant leurs antiens priviléges, et lesquels ont esté confirmez par vostre Majesté depuis son advènement à la Couronne.

Au Roy. Et en sont les Commissaires d'advis.

Accordé.

XXIII.

Vous aviez, il y a trois ans, deffendu à quelques Gentilshommes de ceste Province de se servir ny ayder de certaines lettres qu'ils avoient obtenuës de cappitaines du plat païs, ayant recognu telles commissions très-fascheuses et de grande ruine à vos subjectz, peu moins qu'une seconde taille. Nous vous suplions de rechef leur deffendre d'exercer ladicte charge, et leur commander de raporter lesdictes lettres, et les mettre entre les mains de Monsieur de Longueville, gouverneur de ceste Province.

Au Roy. Et en sont les Commissaires d'advis.

Le Roy, reconnoissant que lesdictes lettres de cappitaines du plat païs sont à la charge de son peuple, sa Majesté commande à ceux qui les auront obtenues de les mettre entre les mains de Monsieur de Longueville, gouverneur de la Province, leur deffendant de s'en ayder et servir, à peine d'estre procédé contre eux extraordinairement, et estre punis selon la rigueur des ordonnances.

XXIIII.

Nous avons desjà plusieurs fois suplié vostre Majesté de nous accorder la démolition du Chasteau-Gaillard. C'est une place desjà demy-ruinée et du tout inutille, et laquelle néantmoins, estant proche de la rivière de Sayne, peult apporter beaucoup d'incommoditez aux passagers et marchands. Nous vous suplions très-humblement d'ordonner qu'elle sera entièrement démollie, ensemble tous les autres chasteaux et forteresses qui ne sont de conséquence pour la la conservation de la Province, ne pouvant servir que de retraicte à ceulx qui troublent journellement le repos du public et des particuliers.

Au Roy. Et en sont les Commissaires d'advis.

Le Roy accorde, pour le bien et advantage de la Province, la démolition du Chasteau-Gaillard, suivant l'instance des suplians, à la charge de faire lever et imposer sur ladicte Province la somme de dix mil livres pour la récompence et dédommagement du sieur de Viantez, gouverneur de ladicte place.

XXV.

C'est une chose très-rigoureuse que ceulx qui sont employez pour les affaires des villes et communaultez, et qui servent le public sans aucune récompence, soient indignement traictez par les partisans, jusques à les faire arrester prisonniers, soubz prétexte de quelques prétentions qu'ils peuvent avoir contre lesdictes villes et communaultez. Nous suplions très-humblement vostre Majesté deffendre telles violences à l'advenir : autrement il ne se trouvera plus personne qui vueille se mesler des affaires communes et géneralles, ne pouvant estre absolument abandonnez sans que le publicq n'y soit intéressé, l'Estat, préjudicié, et vostre Majesté, desservie.

Au Roy. Et en sont les Commissaires d'advis.

En faisant apparoir des plaintes, il y sera pourveu.

XXVI.

Nous remercions très-humblement vostre Majesté de la responce qu'il luy a pleu nous donner sur le dixième article du Cahier que nous luy présentasmes, l'année dernière, touchant la somme de trente mil livres qui se lèvent en ceste Province pour la réparation des ponts et chemins, nous ayant tesmoigné estre sa volonté que ladicte somme fust actuellement employée ausdictes réparations. Mais, d'autant que de vostre Conseil l'on envoya un estat aux Trésoriers de France, contenant les pontz et chemins que vostre Majesté veult estre réparez, qui ne sont de telle conséquence qu'il soit besoin dès à présent d'y travailler et y employer ces deniers qui peuvent servir plus utillement ailleurs, veu les grandes ruines que les pluyes continuelles des années passées y ont faict, les ayant en beaucoup d'endroicts rendus inaccessibles, il vous PLAISE ordonner que ladicte somme continuera d'estre employée sans divertissement ausdictes réparations par les Trésoriers de France, chacun en leur Généralité, ès lieux jugez par eulx, en faisant leurs chevauchées, les plus importans et nécessaires pour le maintien et conservation du traficq, du moins jusques à ce qu'ils les ayent faict réparer et mettre en estat d'y pouvoir cheminer.

Au Roy. Et en sont les Commissaires d'advis.

En dressant l'estat des ponts et chaussées, il y sera pourveu.

XXVII.

AFFIN que chacun puisse avoir une certaine connnoissance des favorables responces qu'il plaist à vostre Majesté nous donner sur nos plaintes annuelles, et que les particuliers se puissent éjoüir du bénéfice d'icelles, il seroit juste d'ordonner qu'après que les Cahiers auront esté respondus et envoyez par toutes vos juridictions, les juges les fissent publier à la diligence des depputez du tiers état, et particulièrement aux Bailliages, les assizes tenantes.

AU ROY.

Accordé.

VOILA, SIRE, un abrégé de la nécessité et misère en laquelle vit vostre peuple, qui pousse et roule incessamment sa pierre, sans avoir jamais une minute de repos. Les maux luy succèdent comme les ondes les unes sur les autres : la peste l'a persécuté, les gresles ont ravagé ses grains et ses fruictz, et finallement la famine, peu s'en fault, l'a exterminé et réduit à néant. Néantmoins nostre obéissance et nostre affection à vous servir nous faict renager au-dessus de toutes ces calamitez pour tirer jusqu'au dernier denier affin de satisfaire au contenu de vostre Commission et vous offrir pour ceste année la somme :

Asçavoir,

Pour la Généralité de Rouen, de huit cens trente-sept mil deux cens soixante livres six sols six deniers,

Et pour la Généralité de Caen, de quatre cens soixante-traize mil quatre cens soixante livres traize sols huict deniers,

Lesdictes deux sommes revenans à la somme de traize cens dix mil sept cens vingt et une livres deux deniers, à quoy nous supplions Vostre Majesté de se contenter, nous deschargeant de toutes autres levées.

Faict et arresté en la Convention des Estatz de Normandie, tenus au manoir archiépiscopal de Rouen, le douzième décembre mil six cens trente.

Signé : Echard.

Les Commissaires tenans la présente Convention, ayant ouy la responce des Déléguez des Estatz à la demande et proposition à eulx faite de la part du Roy, par laquelle ils consentent luy payer, pour l'année prochaine mil six cens trente et ung, traize cens dix mil sept cens vingt-une livre deux deniers, suplians sa Majesté qu'il lui plaise les exempter de toutes autres levées, Nous avons ordonné que levée des deniers sera faicte, en ladicte année prochaine mil six cens trente et ung, suivant et conformément aux lettres patentes de Commission pour ce expédiées, selon la forme portée par icelles, en la maniere accoustumée, et ce par provision, fors et réservé les sommes dont les édictz n'ont pas encore été vériffiez aux Cours souveraines de ceste Province, lesquelles demeureront en surséance, et ne seront imposées jusques après que les Déléguez des Estats ayent faict leurs remonstrances à sa Majesté, et que les édictz ayent esté bien et deüement vériffiez où besoin sera, ou que par le Roy autrement en ayt esté ordonné, et pour le surplus, renvoyez par devers sa Majesté : ce qui a esté prononcé publiquement en l'assemblée desdicts Estatz, le douziesme jour de décembre mil six cens trente. Et plus bas, Par les dicts sieurs Commissaires,

Signé : Aubourg.

Le Roi eust bien désiré de mettre à effect la bonne intention, qu'il a de long-temps, de descharger les supplians ; mais l'estat présent de ses affaires ne luy pouvant permettre de diminuer aucune chose de ce qui est porté par ses Commissions, sa Majesté s'asseure qu'ils se porteront volontiers à lui tesmoigner la mesme affection que par le passé sur les demandes qui leur ont esté faictes de sa part, résolüe de pourvoir à leur soulagement pour l'advenir le plus favorablement qu'Elle pourra.

Les articles et remonstrances contenües au présent Cahier ont esté veües et respondües par le Roy estant en son Conseil, tenu à Fontainebleau, le premier jour de juing mil six cens trente-trois.

Signé : LOUIS.
Et plus bas : Phelypeaux.

Collationné à l'original par moy Procureur Sindic des Estatz de Normandie.

Signé : Echard.

Extrait des Registres de la Cour de Parlement.

Sur la remonstrance faicte par le Procureur Général du Roy, à ce que, pour retrancher et oster les abbus que commettent plusieurs abbesses, prieures et supérieures des monastères et maisons de filles de ceste Province, lesquelles se font payer et exigent de grandes sommes de deniers pour la réception des religieuses qu'elles admettent en leurs dicts monastères, très-expresses inhibitions et deffences soyent faites ausdites abbesses, prieures et supérieures de prendre ny recepvoir aucuns deniers desdictes filles, ny de leurs parens, à peine d'estre leurs tiltres déclarez vaccans et impétrables, comme telles exactions estants contraires à l'institut de la Religion, aux vertus chrestiennes qui sont nécessaires ausdicts monastères et aux décrets et constitutions canoniques, ne pouvans estre authorisées que pour exclurre desdicts monastères les personnes de médiocre condition et augmenter le bien particulier desdictes supérieures, contre le vœu de pauvreté qu'elles ont faict et juré en leur communaulté, et que l'arrest qui interviendra soit imprimé, leu et publié aux bailliages et vicomtez de ceste Province et signiffié ausdictes supérieures, LA COUR, conformément aux saincts décretz et constitutions canoniques, a faict et faict très-expresses inhibitions et deffenses à toutes abbesses, prieures et supérieures des monastères et maisons des filles de ladicte Province de Normandie, d'exiger ny prendre aucuns deniers pour l'entrée et réception des religieuses qu'elles recevront en leurs dicts monastères et maisons, à peine d'estre leurs tiltres déclarez vacans et inpétrables, a ordonné que, des contraventions faictes en ces cas ausdictes constitutions canoniques, il sera informé, à la requeste du Procureur Général du Roy en ladicte Cour, a déclaré et déclare toutes obligations et contractz pour ce faicts nuls et de nul effect, sans préjudice néantmoins des pensions modiques et viagères, pour estre employées aux nécessitez desdicts monastères et religieuses; et, à ce qu'aucun n'en prétende cause d'ignorance, a ordonné et ordonne que le présent arrest sera imprimé, et à l'instance dudict Procureur Général ou de ses substitutz leu et publié aux bailliages et vicomtez de ladicte Province, et signiffié ausdictes abbesses, prieures et supérieures.

Faict à Rouen en ladicte Cour du Parlement, le dix-septiesme jour de janvier, mil six cens trente-deux.

Signé : DESCHAMPS.

A Rouen, de l'Imprimerie de Martin Le Mesgissier, Imprimeur ordinaire du Roy, tenant sa boutique au haut des degrez du Palais, M.DC.XXXIII. Avec Privilége dudit seigneur. — Réimprimé d'après l'exemplaire de la Bibliothèque nationale.

ARTICLES
DES
REMONSTRANCES
Faictes en la Convention des Trois Estats
DE NORMANDIE
Tenue à Rouen, l'unziésme jour de septembre mil six cens trente et ung.

Avec la Résponse et Ordonnance sur ce faicte par le Roy éstant en son Conseil,
Tenu à Fontainebleau, le premier jour de juing mil six cens trente-trois.

AU ROY.

Et a Monseigneur le duc de Longueville et d'Estouteville, *Pair de France, Comte souverain du Neufchastel et de Vallengin en Suisse, aussi Comte de Dunois, de Chaumont et de Tancarville, Connestable héréditaire de Normandie, Gouverneur et Lieutenant général pour sa Majesté en ladicte Province.*
Et à Messeigneurs les Commissaires depputez à tenir la présente Convention.

Sire,

Les Estatz de ceste Province, ayans esté sy malheureuz que de n'avoir mérité de vostre bonté aucune responce aux très-humbles suplications qu'ils vous firent par leurs derniers Cahiers, se consoloient en l'espérance que leur donnoient et la vive représentation de leurs misères, et l'anticippation du terme où vous leur permettez tous les ans de réclamer vostre clémence, comme sy vos mandemens pour leur convocation auroient esté des advancoureurs certains de leur bonne fortune, trop asseurez par vos promesses annuelles de vos inclinations favorables à leur bien, pour n'attendre de l'accélération de leur assemblée les bons effectz nécessaires à les préserver d'une entière ruine. Ils ont veu néantmoins, par la lecture de vostre Commission, de combien ils sont esloignez de leur compte : leurs gémissemens derniers, vainement poussez en l'air, retournent entiers à leurs oreilles sans satisfaction d'aucun allègement, et, pour comble de malheur, ont apris que, sy vous prévenez le temps de leurs remonstrances, vous ne leur en ostez pas le subject, considérans les charges, qui, tous courbez qu'ils sont, les atterreront en fin dessoubz le faix, sy Dieu et vostre justice (Sire) n'en ont pitié, tellement que, leurs maux continuant en pire, vostre Majesté leur pardonnera, s'il luy plaist, la continuation de leurs importunitez, et les excusera, s'ils meslent l'accent de leurs plaintes à l'armonie des loüanges que tous les peuples de la terre doibvent à sa grandeur, puis qu'ils ne peuvent estre accusez de l'ingratitude que quelques-uns reprochoient à la terre, en ce que ne recevant du Ciel que les rosées et les pluyes nécessaires à sa fécondité, elle, au contraire, ne luy renvoye que des vapeurs grossières et des exalaisons qui n'augmentent pas l'éclat de sa beauté. Ce grand Dieu, dont, Sire, vous estes la vivante image, dict que, voyant l'affliction de son peuple, touché de ses clameurs, à cause de la rigueur et de la dureté de ses charges, et cognoissant la douleur, il est descendu pour l'en soulager. Il ne se contente poinct de tesmoigner qu'il sçait les nécessitez de son peuple, ny qu'il entend ses vœux, encores que la cognoissance du Prince des misères de ses sub-jectz soit le moyen certain de leur soulagement, mais « Je suis descendu (dict-il) pour l'en délivrer » ; faisant suivre de prés les mouvemens de sa bonté par les effectz de sa puissance. C'est, Sire, ce que nous attendons de la vostre, puisque, cognoissant nos misères et tendant l'oreille à nos vœux, vous descendez sur nous en la personne de Monseigneur nostre Gouverneur, rayon luisant de vostre splendeur et l'un des bras de vostre puissance, à la faveur duquel nous espérons les remèdes aux maux qui nous oppriment.

Le Roy ayant tousjours eu une affection particulière pour tout ce qui regarde le bien et advantage de la province de Normandie, comme estant l'une des principalles de son royaume, remplie autant qu'aucune autre d'anciennes et illustres maisons, composée de grandes et insignes prélatures ecclésiastiques et d'une nombreuse noblesse dont sa Majesté a receu de signalez services aux occurences qui se sont offertes pour la deffence, seureté et conservation de cet Estat, dans lesquelles les officiers et autres ses subjectz de ladicte Province, ont aussi, par le secours et assistance qu'ils ont contribué, rendu de grandes preuves de leur fidélité, sa dicte Majesté, pour ces considérations, se ressent d'autant plus obligée de prendre soing, ainsi qu'elle fera, de tout ce qui pourra concerner le soulagement de ladicte Province, et de luy faire ressentir les effectz de sa bienveillance, lorsque l'estat de ses affaires luy pourra permettre, et que le temps et les occasions luy en fourniront le moyen.

I.

Tous les ans, l'Eglise vous demande en termes généraulx la continuation de ses immunitez, la noblesse, de ses priviléges, le tiers estat, son soulagement. Vous estes, Sire, le Fils aisné de l'une, le Chef de l'autre, le Père du troisième, et du concours de qualitez sy douces, le corps de ceste Province ne peult recevoir une autre disposition que favorable à son maintien : aussi vous est-il obligé de vos responces très-gracieuses ; mais pardonnez, s'il vous plaist, à son impatience le désir qu'il a que vous luy donniez occasion de rendre grâces à vostre bonté des effectz de quelques secours à ses nécessitez en particulier.

Le détail vous en fut représenté, l'an passé, par nos Cahiers. Ce triste image de nos calamitez, remis devant vos yeux, sollicite assez vostre piété d'en retrancher les causes sans l'exciter davantage par une répétition importune du nombre, qui vous feroit horreur, et dont nous ne parlerions jamais, s'il estoit aussi bien en nostre puissance de les oublier que de nous taire. Mais la douleur estant tousjours présente exprime ses soupirs du profond de nos cœurs, et vous demande la consolation qu'une juste responce leur peult apporter.

Au Roy. Et en sont les Commissaires d'advis.

Accordé, ainsi qu'il est accoustumé.

II.

La mission des presbtres aux fonctions curialles est un effect de juridiction épiscopalle, la possession des bénéfices est de juridiction temporelle ; les juges de l'une et de l'autre ont de bien différendz objectz, et néantmoins, quand quelques presbtres sont refusez des provisions des bénéfices ou pour leur incapacité ou pour tout autre empeschement canonique, en vertu des arrests de vostre Parlement, qui ne leur permettent de prendre possession qu'à la conservation de leurs droictz seulement, l'église est honteuse de dire qu'ils s'ingèrent en l'administration des Sacremens, au scandalle de l'ordre et au scrupulle des consciences. Cœsar, ne retenez que ce qui appartient à Cœsar, et laissez à Dieu et à ses Ministres ce qui dépend du seul caractère qu'il leur a imposé. Nous l'espérons de vostre piété, et que vous ordonnerez qu'en tel cas les présentez aux bénéfices seront tenus, avant que d'y servir, prendre institution de leurs supérieurs dedans le temps porté par les Canons; autrement, leurs bénéfices déclarez vaccans, qui, jusques à ce, seront déservis par l'ordre des diocésains ou autres supérieurs.

Au Roy. Et sont les Commissaires d'advis, qu'il en soit usé selon les Saincts Décretz et Ordonnances royaulx.

Avant que pourvoir au présent article, sera donné advis à sa Majesté par le Procureur Géneral du Parlement pour, iceluy veu, estre ordonné ce que de raison.

III.

Quelques-uns ont tenu qu'il n'y avoit point de causes particulières des maladies, mais qu'elles nous viennent des mesmes choses dont nous vivons, par les faultes qui se commettent en leur usage : l'Eglise a tiré grand proffict des ordres des Religieux par l'exemple de leur vie et l'éminence de leur doctrine; mais le nombre en est venu à tel poinct, que l'incommodité qu'en reçoivent les pauvres et les monastères antiens nous faict souhaitter de vostre Majesté qu'elle ne l'accroisse pas.

An Roy. Et en sont les Commissaires d'advis.

Le Roi ne donnera aucunes lettres pour establissement de nouvelles Religions qu'avec de bonnes considérations.

IV.

C'est l'ordinaire des subjectz d'un Estat calme et florissant de demander de nouveaux privilléges. Sire, vous avez assez de bonheur, de courage et de force, pour nous porter un jour à telle condition, et ne désespérons de rien à la faveur de vos armes tousjours victorieuses et triomphantes. Mais, puisque nous ne faisons encor' que regarder cette félicité sans la posséder entièrement, nous ne demandons que la continuation de nos antiennes immunitez, entre lesquelles est la liberté aux Ecclésiastiques et aux Nobles de vendre, sans payer quatriesme, les boissons provenantes de leur bien. C'est presque la seule faveur qui les distingue du commun du peuple, puisque, à cause des tailles, leurs héritages estans moins baillez, ils se peuvent dire les payer en quelque façon. Et, néantmoins, par l'avarice des fermiers, ce privilége s'abolit, s'estant donné des arrests en votre Conseil, qui limitent le temps de ces ventes à trois mois seulement, comme si les qualitez en conséquence desquelles ils jouissent de ceste franchise n'estoient pas pures et absolües, et sy ils ne portoient les tiltres d'Ecclésiastiques et de Nobles qu'à temps; et encores sy incommodez en ceste Province pour lesdictes ventes, à raison de la foiblesse desdictes boissons, que si ils sont contraincts d'en différer le débit aux moys portez par lesdicts arrestz, ils courent hazard de les perdre entièrement. Nous sçavons bien que quelques-uns ont abusé de ceste faveur; et c'est peult estre le prétexte ou la cause desdicts arrestz et de l'establissement du bureau de Pontdelarche où ils sont tous assignez. Les abbus sont à retrancher, mais non les priviléges à perdre. Les informations sont faictes contre ceulx qui font fraude à la loy. Il est en vous, Sire, d'en commander la délibération; mais vous ne voudriez pas, pour la faulte de quelques particuliers, faire ce tort au général, que le priver d'un droict dont il est en possession immémorialle, comme celui qui commanda l'extirpation des vignes de son territoire par sentiment de déplaisir de ceulx qui abusoient de son fruict. Nous le croyons de vostre justice, et qu'elle permettra aux Ecclésiastiques et Nobles faire valoir leur bien comme leurs prédécesseurs, puisqu'ils ne dégénèrent point de leur affection et fidélité à vostre service.

Au Roy. Et sont les Commissaires d'advis, que les choses demeu-

rent en estat pour le regard des priviléger qui n'en ont point abusé.

Le fermier des aydes ayant esté ouy, sa Majesté pourvoirra aux supplians ainsi que de raison.

V.

IL a pleu à vostre Majesté, suivant l'exemple de ses devanciers, octroyer à vos villes de ceste Province la levée de quelques deniers destinez aux charges qui journellement y surviennent : nous en demandons la continuation, sans laquelle ils ne peuvent fournir aux despences nécessaires au bien desdictes villes et à vostre service.

Au Roy. Et en sont les Commissaires d'advis.

Accordé, en prenant lettres de continuation en la forme accoustumée.

VI.

Nous demandons encor' la révocation de l'escu pour thonneau de mer ;

AU ROY.

Le Roy ne peult, attendu la nécessité de ses affaires et les grandes despences qu'il a à supporter pour le bien et conservation de son Estat, accorder la révocation contenue en cet article.

VII.

L'EXEMPTION des levées qui se perçoivent sur les marchandises du creu et manufacture de France, et se transportent seulement de ville en ville et de Province en autre, puisqu'elles tournent à la ruine du commerce, que ceux qui les exigent n'en ont aucun édict vériffié, et n'en vient rien à vostre proffict.

Au Roy. Et en sont les Commissaires d'advis.

Le Roy ne peult changer ce qui a accoustumé d'estre levé par le passé.

VIII.

Sire, les Romains se plaignoient autrefois qu'ils estoient plus incommodez de la multiplicité des lois que les vices, pour la correction desquels elles avoient esté establies, ne leur avoient faict de tort. Il y a longtemps que nous nous plaignons de la multiplicité des officiers, qui seroient autant de loix vivantes, sy la corruption du siècle n'avoit destourné leur establissement à un effect du tout contraire à son dessaing, estant véritable qu'il n'y a poinct de lieu où la justice soit si mal rendüe que celui où trop d'officiers en simullent la profession. C'est pourquoy vous nous avez faict espérer la suppression des supernuméraires et de ceulx que le malheur du temps a depuis peu faict éclorre. Mais ce n'est pas affermir nostre espérance que d'adjouster au nombre effréné de ces dicts officiers des Commissaires qui prennent leur fonction en vertu de pouvoirs incognus aux Cours de ceste province, lesquels, usans de l'authorité que leur avez mise en main, vos subjects, entre les officiers et les Commissaires extraordinaires, pour avoir trop de juges, ne sçavent à qui demander justice, voire portent la peine et l'incompétence des juges. Nous supplions vostre Majesté que nulles Commissions ne soient exécutez au ressort de ceste Province, qu'au préalable elles n'ayent esté, suivant l'usage, vériffiez aux Cours souveraines, dont elles énervent la compétence.

Au Roy. Et en sont les Commissaires d'advis.

Le Roy apportera considération sur le contenu au présent article.

IX.

Le restablissement de vos juridictions dedans le bourg

d'Arques d'où elles ont esté transférez aux faulxbourgs de Dieppe, à cause des troubles de la ligue, a esté souvent par nous demandé; vous ne l'avez jamais dénié : aussi l'article 72 de l'édict de Nantes en porte-t-il une disposition expresse ; et néantmoins il n'est pas faict. Vos tailles, aydes, gabelles, hallages et autres droictz sont anéantis par ceste translation; mille pauvres familles, désolées, dont la ruine éclatte sur le chef de leurs voisins qui sont surchargez de tailles, qu'elles payeroient, si la séance de vos dictes juridictions avoit rendu ce bourg plus fréquenté. Vostre Majesté se souvienne (s'il lui plaist) qu'il a servy de théâtre au premier éclat de la gloire du Grand Henry, son père, quant avec douze cens hommes de pied françois, et deux mille suisses seulement, il triompha prodigieusement de trente mil hommes, et, renforcé de la présence et des armes à feu de Monseigneur le duc de Longueville, il chassa battant les rebelles de son authorité. En ceste considération, Sire, le voyant ainsi dépeuplé, désert et déshonoré, pardonnez-nous, si nous vous disons que vous lui debvez la restitution de son antien lustre, et qu'il la recouvrera de vostre justice par son restablissement.

Au Roy. Et en sont les Commissaires d'advis.
Le Roy accorde le contenu en cet article.

X.

La ville, chastellenie et eslection de Ponthoise sont de tout temps de la Généralité des Aydes de ce duché de Normandie, subjectes à tous les subsides qui s'y lèvent; et néantmoins les adjudicataires de nouvelles impositions, incongnües à ceste Province, et qui n'ont lieu qu'en la Généralité de Paris, en vertu des édicts y vérifiez, portant création des offices de Preud'hommes, Marqueurs, Vendeurs et Lottisseurs de Cuirs, poursuivent les habitans dudict lieu de Ponthoise pour le payement des droictz attribuez ausdicts officiers, asçavoir un sold pour livre de toute marchandise de cuir attribué ausdicts Preud'hommes, ce qui ne se peult demander en une Généralité où ces impositions ne sont poinct establies. Nous supplions vostre Majesté faire deffences ausdicts adjudicataires d'exiger sur eulx lesdicts droictz, et comme membres de la Généralité de Roüen, qui portent leur part du faix venant des vériffications de la Cour des Aydes de ceste Province, les déclarer exemptz de ce qui ne se lève en la dicte Généralité.

Au Roy. Et en sont les Commissaires d'advis.

Le Roy entend que ceulx de Ponthoise contribuent, pour le regard des tailles, aydes, gabelles et autres choses qui dépendent de la juridiction de la Cour des Aydes, et qu'ils soyent pour cet effect reiglez suivant ce qui sera ordonné par la Cour des Aydes de Rouen, comme, pour ce qui est de la justice et autres choses dépendans de la juridiction des Parlemens, suivant le Parlement de Paris.

XI

Le tiers Estat est aux abboys : les daces, les impositions, les tailles, le taillon, les creües, rendent ses sueurs tributaires et les effectz de son labeur taillables ; et pleust à Dieu et à vous, Sire, que la cause n'en fust pas seulement taillée, mais retranchée tout-à-faict ! Ce droit de port de mandement contre lequel il a réclamé tant de fois et qui le charge, de sorte que telle paroisse, qui n'est qu'à cent sols ou six francs de la taille, paye pour chacun mandement cinquante sols, ce qui monte bien plus hault que la taille mesme, veu la diversité des levées de deniers pour chacune desquelles il fault autant de mandemens, les force à continuer d'en demander la révocation.

AU ROY.

Le Roy a revoqué le port des Commissions des tailles par édict du mois de décembre dernier.

XII

Il vous supplie encor' de révoquer les levées extraordinaires attribuez au Controlleur du régallement des tailles avec l'exemption de dix livres de tous impostz à chaque paroisse, la levée des douze deniers attribuez à un autre Commissaire des Tailles, et l'une et l'autre ordonnée par les Trésoriers de France, sans aucune vériffication d'édict, contre les formes ordinaires.

Au Roy. Et en sont les Commissaires d'advis.

Le Roy ne peult quant à présent accorder ladicte révocation; mais sa Majesté pourvoirra à l'advenir au contentement de ses subjectz ainsi que ses affaires le luy permettront.

XIII

Les nouvelles levées, portées par vostre dernière Commission, donnent le dernier coup qui le terrassera sans espoir d'en relever jamais : deux deniers d'augmentation attribuez aux deux Commissaires des vivres, trois deniers pour livre au triannal desdicts Commissaires, douze deniers pour livre au Commissaire triannal du taillon, douze deniers pour livre aux trois greffiers des roolles des tailles des paroisses de chacune Eslection et trois Maistres Clercz desdicts greffiers, quarante sols pour la façon, port et envoy des roolles des tailles ausdicts Maistres clercz, quatre deniers pour livre aux Controolleurs des Eslections pour avoir la qualité d'Esleuz, trois deniers pour livre aux trois Receveurs Collecteurs, à chacun un denier des droictz aliénez sur les tailles, neuf deniers pour livre aux Receveurs des tailles, dont il y en a deux d'augmentation nouvelle, autres neuf deniers pour livre aux Receveurs du taillon, dont il y en a trois d'augmentation nouvelle, quatre sols sur chacune paroisse pour le seau de deux roolles, huict deniers pour les

Controlleurs du régallement et assiette des tailles créez par édict du mois de febvrier, prétextez de l'extinction des deux deniers apartenans aux officiers des Eslections, un denier obolle attribué aux Receveurs généraulx et Controlleurs, bref tant d'impositions que le nombre en travaille la mémoire nous font implorer vostre clémence et supplier très-humblement vostre Majesté d'avoir pitié de son peuple, en révoquant toutes ces sortes d'impositions incognues à la Province, sinon par les mandemens tendans à leurs levées, et qui n'ont jamais esté vériffiez, non pas mesme veuz par les Cours souveraines de ceste Province, ensemble les offices de Receveur des menus droictz, le tout ne servant qu'à enrichir les partisans, sans proffict quelconque pour vostre Majesté.

AU ROY.

Le Roy auroit à singulier plaisir de soulager ses subjectz de sa Province de Normandie des impositions qui se doivent faire sur eulx en conséquence des édictz mentionnez en cet article; mais les grandes despences qu'il luy a fallu faire, tant pour la juste protection de ses alliez que pour la conservation de son Estat, l'ont obligé d'avoir recours à ces moyens extraordinaires, remettant sa Majesté à une autre saison d'effectuer ses bonnes intentions à l'endroict de ses dicts subjectz, ausquels Elle a ce pendant, sur le huictiesme article du Cahier de l'année dernière, accordé la suppression de l'édict portant attribution d'un denier obolle aux Receveurs généraulx, et trois deniers aux Controlleurs des finances sur les deniers des pontz et chaussées.

XIV.

En ceste extrémité trois choses soustiennent la languissante vie : le grain qui croist en ceste Province, les manufactures et le commerce, cessans lesquelles, il n'a point d'espoir de ressource. Les enlèvemens du premier luy ont causé telle disette que plusieurs paysans ont esté contraincts paistre l'herbe et mener une vie qui ne resentoit rien moins que d'hommes; la récolte de ceste année n'en est pas meilleure que la précédente; mais, sy on nous en oste la commodité par quelque enlèvement, nous prévoyons bien plus de mal que nous n'avons suby de péril, par ce qu'il ne fault plus attendre de secours des greniers et magazins publicz épuisez par les nécessitez dernières. Au Nom de Dieu, Sire, puisque l'estat de vos affaires ne vous donne poinct encor le moyen de satisfaire à vos promesses et nous faire sentir l'effect de vos bonnes volontez, ne nous empeschez point celuy de ses grâces par le transport ailleurs.

Au Roy. Et en sont les Commissaires d'advis.

Sur les advis que le Roy recevra de l'abondance ou stérilité des grains en ladicte Province, sa Majesté pourvoirra au contenu de cet article ainsi que de raison.

XV.

Les manufactures nous sont ostez, sy vostre Majesté n'y donne ordre, et n'empesche l'estranger de ravir ce gaignepain à vostre peuple. Les Anglois ne se contentent pas d'apporter en ce Royaume grand nombre de marchandises déguisées et non permises par les Concordatz faicts entre les deux Couronnes, fraudant par ce moyen vos droictz et ceulx de l'octroy de vos villes; mais, pour rendre tous les artisans inutilz, apportent jusques aux habitz tous faictz, jusques aux soulliers, la chandelle, et autres sortes de marchandises; et cependant ils ont réyteré de nouveau les deffences d'apporter chez eulx aucune sorte de marchandise en œuvre, à peine de confiscation, voire ils ont faict, au préjudice desdicts Concordatz, deffences de leur porter aucunes cartes, dont le commerce est l'un des plus grands qui se face en ceste Province avec eulx de temps immémorial, et ce, sous pareille peine de confiscation : ce qui réduit une infinité de vos pauvres subjectz à la mandicité. Vostre Majesté juge, s'il luy plaist, de l'inégalité de nos conditions, et ne face pas ce tort à sa grandeur, que ses subjectz souffrent, des Anglois, ce que les Anglois ne veulent pas permettre, ordonnans confiscation de tout ce qui viendra, soit contrefaict, soit manufacturé d'Angleterre et d'autres païs estrangers. C'est le seul moyen d'occuper vostre peuple, et luy faire gaigner la vie pour subvenir à vos nécessitez.

Au Roy. Et en sont les Commissaires d'advis.

Seront veuz les Traictez faicts entre les Couronnes, pour en suitte estre pourveu sur cet article.

XVI.

Le commerce est gasté, et le proffict n'en vient plus que à la bourse des estrangers, par le moyen des lettres de naturalité, à la faveur desquelles, ayant buttiné ce qu'il y avoit à gaigner en France, gorgez de nostre substance, comme oyseaux de passage, revollent en leurs païs ou en autres terres à mesme dessain. L'exemple n'en est que trop véritable en ces Portugais, qui de ceste ville ont faict retraicte à Amsterdam et Hambourg, où ils professent ouvertement le Judaysme, et où ils ont transporté ce qu'ils avoient amassé dans ceste Province. Sire, vostre Majesté peult obvier à ce mal, en n'accordant aucunes lettres de naturalité qu'à personnes qui soient mariez à femmes de France, ayans enfans, maisons et terres de valleur, du moins de trente mille livres, qu'ils ne puissent alliéner, ains demeurent affectez à l'asseurance de leurs demeures, ou autres gaiges qui les purgent de soupçon de vouloir un jour abandonner vostre royaume, lesquelles lettres ils feront vérifier en vos Cours souveraines et registrer ès greffes des hostels communs de vos villes, envoyant pour ce subject à vostre

Parlement lettres de déclaration, suivant vostre responce au 22ᵉ article du Cahier de nos demandes en l'année mil six cens vingt-six.

Au Roy. Et en sont les Commissaires d'advis.

Sera faict tel règlement que le Roy jugera nécessaire pour le bien de son service, et à cet effect le Procureur général du Parlement envoyera son advis à sa Majesté.

XVII.

UNE autre cause de la ruine du commerce vient des déprédations, sy fréquentes que, depuis deux ans, vos subjectz de ceste Province n'ont pas perdu moins de cent navires chargez de marchandises de prix inestimable, pillez par les pirates de Thunis, Alger, Sallé, et autres villes des costes de l'Affrique, oultre leurs hommes qui gémissent à présent soubz les fers du plus horrible esclavage qui se puisse imaginer, et d'autant moins supportable à eulx qu'ils ont l'honneur d'estre nais vos subjectz, qui ne poussent pas avec moins de regret les derniers soupirs de leur liberté que ceulx de leur vie. Sire, vostre Majesté qui a tant travaillé pour préserver ses alliez de l'oppression tiranique de leurs ennemis et les a mis en franchise, n'aura pas moins de sentiment pour ses subjectz (nous pouvons dire ses enfans) puis que le plus glorieux tiltre des Roys est celuy de Père de leurs peuples. Et espérons de la bonne conduite de Monseigneur le grand Maistre Chef et Sur-intendant de la navigation et commerce de France soubz votre authorité, que ces désordres seront désormais empeschez.

Au Roy. Et en sont les Commissaires d'advis.

Sa Majesté a donné ordre pour empescher les déprédations.

XVIII.

Nous avions espéré quelque soulagement par la favorable

responce qu'il vous pleust donner au Cahier de l'an mil six cens vingt-neuf, touchant les priviléges des villes franches amodiez et bourg d'Yvetot; mais, par un arrest surpris en vostre Conseil, le seigneur dudict lieu d'Yvetot en a obtenu la surcéance : qui nous a privez de l'effect de vostre gratiffication. Vostre Majesté sçait la cause et qualité de ce privilége : au temps de sa concession, nos tailles n'estoient en usage, tellement que de le confirmer en ces termes, c'est l'augmenter, au lieu de le restraindre comme estant onéreux au peuple. Nous la suplions de lever cette surcéance et d'ordonner que l'exemption des tailles n'aura lieu que pour ceulx qui depuis dix ans, ladicte année mil six cens vingt-neuf comprise, ont habité ledict bourg d'Yvetot, sans le proroger aux tenans des fiefs et terres dudict sieur d'Yvetot, soit neûment ou en arrière-fief, et qui s'extendent en d'autres paroisses, d'autant que, soubz prétexte de tenir desdicts fiefs, une infinité de personnes taillables, esloignez de deux et trois lieües dudict bourg d'Yvetot, s'exemptent de leur contribution contre le but dudict privilége, tout personnel aux habitans dudict lieu.

Au Roy. Et sont les Commissaires d'advis que la responce du Cahier de l'année mil six cens vingt-neuf soit exécutée, et qu'il plaise à sa Majesté révoquer l'arrest qui a jugé le contraire.

Sa Majesté y pourvoirra en jugeant l'instance qui est pour ce regard pendante au Conseil.

XIX.

Par le mesme Cahier de mil six cens vingt-neuf, nous demandasmes, pour amollir la rigueur des fermiers des impositions qui se lèvent sur les sallynes de basse Normandie, qu'au lieu du quart du sel blanc qu'ils vouloient exiger en essence, sans considérer les grands frais nécessaires à son adménagement, il vous pleust ordonner que lesdicts fermiers se contenteroient du cinquième du prix que seroit vendu ledict sel, ou bien du huictiesme boisseau, s'ils le vouloient prendre en essence. Vostre responce fust que, l'adudicataire ouy en vostre Conseil, vous pourvoirriez sur ceste demande, ordonnance qui est demeurée sans exécution ; et n'apprenons que trop à nos despens que le sel ne faict qu'augmenter l'apétit, l'ayant rendu insatiable ausdicts fermiers, lesquels n'exigent pas seulement le quart dudict sel en essence, mais tirant deux proffictz d'une mesme chose, prenent encor' à quelques endroicts, comme à Vire, le quinct, en d'autres, comme en Costentin, le quart du prix des ventes dudict sel : ce qui ruine entièrement les propriétaires desdictes sallynes, et empesche par conséquent l'employ des misérables qui ne vivent que de ce travail, dont telles exactions leur osteroient l'usage, impuissans à y subvenir et aux frais qui leur sont nécessaires. Nous suplions vostre Majesté de regarder leurs misères en pitié et d'ordonner que lesdicts fermiers ne pourront exiger que le huictiesme du prix de la vente dudict sel ou le huictiesme boisseau, à ce que le cœur ne défaille complètement à ceulx qui ne se soustiennent plus que de ceste pauvre nourriture.

Au Roy. Et en sont les Commissaires d'advis.

Le fermier sera appelé, pour, sa responce ouye, estre ordonné ce que de raison.

XX.

Voyez, Sire, en cet abregé de nos calamitez, ce que peult ce pauvre corps ainsi taillé, recreu, foullé, et qui ne respire que de l'espérance de vostre miséricorde. Et néantmoins, parce qu'il ne veult vivre que pour vostre service, il puisera jusques à la dernière goutte de sa substance, en vous offrant, pour la Généralité de Rouen, huict cens trente-sept mil deux cens soixante livres six sols six deniers ;

Et pour la Généralité de Caen, de quatre cens soixante-traize mil quatre cens soixante livres traize sols huict deniers.

Lesdictes deux sommes revenans à la somme de traize cens dix mil sept cens vingt et une livre deux deniers, à quoy nous suplions Vostre Majesté se contenter, nous déchargeant de toutes autres levées.

AU ROY.

Faict et arresté en la Convention des Estatz de Normandie, tenus au manoir archiépiscopal de Rouen, le unziesme septembre mil six cens trente et ung.

Signé : Baudry.

Les Commissaires tenans la présente Convention, ayans ouy la responce des Déléguez des Estatz à la proposition et demande à eulx faicte de la part du Roy, par laquelle ils consentent luy payer, pour l'année prochaine mil six cens trente-deux, traize cens dix mil sept cens vingt et une livre deux deniers, suplians sa Majesté qu'il luy plaise les exempter de toutes autres levées, nous avons ordonné que levée des deniers sera faicte, en ladicte année prochaine mil six cens trente-deux, suivant et conformément aux lettres patentes de Commission pour ce expédiées, selon la forme portée par icelles, en la manière accoustumée, et ce par provision, fors et réservé pour les sommes dont les édictz n'ont encor'esté vériffiez aux Cours souveraines de ceste Province, lesquels demeureront en surcéance et ne seront imposez jusques après que les déléguez des Estatz ayent faict leurs remonstrances à sa Majesté, et que lesdicts édictz ayent esté bien et deuement vériffiez ausdites Cours souveraines et où besoing sera, ou que par le Roy autrement en ayt esté ordonné; et pour le surplus renvoyés par devers sa

Majesté. Ce qui a esté prononcé publiquement en l'assemblée desdicts Estatz tenus à Rouen, l'unziesme jour de septembre mil six cens trente et ung. Et plus bas : Par lesdicts sieurs commissaires.

Signé : Aubourg.

Le Roi désireroit bien de mettre à effect la bonne intention qu'il a tousjours eüe de descharger les suplians; mais l'estat de ses affaires ne luy pouvant encor permettre de diminuer aucune chose de ce qui est porté par les Commissions, sa Majesté s'asseure qu'ils se porteront volontiers à luy tesmoigner la mesme affection que par le passé sur les demandes qui leur ont esté faictes de sa part, attendant que le temps lui permette de pourvoir à leur soulagement.

Les articles et Remonstrances contenües au présent Cahier ont esté veües et respondues par le Roy, estant en son Conseil, tenu à Fontainebleau, le premier jour de juing mil six cens trente-trois.

Signé : LOUIS.

Et plus bas : Phelypeaux.

Collationné à l'original par moy Procureur Sindicq des Estatz de Normandie. (1)

---

(1) A Rouen. De l'Imprimerie de Martin Le Mesgissier, imprimeur ordinaire du Roy, tenant sa boutique au haut des degrez du Palais, M.DC.XXXIII. Avec Privilége de sa Majesté. — Réimprimé d'après l'exemplaire de la Bibliothèque Nationale.

DOCUMENTS
CONCERNANT
LES
ÉTATS DE NORMANDIE

ETATS DE DÉCEMBRE 1620.

I.

Extrait des Registres de l'Hôtel-de-Ville de Rouen.

Lettres du Roi fixant la réunion des Etats, à Rouen, au 20 nov., Bordeaux, 23 sept. 1620 ; — du duc de Longueville, gouverneur de Normandie (1), au bailli de Rouen pour le même objet, Hambie, 7 oct. (2). Le duc recommande au bailli « d'avoir l'œil à ce que l'élection se fasse de personnes qui ayent pour but principal le service de S. M., le bien de l'Estat et le particulier de la Province. » Autre lettre du

(1) Une déclaration royale, du 10 juillet 1620, avait ordonné que le duc de Longueville ne serait plus obéi aux fonctions de la charge de gouverneur et de lieutenant général en Normandie, pour le punir de sa participation certaine, quoique peu franche, à une révolte qui avait forcé Louis XIII de venir à Rouen, et d'entretenir une armée en Normandie. D'Ornano le remplaça comme lieutenant général, et le duc d'Elbeuf fut nommé au commandement de cette armée (Pont-Audemer, 13 juillet), avec le sieur de la Chastre, maréchal de France, pour le remplacer (Caen, 20 juillet). Quelques mois après, le duc de Longueville se réconcilia avec le Roi, et la déclaration du 10 juillet fut révoquée. Il rentra à Rouen, comme gouverneur de la Province, le 10 octobre.

(2) Une lettre semblable fut adressée par le duc de Longueville au bailli de Caen. Elle se trouve publiée dans l'ouvrage de Dom Lenoir, *la Normandie anciennement pays d'Etats*, p. 241-243.

même au même, pour lui annoncer que la réunion est différée de quelques jours : « Monsieur le bailly, ayant receu commandement du Roy de différer la tenue des Estats jusques au 1ᵉʳ de décembre, j'ay bien voulu vous en donner advis afin que vous en asseuriez les députez de vostre bailliage, lesquels recevront de la commodité en ce retardement d'autant qu'ils n'auront point la peine d'atendre aprez moy comme ils eussent eu sans iceluy, ayant résolu de veoir S. M. avant l'ouverture desd. Estats. La présente n'estant à autre fin, je prieray Dieu vous avoir, Monsieur le bailly, en sa saincte garde. De nostre chasteau de Trye, ce sixième jour de nov. 1620. Vostre affectionné amy Henry d'Orléans. »

Assemblée à l'Hôtel-de-Ville de Rouen sous la présidence du lieutenant particulier au bailliage pour l'élection des députés, 5 nov. Prirent part à l'élection, 18 curés, 24 nobles, 39 bourgeois dont le nom est indiqué sans compter les autres. On nomma pour l'église messire Nᵃˢ Le Royer, aumônier du Roi, chantre et chanoine de la cathédrale de Rouen; pour la noblesse, messire Louis de Giffart, chevalier, sieur de la Pierre, Saint-Maclou de Folleville, Lorré et Noyers, lieutenant de cent hommes d'armes des ordonnances de S. M. (1), comme conseillers échevins, nobles hommes Jacques Hallé, sieur de Cantelou, conseiller notaire et secrétaire du Roi, ancien conseiller et premier échevin, et Isaac Le Seigneur, sieur de Maromme, conseiller échevin moderne (2).

(1) Le sieur de la Pierre n'assistait pas à la réunion : on lui envoya un sergent pour le prévenir de son élection. (Journal de la ville de Rouen). Le dernier janvier 1624, le Roi lui fit don d'une somme de 605 l. provenant d'une condamnation encourue par le sieur de Boniface, gouverneur d'Arques (Arch. de la S.-Inf. Mémoriaux de la Cour des Aides).

(2) En marge du registre des délibérations de la ville : « Nota que le dit sieur de Cantelou n'assista ausd. estats pour ce qu'en ce temps il estoit en court, où il avoit esté député, avec autres du conseil de la ville, pour faire remonstrances au Roi, touchant les fortifications de Quillebeuf, et qu'en sa place assista aus dits Estats M. Le Planquois, ancien conseiller et second eschevin ».

« En faisant la lecture du procès-verbal de Jacques Gaultier, sergent royal en la sergenterie de S. Joire de Boscherville, et en appelant, entre les nobles, Daniel Aubery, sieur de Bellegarde, demeurant en la paroisse de S. Pierre de Manneville, M. Féron, conseiller notaire et secrétaire du Roy et l'un des eschevins de lad. ville, a déclaré qu'il s'opposoit à lad. qualité de noble donnée aud. sieur Aubery par led. procès-verbal, d'autant qu'il l'avoit fait déclarer roturier par arrest de la Court des aides, et que de ce il demandoit acte, qui luy a esté accordé.

« Le curé de Tourville la Rivière, en la vic. de Pont-de-l'Arche, représente, pour lui et les autres curés, qu'ils estoient semons aux assemblées qui se font par les vicomtés pour l'élection des députés du tiers estat, et que de rechef ils estoient assignés pour assister en la présente assemblée, ce qui leur donne double travail..... Arresté que, suivant la résolution de l'assemblée tenue par les Estats de l'an 1580, les curés ne seront plus obligés de se présenter ausd. assemblées, qui se font pour l'élection des députés du tiers estat, attendu leur comparence en la présente assemblée. Enjoint aux sergents des quatre vicomtés de dresser séparément leurs procès-verbaux des ecclésiastiques et des nobles qu'ils auront semons ».

Proposition des Etats. 2 décembre. — « Sera S. M. suppliée de ne donner lettres de rémission et abolition pour les crimes et délits commis durant ces derniers mouvements, soubz l'espérance desquelles plusieurs meurtres et voleries se sont perpétrez, ny pour ceux qui, pour exercer leurs vengeances couvertes de quelques autres prétextes, ont mené les gendarmes en diverses maisons et villages, où ils ont apporté toute sorte de désolation. »

On rapporte, à la suite des articles proposés pour le Cahier, une ordonnance des Commissaires ordonnés et députés par le Roi à tenir la convention des Etats sur une contestation qui s'était élevée entre Jean Le Faulconnier, sʳ du Mesnil-Patry, député par le corps commun de la ville de Caen, d'une part, et les deux conseillers échevins de Rouen, Le Planquois et Le Seigneur, d'autre part. Ceux-ci prétendaient que la ville de Caen, taillable, ne pouvait être mise sur le même pied que la ville de Rouen, exempte de taille, et ils rappelaient la décision qui était intervenue, sur un pareil différent, en 1599. Il fut déclaré que les députés de Caen auraient séance, non point avec ceux de la ville de Rouen, mais avec ceux du tiers état, au premier rang de leur bailliage, 2 déc. 1620. Par l'empressement que les échevins de Rouen mirent à consigner, dans leurs registres, cette ordonnance, on peut juger de l'importance qu'ils attachaient à cette question de préséance.

Extrait du Journal de la Ville de Rouen. Jeudi 24 déc., « Sur la plainte qui avoit esté faicte par quelques-uns de Messieurs des Vingt-Quatre du Conseil de ceste ville, de ce que M. Pierre Le Cornu, concierge de l'hostel-commun, n'avoit esté en personne les semondre pour assister aux derniers festins des Estats, ainsy qu'il y est obligé, a esté mandé led. concierge, lequel a prié lesd. sieurs de l'excuser, s'il y avoit manqué. »

II.

Extrait du Registre du Greffier-Commis des Etats.

« Du mercredy, 2ᵒ jour de déc. 1629, ouverture a esté faite des Estats...... au manoir abbatial de S.-Ouen ....., devant Mgr le duc de Longueville......

Après lad. ouverture et que les députés des trois ordres ont esté appelés en la manière accoustumée, ils se sont assemblés par les bailliages pour deslibérer qui debvoit présider en la compagnie et faire la responce lundy prochain ;

et, d'ung advis uniforme, a esté arresté que discrète personne Messire Nic. Le Royer, présidera en lad. assemblée et fera lad. responce. Et, ce fait, le dit sieur a prins le serment de tous lesd. sieurs députés de bien et fidèlement servir le Roy, le public, et tenir secret ce qui sera proposé et résolu en lad. assemblée, ce qu'ils ont tous ainsy juré et promis.

Et le jeudy, 3ᵉ jour dud. mois, a esté mis en délibération si ceux de la présente assemblée qui sont officiers du Roy, gens de justice, suivant l'ordonnance, doibvent estre admis et reçus en la présente assemblée ; et après que le député de Vire a recongneu avoir presté le serment d'advocat, et que lesd. sieurs députés se sont assemblés par les bailliages, il a esté arresté que, auparavant faire droit, les lettres du Roy seront veues après midy.

Et led. jour après midy, après avoir remis lad. affaire en deslibération et avoir veu les lettres de S. M. portant deffenses de recevoir aulcuns officiers de S. M. et gens de justice, il a été arresté que led. député se retirera de lad. assemblée, et, pour ce qui est de sa taxe, qu'il se pourvoira par devers M. le gouverneur et MM. les Commissaires affin de luy estre pourveu.

A esté aussy mis en deslibération sy l'on debvoit supplyer S. M. de permettre de faire une levée en l'année prochaine de la somme de......... mentionnée en la requeste présentée aux Estats derniers par les députés pour avoir double taxe, attendu qu'ils avoient fait plusieurs voyages ; et, à cet effet assemblés par les bailliages, il a été arresté que, sans avoir esgard à lad. requeste, il n'en sera accordé aulcune chose....

Led. jour après midy, a esté mis en deslibération si les sindiqs des villes de Pontoise et de Magny et autres sindiqs des villes pourroient venir annuellement ; et, assemblés par les bailliages, il a esté arresté, que lesd. sindics demeureront par provision, et, sur le principal, qu'il y sera pourveu par MM. les Commissaires.

Il a esté aussy arresté que le député de la vic. d'Aulge se retirera de la compagnie, attendu qu'il avoit esté député l'année dernière..........

Il a esté arresté que honorable homme Jacques Paon, demeurant en la par. Ste-Croix lez-Montivillier et député du tiers estat de lad. vicomté, fera diligence d'envoyer, entre les mains de M. le procureur sindicq, mémoires comme les collecteurs du sel ne reçoivent les 2 s. pour livre qui se lèvent pour icelluy.

Il a esté aussi arresté que M⁰ Laurent Guyot, député de la vic. de Vallongnes, envoyera mémoires et quittances du droit de 5 s. par feu qui se lève par les préposés de M. l'admiral pour le guet de la coste.

A esté mis en deslibération s'il seroit employé article au Cahier pour la démolition des châteaux des villes appartenant au Roy et qui ne sont frontières ; et, assemblés par les bailliages, il a esté arresté, par l'advis à la plupart, qu'il n'en sera employé aucune chose.

Du vendredy, 4ᵉ dud. mois, a esté mis en délibération le don et gratification que le pays a accoustumé faire à M. le duc de Longueville, gouverneur de cette Province, ainsy qu'il a esté cy-devant fait à luy que aux seigneurs qui en ont eu cy-devant lad. charge, et lesd. sieurs députés, d'ung advis uniforme, ont arresté qu'il sera supplié d'avoir agréable le don que led. pays lui fait, de la somme de 18,000 l., et que à ceste fin le sieur de la Pierre, député de la noblesse de Rouen, le député de l'église d'Avranches et quelques ungs du tiers estat se transporteront par devers mon dit seigneur pour luy en faire le rapport.

A esté de rechef mis en délibération et arresté, par l'advis des députés à la plupart, que la démolition des chasteaux des villes de Falaise, Bayeux et Vire sera demandée (1).

(1) En 1621, les châteaux de Vire et de Falaise furent surpris et occupés par des séditieux qui y tinrent quelque temps garnison. En 1624, Vire faillit tomber au pouvoir des Anglais et des Rochelois. Floquet *(Histoire du Parlement*, IV. p. 392, 402*)*.

A esté mis en délibération et arresté, par l'advis desd. sieurs députés à la pluspart, que le temps de 5 ans donné aux ecclésiastiques par le grand Conseil pour retirer les biens qui ont esté cy-devant aliénés sera employé au Cayer, et que la révocation en sera demandée.

Arresté aussy qu'il sera demandé à Mgr. le gouverneur que le capitaine des Archers du sel demeurera condamné en la somme de 1,500 l. d'amende, en laquelle il a esté condamné par S. M. à la responce du Cayer précédent, faute par luy de comparoir en la présente assemblée avec tous ses archers, et que lad. somme sera appliquée aux affaires de la santé.

Arresté aussy qu'il sera dressé article dans le Cayer pour le fait des estappes et faire vivre les gens de guerre suivant les ordonnances et règlements faits en conséquence d'icelles (1).

Sur la requeste présentée à l'assemblée par les sieurs députés du bailliage d'Allençon pour et au nom du sieur de la Quesnotière, lieutenant du grand prévost aud. baillage, aux fins de supplier S. M. qu'il soit restabli en tel estat qu'il estoit auparavant l'arrest donné au grand Conseil le 15 juillet dernier, entre luy et ung appelé Du Douet, il a esté arresté, par l'advis uniforme des autres baillages, que S. M. est très-respectueusement suppliée vouloir pourvoir au sieur de la Quesnotière de lettres à luy nécessaires, aux fins de sa requeste, au bas de laquelle est l'ordonnance dud. sieur Le Royer, président en ladite assemblée.

Du samedy 5 du mois, le sieur du Roolet, prévost général de Normandie, est entré en l'assemblée et a mis entre les mains du sieur procureur sindiq le procès-verbal des captures et exécutions faites par luy et par ses compagnons depuis les derniers Estats, ainsy qu'il a accoustumé.

Et, ce fait, a esté mis en délibération sy l'on debvoit

(1) On ne voit pas que cet article ait passé dans le Cahier.

changer quelque chose en la forme que l'on a accoustumé tenir à la reddition des comptes des Estats ; et à ceste fin lesd. députés se sont assemblés par les bailliages, et arresté, par un advis uniforme, qu'il ne sera aulcune chose changée en la forme que l'on a accoustumé à lad. reddition des comptes.

Du 6ᵉ dud. mois, sur la requeste présentée par le sieur de la Villermoys, tant pour luy, que pour tous les autres députés aux Estats derniers, tendant à ce que taxe leur feust faite pour avoir fait deux et trois voyages pour se trouver aux dits Estats qui auroient esté différés, et l'affaire mise en délibération par les bailliages, tous d'ung advis uniforme ont arresté que l'on n'y auroit aulcun esgard.

Et le lundy 7ᵉ dud. mois et an, après lecture faite, en l'assemblée, du Cayer des remonstransces et advis donné sur chascun article, tant par Mgr. le gouverneur que par MM. les commissaires, lesd. sieurs députés se sont, ainsy qu'il est accoustumé, assemblés par les bailliages, pour députer ceux qui debvoient porter le Cayer par devers S. M., et arresté que le sieur Desmay, doyen d'Escouys, assistera led. sieur Le Royer, président en lad. assemblée......... et pour les comptes etc.

Signé. LE ROYER, président aux dits Estats, et ECHARD.
Et au dessous : par mes dits sieurs délégués, signé : DELACOURT. »

III.

NOMINATION DES DEUX COMMISSIONS POUR LE PORT DU CAHIER ET POUR L'AUDITION DES COMPTES.

« Du 8 décembre 1620, à Rouen.
Furent présens noble et discrète personne mᵉ Nᵃˢ Le Royer, chanoine et chantre de l'église cathédrale de Notre

Dame de Rouen, délégué des gens d'église du bailliage de Rouen, Lois de Giffart, sʳ de la Pierre, délégué pour les gens nobles dud. baill., nobles hommes Guill. Le Planquoys et Isaac Le Seigneur, sʳ de Maromme, conseillers eschevins de l'hostel commun de ceste ville de Rouen, délégués pour lad. ville, Jean Julien, délégué pour le tiers estat de la vicomté de Rouen, Lois Le Comte, d. pour le t. e. de la vic. de Pont de l'Arche, Jean Deschamps, d. pour le t. e. de la vic. de Pont-Autou et Pont-Audemer, Jacques Oriot, du Pont l'évesque, d. pour le t. e. de la vic. d'Auge; — Pantaléon Le Heurteur, doyen de Neufchastel, d. pour les gens d'église du baill. de Caux, Charles de Pelletot, esc., sʳ de Fréfossé, d. pour les nobles dud. baill., Nᵃˢ Duchemin, d. pour le t. e. de la vic. de Montivilliers, Nᵃˢ Le Saonnier, d. pour le t. e. de la vic. d'Arques, Jacques Merlier, d. pour le t. e. de la vic. de Neufchastel, Jacques Videcoq, d. pour le t. e. de la vic. de Gournay ; — noble et discrète personne mᵉ Henry de la Roque, d. pour les gens d'église du baill. de Caen, Hervé de Sᵈ Marie, esc., sʳ de Tourville, d. pour les gens nobles dud. baill., Jacques Penon, d. pour le t. e. de la vic. de Caen, Noël Furon, d. pour le t. e. de la vic. de Baieux, Jean Jean, sʳ des Vallées, d. pour le t. e. de la vic. de Falaise, Jean de Seyr, d. pour le t. e. de la vic. de Vire et Condé; — discrète personne mᵉ Robert Fortin, chanoine scholastique d'Avranches, d. pour les gens d'église du baill. de Costentin, noble homme Josselin de Vauborel, chevalier, sʳ de Lapentys, d. pour les gens nobles dud. baill., Gilles Brohon, d. pour le t. e. de la vic. de Coutances, Jean Du Pin, fils de m. Nicolas, d. pour le t. e. de la vic. de Carenten, Laurent Giot, d. pour le t. e. de la vic. de Valognes, Franç. Le Buffe, d. pour le t. e. de la vic. d'Avranches, Gilles Fortin, d. pour le t. e. de la vic. de Mortain ; — discrète personne Franç. Delangle, chanoine de l'église cathédrale d'Evreux, d. pour les gens d'église du baill. d'Evreux,

n. h. Esmes de Houetteville, chevalier, s^r du Mesnil Hardrey, d. pour les gens nobles dud. baill., Loys Simon, d. pour le t. e. de la vic. d'Evreux, Théodore Jourdain, d. pour le t. e. de la vic. de Beaumont le Roger, Robert Badin, bourgeois de Bretheuil, d. pour le t. e. de la vic. de Conches et Bretheuil, Martin Le Blond, d. pour le t. e. de la vic. d'Orbec; — discrète personne Jacques Desmay, doyen d'Escouis, d. des gens d'église du baill. de Gisors, Philippe de Sebouvylle, esc., s^r de Bignauru, d. pour les gens nobles dud. baill., Jean Le Febvre, syndic des habitants de Gisors, d. du t. e. de la vic. de Gisors, Cardin Allain, d. du t. e. de la vic. de Vernon, Simon Le Febvre, d. du t. e. de la chastellenie de Pontoise, N^{as} Le Febvre, syndic des habitants de Magny, d. du t. e. de la prévosté de Chaumont et accroissement de Magny, Robert de Faye, d. du t. e. de la vic. d'Andely, Martin Robillart, d. du t. e. de la vic. de Lyons; — discrète personne Vincent Thoriel, chanoine de Séez, curé de Collombières, d. des gens d'église du baill. d'Alençon, Franç. de Sanson, esc., s^r de Vautré, d. des gens nobles dud. baill., Isaac Le Rouillé, d. du t. e. de la vic. d'Alençon, Marin Gudouin, d. du t. e. de la vic. d'Argentan et Exmes, Mathieu Gaubert, d. du t. e. de la vic. de Domfront, Artus Maucorps, d. du t. e. de la vic. de Verneuil et Chasteauneuf en Thimerais, et....., d. du t. e. du Perche, de la chastellerie de Nogent le Rotrou, nomment Le Royer et Desmay pour l'église, les s^{rs} de la Pierre et de Tourville pour la noblesse, Jean Le Febvre et Louis Le Comte pour le tiers estat, avec N^{as} Echart, s^r du Gourrel, procureur syndic, pour poursuivre, vers la majesté du Roi et nos seigneurs de son Conseil, la responce et expédition des articles du Cahier arresté et signé desd. députés, sans aucune chose augmenter ni diminuer, obligeant les biens et revenus de Normandie, en tant que faire le peuvent, à la charge que lesd. procureurs seront tenus, chacun d'eux, prendre certificat et attestation dud. Echart, procureur des Estats, du jour de leur arrivée en la ville de Paris. » Suivent les signatures, en tête desquelles celle de Le Royer, président de l'assemblée.

Les mêmes, le même jour, nomment Le Heurteur et Delangle, pour l'église, les sieurs de Lapentys et du Mesnil-Hardré pour la noblesse, Martin Le Blond et Jacques Paon, pour le tiers estat, avec Nic. Echart, procureur syndic, « à l'effet d'assister à l'audition des comptes des frais communs, remboursement d'offices et autres affaires du pays, qui seront présentés à Messieurs les Trésoriers généraux de France, suivant la Commission du Roy, procéder à la taxe des députés, arrester les frais de voiages du procureur syndic et autres personnes qui seront emploiées, durant les années passées, et en l'année présente, pour le service du païs en général. »

IV.

PIÈCES DIVERSES.

Dépôt fait à la Chambre des Comptes du Cahier des Etats.—« Du mardi 20ᵉ jour de febvrier 1621, au matin. Sur la requeste présentée à la Chambre par mᵉ Nᵃˢ Eschard, procureur syndic des Estatz de Normandie, afin qu'il pleust à la Chambre recevoir et faire retenir en icelle le Cahier de luy collationné des remonstrances desd. Estatz faictes au Roy, à la tenue d'iceulx l'année derniere, avec la responce de S. M. sur les articles singuliers desd. remonstrances, — la Chambre a ordonné que led. Cahier sera mis au greffe pour valloir et servir qu'il appartiendra, au rapport de M. Thomas, conseiller maistre. » (Plumitif de la Chambre des Comptes 1621, f⁰ 25 v⁰.)

Démolition des fortifications de Quillebeuf. — La ville de Rouen, les cours souveraines et les Etats de la Province attachaient la plus grande importance à ce que Quillebeuf dit Henricarville sous Henri IV, ne fût pas fortifié.

Louis XIII en avait fait la promesse; et cependant, en 1620, on apprit, à Rouen, que des ordres avaient été donnés pour remettre en état les remparts de cette place. La ville de Rouen et le parlement firent immédiatement procéder à une enquête. Le 14 août 1620, M. Hallé de Cantelou, 1er échevin, pour lui et pour le s^r de Gavyon, son confrère, rendit compte aux échevins du voyage qu'ils venaient de faire à Quillebeuf, avec les députés du parlement. Ils y avaient trouvé le s^r de Beaumont, mestre de camp d'un régiment qui y avait été envoyé en garnison. Il leur avait fait voir les fortifications qui s'y faisaient par le commandement de S. M. Le s^r de Praissac, ingénieur du Roi, leur avait montré les lettres de cachet contenant sa commission, où il était dit que le lieu devait être fortifié, « seulement en tant qu'il seroit nécessaire pour la conservation des gens de guerre qui y estoient en garnison. » La Cour de parlement, sur le rapport des commissaires, fit défense à Praissac de continuer les travaux jusqu'à ce que de très-humbles remonstrances eussent été faites au Roi et qu'autrement par lui eût été ordonné.

Le 28 sept. 1620, la ville décide qu'en attendant le retour du Roi à Paris, époque à laquelle on ferait vers lui « une plus grande et célèbre députation », Pierre de Gueudeville, procureur syndic, serait député vers S. M., qu'il verrait MM. du Conseil, qu'il confèrerait avec le prévôt des marchands et les échevins de Paris, « auxquels il représenterait en plein hôtel de ville de quelle conséquence leur seraient un jour les fortifications de Quillebeuf, si, en les dissimulant, elles venaient à perfection. » On lui remit entre les mains un mémoire ainsi conçu :

« Sire, si l'affection et fidellité des subjectz envers leur prince peuvent excuser leur liberté, nous vous supplions très-humblement de nous permettre vous représenter l'intérest qu'a votre Majesté, pour le bien de son service et repos de son royaume, d'empescher que les fortifications qui se font à Quillebeuf ne continuent, et d'accorder à nos très-humbles prières que celles qui y sont fort avancées soient démolies par vostre commandement, comme desjà elles ont esté par deux diverses fois sur les remonstrances de vostre ville de Rouen.

« Ce qui nous le faict plus confidemment espérer est que nous pouvons bien croire que telles fortifications maintenant sont contre l'intention de vostre Majesté, puisque la commission de celui qui y travaille, laquelle il nous a faict veoir, porte seulement de fortifier ceste place en tant que besoing seroit pour la conservation de la garnison que vostre Majesté y avoit envoyée pour empescher que, pendant les mouvementz qui estoient lors dans la Province, aucun de party contraire s'en saisist, ce qui est à présent, grâces à Dieu ! hors de toute crainte, dans la paix acquise par voz armes.

« Vostre Majesté considérera, s'il luy plaist, que la situation de ceste place, bien que très-advantageuse par nature, n'a peu néantmoins induire les roys voz prédécesseurs d'en souffrir la fortiffication, comme préjudiciable à leur estat, jusques au temps de Henry le Grand, votre père, de glorieuse mémoire, lequel, pendant les rébellions de la Ligue, s'en servit et la fit fortifier pour tenir en bride les villes de Paris et Rouen, qu'on avoit attirées dans ce malheureux party, afin de les réduire par ce moyen à l'obéissance de laquelle naturellement elles luy estoient obligées.

« Mais les guerres de la Ligue estans finies, le feu Roy ne voulust jamais permettre que ce fort, qui estoit en quelque défense, fust achevé ; bien conserva il ce qui estoit desjà faict, en faveur de feu M. le mareschal de Fervasques, aprez le décez duquel V. M. le fist incontinent démolir.

« Personne n'a jamais entrepris la fortificacion de ceste place qu'avec dessein de mettre en partage vostre Estat et de tirer à son proffit particulier quelque pièce d'iceluy ; et de ceux-cy l'issue funeste a tesmoigné que Dieu avoit exaucé les clameurs du peuple, qui, pressé de leurs tyrannies, avoit porté jusques au ciel les malédictions qu'il a fait tomber sur leurs testes.

« On ne se peut imaginer que ce fort puisse jamais produire aucun bon effect contre les estrangers, où, au contraire, il nuiroit grandement, s'ilz le surprenoient en estat de défense.

« Quand il sera entièrement démoli, autre ne le peut fortifier, ny par conséquent occuper que vostre Majesté, laquelle ne peut jamais rencontrer de puissance égale en son royaume.

« Restant debout, il peut estre surpris ; et, comme il est à l'entrée de la rivière de Seine, où toutes sortes de marchandises abordent pour sortir et entrer des pays estranges, il pourroit arrester le commerce, non seulement de la province de Normandie, mais aussy de toute la France.

« Les marchands seroient surchargez par les déportemens, qu'on sçait estre ordinaires aux garnisons, qu'il fauldroit de nécessité y establir, ce qui seroit grandement à la foulle de voz subjectz et deschasseroit les estrangers, qui sont conviez de traitter en ce royaume par la liberté du traffic ; et de là procéderoit une grande diminution aux impostz qui se lèvent à l'entrée de la rivière de Seine et en ceste ville pour le service de V. M.

« S'il tomboit, estant fortifié, ès mains d'estrangers puissants par la mer ou de quelque party en vostre royaume, appuyé d'eux, il seroit, sinon impossible, au moins très-difficile de les en chasser.

« La despence pour lad. fortiffication ne seroit petite, et l'entretènement de la garnison à grand charge, et néantmoins elle pourroit estre rendue infructueuse, si la rivière de Seine, comme elle a faict autrefois, prenoit son cours ancien vers le pays de Caux, ce qui peut encore arriver par l'émotion de la mer et élèvement des bancs de sable, et lors ce lieu seroit inutile, les navires n'y pouvant plus aborder.

« Nous vous supplions très-humblement, Sire, puisqu'il a pleù à vostre Majesté donner la paix générale à son Royaume, laquelle nous espérons de très-longue durée, puisqu'elle est vostre, estant establie par voz victoires, et que ceste place n'a jamais esté fortifiée que pour tenir en bride les rebelles, que vostre bonté maintenant efface ces marques de mauvais présage, puisqu'elles vous seroient sans usage contre la fidélité de voz subjectz et qu'un rebelle ou estranger les peut employer contre vostre authorité. Faict à Rouen, en l'hostel commun de la ville, le 4º jour d'octobre 1668. Signé : Du Mesnil, greffier de l'hôtel de ville » (*Registre des Délibérations de la ville de Rouen*).

25 nov. 1620. — « Le procureur des Estatz de la Province N^{as} Eschard, escuier, a dit que M. le président de Bernières ayant sceu que, par assemblée de MM. les Vingt-quatre du Conseil, il avoit esté résolu député vers le Roy pour le supplier d'empescher la continuation des fortifications qui se font à Quillebeuf, il auroit mandé le procureur des Estats, auquel il auroit fait entendre que, veu le peu de temps qui restoit pour la tenue des Estatz, il luy seroit bon d'attendre la tenue desd. Estatz pour en employer un article au Cayer. Après avoir délibéré, attendu que les députés desd. Estatz ne pourroient estre prests de partir pour aller en court que d'ici à trois sepmaines au plus tost,... la députation ne sera différée » (Extrait du *Journal de la ville de Rouen*).

En 1621, Quillebeuf, dont les Rochelois vouIaient s'emparer fut mis en état de defense, et on envoya pour y commander Potier de Blérancourt (Floquet, *Hist. du parl*. IV, p. 401). Mais cette même année, le Roi donna l'ordre à d'Ornano de faire sortir de Quillebeuf les gens de guerre qu'il y entretenait et de les loger à Honfleur (*Mémoriaux de la Chambre des Comptes*, 7 juin 1621, fº VI^{xx}VIII).

Jeudi 13 janvier 1622. (Au bureau de la Chambre des

Comptes). — « Le garde-porte est entré qui a dit que les sieurs Hallé et Féron, conseillers eschevins de la ville de Rouen, estoient entre les deux portes, demandans à entrer. Luy a esté ordonné de les faire entrer; ce qui ayant esté faict, et lesd. Hallé et Féron estans devant M. le premier président, ont dit par led. Hallé, Messieurs les gens du Roy présens, que la Chambre n'ignoroit point de quelle importance estoit la démolition de la fortification de Quillebeuf, dont la ville avoit cy-devant, en pareille occasion, faict instance à S. M., mesme le sieur procureur général du parlement, et que toutefois on n'avoit pas donné résolution, mais nulle espérance; mais avoit la ville résolu de supplier S. M. qui, agissant de son mouvement et plaine auctorité, pourra incliner à leur supplication, s'il plaist à MM. des cours souveraines de contribuer de leur auctorité, ce qu'ils suplioient la Chambre faire au nom de la ville et du public, ainsi qu'en toutes occasions il a esté faict; et, sur ce que M. le président a demandé aud. Hallé ce qu'il entendoit par contribuer, et ce qu'ils désiroient de la compagnie, a dit que, selon la prudence de la compagnie, ils requéroient leur assistance, et que la Court de parlement à laquelle ils avoient fait semblable réquisition avoit fait une célèbre députation de Messieurs vers le Roy. Eulx retirez, la Chmbre a ordonné que les semestres seront assemblez à demain matin, ce qui a esté dit auxdits Hallé et Féron. » — Mardi, 26 janvier 1622. A l'exemple du parlement et de la Cour des aides, la Chambre des comptes désigne une députation (le président de Fumechon, Costé, Le Pesant, Des Hommets, de Jouey et le procureur général du Roi) pour aller saluer le Roi à son entrée à Paris et le supplier d'ordonner la démolition de Quillebeuf. (*Plumitif de la Chambre des Comptes. B*, 572.) — 3 février 1622. Lettres des députés, datée du dernier janvier. En descendant de carrosse, ils sont aller saluer, de la part de la Chambre,

MM. de Longueville, le chancelier garde des sceaux, le comte de Schomberg et le cardinal de Retz, afin d'obtenir une audience du Roi, à la suite du parlement.

Il est question de cette députation dans *l'Histoire de Louis XIII* du P. Griffet, I, 334 « Le Roi avant son départ pour le midi (départ qui eut lieu le 20 mars 1632), reçut une députation de la ville de Rouen, qui demandoit que l'on rasât les fortifications de Quillebeuf, dont la vue alarmoit les vaisseaux qui remontent la Seine pour apporter des marchandises jusques à Rouen, ce qui faisoit un tort considérable au commerce de cette grande ville.

« Louis leur répondit que son dessein étoit de faire raser non-seulement les fortifications de Quillebeuf, mais encore celles de toutes les places situées dans l'intérieur du royaume et de ne conserver que celles des places frontières. On expédia ensuite un arrêt du Conseil qui ordonnoit au parlement de Rouen de faire combler les fossés et démolir les fortifications de Quillebeuf.

« Le parlement donna aussitôt les ordres nécessaires pour l'exécution de ce projet : mais les habitants de Quillebeuf représentèrent qu'ils alloient être exposés aux insultes des ennemis, quand leur ville seroit démantelée, que les fortifications que l'on vouloit démolir avoient coûté plus de 600,000 écus, dépense, disoient-ils, que l'on n'auroit pas faite, si on ne l'avoit cru absolument nécessaire. En voyant que l'on ne paroissoit pas fort touché de leurs remontrances, ils en vinrent aux menaces, et ils déclarèrent qu'ils feroient main-basse sur tous les ouvriers qui oseroient toucher à leurs remparts. Le duc de Longueville fut obligé de se rendre à Quillebeuf avec le premier président et six compagnies d'infanterie pour tenir les habitants en respect, et les fortifications furent démolies sans qu'ils pussent y mettre obstacle. On voit par là qu'avant le ministère du Cardinal de Richelieu Louis XIII avait déjà conçu le projet de détruire les fortification des places situées en dedans du royaume, et que ce grand ministre eut seulement la gloire d'y mettre la dernière main. »

Les Registres de l'hôtel-de-ville de Rouen permettent de rectifier et de compléter les renseignements donnés par le P. Griffet. Les lettres patentes pour la démolition de Quillebeuf portent la date du 5 février 1622. — Le Roi, par lettres de cachet du 9 février, chargea les échevins de Rouen de faire opérer cette démolition, et, par brevet du 13 du même mois, leur fit don des matériaux. — Le 15, le duc de Longueville chargea le s^r de la Roque de se rendre à Quillebeuf afin qu'il ne s'y fît aucune entreprise pendant la démolition et ordonna à la ville de Rouen de fournir à ce gentilhomme 200 hommes pour la garde de la place et la sûreté des ouvriers. Le 17 mars, il demanda que cette compagnie fut renforcée de 54 nouveaux soldats armés. — Le sieur de la Bataille commandait à Quillebeuf en l'absence du sieur de Beaumont. Le 15 février, il avait déclaré aux délégués de la ville de Rouen et du Parlement qu'il s'opposerait à la démolition de Quillebeuf jusqu'à ce qu'on lui eût montré un commandement du Roi en bonne forme et dûment vérifié. La démolition commença le 12 mars. Les munitions furent portées à l'arsenal du Roi à Rouen.

La ville de Rouen avait demandé dans le même temps la démolition du château du Vieux-palais. Mais cette demande fut écartée.

Avis à prendre du procureur des États pour la limite de la banlieue de Rouen. — Les habitants de S. Martin de Boscherville prétendent au privilége d'exemption des tailles et subsides, comme enclos dans la banlieue de Rouen : le Roi enjoint aux gens de la Cour des aides, le procureur général du Roi, le syndic des États de Normandie et tous autres appelés, que s'il leur appert par le mesurage qui se fera, de leur ordonnance, des bornes et limites de la banlieue de Rouen, lad. paroisse être enclose en dedans de lad. banlieue, ils la fassent jouir de l'exemption prétendue, 16 janvier 1621. Enregistré à la Cour des aides, le 23 sept. 1621.

Arrêt de la Cour des aides contre un taillable de la paroisse de Marchemaisons (Normandie) qui s'était fait imposer à Mamers (Maine). — 25 octobre 1621. « Le procureur général du Roy remonstrant à la Cour qu'il a esté adverti qu'un appelé Jacques Questre, originaire et ancien taillable de la par. de Marchemaisons, élection d'Alençon, limitrophe du pais du Maine, s'est faict imposer à petite et légère somme depuis 2 ou 3 ans en la ville de Mamers aud. pays du Maine, pour frauder l'impost faict de sa personne en lad. par. de Marchemaisons, montant à 20 l. du corps de la taille et des crues à l'équipolent, et combien que la cognoissance de tels différentz appartienne à la Cour en cas d'appel, et que, par arrest du Conseil d'Estat du Roy, du 26 oct. 1613, responce de S. M. au Cahier des Estats de cette Province, la cognoissance des différentz, qui proviennent entre les particulliers taillables des parroisses de l'élection d'Allençon limitrophes du païs du Maine et qui se seroient retirez aud. païs pour frauder le premier impost, est attribuée aux Esleuz de ceste Province, et par appel en cette Cour, si est-ce toutefois que led. Questre, en toute surprise, a obtenu arrest de renvoy par devant les Esleuz du Maine, par devant lesquels, aydé de leur faveur, auroit obtenu sentence à son bénéfice, et s'estoit faict déclarer contribuable aud. lieu de Mamers aveq despens, auxquels lesd. habitans de Marchemaisons ont esté condamnez, ce qui est grandement préjudiciable au service du Roy et de grande conséquence pour les Eslections circonvoisines des païs limitrophes de ceste Province, et mesmes contre la volonté de S. M. portée par les arrests de son Conseil et responce d'icelle aux Cahiers des Estatz de cette Province et notamment sur l'art. 4° du Cahier des Estatz pour l'année dernière, A ces causes requéroit que très-humbles remonstrances en soient faictes à S. M., et cependant que, soubz le bon plaisir d'icelle, conformément à l'arrest de son Conseil, deffences soient faictes aud. Questre de faire mettre à exécution lad. sentence des Esleus du Maine, et que, pour éviter au retardement des deniers du Roy, led. Questre sera contrainct paier ses impostz en lad. paroisse de Marchemaisons, et mandement luy estre accordé pour faire assigner tant led. Questre que parroissiens de Marchemaisons pour respondre à ses conclusions. Signé : Le Paige. Veu par la Court lad. requeste...... la Court a ordonné et ordonne que très-humbles remonstrances seront faictes au Roy par son dit procureur général, a faict deffences aud. Questre, soubz le bon plaisir de S. M., de faire mettre lad. sentence à exécution, et ordonné que, pour éviter au retardement des deniers du Roy, led. Questre sera contraint pour ses imposts par provision.... (1). »

Interruption des États de Normandie en 1621.

Il n'y eut point, en 1621, de réunion d'États en Normandie. Il n'en faut pour preuve que les lettres suivantes adressées par le Roi, de Toulouse, le 19 nov. 1621, à la Chambre des Comptes de Rouen :

« N'ayant jugé à propos, pour aucunes raisons et considérations importantes au bien de notre service et au repos

(1) Registres du Conseil de la Cour des aides.

de notre province de Normandie, de faire assembler et tenir les Estatz ordinaires d'icelle, au temps et pour les causes et effets accoustumez, comme nous espérions le pouvoir faire, et s'estans néanmoins les Commissaires, que nous avons accoustumé d'y faire assister de notre part, *tenus presis à cette fin,* sans qu'ils ayent voullu ni s'éloigner ni occuper ailleurs pour ne manquer à notre service et du publicq de lad. province, nous jugeons être bien raisonnable qu'ils soient pour ce subject paiez des taxations qu'ils ont accoustumé de recevoir pour leur assistance aux Estatz, nonnobstant qu'ils n'ayent tenu. »

La Chambre ne vérifia ces lettres que le 29 nov. de l'année suivante. Elle ordonna au trésorier Heudebert de payer les Commissaires, « encor que les Estatz n'eussent esté tenus en l'année 1621 ([1]). »

On ne sera pas surpris que les députés de notre province aient peu goûté les motifs donnés à de prétendues indemnités, qui n'étaient, dans le fait, que de pures gratifications, et que, contraints de les payer si cher, pour des services imaginaires, ils se soient plaints du nombre exagéré des Commissaires du Roi.

Quant aux causes de l'interruption des États, je ne crois pas qu'il faille les chercher ailleurs que dans l'extrême besoin que le Roi avait d'argent pour faire face aux frais de l'expédition contre les villes protestantes et révoltées du midi, dans les mesures fiscales auxquelles on était obligé de recourir pour s'en procurer, enfin dans le désir d'éviter tout ce qui pouvait être de nature à entraver l'exécution de ces mesures et à favoriser l'opposition des cours souveraines et des corps de ville.

Entre les édits qui soulevèrent le plus l'opinion publique, il faut citer celui qui était relatif à la revente du Domaine,

[1] Arch. de la Seine-Inf. Mémoriaux de la Chambre des Comptes. B. 41, fol. VIxx XVIIvo.

et celui qui enlevait aux villes la recette et la gestion de leurs revenus pour l'attribuer à des officiers du Roi. L'opposition fut vive dans les cours souveraines, spécialement à la Chambre des Comptes, où le Roi se vit dans la nécessité d'envoyer un conseiller d'État pour faire exécuter ses ordres. On pourra en juger par les extraits qui suivent.

« Du samedi, 10ᵉ jour de juillet 1621, au matin, les deux semestres assemblés. Est entré l'advocat général du Roy qui a dit, qu'ayant une particulière congnoissance de la nécessité des affaires du Roy, qui ne se peult ignorer, il a creu estre de son debvoir de le représenter à la compagnie, à ce qu'il soit par elle procédé à la vériffication de l'éedit de la revente du Domaine et vente extraordinaire des bois de Normandie, dont il espère tirer ung grand et prompt secours pour la nécessité de ses affaires.

« Le premier huissier est entré au Bureau qui a dit que le sieur de Barentin, conseiller du Roy en son Conseil d'Estat, estoit au parquet des gens du Roy, qui demandoit entrer... A esté ordonné au premier huissier de le faire entrer.

« Led. sʳ de Barentin entré... avec M. l'advocat général et ayant... prins place au 1ᵉʳ banc au dessus du 1ᵉʳ maistre, ainsi qu'il est accoustumé, a présenté sur le bureau unes lettres closes du Roy addressantes à la Chambre, dont la teneur ensuit : — De par le Roy. Noz amez et feaulx, envoyant le sʳ de Barentin, conseiller en notre Conseil d'Estat, en notre ville de Rouen, pour noz affaires concernans la vériffication de quelques éedits, de la finance desquels nous avons faict estat pour les dépenses présentes et plus pressées que nous sommes contraints de supporter, nous luy avons donné charge de vous faire entendre ce qui est de noz volontez sur ce subject. C'est pourquoy nous ne vous mandons rien davantage par ceste lettre, sinon que vous adjoustiez foy à ce qu'il vous dira de notre part, et nous rendiez promptement l'obéissance que nous attendons de vous en la vériffication desd. éedits, à quoy vous ne ferez faulte. Car tel est notre plaisir. Donné à Fontainebleau, le 27ᵉ jour d'avril 1621. Signé : Louis.

« Puis le sʳ de Barentin a dit que ces lettres ont esté des dernières qui ont esté expédiées, le Roy estant à Fontainebleau, où il fut chargé de se rendre en ceste Province pour la vériffication de plusieurs éedits, faits par le Roy pour l'urgente nécessité présente de ses affaires, qui sont tellement recongnues que chacun y void clair ; qu'entre tous les moyens que S. M. a jugé plus doux et gracieux... estoit celuy qui concernoit le Domaine, pour lequel il avoit charge expresse de S. M. de faire entendre à la compagnie sa volonté et leur représenter le peu de préjudice apporté, le bien que le Roy en recevra... C'estoit donc pourquoy il désiroit... représenter à la Chambre cest éedit qui estoit à deux fins. Se pouvoit dire estre pour l'aliénation du Domaine pource que... il est dit qu'il sera retiré et réuny en remboursant les premiers acquéreurs ; mais, en effet, estoit pour revendre ce qui estoit engagé à vil prix ;.. qu'il estoit beaucoup plus juste et raisonnable que le Roy s'esjouït de ce qui estoit à luy et son bien, mesme en une nécessité si pregnante. — Qu'aucuns pourraient dire, comme il a été dit ailleurs, qu'estant le Domaine engagé à haut prix, il ne se pourroit jamais retirer, et par conséquent que le Roy en seroit privé, et le Domaine entre les mains des particuliers comme le leur propre ; mais qu'en cela il y avoit réplique bien pertinente. Chacun sçait que, du vivant du feu Roy, il feit party pour retirer son Domaine, greffes et plusieurs autres parties ; que, se Dieu nous l'eust laissé régner davantage, il eust, dans peu de temps, tout réuny et remis en sa main par un bon mesnage ; que S. M. à présent régnant, pourroit, quand il sera plus paisible, user de pareil mesnage et moyen pour retirer tout ; que c'estoit un secours asseuré de 5 à 600,000 l. très-requis et nécessaire au bien des affaires de

S. M. ; que cest éedit s'exécutoit déjà aux parlements de Paris, Thoulouze, Bourdeaux, Bourgongne et autres; que celuy de Normandie naguères l'avoit fait registrer ; que le Roy et le Conseil n'en espéroient pas moings de la bienveillance de cette compagnie à son service, comme en toutes les occasions elle l'avoit faict paroistre ; — que cy-devant il y avoit eu plusieurs éedits qui n'avoient point esté présentez ne vériffiez en ceste Chambre, mais qu'elle se pouvoit asseurer que doresnavant il ne s'en feroit aucun qui concernast sa fonction et congnoissance, qui ne luy fût présenté, cela ayant esté arresté au Conseil, le Roy voulant que les formes de tout temps accoustumées et observées soient suivies, comme elles ont esté auparavant ces derniers temps... Pour le regard de la vente des bois extraordinaires d'une année, il sembloit que l'on ne pouvoit rien opposer... C'estoit le bien du Roy : il en pouvoit disposer et s'en ayder en sa nécessité, ainsi que faisoit ung particulier, quand il estimoit besoing, faisant des couppes de bois en ses terres pour une affaire urgente. On voyoit ung mauvais mesnage aux forests et ung desgast très-grand, estant gastées, vollées et pillées par les particuliers, et estoit bien meilleur que le Roi s'en servît. »

Aprés avoir exposé sa commission, le s^r de Barentin se retira ; M. de Fondimare fit son rapport, et la Chambre ordonna que l'édit pour l'aliénation du Domaine serait lu, publié et registré, mais en y apportant de nombreuses et importantes modifications. Elle consentait que le Domaine ci-devant aliéné fût de nouveau vendu avec faculté de rachat, « fors et excepté les villes, places fortes, droits de garde noble, foi et hommage, confiscations pour crime de lèse-majesté, et autres droits inaliénables, excepté aussi les ventes de bois de haute-futaye, amendes, restitutions et autres profits et droits casuels qui en proviendroient, et sans comprendre en lad. revente les terres fieffées, les terres en seigneurie baillées en échange et les offices et bénéfices, à la charge que les précédents acquéreurs ne pussent être dépossédés qu'après avoir été actuellement remboursés de leur finance, dont ils feroient faire la vérification en la Chambre, sans que pour led. remboursement ils pussent être évoquez hors de la Province; que leurs contrats, vérifications de finances et quittances du remboursement seroient rapportez en la Chambre pour la descharge du Roy par celui qui les auroit remboursez, sur le compte qu'il y rendroit que le Domaine remboursé ne pourroit estre revendu à moings que le denier quatorze du revenu annuel; qu'il seroit laissé fonds sur les Domaines revendus pour le paiement des fiefs et aumônes, gaiges d'officiers, ouvrages, réparations et frais de justice et autres charges ordinaires sans en rejeter aucune partie sur le Roy, lequel fonds seroit mis ès mains des receveurs du Domaine de chaque vicomté, respectivement de quartier en quartier, et icelui employé à l'acquit desd. charges; que les nouveaux acquéreurs, avant qu'entrer en jouissance actuelle, présenteroient leurs contrats et quittances de finances payées en lad. Chambre pour estre registrés, et procès d'évaluation du Domaine y contenu, et que les deniers de leurs adjudications seroient paiez en deniers comptans, sans fraulde ni déguisement, ès mains des receveurs généraux tous en charge pour en compter en la Chambre, ainsi qu'il estoit accoustumé, lesquels receveurs généraux payeroient directement les deniers à l'Espargne; et que l'exécution dud. éedit seroit faite par commissaires qu'il plairoit au Roy pour ce depputer en ceste Province; et, pour le regard de la vente et couppe de bois, seroient pareillement lesd. lettres patentes leues et publiées et registrées par le Grand maistre des eaux et forests en chacune des forests de la Province qui le pourroient commodément porter, sans remplacer le deffault de la mesure de l'une sur l'autre, et qu'avant de procéder à la vente par led. Grand maistre, led. Grand maistre envoyeroit en icelle Chambre ung procès-verbal et estat de la possibilité de chacune desd. forests, à la charge que tous les deniers provenant de l'exécution dud. éedit, tant de la revente dud. Domaine que vente extraordinaire de bois, seroient actuellement employés aux affaires de la guerre présente et non ailleurs, à peine de répétition du quadruple sur ceux qui les auroient divertis. »

Les lettres de jussion pour l'enregistrement de cet édit, sans modification en ce qui concernait les offices et les bénéfices, furent vérifiées le 2 septembre 1621.

L'autre édit portait création de trois offices de receveurs des deniers communs des villes et communautés de Normandie avec attribution d'un sou par livre. Ce ne fut pas seulement au parlement, à la Chambre des comptes, mais aux hôtels-de-ville de Rouen, de Dieppe, du Havre et de presque toutes villes de Normandie que la résistance se fit sentir. De son côté, le procureur syndic des Etats se porta opposant au nom de la Province. Il y eut plusieurs lettres de jussion. L'émotion était telle que le parlement avait défendu aux échevins de Rouen de convoquer une assemblée générale, « n'estant à propos, en ce temps, de faire des assemblées de peuple, qui pourroit causer quelques murmures et mutineries, comme en ce temps turbulent les esprits ne demandent qu'occasion et en prennent sans raison. » On voit même que le 28 octobre 1621, le duc de Longueville fit prier la Chambre des comptes de différer la vérification de l'édit jusqu'à six semaines, « pour des raisons qui concernoient le service du Roi et repos de la Province, l'intérêt, repos et tranquillité de la ville. » Cet édit ne fut vérifié à la Chambre des comptes que sur un nouvel ordre du Roi plus pressant que les autres, et encore ne fut-ce qu'avec quelques modifications, les 14 et 15 décembre 1622.

Le 10 mai 1622, au matin, les semestres assemblés, le

sieur de Barentin, conseiller du Roi en son Conseil d'Etat, se présenta au Bureau de la Chambre des comptes, et fit connaître sa créance, en ces termes qui sont rapportés au plumitif de la Chambre.

« A dit que, naguères, il avoit mis, ès mains de M. le procureur général, des lettres-closes du Roy, portans créance à la Chambre pour lui faire entendre la volonté de S. M. pour ce qui est de la vériffication des éedits qu'elle a faits pour la nécessité de ces affaires, qu'il croioit que la Chambre les avoit veues. Et luy ayant M. le premier président dit que la Chambre les avoit veues, qu'à ceste fin la compagnie estoit assemblée, poursuivant son propos, a dit led. sieur de Barentin que c'est à son grand regret d'estre emploié en des affaires de la qualité de celles qu'il a bailliées à M. le procureur général, que luy et tous ceulx qui ont l'honneur d'assister au Conseil du Roi sont obligés d'obéyr aux commandements du maistre, que de sa bouche il avoit receu exprès commandement de s'acheminer en ceste ville et de représenter aux compagnies souveraines, desquelles dépendoit la vérification des éedits de S. M., la nécessité en laquelle le Roy est, ayant trois armées sur terre et une maritime, qu'il faut entretenir, et grands frais du tout impossibles de supporter par les moiens ordinaires; qu'il a fallu avoir recours aux extraordinaires, entre lesquels sont les quatre éedits que led. sieur de Barentin a mis ès mains du dit sieur procureur général, deux qui pouvoient se réduire en ung pour ce qu'ils concernoient les Elleus ou Ellections, le premier une création de deux Elleus d'augmentation, et l'autre une déclaration portant augmentation de gaiges aux anciens officiers des Ellections ; que le troisième est ung édit qui porte en soy le nom et l'effect ; que le régallement des tailles estoit une chose juste et très-équitable, voire à désirer, puisque le pauvre peuple estoit tellement oppressé que tout tomboit sur luy ; qu'enfin il fauldroit venir aux levées par capitation comme on faisoit le passé, qui estoit ung moyen de nous rendre tous taillables, ce qui causeroit une division et altercation irréconciliable entre les bons subjects de S. M. Il contenoit encore la création de 200 nobles en ceste Province. Que les prenant de la qualité de ceux qui ne contribuoient aux tailles ou qui pouvoient indemniser le peuple, en cela l'inthérest du public n'y est pas grand. Pour le quatrième et le dernier, est non pas une création nouvelle d'officiers, mais un restablissement de ceux qui avoient esté créez receveurs générauls et particuliers des gabelles en l'année 1594, et supprimez en 97 ou 99 ; que de discourir particulièrement de la justice de ces éedits seroit inutile, estant volonté de prince, qu'il falloit croire estre juste et équitable. En falloit revenir là que ces éedits n'estoient fais que pour la nécessité des affaires du Roy, n'y pouvant subvenir de son fonds ordinaire, et avoit falu nécessairement avoir recours à l'extraordinaire ; que le Roy estoit en personne à la campagne et périls et hasard des armes et danger de sa personne, s'exposant pour le bien de l'Estat, ce qui nous doibt tous esmouvoir par ung mesme sentiment de debvoir que nous avons à la conservation de l'Estat ; que, cessant la nécessité du Roy et des affaires de l'Estat, ces éedits ne seroient pas de saison, mais telle quelle n'estoit ignorée de nul ; et ainsi supplioit la compagnie de les délibérer et rendre au Roy le contentement qu'il attend de la Compagnie.

« Après avoir exposé sa créance, a dit qu'il avoit esté chargé d'une jussion sur l'arrest de la Chambre de vériffication de l'éedit des Domaines, qu'il avoit gardée, pensant qu'il n'en seroit pas de besoing. Mais, pour les difficultés qui se présentent en l'exécution de la Commission de la vente dud. Domaine, avoit esté chargé par MM. du Conseil de la présenter ; et à l'instant l'a mise ès mains dud. s^r procureur général. Ce fait, s'est led. de Barentin retiré, suppliant la Chambre d'avoir esgard qu'il y a longtemps qu'il est en ceste ville et mettre en considération l'urgente nécessité des affaires du Roy.

« Mis en délibération ce qui estoit à faire sur lesd. éedits, a esté ordonné que les semestres seront assemblez à demain matin pour deslibérer sur la présentation desd. éeditz. » (1).

Les deux premiers édits, l'un portant création d'un Élu assesseur et d'un autre Élu en chaque élection, et l'autre portant augmentation de gages aux Élus et officiers d'Élection, furent vérifiés à la Chambre, le dernier août 1622.

Deux autres édits furent présentés à la Chambre : l'un portait création de deux commissaires des vivres ; l'autre, augmentation d'un denier pour livre au receveur des tailles.

Il y eut encore opposition du procureur des Etats :

7 déc. 1622. « Sur la requeste présentée à la Chambre par le procureur sindic des Estatz afin de luy estre donné temps jusques après la tenue de convocation des Estats prochains pour respondre sur l'inthérest qu'a le public aux éedits d'augmentation d'un denier de taxations aux receveurs des tailles et de création de deux commissaires des vivres, après en avoir communiqué auxd. Estats, veu lad. requeste, a esté ordonné qu'elle sera mise ès mains de M. Le Pesant, l'un des commissaires rappporteurs desd. éedits pour estre joint avec iceulx et représenter vendredi prochain que les semestres sont pour ce termez. »

Vendredi, 9 déc. 1622. — « Led. sr Le Pesant a faict lecture dud. éedict de création de deux commissaires des vivres, ensemble des lettres closes du Roy adressées à la Chambre et d'une requeste du procureur sindic des Estats tendant à ce que temps lui soit donné jusques après la tenue des

---

[1] Les lettres de jussion (du 25 février 1622) pour lever les modifications et restrictions de l'arrêt de vérification de l'édit de la vente du Domaine furent communiquées au procureur général le 30 mai 1622.

Estats prochains pour représenter l'inthérest du Roy et du publicq en l'exécution dud. éedict, sur le tout desliberé et veu les conclusions du procureur général du Roy, la Chambre a ordonné que led. éedict sera leu, publié et registré. »

ÉTATS DE JANVIER 1623.

I.

Extrait des Registres de l'Hotel-de-Ville de Rouen.

Lettres du Roi au bailli de Rouen, fixant la réunion des Etats à Lisieux, au 1er décembre, camp de Montpellier, 17 sept. 1622 ; — du gouverneur au même : « Vous donnerez ordre de faire élire les députés de vostre bailliage et choisir ceux qui sont les plus gens de bien et affectionnez au service du Roy et au bien de la Province, et que vostre assemblée se fasse sans brigues et sans tumulte au plustost que faire se pourra, afin que les députés puissent se rendre à Lisieux, le dernier du mois de novembre prochain, où l'on a advisé de tenir lesd. Estatz, à cause de la maladie qui est en ceste ville, bien qu'elle n'y soit si grande comme on en faict courir le bruit. Rouen, 13 oct. 1622. » Plus tard, le délai paraissant trop court pour qu'on eût le temps de faire les proclamations dans les divers bailliages, le duc de Longueville remit la réunion au 15 déc., par lettres datées de Paris, 12 nov. Par autres lettres datées de Lyon, 27 nov., il les prorogea jusqu'au 2 janvier, par ce motif qu'étant obligé d'aller trouver le Roi à Grenoble, il lui eût été impossible de se trouver à Lisieux le 15 déc.

Assemblée à l'hôtel-de-ville de Rouen, sous la présidence du lieutenant particulier du bailli, pour l'élection des députés. Prirent part à l'élection Louis des Essarts, de la par. de Blainville, député du tiers état de la vicomté de Rouen, (1) Richard Renouard, de la paroisse de Ste Croix de Cormeilles, député du tiers état de la vicomté de Pont-Audemer, (2) Jean Duchemin, de la paroisse de la Chapelle Hinfray, député du tiers état de la vicomté d'Auge, (3) 31 curés, 8 nobles, 56 bourgeois dont les noms sont indiqués sans compter les autres. On nomma pour l'église M⁰ Barthélemy Hallé sr d'Orgeville, chanoine en l'église cathédrale de Rouen, promoteur général de l'archevêché et archidiacre d'Eu ; pour la noblesse, messire Antoine de Mouy, chevalier, sr du lieu, gentilhomme ordinaire de la chambre du Roi, lieutenant de la compagnie de gens d'armes de Mgr le comte de Longueville et mestre de camp d'un régiment entretenu en Normandie; comme conseillers échevins, Jacques Hallé, écuyer, sr de Cantelou, conseiller notaire et secrétaire du Roi, ancien conseiller et premier échevin de Rouen, et Guillaume Liesse, conseiller échevin moderne.

« Avant que d'entrer dans la grande salle, a esté mis en délibération en la salle ordinaire du Conseil, avec MM. les 24 du Conseil et MM. les grands vicaires et députés du chapitre, si, pour le défaut des députés de la vic. du Pont-de-l'Arche, lesquelz ont esté assignez à comparoistre à la ville de Lisieux, par les sergents de lad. vicomté, au lieu d'avoir esté assignez à comparoistre en l'hostel commun de ceste dicte ville, suivant l'ordonnance, on debvoit différer la nomination de ceux qui debvoient assister auxdits Estatz

---

(1) Nommé le 9 nov.
(2) Nommé le 5 nov.
(3) Nommé le 12 nov.

ou bien passer oultre à lad. élection et nomination, sur quoy il a esté résolu de passer oultre, nonobstant lesd. défaillants.

« Le curé de S. Patris, (1) doyen de la Chrestienté, pour luy et les autres curez de ceste ville, a représenté qu'ilz n'estoient appelez en ceste assemblée pour y donner leurs suffrages comme les autres curez du bailliage, ce qu'ilz requéroient leur estre accordé, attendu qu'ilz n'estoient de pire condition que les autres curez et qu'ilz contribuoient aussy bien qu'eux à la subvention des Estatz, de laquelle ils demandoient d'estre deschargez, si on les privoit d'assister ausd. assemblées ; à quoy par le s^r de Gueudeville, procureur syndic d'icelle ville, (2) a esté dit que M. le grand vicaire et deux chanoines y estoient appelés pour tout le clergé de la ville, partant qu'il requéroit que la forme ordinaire, de tout temps observée ausd. assemblées, fust gardée ; sur lesquelles constestations, après avoir délibéré, il a esté arresté de ne rien innover en la convocation desd. assemblées, considéré la présence desd. grands vicaires et chanoines en icelle, attendu mesme que ce qui est demandé par les curez de ceste dicte ville porte nouveauté, laquelle ne doibt estre introduite, s'il ne paroit une urgente nécessité ou utilité pour le public ; et néanmoins acte accordé ausd. curez de leurs remonstrances et aud. procureur syndic de la ville de ses protestations et soustiens au contraire ; et, sur ce que le doyen de la Chrestienté avoit dit que les curez de la ville contibuoient à la subvention des Estatz, et que pour ceste raison ilz y debvoient estre appelez, par le s^r de Bretteville, chanoine et l'un des députez du Chapitre, a esté dit que cela se pouvoit bien dire pour les Estatz généraulx

(1) Paul Dorcemagne, maître aux arts.
(2) Pierre de Gueudeville, nommé syndic, 13 déc, 1617, anobli en considération de ses services, par lettres du Roi. Le Mans juillet 1620.

du royaume où il s'agist de leurs décimes, mais non pour la subvention qui se lève par les Estatz de la Province, à laquelle contribue seulement le peuple, partant que ceste raison ne peut avoir lieu au suject qui se présente.

« Le curé de Montigny, au contraire de ce qu'avoit requis led. doyen de la Chrestienté pour les curez de ceste ville, a remontré qu'estant curé dans la banlieue, il ne debvoit estre appelé en ceste assemblée, et partant requéroit d'en estre dispensé, de quoy luy a esté accordé aete.

« NOTA qu'après la lecture faicte des lettres du Roy, de Mgr. de Longueville et de MM. du bailliage, a esté faicte lecture des semonces des bourgeois faictes par les quarteniers, item des procurations des députés du tiers estat des vicomtez, item de la liste des ecclésiastiques et nobles employez en un mémoire par MM. les conseillers eschevins pour estre nommez.

« Et, pour recevoir les voix et suffrages, a esté suivy cest ordre : à sçavoir, aprez MM. les 24, ont donné leurs voix les curez, ainsy qu'ils estoient appellez, puis les nobles, puis les bourgeois de la ville, semonds tant par les quarteniers que par les centeniers, et, en dernier lieu, les députez des vicomtés pour le tiers estat.

Proposition des États. — 22 décembre 1622 « Cantelou, premier eschevin, pour lui et MM. ses confrères, a représenté que la délibération des articles à employer au Cahier des Estats avoit accoustumé d'estre faicte en la présence nonseulement des 24, mais aussy des députés de l'église et noblesse et du tiers estat des quatre vicomtez de ce bailliage, et à l'issue du banquet qui se faict en l'hostel-de-ville après l'ouverture desd. Estats ; mais doubtans que lesd. Estats se tinssent à Lisieux, où ils avoient esté assignez, tant par lettres du Roy que celles de Mons. le duc de Longueville, ils avoient esté obligez de faire ceste présente assemblée pour y délibérer lesd. articles ; davantage que, prévoyans le préjudice qui pourroit arriver à ceste ville, si les Estats se tenoient à Lizieux, ils avoient cy-devant escript à mon dit sr de Longueville pour le supplier de permettre qu'ils se tinssent en ceste ville suivant qu'il a esté accoutumé ; que depuis ayant eu advis que led. seigneur estoit à Chartres, ils avoient, le jour d'hier, député M. le Planquoys, conseiller eschevin, et de Geudeville, procureur syndic, pour luy continuer les mesmes prières, mesme qu'ayant eu un autre advis que led. seigneur debvoit arriver demain à Paris, ils avoient aussy député le sr Dumesnil, greffier de lad. ville, pour partir en poste et aller trouver led. seigneur sur le mesme subject.

« Ce faict, lecture faicte desd. articles, il a esté arresté qu'on employeroit, de la part de la ville, ceux qui ensuivent....

« Revocation de l'édit des receveurs en tiltre d'office en chaque communaulté de ce royaume.

« S. M. nous a accordé les démolitions des fortifications de Quillebeuf : supplier S. M. que les grands frais qu'il a convenu pour lesd. démolitions ne tombent sur notre ville, puisque les autres villes et provinces en reçoivent le fruict comme nous, et partant nous accorder le remplacement des deniers qui y ont esté employez....

« Contre les Anglois qui apportent en ceste Province des marchandises de draperie d'Angleterre contrefaictes à celles de la Province, comme draps, frocs, serges et autres, ce qui ne se faisoit lors du concordat faict entre S. M. et le Roy de la grande Bretagne.... En Angleterre, ils ne permettent l'usage d'aucune marchandise d'autre pays, quand ils la peuvent eux-mesmes fabriquer. Considéré mesme que n'estans les d. Anglais subjects aux visitations en ce pays, ils peuvent falsifier toutes sortes de marchandises et les vendre impunément soubs cette licence, ce qui est au grand préjudice du public et cause la mendicité d'un nombre infini de personnes en ceste Province (1).

« Nota qu'oultre les articles cy-dessus, lesquels furent représentez en l'assemblée qui se tint aussy en l'hostel-de-ville le jour de l'ouverture des Estats, il fut encore résolu d'y employer les trois suivants.

« Messieurs du clergé sont très-favorables, mais l'édict qui leur a donné pouvoir de retirer leurs biens aliénez et la prolongation d'iceluy a ruiné une infinité de familles.

« Article en faveur des navires françois.

« Articles contre les fermiers des 5 grosses fermes. »

II.

Extrait du Registre du Greffier-Commis des Etats.

« Du jeudy, 5ᵉ jour de janvier 1623, ouverture a esté faite des Estats, au manoir archiépiscopal, devant Mgr le duc de Longueville, gouverneur et lieutenant général pour S. M. en cette Province.

Après lad. ouverture et que les députés des trois ordres ont esté appelés en la manière accoustumée, ils se sont assemblés par les bailliages pour deslibérer qui debvoit présider en la compagnie et faire la responce mercredi prochain; et, d'ung avis uniforme, a esté arresté que discrète personne Mᵉ Barthélemy Hallé, chanoyne........ présidera durant lad. assemblée et fera lad. responce.

(1) Antérieurement au concordat qui donnait lieu à la plainte des États, il n'était permis aux Anglais d'apporter des draps et autres marchandises de laine à Rouen, qu'à charge de les déposer à la halle pour y être visitées par les gardes des drapiers et de payer certains droits d'entrée. La draperie était alors le principal objet d'exportation de l'Angleterre ; c'était aussi le principal objet de la fabrication de Rouen.

Et, ce faict, led. sieur a prins le serment de tous lesd. sieurs députés de bien et duement servir le Roy et le public et tenir secret ce qui sera proposé et résolu en lad. assemblée, ce qu'ils ont tous ainsy juré et promis.

Du vendredy, 6ᵉ dud. mois et an, a esté faict lecture d'un édit de création de deux Esleus en chascune des Ellections de Normandie, vériffié en la Court des Aides; — autre édit vériffié en lad. Court, contenant attribution d'un denier pour livre aux receveurs des tailles; — autre édit vériffié en la Chambre des Comptes, contenant création de deux offices formés en hérédité de Commissaires des estapes, en chascune des vicomtés de Normandie; — autre édit vériffié en Court des Aydes contenant création en hérédité des offices de questeurs et visiteurs de vins et autres menus boires en chascun bourg et village de Normandie avec attribution de 58 l. de gages; — autre de garde des sceaux, petits sceaux en chasque grenier à sel; — autre de création d'un sergent des tailles en chascune paroisse, avec attribution de 5 s. pour chascune contrainte desd. droits.

Et après lad. lecture faite, a esté mis en deslibération ce que l'on debvoit employer dans le Cayer des remonstrances touchant la révocation desd. édits et autres, et à ceste fin se sont assemblés par les bailliages : a été arresté qu'il sera dressé article pour demander la révocation de tous lesd. édits, et que les pourveus se contenteront d'estre remboursés des finances qui se trouveront avoir esté payées pour estre l'inthérest au denier 16, et que doresnavant le Roy sera supplyé d'ordonner que les édits qui seront concernans des offices en hérédité ne pourront estre exécutés, en Normandie, qu'ils n'ayent esté vériffiés au parlement, attendu que c'est aliénation de Dommayne, qui ne se peut faire autrement, et oultre, que S. M. sera suppliée d'ordonner que les juges qui vériffieront doresnavant aulcuns édits ne pourront estre commissaires pour la vente des choses mentionnées dans lesd. édits.

Du samedy, 7e dud. moys, a esté arresté que l'ordonnance de Moulins (1) touchant la punition des crimes commis par les ecclésiastiques sera exécutée, et que les juges séculiers s'assembleront avec les juges ecclésiastiques pour congnoistre desd. crimes, et que l'art. employé au Cayer sera ampliffié de ce que dessus, et que pour les appellations comme d'abus les ordonnances seront gardées.

A esté mis en desliberation ung article employé par les sieurs échevins de la ville de Rouen, touchant le remboursement des deniers par eux fraiés à la démolition de Quillebeuf, et à ceste fin assemblés par les bailliages, et arresté qu'il n'en sera employé aulcune chose dans le Cayer.

Qu'il sera employé article pour la révocation du nouvel impost sur les boissons......

A esté mis en desliberation et arresté qu'il sera employé article pour demander qu'il soit défendu d'employer aucuns navires estrangers au préjudice des François, et que, au prochain bail qui se fera des gabelles de France, il sera défendu d'employer aulcuns estrangers au préjudice des navires françois.....

Qu'il sera employé article pour la révocation du port des mandements qui est de 5 et 12 sols 6 d. aux paroisses qui ne sont du gros de la taille, au dessoubs de 10 à 12 l. de creues.

Qu'il sera demandé la révocation des amodiations et le changement d'octroy.

Ledit jour après midy. Sur la requeste présentée par la veuve du feu sieur Doublet et Me Claude Doublet, son fils, à ce qu'il soit pourveu et receu à l'office de trésorier des Estats de lad. Province au lieu et place dud. défunt, lesd. sieurs députés se sont assemblés par les bailliages pour sçavoir sy aud. office il y doibt entrer et estre reçeu Me Constantin Heudebert, pourvu d'un office de langueyeur de

(1) Ordonnance de Charles IX, dite de Moulins, février 1566.

porcs au bailliage de Caux : a esté arresté que lad. qualité ne le pouvoit empescher estre reçeu, s'il est nommé par lesd. sieurs députés.

Et à l'instant lesd. sieurs se sont assemblés par les bailliages pour procéder à l'élection du trésorier, et tous, d'ung advis uniforme, ont nommé led. Mᵉ Constantin Heudebert, sieur du Buisson, pour estre pourveu dud. office aux charges et conditions qu'il eslira domicille en cette ville, et baillera bonne et suffisante caution, ainsi que par MM. les Trésoriers de France sera arbitré, par devers lesquels il se retirera pour cest effect ; et à ceste fin il a presté le serment, en tel cas requis et accoustumé, de bien et fidellement exercer lad. charge et rendre bon et fidelle compte, ainsy qu'il est accoustumé.

Signé : B. Hallé, président de l'assemblée des Estats, Heudebert.

Et, ce faict, a été arresté qu'il sera demandé pareille diminution de taille que celle demandée en la dernière assemblée.

A esté proposé sy l'on debvoit gratiffier Mgr le duc de Longueville du don, qui a esté accoustumé, de la somme de 18,000 l.; et, à ceste fin assemblés par les bailliages, il a esté arresté que lad. gratiffication seroit continuée......

Qu'il sera employé article pour supplier le Roy de permettre à MM. de la Court des Aydes de concéder des lettres de rassiette pour les réparations des églises jusqu'à mil livres (1).

Qu'il sera employé article par lequel S. M. sera suppliée de donner commission à MM. de la Court des Aydes pour informer des concussions que commettent les receveurs du sel prenant 12 d. pour quittance.

Du huitième dud. mois après midy, a esté mis en délibération qu'il soit employé article touchant les décrets qui

(1) Dans l'article IV du Cahier le chiffre fut abaissé à 300 livres.

ont esté faits par devant autres juges que ceux de la Province depuis l'an 1618, et en demander la cassation et le renvoy par devant lesd. juges ; et se sont assemblés par les bailliages, et ont esté d'advis, à la plus part, qu'il en sera employé article au Cayer.

Du lundy, 9° dud. moys, a esté mis en desliberation sy on debvoit employer, au Cayer des remonstrances, article à ce qu'il plaise au Roy ordonner que, lorsqu'il n'y aura point d'Estats, que le fonds destiné demeurera ausd. Estats sans en faire aulcun don aux Commissaires ny aultres ; et a esté arresté qu'il sera employé article par lequel l'on demandera la révocation du don fait de l'année passée aux sieurs Commissaires, excepté de Longueville, colonel d'Ornano (¹), et premier président, et du depuis arresté que led. don sera demandé purement et simplement affin que les deniers demeurent dans le fonds desd. Estats.

Ledit jour après-midy, a esté arresté, sur la représentation qui a esté faite du compte cy-devant rendu par le feu Doublet, qu'il est deffendu au sieur Heudebert, à présent trésorier, d'employer doresnavant en son compte les articles cy-après nommés, à savoir : au commis du s⁰ Langlois, greffier, xxv l., aux greffiers des Bureaux de Rouen et Caen, la somme de III c. l., aud. Langlois, greffier, XXXIII l., les bourses de jettons de messieurs les Trésauriers de France, II c. XL l., aux commis des greffes desd. Bureaux, LXVI l., et ce, à payne aud. s⁰ Heudebert d'en respondre en son

---

(¹) Louis XIII par lettres patentes datées de Paris, 24 mars 1623, avait nommé, pour remplir les fonctions de gouverneur de Normandie, en l'absence du duc de Longueville, le s⁰ d'Ornano, conseiller au Conseil d'Etat, capitaine d'une compagnie des ordonnances du Roi, colonel général des gens de guerre Corses, gouverneur de la personne du duc d'Anjou, frère unique du Roi. *(Arch. de Rouen, Reg. des délibérations.)* En 1621 il portait déjà le titre de lieutenant général en Normandie et de capitaine gouverneur de Pont-de-l'Arche, Honfleur et Château-Gaillard. (*Mémoriaux de la Chambre des Comptes*, 1621 f°, vıˣˣ vııı). Louis XIII, par lettres données au camp devant Montauban, le dernier oct. 1622, lui fit don de la somme de 50,000 l. à prendre sur les droits de francs fiefs et nouveaux acquêts en Normandie. (*Mémoriaux de la Chambre des Comptes*).

propre et privé nom, laquelle ordonnance a esté prononcée à iceluy sieur trésorier, présent en lad. assemblée.

Signé : B. Hallé, président de l'assemblée des Estats......

Qu'il sera employé article pour demander qu'il plaise au Roy ne faire levée d'aulcuns droits dans le Pontorson sur les marchans qui y passent (¹)....

Du mardy après midy. Sur la requeste présentée par damoiselle Géneviève de Bournes, veuve du feu s⁽ʳ⁾ Doublet, vivant trésorier des Estats, tendant affin qu'il lui soit fait quelque gratiffication, à raison des grands services qu'il a rendus à la Province ; l'affaire mise en deslibération, et assemblés par les bailliages, a esté arresté que lesd. Estats font don à lad. veufve de la somme de 6,000 l. franchement venans en ses mains, laquelle sera employée dans le don de Mgr le duc de Longueville, pour en avoir plus faci-

---

(1) Cet article ne passa pas dans le Cahier. Récemment les habitants de Pontorson avaient obtenu des lettres du Roi qui les confirmaient dans leurs priviléges, bien que leur ville eût été démantelée : « Louis par la grâce de Dieu etc... Ayant, pour plusieurs considérations importantes à notre service et au bien, repos et seureté de noz provinces de Normandie et Bretagne, jugé nécessaire de faire desmolir toutes les fortifications de nos ville et chasteau de Pontorson,... et de donner en cela à nos subjets de Bretagne le contentement qu'ils ont désiré de nous, nous estimons juste et raisonnable que chacun saiche que nous n'avons esté portez à ordonner la démolition desd. fortifications pour aulcun mescontentement que nous eussions des habitans de lad. ville, lesquels, tant s'en fault, ont toujours demeuré en leur debvoir et faict paroistre leur fidélité et affection, tant du vivant du feu roy, notre très-honoré seigneur et père, que Dieu absolve ! aux guerres de la Ligue, pendant lesquelles ils ont courageusement soutenu deux siéges, et depuis notre advènement à la Couronne se sont monstrez très-affectionnez à nostre service... se sont rendus dignes de gratification et récompense, tant pour ce subject que pour l'obéissance qu'ils ont franchement et volontairemont rendue, à la remise de leur ville ès mains de ceux que nous avons envoiéz pour la démanteler, s'accommodans en cela au bien de noz affaires et service. » Le Roi, veut que, nonobstant la démolition de leurs fortifications, les habitants de Portorson soient maintenus en possession de leurs priviléges, exemptions, franchises et libertés. Il déclare, cependant, qu'on ne pourra rétablir, en cette ville, le prêche qu'y avaient établi le capitaine et le gouverneur, faisant profession de la R. P. R. pour leur commodité particulière, pour celle de leur famille, serviteurs et autres... lesquels iront au lieu plus proche que le Roi avait établi pour ceux du pays. — St-Germain-en-Laye, oct. 1623. — Enregistré à la Cour des Aides, le 10 nov. suivant.

lement la levée, pour lad. somme reçue estre convertie au bénéfice d'elle et de ses enfans.

Signé : B. Hallé, président de l'assemblée des Estats.

Et le mercredy, 11ᵉ jour dud. moys, et après que les Cayers ont esté leus en l'assemblée de matin, et après le midy, et après qu'ils ont esté présentés à Messeigneurs les Commissaires pour donner leur advis sur chascun article, lesd. sʳˢ députés se sont assemblés par les bailliages pour députer ceux qui debvoient assister Monsieur Hallé, président en l'assemblée, à porter le Cayer par devers S. M. et nommé, assavoir, pour assister led. promoteur, le sʳ de Bonnemare, député de l'église de Gisors ; pour la noblesse, le sʳ de Mouy, député de la noblesse de Rouen et le sʳ du Veneur, député de la noblesse de Gisors ; et pour le tiers estat, Mᵉˢ Jean Duchemin, député de Pont-l'Evêque, et Julien Péan, député d'Alençon.

Et pour l'audition des comptes, M. le doyen du Sépulcre de Caen et M. le chanoine de Coustances (pour l'église); pour la noblesse, M. de S. Ouen-prend-en-bourse, député de Caux, M. de Pommereul, député d'Evreux ; pour le tiers estat, Guill. Anffray, député du Pont-de-l'Arche, et Geuffray Le Pellerin, député de Bayeux.

Et parce qu'il a esté demandé par aulcuns des députés qu'il y ait à l'audition du compte l'ung de MM. les eschevins, à quoy, par l'advis des députés, à la pluspart, [a été décidé] que l'ung desd. députés s'y trouvera sans prendre aulcune taxe.

Signé : B. Hallé, président de l'Assemblée des Estats, et Echard.

Et au dessoubs : Par mes dits sieurs les délégués, signé : De la Court. »

III.

Nomination des deux commissions pour le port du Cahier et pour l'audition des comptes.

« Du jeudi avant midi 12ᵉ jour de janv. 1623, en la maison de M. de Bretteville, official de Rouen.

Furent présentz noble et discrète personne mᵉ Barthelemy Hallé sʳ d'Orgeville, chanoine en l'église cathédrale N.-D. de Rouen et promoteur général de l'archevesché dud. lieu, député pour les ecclésiastiques du bailliage de Rouen; m ᵒ Anthoine de Moy, chevalier, sʳ du lieu, gentilhomme ordinaire de la chambre du Roy, lieutenant de la compaignie de gendarmes de Mgr le duc de Longueville et mestre de camp d'un régiment entretenu en Normandie, d. pour les nobles dud. baill.; nobles hommes Jacques Hallé sʳ de Cantelou, conseiller, notaire et secrétaire de S. M., et Guil. Liesse, conseillers eschevins de ceste ville de Rouen, députez du corps de lad. ville ; Louis Desessarts, député pour le tiers estat de la vicomté de Rouen; Guil. Auffray, d. pour la vic. du Pont-de-l'Arche ; Richart Regnouard, d. pour la vic. de Pont-Audemer, et Jehan Duchemin, d. pour la vic. d'Auge; — Mᵉ Jehan Nouflard, prestre, curé de Caudebec-en-Caux, d. pour les ecclésiastiques du bail. de Caux; Jehan de Mallet, esc., sʳ de S.-Ouen, d. pour la nobl. dud. lieu; Ch. Le Foucacher, d. pour le t. e. de la vic. de Caudebec; Jean Vion, d. pour la vic. de Montivilliers; Pierre Gérard, d. pour la vic. d'Arques; Nᵃˢ Mouchard, d. pour la vic. de Neufchastel, et Marin Franconville, d. pour la vic. de Gournay; — noble et discrète personne mᵉ Isaac Lecomte, presbtre, doïen et chanoine en l'église de Caen, d. pour les ecclésiastiques du bail. de Caen; mᵉ Claude Turgot, chevalier, sʳ de Tourailles (1), d. pour les nobles dud. bail.;

---

(1) Ce fut lui qui, en 1621, arrêta Montchrestien, dit le baron de Vatteville, dans une auberge de la paroisse des Tourailles.
V. Mercure François vii p. 808.

Pierre De Than(1). d. pour le t. e. de la vic. de Caen ; Geoffroy Le Pellerin, d. pour la vic. de Baïeux ; Jean Durand, d. pour la vic. de Vire ; — noble et discrète personne m⁰ N^as Bourgoing, presbtre, docteur en théologie et chanoine en l'église de Coustances, d. pour les ecclésiastiques du bail. de Costentin ; m⁰ Franç. de Montagu, esc., s^r du lieu, d. pour les nobles dud. bail. ; Julien Le Batard, d. pour le t. e. de la vic. de Coustances ; Philippe Gerville, d. pour la vic. de Carentan ; Julien Mignot, d. pour la vic. de Vallongnes ; Michel Guérin, d. pour la vic. d'Avranches, et Guy Saul, d. pour la vic. de Mortaing ; — m⁰ Pierre Daniel, presbtre, chanoine en l'église cathédrale S.-Pierre de Lisieux, d. pour les ecclésiastiques du baill. d'Evreux ; m^e Tanneguy de Clinchamp, esc., s^r de Pommereul, d. pour les nobles dud. bail. d'Evreux ; Jacques De Clère, d. pour le t. e. de la vic. dud. Evreux ; N^as Le Pic, d. pour la vic. de Beaumont-le-Roger, et Pierre Haymery, d. pour la vic. d'Orbec ; — noble et discrète personne m⁰ Henry Becdelievre, presbtre, curé de S.-Denis-le-Ferment, d. pour les ecclésiastiques du baill. de Gisors ; Jean-Pol Daniel, esc., s^r du Veneur, d. pour les nobles du bail. dud. Gisors ; Jean Le Prince, d. pour la vic. de Vernon ; Jean Lancquetin, d. pour l'accroissement de Maigny ; Georges Sauvaige, d. pour la vic. d'Andely, et N^as Lissot, d. pour la vic. de Lions ; — discrète personne Jean de Raveton, presbtre, curé de Crully, d. pour les ecclésiastiques du bail. d'Allençon ; Ch. de Chevestre, esc., s^r de Chiveré, d. pour les nobles du bail. dud. Allençon ; Julien Péan, d. pour le t. e. de la vic. d'Allençon ; Pierre Hatesse, d. pour la vic. d'Argentan, et Simon de Bretignières, d. pour la vic. de Verneuil, » nomment, pour le port du Cahier, Hallé s^r d'Orgeville, et Becdelièvre, de l'état de l'église ; de Moy et du Ve-

---

(1) Ce député ne paraît pas avoir su écrire. Sa marque remplace sa signature au bas de l'acte de nomination.

neur, de l'état de la noblesse; Jean Du Chemin et Julien Péan, du tiers-état; — pour l'audition des comptes : Leconte et Bourgoing, de l'état de l'église; de Mallet et de Clinchamp, de l'état de la noblesse; Anffray et Le Pellerin, du tiers-état.

IV.

PIÈCES DIVERSES.

Publication à Caen des ordres du Roi, pour la tenue des Etats, d'abord fixée au 14 nov. plus tard différée, au 15 décembre 1622, et finalement au 2 janvier 1623.

« L'an 1622, le mercredi 19 octobre, devant nous Jacques Blondel, écuyer, conseiller du Roi, lieutenant particulier, civil et criminel de m. le bailly de Caen, audit lieu. Le contenu ès lettres de S. M. écrites en l'autre part, ensemble le contenu en une autre lettre de m. le prince de Longueville du 13 de ce mois, ont esté lues et publiées, la juridiction séante, et ordonné, ce réquérant le procureur du Roi, qu'elle seront registrées au greffe de ce lieu, publiées par les carrefours de cette dite ville à son de trompe, les copies ou vidimus envoyés par les autres vicomtés de ce bailliage, pour y être fait le semblable ; et que la convention ou assemblée requise être faite en ce bailliage pour exécution desd. lettres, se tiendra en cette ville, en la maison commune d'icelle, au lundi 14 nov. prochain, pour faire élection de personnes, à savoir, un ecclésiastique et un noble seulement pour ce baillage et un du tiers état pour chacune vicomté, pour se trouver en la ville de Lisieux au premier jour de décembre prochain suivant l'intention desd. lettres. Signé : Blondel. »

Procès-verbal de publication par les carrefours.

« Aujourd'hui 21 oct. 1622, la présente lettre et ordonnance ci-devant écrites, a été par moi Gardenbas, sergent à

Caen, lue et publiée par les carrefours et lieux publics de ceste ville et fauxbourgs, après le son de la trompe, fait par Castillon, trompette ordinaire de la ville, présence d'un grand nombre de personnes illec présentes, présence même de Guill. Lebourgeois et de Jean Blacher, mes recors : ensemble autre lettre de Mgr. le prince de Lougueville, pareillement publiée par lesd. carrefours. Signé : Gardenbas. »

(Dom Lenoir, *La Normandie ancien. pays d'Etats*, p. 246, 247. — *Titres concernant les Etats particuliers de la Province de Normandie.... Caen,* 1788.

Acte de dépôt du Cahier à la Chambre des Comptes. 21 mai 1623. « Sur la requeste présentée à la Chambre par Me N^{as} Eschard, procureur sindicq des Estatz. afin de luy estre accordé acte de la présentation du Cahier des Estatz tenus au mois de janvier 1623, respondu au Conseil, pour y avoir recours quand besoin sera; vu lad. requeste, led. Cahier, la Chambre ordonne que Tesson (le greffier) couchera sur led. Cahier, *mis au greffe*, pour y avoir recours. (*Plumitif de la Chambre des Comptes.)*

Comptabilité des États de Normandie. — Lundi, 8 juillet 1624. — « Sur la plainte rendue par M° Constantin Heudebert, trésorier des Estats de Normandie, que, s'estant retiré en notre greffe, afin de luy estre délivré les expéditions et ordonnances en vertu desquelles il puisse faire le recouvrement des assignations à luy ordonnées pour l'acquit des charges de sa recepte, notre greffier en auroit faict reffuz, et d'autant qu'il ne peult estre payé par le receveur général des finances sans lesdictes ordonnances, requéroit qu'il fust enjoinct et ordonné qu'il les luy délivreroit sans aucune difficulté, sur quoy, ouy notre dit greffier, qui a remonstré que, depuis plus de 40 ans, et à luy et à ses prédécesseurs en lad. charge, leur a esté, par MM. les Trésoriers de France qui ont examiné, clos et arresté le compte des fraiz et affaires communes du pays de Normandie et les sieurs députez desd. Estatz qui les ont assisté en l'audition, examen et closture desd. comptes, accordé, par forme de taxation, assavoir : ausd. greffiers, six-vingts dix livres, et à leurs commis, quatre-vingts saize livres pour les expéditions, estats et ordonnances et autres affaires qui se font chascun an aud. Bureau, concernant les affaires et service desd. Estatz, néantmoins, sur les demandes qu'il en auroit faites aud. Heudebert, il auroit fait responce que les sieurs députez desd. Estatz, en leur *assemblée tenue à Rouen au moys de janvier 1623*, par leur ordonnance du 9 dud. moys et an, auroient, avec plusieurs autres parties, retranché lesd. sept-vingts dix livres et partie desd. quatre-vingts seize livres, avec deffences aud. Heudebert d'employer lesd. parties en ses comptés, à peine d'en respondre en son propre et privé nom, ce que voyant, notre dit greffier auroit faict reffuz d'expédier lesd. ordonnances, n'estant obligé de servir lesd. Estatz ny de délivrer aucune expédition ny autre chose deppendant de sa charge, luy retranchant ses taxations de si longtemps accordées. Sur quoy, ouy led. Heudebert et veu lad. ordonnance, ensemble plusieurs comptes cy-devant renduz par les prédécesseurs dud. Heudebert en lad. charge de trésorier desd. Estatz, ausquels lesd. sommes de sept-vingts dix livres et quatre-vingts seize livres sont employées et passées soubz les noms des greffiers de notre Bureau et leurs commis, comme charges ordinaires, à quoy ayant esgard, a esté ordonné que led. Heudebert employera en son compte de la présente année le remplacement de la partie tirée à néant en icellui de l'année dernière pour y estre passé et alloué, et les payera desd. taxations tant de la présente année que de celles à venir, ainsy qu'elles ont esté par le passé, sans y faire aucun reffuz ou difficulté, et cependant est enjoint aud. greffier d'expédier et délivrer aud. Heudebert les ordonnances qui luy sont nécessaires pour le recouvrement des deniers de sa charge. *(Plumitif du Bureau des finances de Rouen).*

Extrait du compte-rendu à la ville de Rouen, par M. Hallé de Canteleu, 1ᵉʳ échevin, sortant de charge. des affaires de la ville, pendant le temps de son échevinat. — 4 juillet 1623. — « Aux Estats de la province le député de la ville de Caen voulut, il y a 3 ans, au préjudice de notre ville, s'ingérer de costoyer nos députez en la séance qu'ils y ont eue de tout temps. Par ordonnance des Estats de ladite province notre ville fut maintenue en sa séance, et le député de Caen renvoyé se seoir avec les autres députez du tiers estat. »

ÉTATS DE DÉCEMBRE 1623.

I.

Extrait des registres de l'hôtel-de-ville de Rouen.

Lettres du Roi au bailli de Rouen, fixant la réunion des Etats à Rouen, au 20 novembre 1623, S.-Germain-en-Laye, 16 août; — du duc de Longueville au même pour le même objet, 14 septembre; — des gens du bailliage aux échevins de Rouen, 2 octobre.

Autre lettre du duc de Longueville au bailli : il ne doute pas que, suivant l'intention du Roi, « le bailli n'ait fait publier la convocation et assemblée ordinaire des gens des trois Estats du pays et duché de Normandie au 20 novembre prochain en la ville de Rouen, et qu'il n'ayt eu l'œil qu'il y fust député des personnes n'ayant pour but que le service de S. M., le bien de l'Estat et le particulier de la Province..» Il lui mande que l'assemblée est prorogée jusqu'au 27 novembre; qu'elle se tiendra à Evreux et que lui-même, ce jour-là, en fera l'ouverture ; S.-Germain-en-Laye, dernier octobre. Par une troisième lettre (Paris, 13 novembre), il remit les États au 11 décembre, en leur assignant encore Évreux pour lieu de réunion.

8 novembre, assemblée à l'hôtel-de-ville de Rouen, sous la présidence de Scipion Marc, sieur de la Ferté, lieutenant général du bailliage. Prirent part à l'élection les députés des quatre vicomtés du bailliage, Jacques Racyne, de la par. de S.-Victor-en-Caux, pour la vicomté de Rouen [1], Pierre De Quierville, de la par. de Tourville-la-Campagne, pour la vic. de Pont-de-l'Arche [2], Claude Mérey, de la par. de Sainte-Opportune, pour la vic. de Pont-Autou et Pont-Audemer [3], Jean Rioult, de la par. de Berneville, pour la vic. d'Auge [4], le prieur de S.-Georges, 42 curés ou vicaires, 4 nobles, 50 bourgeois dont les noms sont indiqués sans compter les autres. On nomma, pour l'état de l'église, Marin Le Pigny, archidiacre en la cathédrale de Rouen ; pour la noblesse, Messire Claude Bretel, écuyer, sieur de Lanquetot ; comme conseillers échevins, nobles hommes Nas Puchot, sieur de Malaunay, conseiller, notaire et secrétaire du Roi, maison et couronne de France, premier échevin, et Nas Pouchet, autre conseiller, échevin moderne.

Dans cette réunion, on entendit les réclamations des curés de Tourville-la-Rivière et de S.-Paul-sur-Risle. Le premier se plaignit de ce que les sergents continuaient d'assigner les ecclésiastiques à comparaître aux assemblées pour l'élection des députés du tiers état, de ce qu'ils ne prenaient pas la peine de les assigner eux-mêmes personnellement, mais les faisaient assigner par des domestiques, double grief qui fut, sans contestation, reconnu réel et bien fondé. En conséquence, défense fut faite non-seulement aux sergents de se permettre d'assigner les curés pour l'élection des députés du

[1] Nommé le 3 novembre.
[2] Nommé le 26 octobre.
[3] Nommé le 5 novembre.
[4] Nommé le dernier octobre.

tiers état, mais encore aux curés d'avoir égard à ces assignations. On accorda mandement au plaignant contre le sergent de Freneuse qui dut être appelé aux premiers jours du bailliage à l'effet de déclarer les causes pour lesquelles il s'était cru dispensé de faire lui-même les semonces aux ecclésiastiques, et s'était déchargé de ce soin sur un valet.

Le curé de S.-Paul-sur-Risle annonça qu'il était porteur de procuration pour tout le doyenné de Pont-Audemer. On l'avertit que de pareilles procurations n'étaient pas recevables, et l'on décida que sa voix ne serait comptée que pour une voix.

Plusieurs curés ne s'étant point trouvés compris dans les procès-verbaux des sergents, ceux-ci reçurent l'ordre de comparaître personnellement pour rendre raison de leur fait, et il fut décidé qu'il seroit fait mention de cette ordonnance, dans les mandements qui seroient dorénavant envoyés par M. le bailli aux vicomtés du bailliage.

« Nota qu'aprez la lecture faicte par le sergent de la ville des lettres du Roy, de Monsr de Longueville et de MM. du bailliage, a esté faict lecture, par led. sergent, des semonces des bourgeois faictes par les quarteniers et des procurations des députez du tiers estat des quatre vicomtez ; et pour la liste des ecclésiastiques et nobles employez en un mémoire par MM. les conseillers eschevins pour estre nommez, M. le lieutenant général en a faict la lecture et remonstré que lad. liste n'empeschoit pas qu'un chacun ne fust libre d'en nommer d'autres que ceux qui y estoient employez, s'ils congnoissoient qu'ils en fussent capables, à quoy il exhortoit la compagnie de procéder sans passion ny affection, mais sincèrement et en conscience.

« Et pour recevoir les voix a esté suivy cest ordre, à sçavoir : aprez MM. du Bureau, ont donné leurs voix MM^{rs} le grand vicaire et chanoines, MM. les anciens conseillers, MM. les quarteniers, et aprez, MM. les curez, nobles, notables bourgeois, les autres bourgeois, et, enfin, les députez des quatre vicomtez pour le tiers estat.

Proposition des Etats, — 8 déc. 1623. « On dit que les articles sont délibérés en cette assemblée, parce que la tenue des Estats est à Evreux et non en ceste ville, ainsi qu'il a toujours esté accoustumé, et ce à l'occasion de la maladie contagieuse(¹); autrement, que lesdits articles eussent esté proposez à délibérer à l'issue du banquet qui se fait en l'hostel commun de ceste dicte ville à l'ouverture desd. Estatz. Lecture faicte de plusieurs articles dressez par MM. du Bureau, mesmes, des articles délivrez par MM. les prieur et consuls, il a esté résolu d'y employer les articles qui ensuivent : Que les fermiers des traites domaniales ne perçoivent plus de droit pour les marchandises du creu et manufactures de France qui se transportent d'une province à l'autre de ce royaume ; — réclamer la suppression de l'édit des receveurs en titre d'office à Rouen ; — des offices de contrô-

---

(¹) 4 janvier 1623. « Le père gardien des Capucins, accompagné d'un de ses religieux, représente (aux échevins de Rouen) l'affection que tout leur ordre avoit de servir la ville, de quoy ils avoient rendu tesmoignage au fort de la maladie, pendant laquelle plusieurs d'iceux estoient morts en servant lad. ville... Ils s'offrent de rechef pour continuer pareil service en tel nombre qu'il plairoit, suppliant d'estre en cela préférés à tous autres, une mort si glorieuse les animant à suivre si beau chemin». La ville reconnut « que leurs œuvres parloient assez sans qu'ils eussent besoin d'autres témoignages »; elle accepta leur offre, et « les préférant en ce combat de la charité à tous autres », les pria de laisser deux d'entre eux pour être employés au soulagement des pestiférés. (Archives de la ville de Rouen. *Journal de la ville*.) — Cette même année, les frères de la mort furent accueillis à Rouen, et logés aux frais de la ville (E. Gosselin, *Nouvelles glanes historiques*, 1874, p. 149.)

La contagion augmentant, des processions générales eurent lieu en l'église de Rouen, le 29 juillet et le 29 août. Le 9 août, la contagion ayant été signalée au collège de Darnétal, les chapelains reçurent l'ordre de s'abstenir d'entrer dans l'église le reste du mois afin de pouvoir s'éventer. (Arch. de la S.-Inf. Reg. capit.). On avait reconnu qu'une des principales causes à Rouen de la maladie contagieuse était la malpropreté des maisons. « D'aultant que la plupart d'icelles étaient sans clouaques, les échevins ordonnèrent de faire recherche par toutes les maisons appartenant à la ville et dresser mémoires de celles qui n'avoient clouaques afin de donner exemple, les règlemens de police obligeant tous propriétaires de maisons d'y faire des clouaques. » (*Journal de la ville*, 9 mars 1623.)

leurs des titres et receveurs des consignations ; — la révocation de l'impôt pour tonneau de la marchandise entrant par mer en Normandie ; — demander que les deniers employés pour la démolition de Quillebeuf soient payés par toute la France ; — contre l'exportation des blés qui ont manqué cette année ; — contre les Hollandais ; — contre les fermiers des cinq grosses fermes ; — contre l'impôt des cartes ; « le Roy Henry 3ᵉ, que Dieu absolve ! mist un impost sur les cartes en l'an 1583, lequel fut revoqué par la réponse du Cahier des Estatz de ceste province en l'an 1587 ; depuis, par les menées de quelques partisans, led. impost fust remis sus par le Roy Henry le grand d'heureuse mémoire, en l'an 1605. »

II.

Extrait du registre du greffier-commis des Etats.

« Du lundy, 18ᵉ jour de déc. 1623, ouverture des Estats de la Province a esté faite au couvent des Cordeliers de la ville d'Evreux devant Mgr le duc de Longueville et d'Estouteville, pair de France, gouverneur et lieutenant général pour S. M. en ladite Province.

Après lad. ouverture et que les députés des trois ordres ont esté appelés en la manière accoustumée, ils se sont assemblés par les bailliages pour deslibérer qui debvoit présider en la présente assemblée et faire la responce mercredy prochain ; et, de l'advis desd. sieurs, à la plupart, a esté arresté que discrète personne Mᵒ Marin Pigny, archidiacre en l'église cathédrale N. D. de Rouen, présidera en lad. assemblée ; et, à ceste fin, il a fait prester le serment auxdits sieurs députés en la manière accoustumée.

Et ce fait, il s'est fait une plainte par Raphaël Durand dit Grandcamp, député du tiers estat de la vicomté de Bayeux, à l'encontre de M. Echard, procureur sindiq desd. Estats, et entre autres, de ce que, au préjudice de ce qui avoit esté arresté en l'année 1617, pour la perception des rapports, il avoit consenti qu'ils fussent perçus en la manière accoustumée, qu'il avoit laissé passer sans s'opposer à la vérification d'iceux, et a esté advisé que deux des députés de l'église, deux de la noblesse, et deux du tiers estat se transporteroient par devers Mgr de Longueville pour entendre lesd. plaintes et faire droit sur la réparation par luy prétendue de la calomnie à lui imposée.

Et après que lesd. s^{rs} députés ont esté de retour, a esté rapporté, par la voix de Mr de Lanquetot, député de la noblesse de Rouen, que mon dit s^r et MM. les Commissaires, après avoir entendu lesd. plaintes, ont jugé qu'elles n'estoient suffisantes pour empescher que lesd. s^{rs} députés ne travaillassent à voir leurs mémoires pour dresser leur Cayer, sauf, en cas qu'il y eust autres plaintes à l'encontre dud. s^r sindiq, d'y faire droit, tant sur lesd. plaintes que sur la réparation demandée par led. s^r sindiq.

Et, ce fait, a esté arresté qu'il seroit employé au Cayer des remonstrances la révocation de 9 l. pour tonneau de vin, 47 s. pour tonneau de sildre et 20 s. pour tonneau de poiray, ensemble les 60 s. pour tonneau de mer.

Qu'il sera employé article qu'il soit parlé à l'agent des Hollandoys que défenses soient faites, à l'advenir, aux Hollandoys d'arrester les navires gardes-costes.......

19 déc. 1623. Et le lendemain, 19e dud. moys, de matin, a esté mis en délibération et arresté qu'il sera dressé article pour l'aménagement des deniers qui se lèvent pour le pont de Rouen et les autres ponts et chaussées de Normandie, et que la construction et aménagement s'en fera par Mgr le duc de Longueville......

Qu'il sera employé article à ce que les nobles puissent prendre du sel aux greniers au prix du marchand, et que

S. M. sera supplyée de ne concéder aulcunes lettres de noblesse qu'elles ne soient méritées.

Qu'il sera dressé article pour la navigation de la rivière de Vire, et qu'il sera dressé acte signé des députés des vicomtés de Bayeux, Saint-Lô et Coustances comme ils consentent que les frais qui se feront pour rendre lad. rivière navigable se feront à leurs despens.

Qu'il sera employé article pour le changement d'octroy, que les taillables, en quelque païs qu'ils aillent habiter, portent la somme à laquelle ils sont imposés.

Qu'il sera dressé article touchant les sergenteries héréditaires et non domanialles.

A esté mis en deslibération sy Monsieur le procureur sindiq des Estats interviendra partie au procès pendant au Conseil entre les huissiers, sergents à cheval au chastelet de de Paris et la communauté des sergents ordinaires au bailliage, siège présidial, ville et vicomté de Rouen, et les autres huissiers et sergens de la ville,.... d'ung avis uniforme, a esté arresté que led. procureur sindiq interviendra en lad. instance.

A esté aussi mis en délibération sy led. sieur procureur sindiq devoit intervenir partie en l'instance pendante au grand Conseil entre le s^r de la Guyonnière et les intéressés au décret de la terre d'Ecouché, et, après que lesd. sieurs députés se sont assemblés par les bailliages en la manière accoustumée, il a esté arresté que led. s^r Echard, procureur sindiq, n'interviendra partie en lad. instance pour n'estre nullement préjudicante aux statuts de lad. Province.

Et le lendemain, 10° dud. moys avant midy, s'est présenté le s^r du Roollet, prévost général de la Province, lequel, en la manière accoustumée, a présenté le roolle des captures que luy, ses lieutenants et compaignons ont faites depuis les derniers Estats.

Et après led. s^r du Roollet, a esté arresté que lesd. s^{rs}

députés seroient rappelés affin que led. s^r procureur sindiq leur feist lecture du Cayer des remonstrances, auparavant que de se trouver par devant mesdits sieurs les Commissaires; et, après les avoir appelés, se sont trouvés manquer le s^r de la Bardoulyère, député de l'église de Caen, le s^r d'Aubigny, député de la noblesse dud. bailliage, ung nommé Durand, député du tiers estat de la vicomté de Bayeux, le s^r de Brevant, député de la noblesse de Costentin, le député du tiers estat de la vicomté de Valognes; et arresté que le s^r Pouchet, l'ung des eschevins de la ville de Rouen, se transportera par devers Mgr. le duc de Longueville, pour l'advertir de l'absence desd. sieurs; et aussitôt qu'il auroit esté de retour, auroit rapporté à la Compagnie que mon dit seigneur y avoit mis ordre; et à l'instant seroient lesd. sieurs rentrés en lad. assemblée.

Et led. jour après midi, après la lecture faite dud. Cahier en l'assemblée générale, lesd. sieurs députés se seroient transportés en l'hostel de mon dit seigneur, lequel, en la manière accoustumée, avec lesd. sieurs Commissaires, auroit donné advis sur chacun article et arresté couché aud. Cayer, faisant mention de l'estat qui se fait, par les juges, des fiefs de ceste Province, qu'on y rayeroit le nom de Mr de la Viéville, et se conserveroit en mots généraux sous le nom des officiers; par ung mesme, qu'il seroit augmenté ung article pour demander le renvoy de l'exécution de la commission de la revente des domaines par devant les juges de ceste Province, sur lequel article mes dits sieurs les Commissaires auroient, par ung mesme, donné advis.

Ce faict, lesd. sieurs députés se seroient retirés dans la salle de lad. assemblée pour procéder à l'élection et nomination de ceux qui debvoient porter le Cayer à S. M. et procéder à l'audition des comptes; et, après s'estre assemblés par les bailliages, auroient nommé pour assister Monsieur Le Pigny, pour le port dud. Cayer, le s^r de Quenet, député de l'église de Gisors ; et, pour les nobles, auroient nommé le s[r] de Lanquetot, député de la noblesse de Rouen, le s[r] de Roncherolles, député de la noblesse de Gisors, et le s[r] d'Ambleville, député de la noblesse d'Alençon, laquelle députation faite en faveur desd. sieurs de la noblesse a esté par l'exprès commandement de mon dit seigneur le duc de Longueville, et sans qu'elle puisse tirer à conséquence ny que, pour l'advenir, l'en en puisse davantage députer que deux, ainsy qu'il a de tout temps esté usité. — Pour le tiers estat, les députés de Gisors et d'Allençon.

Et pour l'audition des comptes ont esté députés, assavoir : pour l'église, le s[r] de la Bardoulyère, archidiacre de l'église de Bayeux, et le s[r] Hébert, théologal d'Evreux ; le s[r] de Brevent, député de la noblesse de Costentin, et le s[r] d'Aubigny Campion, député de la noblesse de Caen ; pour le tiers estat, ung nommé Rioult, député de la vicomté d'Aulge, et M[e] N[as] Baudry, député de la vicomté de Caudebec.

Et, après lesd. députations faites, led. s[r] Pigny auroit exhorté la compagnie de dire et desclarer s'ils estoient pas tous contens de leur Cayer de remonstrances et des services rendus à lad. Province par le s[r] Echard, procureur sindiq, et leur auroit remontré qu'ayant été injustement calomnyé, il estoit raisonnable de luy accorder acte aux fins de sa réparation, ce que lesd. sieurs députés auroient consenty et accordé, d'ung avis uniforme, en conséquence duquel a esté dressé l'acte en la forme qui suit.

Du 20e jour de décembre 1623, en l'assemblée des Estats de Normandie tenus en la ville d'Evreux.

Sur ce que ung nommé Durand dit Grandcamp, député du tiers Estat de la vicomté de Bayeux, a dit qu'il avoit ung mémoire de quelque plaintes qu'il entendoit faire contre M[e] N[as] Echard, avocat au Parlement et procureur syndic desdicts Estats, et que led. Echard a remontré que led. Grandcamp estoit ung homme suscité par quelques-uns de ses malveillans de lad. vicomté de Bayeux, qui auroient dressé led. mémoire à desseing pour penser le calomnyer injustement en son honneur, déclarant au surplus qu'il estoit prest de se justiffier présentement de tout ce que led. Grandcamp ou autre luy vouldroit imputer, interpellant à ceste fin led. Grandcamp de faire lecture de son dit mémoire, sur quoy lecture faite des articles contenus aud. mémoire. et que led. Echard a rendu raison sur chascun d'iceulx et faict voir que c'estoit de pures calomnies et impostures, tant s'en faut qu'on luy peut rien imputer, il a esté jugé, de l'advis uniforme de lad. assemblée desd. Estats, qu'il n'y avoit lieu de plainte contre led. Echard, et qu'il s'estoit acquité de sa charge en toute fidélité, vigillance et prud'hommie. De ce nous luy avons accordé ce présent pour luy valloir et servir qu'il appartiendra. Fait comme dessus. Et a esté led. acte signé de la plus grand part desd. sieurs députés, mesme dud. Durand. dénonciateur, et icelluy délivré aud. sieur procureur syndîc.

Et, après ce fait, lesd. s^{rs} députés ont accordé que S. M. seroit supplyée de leur permettre faire levée sur eux de la somme de 4,000 livres pour les rembouser des frais qu'ils ont faits en lad. ville d'Évreux et Rouen pour se rendre aux jours auxquels ils avoient esté assignés pour la tenue desd. Estats, et longtemps séjourné en lad. ville d'Évreux, attendu la commodité de Mgr de Longueville, qui ne s'y est rendu que longtemps après le jour auquel ils estoient termés, et laquelle somme de 4.000 l. sera employée par le s^r trésorier desd. Estats avec le don de mon dit s^r de Longueville pour éviter aux frais de la levée.

Signé : M. Le Pigny, président en lad. assemblée, et Echard.

Et au-dessous : Par mesdits s^{rs} les députés, signé : De la Court.

III.

PIÈCES DIVERSES.

17 déc. 1623. — « Ledit jour est arrivé Mgr de Longueville lieutenant général pour le Roy, nostre sire en la Normandie.

Là òu, à l'entrée dudit seigneur, on a esté au devant, assavoir : M. de Bellegarde [1], gouverneur, M. de Croisy, président, MM. les gens du Roy, les échevins de présent en charge, sçavoir est : MM. Jacques dit Cairet, Nicolas Cossart, Charles Bosguerard, Jehan Picot, Jehan Marie et Guillaume Loret et Michel Le Couturier, receveur; ledit sieur de Bellegarde, jusqu'au village de Miseré, lequel nous vint rejoindre, où tout le corps de la ville estoit, à la barrière au-dessus du moulin du chastiau, où arrivant mondict seigneur de Longueville, M. le président de Croisy fit la harangue, après laquelle finie, M. de Bellegarde présenta les clefs de la ville sur une bourse de veloux cramoisy, brodée d'or, enrichie des armes de la ville, de fin or, et remit le tout entre les mains dudit sieur président, en qualité de lieutenant général, lequel les bailla entre les mains du premier échevin, comme à luy appartenant, et au party de là ledit seigneur fut logé à l'évêché où tout le corps de ladite ville le fut de rechef saluer.

M. de Bellegarde y fut à-part. MM. les commissaires et députés pour la tenue des Estats estoient arrivez les jours précédents ; et faut noter que tous les enfants de la ville furent au-devant dudit seigneur jusqu'au haut du faux bourg S. Louys et se rengèrent en hayes des deux costés de

---

[1] Baron de Bellegarde, lieutenant de la vénerie du Roi, bailli d'Evreux, capitaine et gouverneur des ville et chasteau d'Evreux et de Conches, aux gages de 900 livres, 600 livres, plus 1,500 livres de pension, 13 janvier 1623 (Arch. de la S.-Inf., C. 1136).

la rue en bon ordre et bien armez. Il y en avoit jusques à l'évesché.

10 décembre. — Le dix-huitième jour que les Estats généraux de la province de Normandie ont été termés par le Roy notre sire et mon dit seigneur de Longueville à tenir audit Evreux.

L'assemblée des Estatz a été faicte sur les dix heures du matin au réfectoire des pères Cordeliers où présidoit Mgr de Longueville qui fit une harangue admirable. Les Commissaires qui estoient présents sont : M. le premier président de Ryer ([1]), M. le président d'Amfreville ([2]), M. Marescot ([3]), maitre des requestes de Roy, deux trésauriers généraux de France et le receveur général des tailles ; mon dit sieur le premier président harangua après M. de Longueville ; tous les depputez estoient présents, où M. Pigné ([4]), depputé des ecclésiastiques de Rouen, fit la harangue.

20 décembre. — Le vingtième, la conclusion fut faicte desdits Etats, et chacun des depputez s'en retourna. »

(T. Bonnin, *Notes, fragments et documents pour servir à l'histoire de la ville d'Evreux*, 1847, p. 11, 12).

Commission pour la recherche des francs fiefs et nouveaux acquêts. — « Dernier mai 1623. Sur les lettres patentes du Roy données à Paris, le 4ᵉ jour de mars dernier, adressantes à messire Alexandre de Faulcon de Faulan. chevalier, sʳ de Rys et premier président en la court de parlement de Rouen, Mᵉˢ Gilles Anzeray sʳ de Courvaudon, Jacques Poërier sʳ d'Anfreville, second et tiers présidents en lad. court de parlement, Nᵃˢ Langlois sʳ de Mautheville, premier président en ceste Chambre, Mᵉ Claude Le Doulx sʳ de Melleville et Jehan Hallé sʳ de Montflaine, maistres

---

([1]) Alexendre de Faucon, sʳ de Ris, premier président du Parlement.
([2]) Jacques Poërier, sʳ d'Amfreville.
([3]) Michel de Marescot,
([4]) Bernard Le Pigny.

des requestes ordinaires de son hostel, Mes Nicolas de Croismare, Jacques de Civille et Christophe Le Doulx, conseillers en lad. court, et François de Bretignières, procureur géneral en icelle, Me Langlois s^r de Plainbosc, président au Bureau des finances estably à Rouen, Me Pierre Costé s^r de S. Suplix, Guill. de Fondimare et Michel de Baumer s^r de Chantelou, conseillers maistres en lad. Chambre, et Me Artus Godart s^r du Becquet, procureur général du Roy en icelle, commissaires députez par S. M. pour la recherche des francs fiefz et nouveaux acquestz de ceste Province, par lesqueles lettres a esté mandé et ordonné ausd. commissaires, en procédant à lad. commission, de prendre soigneusement garde aux usurpations de noblesse et faire exacte recherche et procéder contre lesd. usurpateurs selon la rigueur des ordonnances et règlements sur ce faitz et selon qu'ils jugeront en leurs loyaultés et consciences et suivant qu'il est plus amplement contenu ausd. lettres patentes, vu icelles, conclusion du procureur général du Roy, et tout considéré, la Chambre ordonne que les dites lettres patentes de commission du 4 mars dernier seront registrées. » *(Plumitif de la Chambre des Comptes.)*

Commission pour le régalement des tailles. — « Louys, par la grace de Dieu, au sieur Davy de la Fautryère, m^e des requestes ordinaire de notre hostel, Romain Boyvin, trésorier de France général de nos finances, Boutren, général de nos aydes à Rouen . . . . .

. . . . . Ayant par diverses plaintes esté deuement informez que, par malice ou connivence des asséeurs de nos tailles, plusieurs s'exemptent indeuëment du payement d'icelles, aucuns pour n'èstre employez ès roolles des assiettes que pour si peu qu'il leur est honteux de l'exposer à la censure publique, et encore non contans de ce, s'exemptent par leur authorité du payement de leur taux, et les autres, par supposition de faux priviléges, font en sorte qu'ils ne sont employez dans les dits roolles. Tellement qu'il se trouve que la plus grande partie des deniers de nos tailles ne se payent que par les plus foibles et impuissans, et que ceste vexation est encore surchargée par concussions, levées extraordinaires de deniers qui ne viennent à notre cognoissance, et de nostre Conseil, ny des trésoriers de France et généraux de nos finances, et par infinis autres abus qui se commettent dans le plat pays. Afin de ne laisser nostre peuple plus longuement oppressé par tant d'excedz, dès l'instant que nous avons estimé que l'affermissement de la paix nous donnoit le temps d'y pourvoir, nous avons arresté d'y faire travailler incessamment, sans en désirer ny en prétendre autre avantage que du soulagement de nos subjects.

Vous commettons pour vous transporter aux sièges et bureaux des eslections de Ponteaudemer, Pont-l'evesque, Lisieux, Argentan, Domfront, Allençon et Mortagne, du ressort de notre Court des Aides de Rouen et de la Généralité dudit lieu, pour procéder, auxdits lieux, au régalement des tailles, taillon et creues tant par paroisses que par eslections... et à ceste fin faire recherche de ceux qui s'exemptent indeuement du payement et contribution desd. tailles, soit par connivence, authorité, privilèges supposés, faux titres de noblesse qu'autres prétextes mal fondés, et si aucuns se trouvent, les cottiserez et imposerez par nouveaux roolles.... Vous ferez convenir pardevant vous tous ceux de nos subjects qu'il appartiendra, et représenter les roolles et assiettes des tailles faictes par les commissaires députez pour le régalement des tailles en l'année 1598 et suivantes....... Recevrez les plaintes...... Informerez d'office des commoditez ou incommoditez, biens, facultez et industrie des personnes et fertilité des parroisses...... des abus commis par aucuns anoblis pour s'exempter du payement depuis l'année 1600 ...... des indemnités ès quelles ils ont esté condamnez envers notre peuple . . . .

... Nous sommes bien advertis que plusieurs parroisses, pour se libérer de leurs debtes, ou autres considérations, ont esté forcées de bailler à vil prix leurs usages et communaux consistans les uns en bois, les autres en prez ou pastures, et que, par la privation des dits usages, lesdites parroisses sont tellement ruinées que la plus grande partie est déserte, et les habitans y restent réduits en extresme pauvreté........ Juger en dernier ressort tous les taux des contribuables jusques à 100 l. du principal de la taille..... les autres par provision...... Permission d'appeler pour les taux au dessus de 100 livres et pour les exemptions pour cause de noblesse ou de privilege, à la charge de l'amende portée par les ordonnances, pour les présents, dans la huitaine après la publication, pour les absents, dans le mois.... S. Germain en Laye, 9 septembre 1623. *(Imprimé. Registres du Bureau des finances C. 1459.)* Jean Duprey s^r de la Porte, conseiller en la Cour des Aides, subrogé à Charles Boutren pour procéder, conjointement avec Davy de la Fautriere, conseiller d'État, et Romain Boyvin, trésorier de France et général des finances à Rouen, au régalement des tailles et pourvoir aux abus qui se commettaient dans les paroisses des Élections de Pont-Audemer, Pontl'évêque, Alençon, Argentan, Lisieux et Mortagne, 7 mai 1624 *(Mémoriaux de la Cour des Aides)* (¹).

---

[1] A la Cour des Aides, on avait résisté autant qu'on avait pu à l'établissement des offices de commissaires des tailles, de gardes des petits sceaux, de greffiers et de maîtres clercs des Élections. Des arrêts du Conseil d'État, des 13 avril 1620 et 14 déc. 1621, avaient ordonné que les pourvus à ces offices en jouiraient, ainsi que des droits y attribués, nonobstant les empêchements donnés tant par la Chambre des Comptes que Trésoriers de France en Normandie, auxquels S. M. faisait défense de contrevenir aux édits et arrêts de règlement et de prendre connaissance desdits droits ni de faire aucune poursuite à l'encontre des propriétaires desd. offices. Le procureur général de la Chambre des Comptes fut mandé au Conseil pour dire les motifs des arrêts donnés en lad. Chambre les 18 et 22 juin 1619. L'arrêt du Conseil en faveur de ces nouveaux officiers, du 11 décembre 1624, fut enregistré à la Chambre des Comptes, en vertu de lettres patentes, le 18 mars 1625.

Extrait des Registres du Conseil d'État. « Sur les remonstrances faictes au Roy, par les députez de sa Cour des Aydes en Normandie, qu'ayant pleu à S. M., par une juste et sainte intention, commettre et députter plusieurs des sieurs maistres des requestes de son hostel et conseillers en sa dicte cour pour procéder au régalement général des tailles et pourvoir au soulagement des pauvres contribuables en lad. Province, lesd. Commissaires auroient longuement travaillé et instruit plusieurs procès tant civils que criminels, aucuns desquels auroient esté par eux jugés, dont les appellations ont esté receues par divers arrêts par devant les maistres des requestes ordinaires de son hostel en leur auditoire au Palais à Paris, et les autres, non jugez, évoquez audit Conseil et renvoyez aux maistres des requestes ordinaires servant au présent quartier.... » La Cour des Aides expose au Roi que, si les arrêts de renvoi avaient lieu, ses sujets se verraient obligés de quitter leurs mesnages et labeurs, que de plus ce serait un préjudice notable pour la Cour à laquelle appartenait, de droit et en vertu de son établissement, la connaissance des instances et appellations, suivant les édits et ordonnances, notamment suivant l'édit du feu Roi, de mars 1600, sur semblable commission exécutée par les sieurs de Caumartin et de Roissy. Le Roi, par arrêt du Conseil d'État, fit droit à ces réclamations, et ordonna qu'à l'avenir ces causes seraient renvoyées à la Cour des Aides de Normandie. 5 décembre 1624 *(Ibid.)*.

Opposition du procureur syndic à la vérification d'édits. — Samedi 29 juillet 1623. « A esté présenté par M. le procureur général unes lettres closes du Roy escrites à S. Germain en Laye, le 20 de ce mois, par lesquelles est mandé à la Chambre procéder à la vérification des édits de création des greffiers et maistres clercs aux greniers à sel et Ellections de Normandie, et sur ce que lesd. édits ont esté demandez, led. s^r procureur général a dit qu'ils estoient au parquet communiquez, mais que la Chambre avoit donné 15 jours de temps au procureur des Estatz pour en avoir communication et bailler les causes d'opposition, et que led. procureur des Estatz estoit venu le trouver, qui avoit dit que aujourd'hui il bailleroit par escript les causes d'opposition...... Ordonné qu'il sera attendu jusques à lundi pour voir ce que présentera led. procureur des Estatz » (*Plumitif de la Chambre des Comptes*).

Comptabilité des Etats. — Extrait du registre des lettres d'État. « Maître Jacques Rouillé (nom du receveur général des finances en la Généralité de Rouen), nous vous mandons et ordonnons que, des deniers de votre charge de la présente année, mesme de la partie employée en l'estat de S. M. soubs le nom du Trésorier des Estatz de Normandie pour les taxations des commissaires desd. Estatz, vous payez, baillez et délivrez comptant à Me Constantin Heudebert, trésorier desditz Estatz, la somme de 14,330 l., pour estre par luy convertie et employée au faict de son office, et rapportant, etc. . . . . . Faict le viiie jour de juillet 1624.

« Me Constantin Heudebert etc.... Nous vous mandons et ordonnons recevoir comptant de Me Jacques Rouillé la somme de 14,330 l. t. pour estre par vous convertye et employée au faict de votre charge et payement des taxations des sieurs Commissaires et des delleguez desd. Estatz, frais et affaires communes de lad. Province, durant la présente année, de laquelle somme de 14,330 l. vous vous rendrez comptable en vertu de ceste présente. Faict le viiie jour de juillet 1624.

« Me Jacques Rouillé, nous vous mandons et ordonnons que, des deniers de votre charge de la présente année, vous payez, baillez et délivrez, par les quatre quartiers d'icelle également, suivant l'estat de S. M., à Me Constantin Heudebert, la somme de 1,916 l. 8 s. pour estre par luy employée au faict de sa charge, mesmes au payement de partie des gaiges des postes entretenus en ceste Province durant la présente année, et rapportant etc . . Faict le VIIIe jour de juillet 1624.

« Estat de la somme de 15,723 l. 18 s. que Me Jacques Rouillé, conseiller du Roi et receveur général de ses finances en la Généralité de Rouen, aura à recevoir des receveurs particuliers des tailles des Ellections de lad. Généralité cy-après-nommez, que S. M., par ses lettres-patentes données à Compiègne, le XIe jour de juin dernier, a ordonné estre levée sur les contribuables aux tailles, assavoir : 12,000 l. pour les deux tiers de 18,000 l, dont les gens des trois Estats de ceste Province de Normandie ont accoutumé de faire présent au gouverneur d'icelle et continué à l'endroict de M. le duc de Longueville, gouverneur et lieutenant-général pour S. M. en lad. Province, 2,666 l. 13 s. 4 d. pour les deux tiers de 4,000 l. t. que lesd. gens des trois Estatz ont consenty et acordé estre levé sur eux pour employer au payement d'une seconde taxe, tant aux Commissaires qui ont assisté en lad. assemblée qu'aux depputez desd. Estatz, officiers et taxations du trésorier d'iceux, en considération du long séjour extraordinaire qu'il ont faict pour la tenue desd. Estatz en la ville d'Évreux, l'aultre tiers desd. sommes estant levé sur la Généralité de Caen, 400 l. t. pour les fraiz de l'obtention desd. lettres-patentes, sept-vingts dix livres pour l'exécution d'icelles, et 507 l. 4 s. 8 d. pour les taxations de 8 d. pour livre desd. sommes au trésorier desd. Estats, lad. somme de 15,723 l. 18 s. payable par lesd. receveurs des tailles ès-mains dud. Rouillé, receveur général, au présent quartier de juillet, août et septembre, et par luy en celles de Me Constantin Heudebert, trésorier d'iceux Estatz par ses simples quittances. Faict le XIe jour d'août 1624. »

L'art. XXIe *du Cahier des Etats de décembre 1623* fait allusion aux troubles qui avaient éclaté dans la ville de

Rouen, au mois de novembre 1623, et dont il est question dans l'histoire du Parlement de M. Floquet (t. IV. p. 534) (1) :
« Nous en viendrons à la sédition de novembre 1623, provoquée, il faut le dire, par la plus incroyable invention dont le génie fiscal se fût jamais avisé depuis la création du monde. Un édit ayant été précédemment rendu qui ordonnait la revente du Domaine, restait à définir quelles choses étaient domaniales, et partant sujettes à la revente. Il paraissait difficile, assurément, de jamais faire comprendre dans cette classe les brouettiers, crieurs de vieux drapeaux, et d'oignons, les charbonniers, porteurs de bois, de pommes, d'huîtres, d'oranges, les déchargeurs de marée, les emballeurs et chargeurs de marchandises et cent autres menus et infimes métiers de cette sorte. Mais un partisan s'avise que c'étaient là des charges domaniales... obtient édit... Ces malheureux devaient aller à Paris payer la somme à laquelle leurs offices seraient taxés par les commissaires de la revente... 10,000 officiers de cette sorte en Normandie dont 4,000 à Rouen qui parvenaient à grande peine à se nourrir en gagnant de 2 à 3 sous par jour. Le Mercier, huissier de la commission de la revente, assigna quelques-uns de ces officiers. Il fut arrêté, conduit au Palais par le peuple... Entrant au Palais à la suite de la foule, l'avocat Cocquerel, le plus fameux avocat du Parlement, prit la parole pour le peuple... et devant la Cour, comme s'il se fut agi d'une cause régulièrement instruite, l'avocat général Le Guerchois n'hésita pas à conclure dans l'intérêt du public contre les partisans. La Cour ordonna que des remontrances seraient adressées au Roi, et fit défense d'exécuter les commissions non enregistrées, d'évoquer hors de la Normandie les habitants de la Province, déclarant nulles toutes assignations et toutes ventes du Domaine. —

(1) V. aux Archives de la ville de Rouen, dans le registre des délibérations « le procès-verbal de ce qui s'est passé en la sédition populaire arrivée en ceste ville de Rouen le 16 nov. 1623. »

Bretignières procureur général, se rendit en hâte auprès du Roi pour défendre les magistrats, Le Mercier fut retenu en prison, et pendant 2 jours et 2 nuits, le peuple, dans un état d'effervescence difficile à décrire, pilla et démolit les maisons des financiers. Dans ce tumulte, plusieurs personnes furent tuées et blessées. — L'arrêt du Parlement qui ordonnait la surséance des levées sur le peuple et faisait défense à tous de déférer aux commissions non vérifiées fut cassé par le Conseil d'Etat; l'avocat général Le Guerchois fut interdit des fonctions de sa charge, et l'hôtel-de-ville de Rouen fut condamné à indemniser les financiers. — Au bout de quelques mois, le Roi fit grâce au Parlement et déclara à ses députés que la suppression de l'arrêt tenait, mais que lui, roi de France, prononçoit en même temps l'arrêt du Conseil (1) ».

Compte-rendu à la ville de Rouen par M. Hallé de Canteleu, 1ᵉʳ échevin, sortant de charge, des affaires de la ville pendant le temps de son échevinat. — 4 juillet 1623.
— « La nécessité s'est veue si grande dans le peuple aux dernières années, particulièrement celle-cy, que le pauvre peuple tant de la ville que de la campagne, feust demeuré en langueur sans le secours que nous y avons apporté par l'ouverture de greniers de la ville, oultre lesquelz, pour plus de seureté, nous avons faict acheter dehors la Province cent muys de blé et deux cens muys de segle, qu'on a distribuez aux jours de marchez à prix si modéré qu'ayant faict vendre le seigle 20 s. le boisseau, les marchands ont esté obligez de donner rabaiz à celuy qu'ils vendoient; et ainsi le peuple,

(1) La question de la responsabilité de la ville de Rouen dans les dégats occasionnés par l'émeute de 1623, donna lieu à de longs débats qui ne furent terminés qu'en 1627 par un arrêt dont je dois la connaissance à M. Le Sens. Cet arrêt imprimé à Rouen chez Martin Le Mesgissier est intitulé : « Arrest donné au Parlement de Paris, à la décharge des sieurs conseillers et eschevins, corps et communaultez de la ville de Roüen pour le tumulte et émotion populaire arrivé à la dicte ville, au mois de novembre 1623. Donné à Paris, le septiesme aoust mil six cens vingt-sept. »

par le soing que nous y avons apporté, a esté secouru en sa nécessité à laquelle on continue encore d'apporter soulagement par la continuation de la vente du blé. » (Voir art. V. du Cahier des États de déc. 1623.)

Extrait des remontrances des échevins de Rouen touchant la voiture du sel et le rétablissement du commerce, 2 mars 1624, en réponse à la lettre du Roi du dernier février précédent. — Ils demandent avec instance que le transport du sel se fasse à l'avenir par des français. « Pour asseurer le fermier-général et luy trouver navires à propos pour faire ladicte voiture, il est premièrement nécessaire que ledit fermier accorde un prix convenable aux François pour le fret dudit sel, comme de 21 l. au lieu de 16 l. et de 16 l. au lieu de 12 l., car il n'est pas juste de régler ledit prix sur celuy qui est donné aux Flamens, parceque lesdits Flamens ayans plus grands navires et conduits avec moins d'équipage, cela leur espargne beaucoup de dépenses que les François sont obligez de faire, et pource subject il est bien véritable que lesdits Flamens peuvent faire meilleur marché de leur fret que lesdits François de qui les navires sont de moindre port et conduits avec plus grand équipage. » Ils font remarquer qu'en compensation, les navires flamands, par cela même que leur équipage est trop peu nombreux, sont mal conduits, exposés à plus de naufrages, et que d'ailleurs ils ont plus que tous autres à redouter les incursions des gens de Dunkerque leurs ennemis. Ils signalent ensuite comme une des principales causes de la ruine du commerce, « l'entreprise des étrangers qui journellement s'habituent et prennent pied à Rouen, et qui finissent par embrasser seuls tout le trafic. »

» Quant aux déprédations, il y a dix ans que les François sont très-mal traictés non-seulement par les Turcs, mais aussi par les Hollandois qui ont alliance avec eux, et dont on a souvent faict des plaintes. S. M. est très-humblement suppliée d'y apporter le remède et faire que nous puissions avoir quelques raisons des voleries que les Hollandois ont commises sur ses subjectz tant par lesdits Hollandois que par autres qui sont sortis de leurs havres où ils leur donnent retraite, dont nous avons un témoignage tout présent par ce qui est arrivé depuis quelques jours à la rade du Havre-de-Grâce, où ils ont pris plusieurs pauvres matelots, lesquels ils ont fait esclaves.

« Et pour empescher qu'à l'avenir telles déprédations ne continuent, S. M. est suppliée de faire, par ses ambassadeurs envers les Estats de Hollande et Zélande et autres Estats voisins, qu'ils n'arrestent aucuns navires françois comme lesdits Hollandois font souvent, les conduisant en leurs ports soubz prétexte et couleur qu'ils prétendent y avoir dans iceux des marchandises appartenant à des Espagnols, et ne donnent aucune délivrance desdits vaisseaux qu'après une excessive despence, et encor en payant les droits d'entrée et sortie auxdits Estats.

« Que lesdits Estats ne donnent aucune retraicte dedans leurs ports aux pirates, soient turcs ou autres, attendu que, sans lesdictes retraites, aucun forban n'oserait se jeter seulement dans le canal le long des costes d'Angleterre, Normandie et Bretagne.

« Et, par tels moyens, le commerce se pourra aisément restablir et les déprédations estre empeschées sans qu'il soit besoin de gardes-costes qui ont toujours esté plus tort à la foule des marchands qu'à leur soulagement. » (Voir art. VIII du Cahier des Etats de 1623.)

ÉTATS DE SEPTEMBRE 1624.

I.

EXTRAIT DES REGISTRES DE L'HÔTEL-DE-VILLE DE ROUEN.

Lettres du Roi fixant la réunion des États à Rouen

au 10 sept., S. Germain-en-Laye, 4 août 1624 ; — du gouverneur au bailli, pour le même objet, avec recommandation d'avoir l'œil à ce que l'élection se fît de personnes qui eussent pour but principal le service du Roi, le bien de l'État et le particulier de la Province, Paris, 10 août ; — des officiers du bailliage aux échevins, Rouen, 11 août.

Assemblée à l'hôtel-de-ville sous la présidence de Scipion Marc, écuyer, sieur de la Ferté, pour l'élection des députés, le lundi, 2 sept. Prirent part à l'élection 50 curés, 6 nobles, 45 bourgeois dont le nom est indiqué, sans compter les autres. On nomma pour l'église Jacques Desmay, docteur en théologie de la société de Sorbonne, chanoine théologal et pénitencier de la cathédrale de Rouen, vicaire général de l'archevêché; pour la noblesse, messire Charles de Croismare, chevalier, sieur de S. Just, et du Bosc-Rault; comme conseillers de la ville, nobles hommes Jean Colombel, ancien conseiller et second échevin, et Claude Baudouyn, conseiller échevin moderne.

Proposition des États. Mardi, 10 sept. — « N'accorder aucunes lettres pour l'enlèvement des grains (1) ; — faire contribuer aux frais de la démolition de Quillebeuf les autres provinces de France ; — accorder la révocation de l'écu pour tonneau de la marchandise qui entre par mer en ceste province, parce que cet impost est au préjudice du service du Roi, donnant aux estrangers les traites qui se faisoient cydevant par les ports de ceste province en divers lieux de la coste d'Afrique ; — réclamer l'exemption des traites domaniales pour les marchandises du creu et manufacture de France qui se transportent d'une province à autre de ce royaume, contre les fermiers des cinq grosses fermes ; —

---

(1) « En juillet 1624, de grands enlèvements de grains étant projetés, il est nécessaire d'y pourveoir (disait le Parlement) pour ce qu'encores qu'il y ait bien de l'espérance d'une abondance en espy, néanmoins on ne sçait pas ce que sera la récolte. » (Floquet, *Hist. du Parl.*, IV, pag. 457.)

contre les offices des contrôleurs des titres, receveurs des consignations dont la suppression est demandée.

II.

Extrait du Registre du Greffier-Commis des États.

« Du mardy 10e jour de sept. 1624. Ouverture a esté faite des Estats de ceste province de Normandie au manoir archiépiscopal, devant Mgr. le duc de Longueville.

Après lad. ouverture et que lesd. sieurs députés ont esté appelés en la manière accoustumée, ils se sont assemblés par les bailliages pour délibérer qui debvoit de messieurs les députés de l'église présider en lad. assemblée et faire la responce vendredy prochain, et par tous, d'ung advis uniforme, a esté arresté que discrète personne M. Jacques Desmay présidera en lad. assemblée, et, à l'instant, il a faict prester le serment auxdits sieurs députés en la manière accoustumée.

Et led. jour, après midy, M. Echard, procureur sindicq des Estats, a remontré à l'assemblée que depuis deux mois en ça il avoit esté présenté à la Chambre des Comptes deux édits de création en titre d'office formé de deux lieutenants de robe longue aux Greniers à sel et deux gardes et controlleur des mesure à sel desd. Greniers en ceste province de Normandie.

Un autre édit de création de greffiers d'affirmation aux Élections de ceste dite Province, desquels il a fait lecture, après laquelle les d. sieurs députés se sont assemblés pour en deslibérer, et arresté qu'il sera présenté requeste à lad. Chambre pour la supplier différer de procéder à la vérification desd. édits jusqu'à ce qu'il ait pleu à S. M. donner responce sur le Cayer des remonstrances, et qu'il en seroit employé article dans le Cayer ; et ont les d. sieurs députés aussi assemblé pour députer quelques-ungs d'entr'eulx pour aller par devant M⁰ le président de Mauteville pour supplyer lad. Chambre en général de différer lad. vérification, et arresté que le sʳ doyen de S. Romain, député de l'église de Caux, le sʳ de S. Just, député de la noblesse de Rouen, le sieur de Hoden, député de la noblesse de Caux, avec M. Colombel, eschevin de la ville de Rouen et le député du tiers estat de Caudebec, se transporteront par devers ledit sʳ etc....

Led. sʳ procureur scindiq a aussi représenté à lad. assemblée ung édit présenté à la Court des Aydes pour MM. les officiers de la court des Monnoyes, par lequel S. M. leur attribue un sold pour mine de sel au lieu du droit qu'ils avoient accoustumé prendre sur les boëttes des monnoyes de France, lesquels, après avoir ouy lad. lecture, ont arresté qu'il en seroit dressé article dans ledit Cayer.

Qu'il sera employé article que S. M. sera suppliée d'ordonner que les appellations des jugements rendus par les commissaires par elle ordonnés pour le régallement des tailles ressortiront à la Court des Aydes. (1)

Qu'il sera employé article pour les exemptions de la noblesse de tous impôts ainsi que pour les officiers des cours souveraines.

Article pour la révocation de la creue, diminution du principal de la taille de 150,000 l.

Qu'il sera dressé article pour demander la révocation entière de la commission du régalement des tailles et de toutes les condamnations de restitutions auxquelles les commissaires ont condamné les taillables et que les appel-

---

(1) Cette demande fut accueillie : les registres de la Cour des Aides contiennent un assez bon nombre d'arrêts de réformation des sentences portées par les commissaires pour le régalement des tailles dans les Généralités de Rouen et de Caen.

lations desd. condamnations ressortiront à la Court des Aydes. (1)

Du mercredy, onzième dud. mois, sur la plainte faite par le Sr de Quenet, député en l'année dernière pour le port du Cayer à l'encontre du sieur du Buisson, trésorier desd. Estats, de ce qu'il n'avoit encores esté payé par led. du Buisson du contenu en sa taxe, ny tous les autres sieurs députés pour lesquels il faisoit pareille remonstrance, et l'affaire mise en délibération, il a esté arresté que le sieur député de l'église d'Evreux, le député de la noblesse de Caen et les députés du tiers estat des vicomtés de Caudebec et Vire se transporteront présentement par devers M. M. les trésoriers de France pour les supplier d'ordonner qu'à l'advenir la levée se fera an quartier de janvier ; et estant lesd. Sieurs de retour ont rapporté en l'assemblée que lesd. sieurs trésoriers avoient fait responce qu'à raison que les Etats ont tenu tard, l'année dernière, les deniers n'ont peu estre recueillis que par les quatre quartiers, mais que, pour l'advenir, ils feront faire la levée au quartier de janvier.

Qu'il sera employé article pour demander la suppression

(1) Les commissaires par suite de leur commission, avaient été amenés à prendre connaissance des anoblissements et des privilèges entrainant exemption de tailles. 15 mars 1625. Arrêt entre m^e Jean d'Aumesnil sieur de Hautbosc, lieutenant du bailli d'Alençon au siège de S. Silvin, soi-disant noble, appelant des commissaires au régalement des tailles en la Généralité de Caen (11 mars 1624) et autrement impétrant de lettres-patentes du Roi, en forme de relief et restitution de dérogeance, d'une part, et les habitants et commun de la paroisse S. Aignan de Cramesnil, d'autre part; ledit d'Aumesnil maintenu par arrêt de la Cour des Aides.

28 août 1631, autre arrêt en faveur de François Le Vallois, archer vétéran des gardes du corps du Roi, de la paroisse de Moyon, que les commissaires au régalement des tailles avaient fait asseoir à la taille, en 1624. — Le 22 octobre 1623, le Roi avait député officiers pour procéder en Normandie au régalement des tailles et pourvoir aux abus, Louis Marc, sieur de la Ferté, Ch. Boutran, Guill.-Michel, sieur de Montchaton, Claude Duperron, sieur de Benneville, et Ch. de Chenevières, sieur de Ste Opportune, avocat général du Roi à la Cour des Aides. Le 24 mai de la même année, le Roi avait révoqué la commission pour la recherche de ceux qui usurpaient la qualité de noble, le régalement des tailles rendant cette commission inutile.

du prévost général et de ses archers, à tout le moings, suppression, vacation arrivant par mort.....

A esté représenté et fait lecture d'un arrest du Conseil obtenu par le s^r d'Almeras, général des postes de France, le 9 juin 1618, portant deffences au s^r trésorier des Estats de payer à l'advenir aucuns deniers aux maistres des postes que suyvant les estats qui seront de luy certiffiés, et après que lesd. s^rs députés ont entendu lad. lecture, ils ont, d'ung advis uniforme, arresté que le s^r Echard, procureur syndiq des Estats, interviendra et présentera requeste au Conseil de S. M. pour demander cassation dud. arrest, lequel a esté signifié au s^r du Buisson, trésorier desd. Estats, le 18 mars dernier, avec deffences de payer aucuns deniers auxd. maistres des postes que suyvant l'estat dudit s^r d'Almeras, qui sera pour cet effet par lui dressé.

Dud. jour après midy. A esté arresté qu'il sera dressé article par lequel S. M. sera suppliée que, pour les exécutions de toutes levées tant ordinaires que extraordinaires, elles ne pourront estre faites que par les sergents ordinaires, comme aussy que les exécutions et contraintes qui se font par ordonnance de la Chambre des Comptes pour la rendition des adveux que les habitans sont tenus de rendre en lad. Chambre, ou que les autres huissiers se contenteront du sallaire desd. sergents des lieux.........

A esté mis en délibération et arresté, par l'advis des députés, à la pluspart, qu'il sera employé article pour supplier S. M. d'ordonner que les seigneurs qui jouissent par engagement de son Domaine pourvoiront les officiers dépendans de leurs engagemens en la mesme forme que ceux des parties casuelles.

Du jeudy 12e dud. moys avant midy. A esté fait entrer à l'accoustumée et est entré en l'assemblée M^e Du Busc Marguerie, à présent pourveu de l'office de prévost général de ceste Province, et, estant entré, luy a esté représenté plusieurs plaintes, et entre aultres contre ung appelé Thorel, voleur, qui est dans le pays de Caux, vicomté de... et ung nommé Mesnil-Jehan de la vicomté de Fallaise, et que dans la vicomté d'Argentan, il se fait une grande volerie de bœufs gras qui sont dans les herbages de lad. vicomté, sans qu'il en soit fait aulcune punition ; qu'il doibt mettre et présenter la liste du nom et demeure de ses archers. A quoy a esté par luy remonstré que la plus part de ses lieutenants n'estoient en ceste ville, et que pour ceux qui sont présents il en baillera liste. Et, ce fait, l'assemblée a arresté que deux de la noblesse seront, à ce jour, présents à la monstre dud. prévost général et de ses archers, et que, pour les absents, il sera demandé qu'ils soient privés de leurs gaiges.

Et, ce fait, a esté aussy fait entrer le s^r Le Tellier, adjudicataire général du sel, auquel a esté représenté plusieurs plaintes des exactions que commettent ordinairement à l'encontre des pauvres gens (les archers du sel), et après avoir icelluy entendu et l'assurance qu'il a donnée de faire à l'advenir vivre lesd. archers en meilleur ordre sans vexer le peuple, a esté arresté qu'il sera dressé article par lequel S. M. sera suppliée que le peuple sera permis de prendre du sel par quartes aux Greniers, ainsi qu'il a esté favorablement respondu par les Cayers de l'année 1613, et outre, qu'il sera défendu aux Grènetiers et officiers desd. Greniers d'achapter directement ou indirectement les offices de revendeurs de sel à petite mesure.

Et à l'instant est entré en lad. assemblée le s^r de Quenet, prieur de S. Étienne en Vexin, député de l'année dernière pour le port du Cayer, lequel a remonstré de rechef qu'il s'estoit plusieurs fois retiré par devers le s^r Heudebert, trésorier des Estats, afin d'estre payé du contenu en sa taxe, lequel luy auroit fait response qu'il n'y avoit point de fonds, ainsy qu'il est cy-devant déclaré, et qu'il supplioit la compagnie de s'assembler encore d'abondant pour consentir qu'il soit fait quelque levée pour payer icellui s⁺ de sa taxe et remplacer ce qui se trouvera manquer de fonds, que led. s⁺ trésorier fera entendre à lad. assemblée, et, icellui s⁺ de Quenet retiré, lesd. s⁺ˢ députés se sont assemblés par les bailliages, et arresté, d'ung advis uniforme, que S. M. sera suppliée, ainsy qu'elle a cy-devant accordé pour MM. les Commissaires extraordinaires qui assistent à lad. assemblée, d'ordonner qu'il se contenteront d'avoir l'honneur d'y assister sans aulcuns gaiges, sy mieulx ou du moings ils ne se veullent contenter, après que lesd. sieurs députés auront esté entièrement payés de leurs taxes, de partager entre eulx ce qui restera, sans que pour ce il soit fait aulcune levée.

Dud. jour après midy, a esté fait lecture par led. s⁺ procureur sindic du contenu au Cayer des remonstrances, et après icellui leu, a esté arresté que tous les mémoires apportés par lesd. s⁺ˢ deputés, et sur lesquels ledit Cayer de remonstrances a esté dressé seront bruslés, ce qui a esté à l'instant fait de l'advis uniforme de tous lesdits s⁺ˢ députés.

Et, après ce fait, a esté représenté par le député du tiers Estat de la vicomté d'Argentan qu'il est levé par les habitans de la ville de Caen 4 d. pour livre des marchandises qui se font, vendent et enlèvent en lad. ville, et qu'il fust employé article dans le Cayer des remonstrances pour supplier S. M de révoquer led. droit, et que M. Desmay, président en ceste assemblée, avec M. le procureur sindiq, supplieront MM. les premier président et procureur général du Parlement, où il y a instance pendante entre luy député et lesd. s⁺ˢ échevins pour la perception dud. droit, de différer le jugement dud. procès jusqu'après la response des Cayers; et, ceste affaire mise en deslibération par les bailliages, a esté arresté, d'ung advis uniforme, qu'il en seroit dressé article.

Dud. jour après midy, a esté remonstré par le député du tiers Estat de la vicomté du Pont-de-l'Arche que, lorsque ledit s^r Heudebert, trésaurier des Estats, avoit esté receu en sa charge, il fut fait quelque règlement et ordonné aud. trésaurier de payer aulcunes parties qui furent arrestées lors, et qu'à ceste fin, le registre fust représenté et veu, ce qui a esté à l'instant fait, et lecture faite d'iceluy. Surquoy led. s^r du Buisson a représenté que les parties employées sous le nom des greffiers des Bureaux de Rouen et de Caen et de leurs commis sont grandement nécessaires estre passées, attendu que c'est pour leurs salaires des expéditions qu'ils font, durant l'année, des ordonnances pour les levées ordonnées estre faites par les sieurs Trésauriers généraux de France pour la despence desd. Estats, et qu'il plust à mesdits sieurs des Estats passer toutes lesd. parties pour les deux derniers comptes, lesquelles il auroit payées pour faciliter sa recette et avoir ses ordonnances et lettres d'estat par le moyen de mes dits sieurs Trésauriers généraux, leurs dits greffiers et commis, lesquels faisoient difficulté luy délivrer, cessant led. payement, et, ce fait, se sont lesd. sieurs députés assemblés par les bailliages, et, d'ung advis uniforme, arresté que toutes lesd. parties, qui avoient esté deffendues aud. trésaurier de coucher à l'advenir en ses comptes sous le nom desd. greffiers et leurs commis, seront passées pour les deux années dernières seulement, sans que, à l'avenir, on les puisse employer ny aulcunes parties extraordinaires, et que, après la closture desd. Estats, lesd. sieurs Trésauriers généraulx de France ne pussent décerner aulcunes ordonnances de payement sur led. trésaurier des Estats ; et enjoint au s^r procureur desd. Estats d'empescher l'exécution desd. ordonnances et s'y opposer, mesme à l'employ desd. parties rayées, à la rendition des comptes à l'advenir.

Et, ce fait, lesd. s^rs députés se sont assemblés par les bailliages en la manière accoustumée pour décider d'entre eux ceux qui debvoient porter le Cayer des remonstrances et assister à l'audition des comptes, et ont esté députés à sçavoir :

Pour le port du Cayer, le député de l'église de Coustances pour assister led. s. Desmay, président en lad. assemblée, etc.

Fait et arresté en lad. assemblée, les an et jour que desous. Signé : J. Desmay, président en la présente assemblée, et Echard. »

III.

Nomination des deux Commissions pour le port du Cahier et pour l'Audition des Comptes,

« Du samedi avant midi 14ᵉ jour de Sept. 1624 à Rouen. Furent présents noble et discrète personne m° Jacques Desmay, presbtre, chanoine en l'église cathédrale N.-D. de Rouen et pénitencier en icelle église, député pour l'église du bailliage de Rouen, messire Ch. de Croismare, chevalier, sʳ de S. Just et de Bosc-Raul, gentilhomme ordinaire de la chambre du Roy, député pour la noblesse dudit baill., n. h. Jehan Colombel, et Claude Baudouyn, escuiers, conseillers échevins de la ville de Rouen, députés pour lad. ville, Pierre Decaux, d. pour la vic. de Rouen, Franç. de Sᵉ-Mesmes, d. pour la vic. de Pont-de-l'Arche, Antoine Morin, d. pour la vic. de Pont-Audemer, et Jeh. Collet, d. pour la vic. d'Auge; — noble et discrète personne m° Pierre Levesque, doien de S. Romain, et curé de S. Aubin, d. pour l'église du baill. de Caux, Claude de Lannoy, escuier, sʳ de Houdan et du Viel-Rouen, d. pour la noblesse dud. baill. ; Martin Damyen, d. pour la vic. de Caudebec, Jean Bernard, d. pour la vic. de Montivilliers, Nᵃˢ Benard, d. pour la vic. d'Arques, Antoine Hyesse, d. pour la vic. de Neufchastel, Toussains Malheue, d. pour la vic. et chastellenie de Gournay ; — m^e Jehan Voisin, presbtre, curé de la par. de S. Gervais de Caen, d. pour l'église dud. baill. de Caen, Franç. Le Sens, escuier, s^r de Rucqueville, d. pour la noblesse dud. baill. , Étienne de Surville, esc. s^r du lieu, d. pour le corps de la ville de Caen, Gilles de la Perrelle, d. pour la vic. dud. lieu, Martin Le Breton, d. pour la vic. de Baieux, Sébastien Ruelle, d. pour la vic. de Vire, Ch. Hébert, s^r du Rocher, d. pour la vic. de Fallaize ; — discrète personne, m^e Gilles Le Cartel, presbtre, chanoine et pénitencier de l'église cathédrale de Coustances, d. pour l'église de Costentin, Vercingétorix Poerier, s^r de Taillepied, d. pour la noblesse dud. baill., Jean Guichard, d. pour la vic. de Coustances, Jean Penon, s^r de la Chaussaye, d. pour la vic. de Carentan, Guill. Le Rouge, d. pour la vic. de Vallongnes, Guill. Bonœil, d. pour la vic. d'Avranches, Claude Le Roy, d. pour la vic. de Mortaing ; — noble et discrète personne m^e Adrien Mallet, presbtre, chanoine en l'église cathédrale d'Évreux, d. pour l'église dud. baill., Jacques de Baude, esc., s^r du Buisson, d. pour la noblesse dud. baill., N^{as} Cossart, fils Pierre, d. pour la vic. d'Évreux, Pierre Mallet, d. pour la vic. de Beaumont le Roger, Jacques Le Pelletier, d. pour le tiers estat de la vic. de Bretheuil et Conches, Jacques Le Huré, d. pour la vic. d'Orbec ; — noble et discrète personne m^e Franç. de Gouvetz, presbtre, curé de Daubeuf en Vexin, d. pour l'église du baill. de Gisors, N^{as} de Guisencourt, esc., s^r de Vaurenier, d. pour la noblesse dud. baill., Julien Huet, d. pour le t. e. de la vic. de Gisors, Robert le Prevost, d. pour la vic. de Vernon, Eustache Bourdon, d. pour la vic. d'Andely, Guill. Collas, d. pour la vic. et chastellenie de Lyons ; — discrète personne m^e Noel Couppel, presbtre, curé de Rouelles, d. pour l'église du baill. d'Alençon, Julien Hachard, esc., s^r du Pas de lavende, d. pour la noblesse dud. baill., Isaac Despierres, d. pour la vic. d'Alençon, Pierre

Hatesse, s^r de Crossey, d. pour la vic. d'Argentan et Exmes, et Jehan Gaubert, s^r de la Touche, d. pour la vic. de Dampfront, nomment pour porter le Cahier au Roi, pour l'église MM. Desmay et Le Cartel ; — pour la noblesse, le s^r de S. Just et le s^r de Rucqueville ; — pour le t. e., lesdits de la Perrelle et Despierres, avec N. Echard, procureur syndic ; — pour l'audition des comptes, pour l'église, Levesque et de Gouvetz ; — pour la noblesse, Poerier et de Baude ; — pour le t. e., De Caux et le Breton, avec Nicolas Echard.

IV.

PIÈCES DIVERSES.

Opposition du procureur syndic des Estats à la vérification de l'édit pour les gages des officiers des monnaies. — 15 mai 1625. « Veu par la court les lettres-patentes du Roy en forme d'éedict, donnéez à Fontainebleau, au mois d'apvril 1623, par lesquelles, pour les causes y contenues, S. M. veult que doresnavant et à toujours à commencer du 1er jour de juillet de lad. année 1623, il soit levé 12 d. sur chascun minot de sel qui sera vendu et débité en tous les greniers à sel de ce royaulme, pour estre les deniers en provenants employez au paiement des gaiges et droictz des officiers de la court des monnayes, à ce qu'il pleust à icelle procéder à la vériffication dud. éedict, autre présentée par le sindic des Estatz de ceste province, aux fins d'avoir communication dud. éedict, les procédures faictes en lad. court entre lesd. officiers et sindic des Estatz, la déclaration sur led. éedict de Me Anthoine Feydeau, adjudicataire des gabelles de France, veu aussi l'extraict du 6mo article du Cahier des remontrances des Estatz de ceste province avec la responce sur icelluy de S. M., du 21e jour de janvier dernier, et ce dont lesd. officiers se sont aydez, les conclusions du procureur général du Roy, et tout considéré, la court, soubz le bon plaisir de S. M., dict qu'elle ne peult entrer en la vérification du dict éedict. Signé : Duval et Marc. » *(Registres du Conseil de la Cour des Aides).*

Ordre du Roi à la Cour des Aides. — « 14 août 1625. Sur la présentation faicte à la cour, par le procureur général du Roy, des lettres-patentes de S. M. données à Fontainebleau le 21 juillet dernier, par lesquelles est mandé à lad. Cour continuer sa séance, nonobstant le temps accoustumé des vaccations jusques à cequ'elle ait reçu autre commandement de S. M., la cour supplie très-humblement S. M. la vouloir dispenser de lad. continuation. » De nouvelles lettres de jussion à ce sujet furent adressées à la cour, et enregistrées le 11 septembre 1625 *(Ibid.)*

Comptabilité des Etats de Normandie. — « 30 octobre 1624. Sur la remonstrance faicte par le sieur de la Potterie, conseiller du Roy, et Trésorier général de France en ce Bureau qu'ayant assisté, comme Commissaire de S. M. à la convention des Estatz de ceste Province tenus en ceste ville de Rouen, au mois de septembre dernier, il luy est deu pour son droit d'assistance la somme de 400 livres, pour l'audition du compte desdits Estats rendu par M° Constantin Heudebert, trésorier d'iceulx, sept-vingts dix livres, et pour son droit de gettons soixante livres, pour avoir payement desquelles sommes il se seroit transporté au domicile dudit Heudebert, auquel il ne l'auroit trouvé, a raison qu'il estoit absent de cette ville, » — ordonnance du Bureau des finances de Rouen, « portant qu'il seroit payé par M° Jacques Rouillé, conseiller du Roi, receveur général de ses finances à Rouen, des deniers qu'il peut avoir en ses mains concernant la charge de Heudebert. » *(Extrait du Plumitif du Bureau des finances).*

« M° David Danviray, nous vous mandons et ordonnons que, des deniers de votre charge de la présente année, vous paiez, baillez et délivrez, par les quatre quartiers d'icelle esgalement, suivant l'estat de S. M., à M° Constantin Heudebert, trésorier des Estats de Normandie, la somme de 1,916 l. 8 s. pour estre par luy employez au fait de sa charge, mesme au paiement de partie des gages des postes entretenues en ceste Province. 14 mai 1625.

« Estat de la somme de quinze mil sept cens quarante sept livres sept sols quatre deniers que M° David Danviray, conseiller du Roy et recepveur général de ses finances en la Généralité de Rouen, aura à recevoir des receveurs des tailles de lad. Généralité cy-après nommés, que le Roy, par ses lettres-patentes données à Paris le 20° jour de febvrier dernier, a ordonné estre levée sur ceste Généralité, à savoir : 12,000 l. pour les deux tiers de 18,000 l. de gratification et de présent que les gens des trois Estatz de Normandie ont offerte et continuée, soubz le bon plaisir de S. M., en la présente année, à Mons. le duc de Longueville, pair de France, gouverneur et lieutenant-général pour sa dicte Majesté en ceste province de Normandie, 2,659 l. 6 s. 8 d. pour les deux tiers de 3,989 l. que S. M. a aussi ordonné estre levée sur ceste dicte province par deux divers arrests de son Conseil des 4 may et 18 septembre derniers et lesd. lettres patentes, à laquelle se trouve monter les taxes qui ont esté faictes et arrestées en icellui pour les journées et vacations des personnes emploiées, suivant le commandement de S. M., à la démolition et rasement de la fortification des ville et chasteau de Pontorson, l'autre tiers desd. sommes estant levée sur la Généralité de Caen, 430 l. pour les frais desd. lettres patentes, 150 l. pour ceux de l'éxécution d'icelles et 508 l. 8 d. pour le trésorier desd. Estats, le tout revenant à la susdicte somme de 15,747 l. 7 s. 4 d. payable en la recepte géneralle ès-mains dud. Danviray, receveur général, etc. Fait au Bureau des finances à Rouen, le 14° jour de may 1625.

« M° David Danviray, conseiller du Roy et receveur

général de ses finances en la Généralité de Rouen, nous vous mandons et ordonnons que, des deniers de votre charge de la présente année, mesme de la partie employée en l'Estat de S. M. soubz le nom du trésorier des Estats de Normandie pour les taxacions des Commissaires desd. Estatz, vous paiez, baillez et délivrez comptant à M⁰ Constantin Heudebert, trésorier desd. Estatz, la somme de 14,130 l. Au Bureau des finances de Rouen, 14 juillet 1625. » *(Registres du Bureau des Finances de Rouen).*

Interruption des États de Normandie en 1625.

Il n'y eut point en 1625 de réunion d'États en Normandie. On était entré dans le ministère du cardinal de Richelieu, peu favorable à ces assemblées, comme la suite le fit voir assez clairement. Plus que jamais le Roi avait besoin d'argent pour faire face aux grandes dépenses de la guerre, dépenses d'autant plus lourdes à supporter que le pays était privé de commerce et désolé par la peste. La résistance qu'il avait rencontrée dans les cours souveraines pour l'enregistrement de nombreux édits fiscaux dut lui faire craindre de prêter une nouvelle force à une opposition, déjà trop vive et trop puissante, en fournissant une occasion aux remontrances des députés de la Province.

A la Cour des Aides, plusieurs édits n'avaient été enregistré qu'après de longs retards et en vertu de lettres de jussion. Le 2 octobre, une commission fut donnée au duc de Longueville et aux conseillers d'État de Barentin et du Chastellet pour se transporter en cette Cour et pour y faire enregistrer trois édits. L'un attribuait 4 d. pour minot de sel aux contrôleurs généraux provinciaux des gabelles, créés dès le mois de mars 1622; le second augmentait le minot de sel de 16 sous pour tous les contribuables, octobre

1624 ; le troisième, du mois d'août 1624, portait création d'un second commissaire des tailles. Ces édits furent enregistrés d'autorité, le 21 octobre, en présence des trois commissaires du Roi. Les besoins de l'État légitimaient ces mesures fiscales où les magistrats avaient le tort de ne voir que des inventions de traitants avides. Le Roi s'exprimait ainsi dans l'un de ces édits : « Les puissantes armées étrangères mises sus de toutes parts à l'estonnement et terreur de tous les princes et potentats nos voisins et alliez (1), la seureté et liberté desquels a tousjours trouvé son recours dans la force et puissance de ce grand royaume, nous a obligé non-seulement de continuer les mesmes despenses, mais forcé d'entrer à de nouvelles et plus grandes par augmentation de nos gens de guerre, fortifications et munitions de toutes nos frontières qui auroient esté négligées durant la guerre passée. » Dans une autre, le Roi déclarait que le revenu de ses finances était épuisé et que celui des années suivantes avait été anticipé.

Enregistrement, par ordre du Roi, en la présence du duc de Longueville, à la Chambre des Comptes. — « Du jeudi XVIe jour d'oct. 1625 au matin. Sont entrez Messieurs Rassent et De la Place, présidents, de Fondimare, Le Seigneur, de Caradas, Cavelier, Villequier, Baillard, de la Barre, Asselin, de S.-Ouen, Thomas et Romé. Depuis sont entrez M. De Baumer, M. Deshommetz, maistres des comptes.

Sur ce que le procureur général a dit que, hier après midy, après que Monsieur de Longueville fût arrivé, il luy envoya par son secrétaire unes lettres closes du Roy du 11e de ce mois, par lesquelles estoit mandé à l'advocat général et à luy de requérir la vériffication des éeditz, que led. s^r de

(1) Les Espagnols s'étaient vantés d'opposer à la France, liguée avec les Vénitiens et le duc de Savoye pour l'affaire de la Valteline, 104,000 hommes d'infanterie, 14,600 chevaux, 72 navires et 10 galères. — Griffet, *Hist. de Louis XIV*, p. 441.

Longueville estoit commandé par le Roy de faire lire et registrer en la Chambre, que sur cela il estoit allé trouver led. s⁁ de Longueville, quoyque tard, et lui auroit dict que, pour effectuer le commandement qu'il avoit exprès receu du Roy par plusieurs et diverses foys, il estoit desliberé de se trouver en la Chambre, suivant qu'il estoit porté par sa commission, afin de faire registrer les éedits qui luy avoient esté baillez, qu'au jourd'huy matin, sur les huit heures et demie ou neuf heures, il se debvoit rendre céans avec les s⁁s de Barentin, conseiller d'Estat, et du Chastellet, maistre des Requestes, qu'il sçavoit la place qu'il debvoit prendre, qui estoit après celuy de Messieurs les présidentz qui présidoit; et sur ce que led. procureur général avoit dit aud. s⁁ de Longueville que tousjours la compagnie avoit suivi et exécuté la volonté du Roy, et n'avoit jamais esté réfractaire, n'y ayant jusques icy exemple en la Chambre, depuis qu'elle est establie, de pareil procédé, du tout extraordinaire, ledit s⁁ de Longueville avoit dit qu'il avoit apris que Monsieur de Montpensier avoit eu pareille commission : à quoy led. procureur luy avoit dict, comme il estoit très vray, que jamais cela n'avoit esté fait et que ce que led. s⁁ de Longueville feroit seroit pour exemple à l'advenir, et avoit sur ce respondu que tant pis estoit, mais qu'il estoit contrainct de ce faire pour obéyr au Roy; et, continuant led. procureur général, luy avoit dit que, s'il luy plaisoit faire connoistre à la Chambre quelle estoit la volonté du Roy sans prendre la payne de venir, peult-estre que, pour le désir de servir le Roy, lui seroit donné tout contentement; que luy qui avoit tous jours protégé la Province en général et tous les corps et compagnies en particullier pouvoit, en ceste occasion, obliger la compagnie : avoit respondu qu'il avoit fait tout ce qui luy avoit esté possible pour se dispenser de faire le voiage, mais que le Roy luy avoit plusieurs fois expressément commandé, et luy estoit force de suivre le commandement qu'il avoit receu.

La Chambre ayant deslibéré, en la présence des gens du Roy, la forme qui estoit à tenir pour recevoir en icelle led. s^r de Longueville et la séance qu'il doibt prendre, après qu'il a esté faict lecture de ce qui s'observe en la Chambre des Comptes à Paris et conformément à ce qui s'y pratique, a député deux des maistres, les maistres les plus anciens, MM. de Fondimare et Le Seigneur, pour sortir du Bureau, quand led. s^r de Longueville viendra, l'aller recevoir au hault des degrez et montée de la Chambre, et marchant aprez devant luy, le conduire jusques devant le grand bureau où il prendra place et séance, passant par le bout du bureau devant Messieurs les maistres qui seront séans au banc senestre, et qui alors seront levez sur piedz, comme aussi tous les autres de Messrs les maistres; et luy fera place Monsr le président de Fumechon, qui sera pareillement levé, pour led. sieur se seoir au dessoubz de Monsieur le président Rassent; et que les sieurs de Barentin et du Chastellet, maistres des requestes, prendront place et séance au bureau au dessus du premier de Messieurs les maistres, s'ils veulent, aux deux premières places des deux bancs dextre et senestre, sinon au premier, ainsy qu'ils vouldront.

Peu aprez les gens du Roy estant au bureau, l'huissier et greffier est entré qui a dit au procureur général qu'il y avoit ung gentilhomme de M. de Longueville qui estoit à la porte, lequel demandoit à parler à luy, ce qu'oyant led. procureur général le dit à Messieurs séans au bureau et demanda si la compagnie trouvoit bon qu'il allast parler à luy. Luy a esté dit par Monsieur le président Rassent que la compagnie le trouvoit bon, et qu'il y allast. Estant sorty, est incontinent rentré et a dit que led. gentilhomme estoit envoyé dud. s^r de Longueville pour advertir led. procureur général qu'il estoit proche de la Chambre en carrosse, qui venoit;

et, peu aprez, on a ouy deux carrosses entrer en la court de la Chambre. A l'instant sont sortys du bureau Messieurs de Fondimare et Le Seigneur dessus dits, qui ont receu au hault de la montée led. s^r de Longueville et marché devant luy, lesd. s^rs de Barentin et du Chastellet suivans led. s^r de Longueville, jusques devant le bureau; et est entré icellui s^r de Longueville, tous Messieurs les maistres levez debout en leurs places et Monsieur le président de Fumechon, levé, estant à costé de sa place pour faire voye aud. s^r de Longueville, passant par le costé senestre du bureau, qui a prins place et séance à costé et au dessoubz de Monsieur le président Rassent, qui aussi s'estoit levé pour saluer led. sieur; puis ont prins place lesd. s^rs de Barentin et du Chastellet au premier banc du costé dextre, led. s^r du Chastellet passé le premier comme le plus jeune, et led. s^r de Barentin au bout du banc comme plus antien, et au dessous dudit s^r du Chastellet, tous deux au dessus de Messieurs les maistres, ainsi qu'il a esté tousjours pratiqué. Tous lesd. s^rs assis, ledit s^r de Longueville, aiant salué la compagnie, a présenté par ledit s^r de Barentin unes lettres closes du Roy, portant la créance dudit s^r de Longueville à la Chambre pour l'effect de son voyage, dont a esté faict lecture par le greffier Tesson, de laquelle la teneur ensuit :

DE PAR LE ROY,

« Noz amez et féaulx, les longueurs et difficultez que vous avez aportées jusques à présent à la vériffication des éeditz et déclarations qui vous ont esté présentez de notre part sont tellement préjudiciables à notre service que nous nous sommes résolus, pour y metre fin et ne retarder davantage le secours que nous en attendons pour ayder au paiement des armées que nous avons sur pied, tant dedans que dehors notre royaume et sur la mer, d'envoyer notre cousin le duc de Longueville en votre d. Chambre pour, en sa présence et de ceulx de notre Conseil que nous avons choisis pour l'assister en ceste occasion, faire procéder à la lecture, publication et enregistrement des éedits et déclarations mentionnez en la commission qui luy est addressée pour cest effect; et, parce qu'il a charge de vous faire entendre nos intentions sur ce subject, et que nous nous en remettons à luy, vous aurez créance en ce qu'il vous dira de notre part, et nous rendrez en cela l'obéissance qui nous est deue. Et n'y ferez faulte : Car tel est notre plaisir. Donné à Fontainebleau, le 2ᵉ jour d'octobre 1625. Signé : Louis, et plus bas : Potier; et à la subscription : A noz amez et féaulx conseillers les gens tenans notre Chambre des Comptes de Rouen, avec ung cachet aux armes de France, de cire rouge. »

Après laquelle lecture, a esté baillé par led. sʳ de Barentin aud. greffier unes lettres patentes de commission audit sʳ de Longueville pour venir en lad. Chambre, de laquelle led. sʳ de Longueville a ordonné aud. greffier de faire lecture, ce qu'il a faict. Ensuit la teneur d'icelle.

« Louis par la grâce de Dieu, roy de France et de Normandie à notre très-cher et très-amé cousin le duc de Longueville, pair de France, gouverneur et notre lieutenant général en notre païs et duché de Normandie, salut. Chacun congnoit assez combien les despences que nous avons suportées aux années dernières ont esté grandes, et que celles que nous sommes obligez de faire encor en la présente pour l'entrètenement de plusieurs armées dedans et dehors notre royaume et sur la mer, tant pour la conservation de notre Estat que pour maintenir notre réputation et protéger noz alliez, sont si excessives qu'il nous est du tout impossible d'y satisfaire sans le secours des deniers extraordinaires qui doibvent provenir des éedictz que nous avons faict présenter en noz cours souveraines, aucunes desquelles l'aiant bien jugé, se sont franchement portéez à les vériffier. Et, d'aultant que notre Chambre des Comptes de Rouen, quelque instance qui ait esté faicte en icelle de notre part pour la vériffication desd. éeditz, y a apporté tant de longueurs et remises que jusques à présent nous n'y avons peu rien advancer, nous sommes contrainctz, à nostre très-grand regret, aprez avoir tenté toutes les voyes ordinaires pour nous faire obéyr, d'avoir recours aux extraordinaires et d'y pourveoir par les mesmes voyes dont noz prédécesseurs ont usé en pareilles occurrences. Nous, pour ces causes et autres grandes considérations à ce nous mouvans, et pour l'entière confiance que nous avons à votre fidélité et affection au bien de notre Estat, vous avons commis, ordonné et député, et de noz plaine puissance et autorité royale commettons, ordonnons et députons par ces présentes signées de notre main, pour, assisté et accompagné de notre amé et féal conseiller en notre Conseil d'Estat, le s^r de Barentin et du s^r du Chastellet, aussi conseiller en notre dit Conseil et maistre des Requestes ordinaires de notre hostel, vous transporter en notre d. Chambre des Comptes et en icelle, en votre présence et desd. s$_{rs}$ de Barentin et du Chastellet, faire lire et publier notre dit éedict portant suppression des offices de sergens des tailles et en leur lieu création en titre d'office héréditaire d'un second commissaire à faire les roolles des tailles et autres deniers, tant ordinaires qu'extraordinaires, avec attribution de douze deniers pour livre de toutes levées, et lettres de jussion depuis expédiées sur le refus par elle faict à la vériffication dudit éedict ; — nos lettres de déclaration pour lever les souffrances qui ont esté mises aux comptes des receveurs des tailles sur les droictz de douze deniers pour livre attribuez à l'ancien commissaire desd. tailles, avec deffenses aux receveurs de s'entremettre à l'advenir à la recepte desd. droictz, et lettres de jussion depuis expédiées ; — l'éedit d'attribution aux receveurs des tailles et taillon de la quallité de noz conseillers et d'un denier pour livre de taxation en hérédité à chacun desd. receveurs des tailles, tant en exercice que hors d'icelluy, des deniers de leur maniement, excepté le taillon et solde du prévost et deux deniers pour livre à chascun desd. receveurs du taillon des deniers dud. taillon seullement, avec dispense de bailler caution ny certifficateur pour leur recette et maniement; — l'éedict et déclaration portant attribution aux receveurs généraulx des finances et du taillon de deux deniers pour livre de taxation de tout leur maniement en l'année d'exercice, avec dispence de bailler caution, et les lettres de surannation sur iceulx ; — l'éedict portant attribution de gaiges jusques à 40,000 l. aux officiers des bailliages, séneschaussées, sièges présidiaulx, vicomtez, prévostez et autres justices royales estans dans le ressort et estendue de notre d. Chambre des Comptes de Rouen ; — l'éedict portant attribution de gaiges jusques à 80,000 l. à tous les offices de greffiers, tant civils que criminels que autres, de nos cours souveraines et autres juridictions royales, receveurs des consignations et autres offices domaniaux et héréditaires de l'estendue de notre d. Chambre ; — ensemble notre éedict de l'attribution de 4 d. pour minot de sel à chascun des trois contrôleurs et trois receveurs généraulx et provinciaux des gabelles tant en l'année dernière que hors icelle, oultre les antiens deux deniers dont ils jouissent ; — et lad. lecture et publication achevée, faire registrer ès registres de notre dicte Chambre tous nos dicts éedictz, déclarations, jussions et lettres pour avoir lieu et estre exécutez selon leur forme et teneur, nonobstant et sans vous arrester à tous empeschemens quelsconques, contraires à notre présente intention, mesmes remonstrances faictes ou à faire, ausquelles nous ne voullons qu'aiez aucun esgard. De ce faire vous avons donné et donnons pouvoir, auctorité, commission et mandement spécial; voullons et nous plaist que tout ce qui sera avisé par vous fait soit de telle force et vertu que si il y avoit esté par nous fait et en notre présence, jà soit que le cas requist mandement plus spécial qu'il n'est contenu en ces dictes présentes..... Donné à Fontainebleau, le 2e jour d'octobre 1625.... »

Lad. lecture faicte, led. sr de Longueville a dict que l'estime qu'il faisoit de lad. compagnie, en la quallité de Gouverneur qu'il avoit dans la Province, l'avoit porté de suplier le Roy de le dispencer de faire ce voyage, ce que n'aiant peu obtenir et ayant esté expressément commandé de S. M. de s'acheminer en ceste ville, il auroit defféré à ses commandemens ; que de la part de S. M. il avoit apporté des éedictz qui avoient esté concertez en son Conseil, des moings préjudiciables au peuple, entre tous les autres qui avoient esté proposez à sa dicte Majesté, desquelz éedictz les srs de Barentin et du Chastellet estoient saisiz pour les présenter, et que présentement on en orroit la lecture ; qu'il estoit obligé de faire congnoistre les nécessitez de l'Estat, qui estoit en telle extrémité que S. M. n'y pouvoit remédier que par voyes extraordinaires ; qu'il avoit plusieurs armées ausquelles il falloit subvenir, tant dedans que dehors le royaume ; le grand nombre de gens de guerre qu'il convenoit à sa dicte Majesté entretenir pour réprimer l'insolence de ses subjetz rebelles de la Rochelle, lesquelz, par la dilligence et valleur de M. l'admiral de Montmorency, estoient maintenant en tel estat qu'ils estoient réduitz à n'espérer qu'en la bonté du Roy ; aussi estoit nécessaire de résister aux grandz desseings du Roy d'Espaigne et maintenir, deffendre et assister les alliez et confédérez de S. M., comme ils l'ont toujours espéré, et entretenir son crédit envers eulx ; au reste qu'il tesmoigneroit au Roy les submissions et obéissances de la compagnie, et feroit valloir prez de S. M. ce qu'elle aura faict pour son service, remettant aud. sr de Barentin de faire plus particulièrement entendre à la compagnie la nécessité de l'Estat et le peu d'inthérest que lesd. éedictz apportent au peuple. Sur ce ledit sr de Barentin........

Led. sr de Barentin, ayant fini son discours, a baillé au greffier Tesson l'éedict....

Monsieur le président a dict : « Monsieur, le Roy a tousjours eu agréable et trouvé bon l'ordre que nous avons tenu et gardé à la vériffication et registrement de ses éedictz, porté par les ordonnances. Maintenant on veult changer les formes anciennes, de puissance absolue, en vertu d'une commission, laquelle fin obtenue nous n'en parlons point. Davantage on sçait que c'est pour faire lire et registrer des éeditz à la charge du peuple : ce qui ne se peult faire sans renverser et desfigurer la jurisdiction de la Chambre, luy faire perdre son auctorité et sa splendeur, rendant la compagnie muette, sans voix, sans liberté de suffrages. Mais nous portons plus à regret que c'est ung prince, gouverneur de la Province, qui premier introduit ces changemens en Normandie. Nous sommes très-humbles et très-obéissans officiers et subjectz du Roy. C'est à nous d'obéyr et supporter telles procédures extraordinaires, et la postérité verra sur noz registres que la seule gloire d'obéissance nous est demeurée, ne pouvant par noz remonstrances destourner l'effort et l'effect d'une puissance souveraine et absolue. »

Puis a esté ordonné par led. sr duc de Longueville à MM. les gens du Roy de prendre leurs conclusions.

A l'instant a esté dict par le sr de Bazire, advocat général : « Monsieur, nous portons ung extrême regret de ce qu'il n'a pleu au Roy adresser ses éedictz à la Chambre pour les deslibérer et vériffier, comme elle a tousjours faict pour le bien de ses affaires.

« Le Roy ayant donné céste auctorité et pouvoir aux compagnies souveraines pour grandes considérations, d'aultant qu'ils ont jugé sagement qu'elles estoient le vray et principal apuy, conservation et manutention de l'Estat, et affermissoient et asseuroient l'obéissance que ses subjectz sont obligez rendre à leurs volontez, ausquels ayant faict entendre leurs intentions, elles s'exécutent sans aucun empeschement et contredict, et n'y a rien qui ait tant préservé l'Estat de la confusion et désobéissance que ceste auctorité et pouvoir, qui a tousjours apporté à ce royaume aultant de bien que le changement de formes ordinaires dans la conduite et le maniement des affaires y a apporté de mal et de préjudice.

« Toutesfois, Monsieur, puisqu'il plaist au Roy, auquel Dieu a donné le jugement souverain de toutes choses, et nous a baillé la gloire d'obéissance, ne pouvant contredire et estans particulièrement et estroitement obligez à servir à S. M., nous vous supplions, Monsieur, vouloir prendre notre silence pour notre debvoir. »

Tost aprez, led. s^r duc de Longueville, parlant ausd. s^{rs} de Barentin et du Chastellet comme pour deslibérer entre eux, à l'instant se sont levez aucuns de Messieurs les maistres de leurs places pour sortir du bureau; mais aussi tost ledit s^r duc de Longueville a prononcé ces mots : « Le Roy a ordonné et ordonne que lesd. éeditz, déclarations et jussions seront leues, publiées et registrées, oy et consentant le procureur général du Roy. » Ce faict, led. s^r duc de Longueville s'est levé et a salué la Compagnie, comme aussi lesd. s^{rs} de Barentin et du Chastellet, et sont sortis du bureau ; tous Messieurs les présidens et maistres séant au bureau, leur ayant rendu le salut, se sont retirez, et ledit s^r de Longueville a esté conduit jusques sur le degré de la gallerie par lesd. s$_{rs}$ de Fondimare et Le Seigneur. »

Opposition du procureur syndic des États à une levée de deniers. — « 30 janvier 1626. N^{as} Eschard, procureur scindiq des Estats de Normandie, demande que la somme de 6,000 l., employée dans les lettres patentes pour la levée de la creue des garnisons de la présente année pour la rescompense accordée à ung nommé Batignon, à cause de la perte qu'il a faicte de quelque navire, à luy appartenant, ne sera imposée sur le peuple; les trésoriers de France au Bureau des finances arrêtent que la levée de lad. somme sera sursise. Le s^r Batignon se pourvoira où il pourra » *(Plumitif du Bureau des Finances)*.

Comptabilité des États de Normandie. — « Me Constantin Heudebert, trésorier des Estats de la province de Normandie, nous vous mandons et ordonnons que, des deniers de votre charge de la présente année, vous paiez à Me Pierre Rouillard, greffier en notre Bureau, 200 l. que nous lui avons taxée pour avoir fait 21 coppies de lettres-patentes du Roy pour la levée des tailles et creues jointes et taillon de la présente année, faict et dressé le département d'icelle, expedié nos 21 commissions sur lesd. lettres-patentes, et 21 missives et adressantes aux Esleuz de ceste Généralité et autres expéditions sur le subjet de l'imposition et levée desd. tailles, 6 février 1626 » *(Registre de lettres d'État du Bureau des finances)*.

« Estat de la somme de 12,968 l. 6 s. 8 d. que Me Jacques Rouillé, conseiller du Roy, et receveur général de ses finances, aura à recevoir des receveurs particuliers des tailles des Ellections de lad. Généralité cy-après nommez que S. M., par ses lettres-patentes données à Paris, le 30e jour de déc. 1625, a ordonné estre levée sur les contribuables aux tailles, assavoir : 12,000 l. pour les deux tiers de 18,000 l. dont les gens des trois Estats en ceste province de Normandie ont accoustumé de faire présent au gouverneur d'icelle, continué à l'endroit de M. le duc de Longueville, gouverneur lieutenant général pour S. M. en lad. Province, l'autre tiers estant levé sur la Généralité de Caen, 400 l. pour les frais de l'obtention des lettres-patentes, 150 l. pour l'exécution d'icelles et 418 l. 6 s. 8 d. pour les taxations de 8 d. pour livre du trésorier desd. Estats, la dite somme de 12,968 l. payable par lesd. receveurs des tailles ès mains de Constantin Heudebert, 1 avril 1626. » — Mandement du Bureau des finances à Constantin Heudebert, même date *(Ibidem)*.

ÉTATS DE DÉCEMBRE 1626.

I.

Extrait des registres de l'hôtel-de-ville de Rouen.

Lettres du Roi fixant la réunion des États, à Rouen, au 1ᵉʳ décembre, S.-Germain-en-Laye, 25 sept. 1626 ; — du gouverneur au bailli, S.-Germain-en-Laye, 27 sept ; — de Messieurs du bailliage aux échevins de Rouen, 5 nov.

Assemblée à l'hôtel-de-ville de Rouen pour l'élection des députés, 20 nov.—Prirent part à l'élection, 42 curés, 2 nobles, 46 bourgeois, dont le nom est indiqué sans compter les autres. On nomma pour l'église, Mᵉ Barthélemy Hallé, sieur d'Orgeville, chanoine en la cathédrale de Rouen, promoteur général de l'archevêché, archidiacre d'Eu ; pour la noblesse, messire Étienne de la Roque, chevalier, baron de la Mare, gentilhomme ordinaire de la chambre du Roi ; comme échevins, nobles hommes Geoffroi Gavyon, conseiller du Roi, grènetier au grenier à sel et premier conseiller échevin, et François de Brèvedent, sieur de Sahurs, conseiller échevin moderne.

Le curé de Tourville-la-Rivière fit de nouvelles plaintes de ce que les sergents continuaient à assigner les curés pour l'élection du député du tiers état. On l'invita à faire, dans la huitaine, apparoir des dites assignations, devant le procureur du Roi du bailliage.

(1) En marge du registre on note que l'assemblée se tint, dans la salle ordinaire du conseil de l'hôtel commun, exceptionnellement et parce que la grande salle n'était point en état.

De son côté, à l'appel de son nom, le curé de S. Michel de Préaux déclara qu'il avait procuration pour tous les curés du doyenné de Pont-Audemer. On lui fit observer que ceste sorte de procuration n'était point valable, et qu'en conséquence, comme celle de tous les autres, sa voix ne compterait que pour une.

« Nota qu'aprez la lecture faicte par le sergent de la ville des lettres du Roy, de Mgr. le duc de Longueville, et de MM. du bailliage, lecture a esté aussi faicte des procurations des députés du tiers estat des quatre vicomtés ; et pour recevoir les voix a esté suivy cest ordre, à sçavoir : après MM. du bureau ont donné leurs voix, MM. les députés du chapitre, (1) MM. les anciens conseillers, MM. les quarteniers, et ensuite MM. les curés, nobles, notables bourgeois et autres, et, en dernier lieu, les députés des quatre vicomtés du tiers estat. »

Proposition des États. — « Samedi 5 déc. 1626. En l'assemblée tenue pour délibérer les articles pour employer au Cahier des Estats de Normandie, en l'hostel commun de la ville de Rouen, devant nous, Scipion Marc, s^r de la Ferté, lieutenant général au bailliage, en laquelle ont assisté MM. l'advocat du Roy aud. bailiage, conseillers modernes, anciens, députés de l'église et noblesse et du tiers estat des quatre vicomtez, il a esté arresté que le Roy sera très-humblement supplié de faire rétablir le commerce en ceste Province et le remettre entre les mains de ses subjectz, qui sont obligez de contribuer, comme ils font de cœur et d'affection, aux charges de son Estat.

« Pour cest effect S. M. sera très-humblement suppliée de

---

(1) Le 20 nov. 1626, sur l'avertissement donné de la part de l'hôtel-commun, le chapitre avait chargé de s'y rendre, pour l'élection, MM. Le Fèvre et de Mathan, chanoines inscrits en la table *ad beneficia conferenda.* Ils se firent remplacer par deux autres de leurs confrères.

n'accorder lettres de naturalité à un grand nombre d'estrangers qui affluent de toutes parts en ceste ville de Rouen, comme Portugays et autres, lesquels, soubz la faveur de telles lettres, s'y habituent pour le temps qu'il leur plaist, et cependant attirent à eux toutes les affaires que les bourgeois de lad. ville avoient acoustumé de traiter auparavant en tous les pays estrangers ; ou, s'il plaist à S. M., pour quelques considérations, de gratifier aucuns desd. lettres, qu'au moins ceux qui les auront impétrées ne puissent jouir du privilége des bourgeois, mais seulement leurs enfans nez en France. Autrement, il arrivera que lesdits estrangers, après avoir amassé de grands biens, quitteront la France, emportans avec eux ce qu'ils auront butiné sur les subjects de S. M.

« Le Roy sera très-humblement supplié, pour maintenir le traffic, et y employer entièrement ses subjectz, de ne permettre aux estrangers d'apporter en ce royaume aucunes marchandises manufacturées en leur pays, comme il se pratique très-estroictement en Angleterre, Portugal et autres lieux, et particulièrement de défendre aux estrangers d'apporter aucunes marchandises de leurs pays, contrefaictes à celles de France.

« Il est nécessaire encore, et pour le service du Roy, et pour le bien du commerce, de remettre la navigation en son entier, laquelle est aujourd'hui presque négligée entre les François, faulte d'employ. Pour empescher qu'elle ne se perde de tout point, S. M. sera très-humblement suppliée de défendre à toutes personnes, et particulièrement à l'adjudicataire général des gabelles, d'employer, dans les ports de France, aucuns navires estrangers, tant qu'il y en aura de françois. »

Articles contre les Espagnols et les Hollandais, qui, sous prétexte de la guerre qu'ils ont entre eux, saisissent les navires français allant en Hollande ou en Espagne. « Les Hollandais s'allient de forbans turcs, leur donnent retraite dans leurs havres, d'où ils sortent impunément pour surprendre les navires françois desquels ils tirent les hommes pour les enlever en une misérable captivité.....

« Le Roi a donné main-levée aux Anglois pour leurs biens qui avoient été saisis en ce royaume : ils n'ont de leur part satisfait à la restitution des biens et navires françois arrestez en Angleterre, bien qu'ils l'eussent promis solennellement. »

Ne point accorder de lettres pour l'enlèvement des grains, à cause de la cherté. « Déjà le blé se vend 8 et 9 francs la mine : il est à craindre que la Province ne soit réduite aux mêmes extrémités que l'année dernière. »

Articles contre l'écu pour tonneau de mer ; — contre le droit perçu par les fermiers des traites domaniales ; — contre les exactions des fermiers des cinq grosses fermes ; — contre les contrôleurs des titres et les receveurs des consignations. — On demandera au Roi de faire fonds pour le paiement des rentes créées sur la recette générale des finances de Rouen, et d'ordonner que les particuliers à qui elles sont dues soient préférés à toutes personnes, qui, pour autres causes, seront assignées sur la recette générale.

II.

Extrait du registre du greffier-commis des États.

« Du samedy, 5ᵉ jour de déc. 1626, ouverture des Estats de ceste Province a esté faite au manoir archiépiscopal, devant Mgr. de Longueville, gouverneur et lieutenant général pour S. M.

Après lad. ouverture et que lesd. sʳˢ députés ont esté appelés en la manière accoustumée, ils se sont assemblés par les bailliages, pour deslibérer qui devoit, de MM. les députés de l'église, présider en la présente assemblée et faire la responce jeudy prochain ; et, d'ung advis uniforme, ont député noble et discrète personne Mᵉ Barthélemy Hallé, pour faire lad. response et présider en lad. assemblée; et, ce fait, il a fait prester le serment auxd. sieurs assemblés en la manière accoustumée.

Et, sur la requeste présentée par Mᵉ Pierre Le Leu, affin qu'il pleust à la compagnie, attendu les services qu'il a rendus à la Province, depuis 10 ou 12 ans, luy donner et octroyer l'office d'huissier desd. Estats, vacant par le décéds de feu Mᵉ Guill. Baziret, en son vivant, pourveu dud. office, et, après avoir entendu la lecture d'icelle, faite par Mᵒ Echard, procureur sindiq, et les fins y contenues, ils se sont assemblés par les bailliages en la manière accoustumée, et, d'ung advis uniforme, luy ont donné et octroyé led. office d'huissier desd. Estats au lieu et place dud. Baziret, pour en jouir aux mesmes droits, profits, fruits, gaiges et taxations desquelles jouissoit led. Baziret, et à ceste fin de luy prins et receu le serment de bien et fidellement rendre service ausd. Estats et à lad. Province, ce qu'il a ainsy juré et promis faire. Signé : B. Hallé, président en l'assemblée, Echard et Le Leu. Au dessous : Par mesdits sʳˢ les délégués ; signé : De la Court.

Et, led. jour, après midy, a esté représenté par led. sʳ procureur sindiq ung arrest de la Chambre des Comptes, contre la vérification d'ung édit contenant certaine attribution de droits aux receveurs et controlleurs généraux des boys, et arresté qu'il sera dressé article pour demander la révocation dud. édit, en ce qui concerne la levée qui se feroit sur le peuple, pour empescher que ceux qui ont ce parti n'obtiennent de lettre de possession.

Qu'il sera aussy demandé la révocation d'ung autre édit présenté à la Cour des Aydes, contenant l'érection de deux Esleus en chascune des Ellections de ceste Province, fors et excepté ceux du siége de Gournay, Pontoise, Chaumont et Maigny.

Qu'il sera employé article pour demander que MM. de la Noblesse jouissent de tels et pareils priviléges que MM. des cours souveraines avec permission de vendre leurs boissons sans payer quatrième, et du sel, et que pareil article sera dressé pour MM. les ecclésiastiques.

Qu'il sera employé article pour demander la révocation des offices des commissaires des tailles et de leurs fonctions, et que leur remboursement se fera au denier 14, et leur précompter ce qu'ils auront receu en plus oultre depuis que les pourveus en ont jouy.

A esté mis en deslibération sy on doibt employer article touchant la recette des droits des 6 d. pour livre et autres deniers sur le gros de la taille et creues, et à ceste fin se sont assemblés par les bailliages, et, d'ung advis uniforme, a esté arresté qu'il seroit dressé article, et demander qu'il plaise à S. M. ordonner que les propriétaires seront tenus d'eslire domicille en chascune paroisse, auquel les collecteurs seront tenus de payer lesdits deniers.

Et le lendemain, 6º jour dud. moys et an, après midy, a esté arresté que S. M. sera suppliée de diminuer, sur le corps principal de la taille, la somme de 300,000 l. sur la Généralité de Rouen, et 150,000 l. sur la Généralité de Caen et sur les creues à l'équipolent, et de révoquer les 6 d. pour livre mentionnés dans les patentes pour les collecteurs, et que ceux qui ont receu les 20 d. pour livre à eux cy-devant attribués seront tenus les restituer, par les raisons qui seront employées dans le Cayer.

A esté mis en deslibération sy on debvoit employer dans le Cayer article de demander la démolition des places, ainsy que S. M. l'a demandé par ses patentes, et, par l'advis des députés à la pluspart assemblés par les bailliages, a esté arresté qu'il n'en sera employé aucune chose dans led. Cayer, se rapportant à S. M. d'en ordonner ce qu'il luy plaira.

Qu'il sera employé article et du moings ajouté que les

archers du sel ne se pourront servir d'aulcunes évocations en conséquence des procès que l'on pourra faire à l'encontre d'eux, à cause des délits qu'ils peuvent commettre en l'exercice de leurs charges (1).

Et le lundy, de matin, 7ᵉ dud. moys et an, a esté mis en deslibération sy on debvoit employer, dans le Cayer, article touchant l'admesnagement des léprosaries et hospitaux ; et se sont assemblés lesd. sʳˢ députés par les bailliages, et arresté, d'ung advis uniforme, qu'il sera employé article par lequel S. M. seroit suppliée d'ordonner que le revenu desd. léprosaries sera joinct dans le revenu des hospitaux, duquel revenu les administrateurs desd. hospitaux seront tenus rendre compte par devant les eschevins des villes où il y en a d'establis, et ce sans frais et despens, en ce réservés ceux desd. léprosaries qui sont affectés aux trésors des paroisses où elles sont situées (2).

Arresté aussy qu'il sera adjousté à l'article par lequel on demande la suppression des commissaires des tailles, que les assesseurs de la taille le pourront faire sans y appeler ou attendre les commissaires.

A esté aussi mis en deslibération si les gouverneurs des villes pouvoient estre députés pour assister à la présente assemblée, et arresté, par l'advis de tous les autres députés, que les lettres de S. M. adressantes à MM. les baillis seroient, ce jourd'huy, après midy, ou du moins la copie, représentées par MM. les eschevins de ceste dite ville, pour, ce fait et veu, en estre conféré avec Mgr. le duc de Longueville.

Et led. jour après midy, a esté aussi mis en deslibération sy on debvoit joindre à l'article, pour demander la suppression du nombre supernuméraire des Trésauriers de France ;

(1) Cet article ne passa pas dans le Cahier des États.
(2) Cet article passa dans le Cahier ; mais il n'y fut pas question de comptes à rendre par devant les échevins des villes.

et, assemblés par les bailliages, a esté arresté que led. article sera augmenté de demander lad. suppression (1).

Qu'il sera aussi employé article pour demander la suppression de deux bureaux, l'ung establyà Allençon et l'aultre à Cousternes, vicomté de Domfront, par les fermiers des traites foraines et par sentence du maistre des ports de ceste dicte ville de Rouen.

A esté aussy arresté, par l'advis de tous lesd. s^{rs} assemblés, que la Province fera pareille gratiffcation de 18,000 l. que l'on accoustumé de faire à Mgr. le duc de Longueville.

Sur la requeste présentée par les maistres des ports de ceste ville de Rouen en la ville de Paris, tendant affin d'estre payés de la somme de 900 l., de vendre du vin sans payer quatrième et d'estre actuellement deschargés de la taille, veu icelle requeste et délibéré en lad. assemblée, il a esté ordonné que les supplians se retireront par devers Mgr. le duc de Longueville pour leur estre pourveu.

Et sur la plainte faite par plusieurs des députés que le nombre extraordinaire des Commissaires pour la tenue des Estats emporteroit la meilleure partie des fonds destinés pour la tenue d'iceux, estans payés de leurs taxes, et ont congnoissance que, du temps que Mons. de Bretignère estoit sindiq desd. Estats, S. M. avoit ordonné que lesd. Commissaires assisteroient sans gaiges ou taxations, et aulcuns d'eux ont représenté led. Cayer, lequel après avoir esté veu, et en conséquence d'icelluy, ung autre depuis respondu en l'année 1617, lesd. s^{rs} députés, assemblés par les bailliages, ont tous, d'ung advis uniforme, arresté que ceux de la compaignie qui seront députés pour l'audition des comptes empescheront qu'il soit employé dans la despence aulcune chose pour lesd. s^{rs} Commissaires extraordinaires et nouvellement nommés dans lad. commission (2).

(1) Cet article ne fut pas employé dans le Cahier.
(2) On ne voit aucun article dans ce sens dans le Cahier.

Et, ce fait, a encore été remis en délibération, sy on debvoit pas employer dans le Cayer article pour demander, suyvant le voulloir et intention de S. M., la démolition des places de ceste Province ; et, lesd. sieurs députés assemblés par les bailliages, a esté derechef arresté, par leur advis à la pluspart, qu'il n'en seroit employé aulcune chose, se rapportant à Sa dite Majesté d'en ordonner ce qu'il luy plaira.

Et le lendemain, 9ᵉ dud. moys de matin, a esté mis en délibération et arresté qu'il sera dressé article pour supplier S. M. de faire observer la conduite et passage des gens de guerre suyvant et conformément aux édits et ordonnances sur le fait des estappez.

Qu'il sera dressé article, pour supplier le Roy de n'envoyer aulcuns commissaires extraordinaires dans la Province. (1)

Que les députés pour l'audition des comptes seront advertis de ne permettre qu'il soit employé, dans la despence desd. Estats, aulcune somme pour l'assistance des officiers commissaires, comme trésoriers et receveurs généraux, lesquels n'ont assisté à lad. tenue, et que les deffences soient faites au trésorier desd. Estats de leur en payer aulcune chose.

Du 10ᵉ dud. moys, après qu'il a esté certiffié auxd. sieurs députés que le sʳ d'Escageul, Trésorier de France à Caen, lequel debvoit, cette année, assister auxd. Estats, avoit esté obligé de rester en sa maison, et aussi que le sʳ Rouillé, receveur général, estoit demeuré malade, ils ont arresté qu'ils seroient employés aux comptes comme aux années précédentes.

Et, sur ce que lesd. sieurs députés se seroient encore assemblés pour délibérer derechef sur le nombre des sieurs Commissaires nommés par le Roy pour la tenue desd. Estats, après s'estre assemblés par les bailliages, ils ont arresté que

(1) Cet article ne fut point non plus employé dans le Cahier.

ceux desd. sieurs employés aux dernières années des comptes y seroient encore employés celle-cy aux mesmes charges portées par les comptes des dernières années, en cas qu'il se trouve des fonds.

Et sur la remonstrance faite par le s^r Heudebert, trésorier des Estats, qu'il leur estoit enjoint par l'estat des finances de S. M., de porter au Conseil l'estat de la despence destinée pour les affaires de la Province, avant que les receveurs généraulx lui puissent fournir aulcuns deniers des sommes qu'il a à prendre sur eux à cause de sa dite charge, attendant sur ce leur advis et commandement ; et, après qu'ils se sont assemblés par les bailliages, d'ung advis uniforme, deffenses luy ont été faites bailler ny porter led. estat au Conseil, ains suivre les advis que M. M. les députés qui seront nommés pour porter le Cayer lui donneront, estant nommément chargés de ceste affaire de la part desd. Estats.

Et, led. jour après midy, sur ce que lesd. sieurs députés, à l'accoustumée, se seroient transportés en l'hostel de Saint-Ouen, pour recevoir les advis de Mgr. de Longueville et de MM. les Commissaires sur chascun des articles employés dans le Cayer des remonstrances, lecture auroit esté faite par Mgr. de Longueville d'une requeste présentée aux sieurs Commissaires par Guillaume Aubourg, greffier desd. sieurs, tendant affin que, pour les causes y mentionnées, il fust ordonné que, au préjudice du s^r Echard, procureur sindiq desd. Estats, il porteroit et présenteroit le Cayer au Roy avec les advis et ordonnances desd. sieurs Commissaires ; et après que mon dit seigneur l'a mise en deslibération, par son advis et de tous lesd. sieurs Commissaires uniforme, elle a esté déclarée inciville et impertinente ; et a esté ordonné qu'il en seroit fait mention et employé acte en ce registre pour mémoire perpétuelle et s'en servir en temps et lieu.

Et, ce fait, lesd. sieurs s'en sont retournés aud. archevesché, en la chambre de l'assemblée, pour nommer ceux qui debvoient porter le Cayer et assister à l'audition des comptes, et ont nommé pour le port dud. Cayer, pour l'Ecclésiastique, etc...

Signé : B. Hallé, président en l'assemblée, et Echard. Au dessous: Par mes dits sieurs les délégués, signé : De la Court.

III.

Nomination des deux commissions pour le port du Cahier et pour l'audition des Comptes.

« Du vendredi avant midi xie de décembre 1626, à Rouen. Furent présens noble et discrette personne Me Barthélemy Hallé, s^r d'Orgeville, député pour les gens d'église du bailliage de Rouen, Étienne de la Roque, escuier, s^r et baron de la Mare, gentilhomme ordinaire de la chambre du Roy, délégué pour les gens nobles dud. bail., n. h. Geuffroy de Gavyon et Franç. de Brevedent, escuier, s^r de Sahurs, ancien et moderne conseillers, eschevins de ceste ville de Rouen, délégués pour lad. ville; David Du Thil, d. pour le tiers Estat de la vicomté de Rouen ; Loys Fontaine, d. pour le t. e. de la vicomté du Pont-de-l'Arche ; Marin Cuffet, d. pour le t. e. de la vic. de Pont-Autou et Pont-Audemer, et Jacques Carrey, d. pour le t. e. de la vic. d'Auge ; — noble et discrette personne Me Estienne de Bouvier, abbé commendataire de l'abbaye de Beaubec, d. pour l'église du bail. de Caux ; Guil. de Goustilmesnil, esc., s^r du lieu, d. pour la noblesse dud. bail.; N^{as} Doré, d. pour le t. e. de la vic. de Caudebecq; Jacques Collas (peut-être faut-il lire Goullas), d. pour le t. e. de la vic. de Montivillier ; N^{as} Normyer, d. pour le t. e. de la vic. d'Arques; Jacques Videcoq, d. pour le t. e. de Gournay ; N^{as} Mouchard le jeune, d. pour le t. e. de la vic. de Neufchastel; — noble personne M° Claude de la Broyse, official de Baieulx, curé de S. Germain de Tallevende, d. pour l'église du bail. de Caen; Loys de Guillebert, esc., s^r de Sequeville, baron de Coullonces, d. pour les nobles dud. baill.; Olivier Duboys, esc., receveur des deniers communs de la ville de Caen, d. pour lad. ville de Caen; André Heuste, d. du t. e. de lad. vic.; Toussaint Rupalley, d. du t. e. de la vic. de Baieulx; Pierre Lauzeray, d. du t. e. de la vic. de Falaize; Sébastien Ruelle, d. du t. e. de la vic. de Vire; — M° François Auvrey, curé de Montgothier, d. pour les gens d'église du baill. de Costentin; Jeh. de Launey, esc., s^r de la Villermoys, d. pour les nobles dud. baill.; Jeh. Corbel-les-Jardins, d. du t. e. de la vic. de Coustances; Jeh. Barbey, d. du t. e. de la vic. de Carentan et S.-Lô; Pierre Rossignol, d. du t. e. de la vic. de Vallongnes; Jeh. Gaudin, d. du t. e. de la vic. d'Avranches; N^{as} Eschart, d. pour le t. e. de la vic. de Mortaing; — noble personne M° Jeh. du Pré, chanoine et chantre de l'église d'Évreux, d. pour l'église dud. baill.; N^{as} Le Villain, esc., s^r du Rouchay, d. pour les nobles dud. baill.; Martin Le Febvre, d. pour le t. e. de la vic. d'Évreulx; N^{as} Le Pic, d. pour le t. e. de la vic. de Beaumont-le-Roger; Robert Toustain, d. pour le t. e. de la vic. de Conches et Bretheuil; Anthoine Le Febvre, d. pour le t. e de la vic. d'Orbec; — noble personne M° Jeh. Guersent, presbtre, curé de la Londe, d. pour les gens d'église du baill. de Gisors; Esmes de Pillavoyne, esc., s^r de Boisemont, d. pour les nobles du baill. de Gisors; Claude Guillot, d. pour le t. e. de la vic. dud. Gisors; Ch. Allain, d. pour le t. e. de la vic. de Vernon; Jean Langlois, d. pour le t. e. de la chastellenie de Pontoise; Ch. Le Roux, d. pour le t. e. de la vic. d'Andely; Guill. Collas, d. pour le t. e. de la vic. de Lyons; — M° Guill. Boucquet, presbtre, d. pour l'église du baill. d'Alençon; Laurent Paulmier, esc., s^r de la Rosière, d. pour les gens nobles dud. baill.;

Joachim Ruel, d. pour le t. e. de la vic. d'Alençon, et Mᵉ Pierre Hatesse, sʳ de Crossy, receveur ordinaire des deniers communs et d'octroy de la ville d'Argentan, d. pour le t. e. de la vic. dud Argentan, » nomment pour le port du Cahier Hallé et Guersent, de l'église; de la Roque et de Guillebert, de la noblesse; Rossignol et Ruel, du tiers état, avec Nᵃˢ Echard, sʳ du Bucorde, procureur syndic; — pour l'audition des comptes, de Bouvier et de la Broise, de l'église; de Villermois et de la Rozière, de la noblesse; Colas et Cuffet, du tiers état, avec le même Echard, procureur syndic.

IV.

PIÈCES DIVERSES.

Surséances accordées au procureur syndic des États par le Bureau des Finances de Rouen. — « 28 juin 1627. Pour les considérations contenues en la requeste de Nic. Eschard, procureur syndic des Estats de Normandie, il est ordonné que la levée de 30,000 l. demeurera surcize pendant six semaines, dans lequel temps ledit Eschard féra apparoir de la volonté du Roy, et à faulte de ce faire sera passé outre à l'exécution d'icelle; et sera délivrée aud. Eschard la certification par luy requise. »

« 2 août 1627. Se retirera le procureur des Estatz vers le Roy et nos seigneurs de son Conseil pour y faire ses remonstrances, ainsi qu'il advisera bien estre, et cependant les présidens, Trésoriers généraux de France, à Rouen, supplient très-humblement S. M. et nos seigneurs de son Conseil les dispencer de l'exécution desd. lettres, jusqu'à ce que l'éedict adressé et envoyé en la Cour des Aydes de la Province y ayt esté registré » *(Plumitif du Bureau des Finances de Rouen).*

Ordonnance du Bureau des Finances de Rouen contre les levées particulières qui se faisaient en Normandie. —

« 5 février 1627. Sur l'advis donné qu'il se faict quelques levées de deniers particuliers sur le peuple sans lettres-patentes du Roi, ni commissions de ce Bureau, a esté ordonné que commissions seront expédiées aux Elleus des Ellections de ceste Généralité, portant deffenses de faire ny permettre estre faict aucunes levées particulières sur les parroisses, villes et communaultez, en l'estendue desd. Ellections, sans lettres-patentes de S. M. et commissions de ce Bureau, à peyne de privations de leurs gaiges et d'en respondre en leurs noms privez » *(Ibidem)*.

Comptabilité des États de Normandie. — « Mandement à Jacques Rouillé, receveur général des finances en la Généralité de Rouen, de payer, des deniers emploiés en l'Estat de S. M. soubz le nom du trésorier des Estats de Normandie, pour les taxations des Commissaires desd. Estats, la somme de 14,330 l. à Constantin Heudebert. 13 juillet 1626.

Mandement audit Heudebert, pour recevoir de Rouillé ladite somme pour être employée au fait de sa charge et paiement des taxations des sieurs Commissaires et délégués desd. Estats, frais et affaires communes de la Province. Même date.

Autre mandement à Rouillé de payer à Heudebert, 1916 l. 8 s. pour être lad. somme employée au paiement de parties des gages des postes entretenues en ceste Province. Même date.

Mandement à Heudebert pour recevoir lad. somme de Rouillé *(Ibidem)*.

Remise faite par la Cour des Aides de délibération à prendre sur un édit de décembre 1625, jusqu'après la tenue des États. — « 16 sept. 1626. Sur la présentation faicte à la Court des lettres patentes du Roy en forme d'édict, données à Paris au mois de déc. 1625, portant suppression des offices d'Esleuz et lieutenans particulliers establis en ce royaulme, et création en leur lieu, d'un lieutenant particullier Esleu et ung autre Esleu en chacune Ellection en chef de ce royaulme, tout considéré, la Cour a remis la délibération dud. édict et des causes d'opposition sur iceluy jusques après la séance des Estats de ceste Province. Signé : Dyel et Marc » *(Registres du Conseil de la Cour des Aides).*

Avis donné au Roi par la Cour des Aides, sur l'usage de la Normandie en matière de contribution aux tailles, conformément aux Cahiers des États. — « Mercredy 22 déc. 1627. Sur ce qui a esté représenté par Me Nicolas Eschard, procureur scindiq des Estats de Normandie, que, par le Cahyer des Remonstrances faites au Roy en la convention desd. Estats tenus à Rouen, le 7e jour de décembre 1620, art. 4, S. M. auroit ordonné que les contribuables à ses tailles qui se retireroient ès villages prochains hors lad. province pour s'en exempter et les payer aux lieux où ils seront résidens, ne pourront jouir de lad. exemption, ains qu'ilz seront sortiz, néantmoins plusieurs desd. contribuables obtiennent journellement, au Conseil de S. M., descharges au préjudice de ce règlement, ce qui est de telle conséquence que ceste province se trouvera en peu de temps destituée d'habitans qui puissent payer la taille et fournir aux charges de l'Estat, estant un vrai moyen pour affranchir tous les riches taillables, les faire nobles ou du moins leur donner un commencement de noblesse, d'autant que se retirant au Mayne, Bretagne et autres provinces limitrophes, après la demeure de 3 ans, ilz sont entièrement deschargez de la taille de Normandie, tellement que revenant demeurer, après led. temps expiré, en l'une des villes franches ou amodiées de ce pays, ils ne seront plus imposez aux tailles, mais exemptz de toutes charges, au préjudice des pauvres et nécessiteux. C'est pourquoi lesd. Estats, en la convention d'iceulx tenue à Rouen, le 10e jour de décembre 1626, auroient, par leur Cahier de Remonstrances, art. XXIIII, supplyé S. M. de vouloir faire observer l'ordonnance par elle faicte sur led. IV° art. du Cahier de l'année 1620, sur quoy S. M. auroit respondu qu'elle prendroit advis de la Court des Aides de Normandie sur le contenu dud. art. pour y pourvoir ainsy que de raison, et partant led. procureur scindiq desd. Estats nous auroit requis donner sur ce advis à S. M., à quoy ayant esgard, et veu lesd. Cahiers de Remonstrances desd. années 1620 et 21, articles IV et XXIX d'iceulz, lesd. présidents et Trésoriers généraulx de France à Rouen donnent advis à S. M. et Nos Seigneurs de son Conseil que l'usage de la Province de Normandie est que, depuis qu'une foys ung contribuable aux tailles a esté assis, imposé et enrôlé en une paroisse en lad. Province comme naturel taillable, il ne peult estre deschargé, quelque demeure qu'il aille faire hors icelle Province, d'autant que, s'il advenoit qu'il en fust deschargé, lad. Province demeureroit destituée de la pluspart des contribuables, au grand préjudice, foulle et oppression des pauvres, outre que cela apporteroit de grandes non-valeurs aux deniers de S. M., attendu que ceste dicte Province est grandement chargée de taille, et plus que nulle autre Province de ce royaume. » *(Registres du Conseil de la Cour des Aides de Normandie).*

Permission au fermier général des cinq grosses fermes d'établir des Bureaux en Basse Normandie. — 7 février 1626. — Requête de Jean De La Grange, conseiller secrétaire du Roi et fermier général des cinq grosses fermes de France. « Journellement arrivent en cette Province des marchandises du pays de Poitou, Bretagne et autres lieux èsquels les impositions d'entrée, traites foraines et domaniales n'ont cours, et à raison que le chemin ordinaire s'adonne par le pays du Maine, auquel n'y a, pour le droict d'entrée, aucuns bureaux établis, les marchands sont obligez ou de permettre la confiscation de leurs marchandises ou se détourner par un long chemin pour aller s'acquitter aux anciens bureaux. Ce qui auroit donné sujet à plusieurs marchands, durant la foire de Guibray, d'en faire plainte au maître des ports, lequel, pour éviter aux inconvénients d'une rumeur, fit un établissement de bureaux à Alençon, y compris le passage de Saint-Julien ou Meslay-sur-Sarte, Carrouges, Couternes et Ciral avec injonction audit De La Grange d'en faire faire les publications, ce qui fait avoit esté. Mais d'autant que le juge de police de la ville d'Alençon n'avoit voulu permettre aucune publication sans son congé, non plus que celui de Falaise et de Guibray, le suppliant auroit obtenu attache le 5 septembre 1625, la Cour des Aides lors vacante. » A ces causes et veu qu'en vérifiant le bail des cinq grosses fermes, elle lui avait fait défenses d'établir aucuns nouveaux bureaux sans son autorisation, ladite Cour permet par provision audit sieur De la Grange d'établir des gardes et des receveurs aux lieux ci-dessus indiqués *(Registres du Conseil de la Cour des Aides)*.

Procès pour droits d'aides réclamés indûment au bureau de Couternes. — 5 décembre 1626. Procès à la Cour des Aides entre Adrien, sire de Bréauté, chevalier, gentilhomme ordinaire de la chambre du Roi, prenant le fait et cause de Laurent Houde, son domestique, appelant de sentence du maître des ports et passages de cette Province au bureau établi à la foire de Guibray, le 19 août dernier, d'une part, et Me Jean De La Grange, fermier des cinq grosses fermes, d'autre part. Houde, avait acheté à Douey-en-Anjou des bœufs et des vaches pour faire pâturer les herbages de Hautot. Il s'était cru dispensé de rien payer, pour l'entrée de ces bestiaux, au bureau de Couternes, et avait été, pour ce fait, poursuivi par les agents du fermier. La Cour donna gain de cause à Houde et à son maître, fit défense de prendre aucune chose des marchandises qui proviendraient ou auraient passé en la province d'Anjou ou autres où les aides avaient cours, à peine de concussion, et ordonna qu'il serait informé des violences commises *(Ibidem).*

Commissaires des Étapes nommés par les États de Normandie. — Mandement de Charles, seigneur de Matignon, chevalier des ordres du Roi, conseiller en ses Conseils d'État et privé, capitaine de cent hommes d'armes de ses ordonnances et lieutenant général pour S. M. en Normandie, au sieur Vercingétorix Poërier, sieur de Taillepied, établi pour faire la charge de commissaire des Étapes en l'Élection de Valognes. Coutances, 29 juin 1627. — Le Roi ayant appris l'embarquement de l'Anglais, et craignant qu'il n'eût dessein sur la côte de Normandie, commanda à Matignon de donner, en diligence, l'ordre nécessaire pour s'opposer à la descente de l'ennemi. Matignon fit immédiatement mettre sur pied sa compagnie de 100 hommes et le régiment de son fils, le baron de Gacé. Pour pourvoir à leur subsistance, il fit assembler bon nombre de noblesse, d'officiers et de personnes notables affectionnées au service du Roi et du public, dont l'avis fut qu'il n'y avait moyen plus prompt et plus au soulagement du peuple que de faire vivre ces troupes par l'établissement des étapes. En conséquence, il fit venir incontinent par devers lui la plupart des commissaires, contrôleurs et receveurs, élus dernièrement en l'assemblée des États de Normandie tenue à Rouen, en décembre 1626, pour faire la charge des étapes aux élections des bailliages de Caen et de Cotentin en l'année 1627. Il leur proposa de dresser au plus vite un état des vivres nécessaires pour un mois. Les officiers des étapes furent unanimes à déclarer qu'il était impossible ou du moins très-difficile de délivrer les vivres en essence et à prier le gouverneur d'en convertir la levée en quelque somme d'argent qui serait imposée sur les contribuables et distribuée aux deux capitaines. Matignon se rangea à cet avis, et il fut décidé qu'il imposerait 45,484 l. à savoir 13,642 l. pour un régiment de 10 compagnies de 100 hommes à pied, 15,742 l. pour une compagnie de 100 hommes d'armes, 14,000 l. pour le régiment du sieur de Croisy, neveu de Matignon. — Le rôle de la contribution fut dressé pour l'Élection de Valognes, par le sieur de Taillepied, M⁰ Pierre Le Rossignol, de Porbail, contrôleur des étapes, et Julien Le Bel, receveur des étapes au même lieu, et adressé par eux à Matignon pour être rendu exécutoire, ce qui eut lieu en vertu d'un second mandement de Matignon, du mois de novembre 1627 (*Arch. de la S.-Inf. F. Poërier d'Amfreville*).

Extrait du mémoire présenté par les Échevins de Rouen, au procureur général du Parlement, pour être remis au Roi, afin d'obtenir la révocation de l'édit portant établissement d'offices de visiteurs, vendeurs de poisson sec et salé. — 26 juin 1626. Ils y rappellent que Rouen était une des villes les plus célèbres de l'Europe, que son commerce, fort considérable autrefois, avait notablement perdu de son importance. Ils en trouvaient une preuve dans le produit de l'octroi du droit sur les vins qui, après s'être élevé à 80,000 livres, ne dépassait plus, dans les meilleures années, 30,000 livres, bien que le droit eût été porté de 12 sous 6 deniers à 15 sous. « Ce qui restoit maintenant de plus entier estoit le trafic du poisson sec et salé qui abordoit encore en si grand nombre en la ville de Rouen qu'elle en fournissoit tout le royaume. Si l'édit avoit lieu, il seroit infaillible qu'elle seroit encore privée de ce commerce », dont vivaient plus de 20,000 personnes, et qui serait transféré en d'autres provinces de la France. D'ailleurs il était visible que 4 officiers ne pourraient suffire, que 50 même ne suffiraient pas, à cette visite qui servait de prétexte à l'établissement du nouvel édit; puisqu'on voyait arriver sur les quais, en une seule flotte, plus de 3 à 4,000 lets de hareng et 7 ou 800 milliers de morues (*Registre des Délibérations de l'Hôtel-de-Ville de Rouen*).

Refus par la ville de Rouen de contribuer à une mesure projetée par le Roi pour la protection du commerce. — « 11 janvier 1627. Sur les propositions faites à Messieurs les eschevins par M. de Louzon, président au grand Conseil, touchant quelque nombre de vaisseaux que le Roy veult donner aux villes de Rouen, Havre et Dieppe, pour la sureté du commerce, à condition que les eschevins desdictes villes soyent obligez d'entretenir lesdits vaisseaux, mesme d'en remettre et restablir d'autres en la place de ceux qui seront rendus inutiles par le cours du temps », la ville de Rouen, tout en remerciant le Roi de sa proposition, demande à être dispensée de cette nouvelle charge dont elle appréciait peu la nécessité *(Registre des délibérations de l'Hôtel-de-Ville de Rouen).*

ÉTATS DE DÉCEMBRE *1627.*

I.

EXTRAIT DES REGISTRES DE L'HOTEL-DE-VILLE DE ROUEN.

Lettres du Roi au bailli de Rouen fixant la réunion des États à Rouen au 9 décembre, S.-Germain-en-Laye, 17 sept. 1627; — du gouverneur de la Province au même pour le même objet, Rouen, 20 sept.; — des officiers du bailliage aux échevins de Rouen, 12 oct.

Assemblée tenue à l'hôtel-de-ville de Rouen, sous la présidence du lieutenant-général du bailli, pour l'élection des députés, le 1er déc. Prirent part à l'élection, 58 ecclésiastiques, parmi lesquels des religieux de Jumiéges, le doyen et des chanoines de la Saussaye, 8 nobles, 44 bourgeois dont le nom est cité, sans compter les autres. — On supplia mess. François de Harlay, archevêque de Rouen, présent à l'assemblée, de prendre charge pour l'état ecclésiastique, ce qu'il accepta. On nomma, pour la noblesse, Jacques du Fay, chevalier de l'ordre du Roi, comte de Maulévrier, s^r du Taillis, bailli de Rouen ; comme conseillers, N. H. Isaac Le Seigneur s^r de Maromme, et Jacques Bulteau.

Le curé de Tourville-la-Rivière renouvela sa plainte contre les sergents qui continuaient de l'assigner, lui et les autres curés, pour l'élection du député du tiers état de la vicomté de Pont-dè-l'Arche.

« Nota que Mgr. l'Archevesque, présent en cette assemblée, a pris place au bout du bureau, du costé des fenestres, en une chaire de velours, sur laquelle il y avoit ung coussin aux armes dud. seigneur ; et au dessoubz de lad. chaire y avoit un tapis de tapisserie.

« Nota encore que M. de Gueudeville, procureur syndic, et du Neufbosc, quartenier, furent députés pour aller trouver led. seigneur archevesque en son logis de l'archevesché et le prier d'assister en cette assemblée, en laquelle led. seigneur déclara qu'il y estoit venu pour tesmoigner son affection au public et pour se conformer à l'ordre de tout temps établi en pareille assemblée, ausquelles il ne désiroit prendre autre marque de dignité que celle de premier bourgeois ; et aprez que led. seigneur archevesque eust esté nommé pour l'estat ecclésiastique, il remonstra que cette députation n'estoit pas sans exemple, que Pierre Roger, de la maison de Rozière, au pays de Lymousin, estant archevesque de Rouen (et depuis pape sous le nom de Clément sixième), fust député de la province de Normandie avec les évesques d'Avranches et de Bayeux, pour représenter au Roy Philippe de Valois les grandes et insupportables levées qui se faisoient sur lad. Province, et fist tant, par la force de son éloquence, qu'il obtint descharge de tels imposts, avec promesse du Roy. pour l'advenir, qu'il ne se feroit plus aucune levée sur le peuple de la Province, sans le consentement des trois Estatz ; d'où est venue depuis la tenue d'iceux ; que, pour luy, il avoit une si grande affection au bien de la Province qu'il employeroit volontiers tout ce qui dépendroit de son pouvoir pour faire réussir quelque advantage à lad. Province de sa députation, à quoy il conjuroit et prioit toute la Compagnie de contribuer de sa part, afin d'en obtenir quelque fruict. » (1)

Proposition des États. — « Jeudi 9 décembre, il a esté arresté que le Roy seroit très humblement supplié de recevoir favorablement les plaintes d'une infinité de pauvres veufves et autres misérables personnes qui ont rentes assignées sur la Recette générale de Rouen. »

Contre les lettres de naturalité. — « Obliger l'adjudicataire des gabelles d'employer, dans les ports de France, les navires français au lieu des navires étrangers. Ne point permettre aux estrangers d'apporter en ce royaume aucunes marchandises manufacturées en leur pays, comme il se pratique en Angleterre, Portugal et pays de l'archiduc, ce qui donne un grand advantage aux habitans desd. pays, et duquel nous avons ressenty quelques effets, depuis que le traffic d'Angleterre est interdit, pendant lequel temps, un grand nombre de pauvres personnes de tous aages ont esté bien employez en ceste ville à la draperie, lesquels estoient réduits à la mendicité, lorsque les Anglais nous faisoient venir par deça leurs manufactures. »

Maintenir la juridiction des Consuls de Rouen dans ses priviléges, particulièrement « au droict dont elle a jouy

(1) L'archevêque ne faisait que répéter ce qu'il avait trouvé dans la *Chronologie des archevesques de Rouen* de Dadré, p. 261 : « Estant encores archevesque, il fut député de la Province de Normandie avec Jean, evesque d'Avranches, et Bertrand, evesque de Bayeux, vers le Roy Philippe de Valoys, pour monstrer les grandes et insupportables exactions qui se levoient sur la Province, et fist tant par sa grave éloquence, qu'il impetra descharge de tels imposts, avec promesse du Roy pour l'advenir, qu'il ne se feroit plus aucune leuée sur le peuple de la Province, sans le consentement des trois Estats, dont est venùe la teneure d'iceux, ausquels assistoient le temps passé les Evesques et Prélats de la Province, comme on fait encores aux autres Provinces qui ont priviléges de tenir estats, lesquels à l'exemple de cet Archevesque et autres évesques, remonstroient les calamités du peuple, comme c'est leur devoir : mais peu à peu cela est du tout négligé, et ne s'y trouve plus de la part du clergé que ou simples chanoines ou curez. »

jusqu'à présent de recevoir les recongnoissances volontaires qui se font en lad. juridiction, au grand soulagement de tous les habitans de lad. ville, dont quelques uns, poussez de leur intérest particulier, prétendent maintenant la faire priver par une action qu'ils luy ont intentée au Conseil de S. M. »

Contre les offices des 16 courtiers de change et de toute sorte de marchandise, qu'un nommé Godebin, sous une supposition et faux énoncé, a fait taxer au Conseil de S. M.

Contre l'écu pour tonneau de mer, etc.

II.

Extrait du Registre du Greffier-commis des États.

« Du jeudi 9ᵉ jour de déc. 1627, ouverture des Estats de cette Province a esté faite, au manoir archiépiscopal de l'archevesché de Rouen, devant Mgr. le duc de Longueville, gouverneur et lieutenant-général pour S. M. en ceste dicte Province.

Après lad. ouverture, lesd. s^{rs} députés ont résolu de s'assembler ce dit jour 2 h. après midy, pour commencer à délibérer de leurs affaires.

Et à lad. heure, lesd. s^{rs} députés s'estans assemblés, et aprés les avoir appelés en la manière accoustumée, ils ont, d'ung advis uniforme, supplié Mgr. l'illustrissime et révérendissime messire François de Harlay, primat de Normandie, archevesque de Rouen, d'avoir agréable de présider en la présente assemblée et faire la response mardy prochain.

Et, ce fait, mon dit seigneur, après avoir accepté lad. charge de présider en lad. assemblée et de faire la response au jour susdit, il a pris et receu le serment de tous lesd. députés, en la manière accoustumée, qui est de tenir secret tout ce qui sera résolu et arresté en la présente assemblée.

Lesd. s^{rs} ont arresté, par advis uniforme, qu'il sera dressé article pour demander la révocation des marqueurs et contrôleurs des cuirs, courtiers de vin en chascun bailliage et greffiers mentionnés par les édits envoyés en la Court des Aydes pour les vériffier.

Et à ceste fin se sont lesd. s^rs assemblés par les bailliages, et arresté que M. le procureur des Estats présentera requeste à la Court des Aydes pour la supplier de différer la vérification desd. édits, et que le s^r député de l'église de Caux, le député de la noblesse dud. bailliage, le s^r de Maromme, échevin de la ville de Rouen, et le député du tiers-estat de Caen se transporteront, avec led. s^r sindiq, par devers mesdits s^rs de la Court des Aydes, affin de les supplier d'en différer lad. vérification.

Et le lendemain avant midy, 10e dud. mois, mes dits s^rs les députés ont arresté qu'il sera dressé article pour les rentes deues sur la recette générale des rentes, et payées par le receveur de la ville......

Et led. jour après midy, après la lecture faite par le s^r député de l'église du bailliage de Caux contenant quelques articles concernant les affaires du clergé, et du soutien par luy fait qu'il debvoit estre employé article dans le Cayer des remonstrances, veu lequel soutien, lesd. s^rs députés se sont assemblés par les bailliages en la forme accoustumée, et, d'ung advis uniforme, arresté qu'il n'en sera employé aulcune chose dans led. Cayer.

A esté aussy mis en délibération sy l'on debvoit employer article au Cayer des remonstrances concernant les amendes jugées, il y a plus de 5 ans, en la cour de Parlement et autres juridictions, d'autant qu'il a esté remonstré qu'il sera fait des recherches et contraintes pour la perception demandée, il y a 20, 25, voire jusques à 30 ans, au préjudice des favorables responces de S. M. accordées aux articles des années 1614, 1615 ; et, d'ung advis uniforme, arresté qu'il sera d'abondant dressé article, et S. M. suppliée d'ordonner que celles qui ont esté receues de telle nature seront restituées, et qu'il luy plaira en retenir la congnoissance pour décider les différends qui interviendront cy-après, d'aultant que les principaux juges et magistrats de ceste Province ont des pensions à prendre sur lesd. amendes, et que les condamnés n'y pourroient espérer justice.

Qu'il sera dressé article pour supplier S. M. d'ordonner, attendant qu'il luy ait pleu pourveoir à l'exposition des monnoyes, qu'il soit enjoint aux receveurs des tailles de recevoir la monnoie que les collecteurs pourront recevoir.

Et le lendemain, 11e dud. mois, de matin, le sr député de l'église de Caen a fait son rapport à l'assemblée de la légation du jour d'hier par devers Mgr. le duc de Longueville touchant la révocation d'ung cappitaine du plat païs et dans les vicomtés de Saint-Sauveur Lendelin et Carentan, et de Boémiens qui vont et viennent journellement en ceste Province, et après son rapport lesd. députés ont arresté qu'il sera dressé article dans le Cayer pour demander la révocation de ceste charge de cappitaine du plat païs.

A esté aussy arresté qu'il sera dressé article touchant les petites escolles, sans la permission des sieurs archevesques et evesques, sous quelques prétextes que ce soit, de religion ou autrement.

Et ce fait, le sieur de Vaux, écuyer, sr de la Houssaye, a demandé qu'il pleust à la Compagnie avoir agréable luy permettre entrer en l'assemblée pour des plaintes qu'il avoit à faire à l'encontre du sr de la Guyonnière, lieutenant du sr grand prévost au bailliage d'Alençon, et à l'instant led. sr estant entré, Mgr. l'archevesque luy a fait donner place et séance, et après l'avoir entendu, luy a ordonné de sortir pour délibérer sy l'on luy debvoit accorder acte de ses plaintes ; et lesd. srs, d'ung advis uniforme, ont arresté qu'il ne luy seroit accordé ny délivré aulcun acte, attendu que c'est une forme qui ne s'est jamais veue en ceste assemblée, et que les deux nobles députés pour l'audition du compte verront MM. les présidents et le rapporteur de ceste affaire.

Arresté qu'il sera employé article pour demander qu'il soit deffendu de prendre par exécution les lits des pauvres gens.

Sur ce qui a esté proposé par M. le procureur sindiq que l'on évoquoit les affaires de l'admiraulté hors de ceste Province, suivant quelques plaintes qui luy en auroient esté faites, requérant qu'on délibérast par bailliages s'il seroit à propos d'employer article dans le Cayer pour demander qu'il pleust au Roy d'ordonner que les affaires de l'admiraité se jugeroient par les juges ordinaires de l'admiraulté et par appel, au Parlement, ainsy que par cy-devant on en avoit usé ; et, l'affaire mise en délibération, et assemblés par les bailliages, en la forme ordinaire, a esté arresté d'ung advis uniforme, que Mgr. l'archevesque se chargera de cette affaire pour en communiquer à Mgr. le cardinal de Richelieu à présent surintendant de la marine, et qu'il n'en sera rien employé dans led. Cayer, laquelle charge mon dit seigneur l'archevesque a vollontairement acceptée.

Sur la requeste présentée par M° Guill. Aubourg, conseiller du Roy et greffier des Estats, tendant à ce que le s^r du Buisson, trésorier desd. Estats, luy paye 25 l. de taxations, à luy attribuées pour son commis, et lesquelles led. s^r Heudebert avoit fait reffus luy payer depuis 2 ans, veu lad. requeste et ce qui a esté arresté en l'assemblée des Estats, le 8e déc. 1622, lesd. s^{rs} députés, d'ung advis uniforme, ont arresté qu'il seroit mis néant sur lad. requeste.

Et led. jour après-midy, led. Aubourg a esté fait entrer en lad. assemblée, et luy interrogé a reconnu estre greffier de MM. les Commissaires et non des Estats, et oultre, que par commandement de Mgr. le duc de Longueville et de Messeigneurs les Commissaires, il avoit, dans la Commission, raturé le nom de M⁰ J. B. Langlois, et au lieu de luy, y auroit employé son nom, et que de tout temps, luy et ses prédécesseurs avoient receu et enregistré les procurations, bien qu'il n'en soit rien porté par ses provisions; ensuite de quoy les députés des quatre vicomtés du bailliage de Rouen ont fait plainte contre led. Aubourg qu'il auroit fait reffus de recevoir et enregistrer leurs procurations; et à l'instant, l'affaire mise en délibération par les bailliages, et, d'ung advis uniforme, a esté enjoint au greffier de la présente assemblée d'enregistrer lesdites quatre procurations, et qu'à l'avenir le greffier de lad. assemblée registrera et recevra les procurations desd. s^{rs} députés; et, à cet effet, MM. les Commissaires du Roy seront suppliés de confirmer le présent règlement.

Et le lundy 13⁰ dud. moys, de matin, M. le prévost général de ceste Province est entré en l'assemblée, ainsy qu'il est accoustumé, et après luy avoir esté par Mgr. l'archevesque remontré plusieurs plaintes contre aulcuns de ses lieutenants et archers, a esté fait entrer le s^r Desjardins, lieutenant dud. s^r grand prévost au bailliage de Gisors, pour rendre raison des plaintes que l'on fait de quelques archers superflus qu'il a en sa compaignie; et après avoir rendu raison de ce que dessus, M⁰ Julien Le Got, député du tiers estat de Tinchebray, a fait des plaintes contre led s^r de la Guyonnière, l'ung des lieutenants dud. s^r grand prévost, lequel a déclaré qu'il le désavoue. Il a esté enjoint aud. Le Got luy mettre article entre les mains, des plaintes qu'il entend faire contre led. de la Guyonnière, (et les signera), et que le dit s^r grand prévost arrêtera les gages dud. de la Guyonnière, à faulte par luy de n'avoir comparu en ceste assemblée, ainsy qu'il y est obligé, et qu'il en sera délivré ordonnance de ce que dessus.

Et led. jour après midy, a esté mis en délibération sy l'on debvoit gratiffier Mgr. le duc de Longueville, du don de

18,000 l., ainsy qu'il a esté accoustumé, et, d'ung advis uniforme, a esté arresté que mon dit s^r seroit gratiffié de lad. somme.

Ce fait, a esté mis en délibération, sy l'on debvoit gratiffier M^r le duc de Villars, (1) de quelque somme honneste, pour une fois seullement, affin de le supplier d'avoir le soing des affaires de la Province ; et assemblés par les bailliages, d'ung advis uniforme, lesd. s^{rs} députés ont déclaré ne pouvoir entendre à lad. gratification quant à présent, attendu leur impuissance.

Sur la requeste présentée par Jacques Payen, escuier, s^r de S. Sauveur, fils et héritier de feu Jean Payen, escuier, s^r de la Garanderie, son père, présent Me Pierre Hinel, advocat, tendant à ce que, par le décedsarrivé dud. s^r son père, le 9e de ce présent mois, en la ville de Pont-l'Évêque, estant acheminé pour venir en l'assemblée des Estats, en qualité de député de la noblesse du bailliage de Costentin, il pleust à la compaignie luy accorder acte de ce que son dit père auroit esté député et enregistré dans le greffe de lad. assemblée, les actes de sa nomination, mesmes luy accorder la taxe ordinaire au député de la noblesse dud. bailliage, et oultre, en considération de la despence qu'il a esté besoing de faire aud. Pont-l'Évesque, tant pour la maladie que pour les funérailles dud. défunt, luy faire gratification de quelque somme qui luy sera délivrée par le s^r trésorier desd. Estats, veu lad. requeste, ensemble les actes de nomination et serment presté par led. défunt à Mortaing et Coustances, les 12 et 27 nov. dernier, lesd. s^{rs} députés, assemblés par les bailliages, en la forme ordinaire, ont arresté qu'il sera délivré acte aud. s^r de S. Sauveur, de

---

(1) Georges de Brancas, marquis de Villars, nommé lieutenant général au gouvernement de Normandie, vacant par le décès du maréchal d'Ornano, avec réserve du pouvoir du s^r de Matignon aux bailliages de Caen, Cotentin et Alençon, 18 octobre 1626.

la présentation et de la nomination dessus insérées, que la taxe que led. défunt eust eue sera payée aud. requérant par le s^r du Buisson, trésorier desd. Estats, qui luy sera allouée en la despence de ses comptes, en rapportant autant (1) de la présente avec acquit d'icelluy requérant, et oultre, que, dans le couvent des Augustins, il sera, mercredy prochain, célébré ung service en mémoire dud. défunt, auquel assisteront lesd. s^rs députés.

Dud. jour après midy, a esté mis en délibération sy l'on debvoit emploier au Cayer des remonstrances article pour supplier le Roy de renvoier, par devant MM. les Commissaires des Estats, ung procès pendant au Conseil, entre lesd. Estats, le s^r Rouillard, greffier au Bureau des finances, damoiselle Geneviève de Bornes, veufve de feu Me David Doublet, vivant trésorier des Estats, et Me Claude Doublet, son fils. pour raison de la substraction des originaux des comptes rendus par led. feu s^r Doublet, pendant le temps qu'il a été trésorier desd. Estats, et après s'estre lesd. s^rs députés assemblés par les bailliages, d'ung advis uniforme, ils ont aresté qu'il sera employé article dans led. Cayer concernant ce que dessus.

Du mardy après midy, 14e jour dud. mois et an, lesd. s^rs députés se sont transportés en l'hostel de Mgr. le duc de Longueville en la manière accoustumée, où, en sa présence et de MM. les Commissaires, on auroit fait lecture du Cayer des remonstrances, affin de recevoir leur advis sur chacun des articles contenus en icelluy ; en procédant à la lecture desquels, Mgr. le premier président auroit remonstré aux dits s^rs députés qu'il n'estoit besoin de laisser aud. Cahier l'art. 18 touchant la recherche que font les receveurs des amendes, après cinq ans, les ayant asseurés que le Parlement leur feroit justice sur cet article, ce qui auroit donné

---

(1) *Autant* synonyme de copie. Cette expression se rencontre plusieurs fois, avec ce sens, dans les procès-verbaux du greffier des États.

subject aux dits s^rs députés, après avoir concerté cette affaire et meurement délibéré entre eux, d'arrester que led. article seroit rayé et osté dud. Cayer, ce qui auroit esté à l'instant fait, en présence de Mgr. de Longueville, de MM. les autres Commissaires et desd. s^rs députés, et iceluy article paraphé de Mgr. le révérendissime archevesque de Rouen, président en lad. assemblée.

Et, ce fait, lesd. s^rs députés s'en sont retournés aud. archevesché en la chambre de l'assemblée, pour nommer ceulx qui debvoient porter le Cayer par devers S. M. et procéder à l'audition des Comptes, et ont nommé pour le port dud. Cayer, pour les ecclésiastiques, mon dit seigneur le révérendissime archevesque de Rouen, et avec luy le s^r doyen du Sépulcre de Caen, etc....

Signé : Fr., archevesque de Rouen, président en la présente assemblée, Echard et De la Court. »

III

Nomination des deux Commissions pour le port du Cahier et pour l'audition des Comptes.

« Du mercredy avant midy, 15e jour de décembre 1627, à Rouen.

Furent présents révérendissime et illustrissime seigneur François de Harlay, archevesque de Rouen, primat de Normandie, et dellégué pour les gens d'église du bailliage de Rouen, m^re Jacques du Fay, comte de Maulévrier, gentilhomme ordinaire de la chambre du Roy, lieutenant de sa vènerie et bailli de Rouen, d. pour la noblesse; Isaac Leseigneur, escuier, s^r et patron de Maromme, et noble homme Jacques Bulteau, conseiller eschevin de l'hostel commun de ceste ville de Rouen, d. pour le corps de lad. ville ; Baptiste Jullien, pour le tiers estat de la vicomté de

Rouen(¹); Michel De Laval(²), pour le t. e. de la vic. de Pont-de-l'Arche; Adrien Delahaie, pour le t. e. de la vic. d'Auge(³), et Pierre Helley, pour le t. e. de la vic. de Pont-Autou et Pont-Audemer (⁴); — noble et discrète personne mᵉ Charles de la Berquerie, presbtre, curé de Grainville-la-Teinturière, d. pour l'ecclésiastique du baill. de Caux; mʳᵉ Adrien de Lintot, sʳ de Sauqueville, le Pontrencart et Crosville, sergent-major de Dieppe; Jean Grenet, pour le t. e. de la vic. de Caudebec; Loys Gaillard, pour le t. e. de la vic. d'Arques; Robert Cauchevache, procureur syndic des habitans de Gournay, pour la vic. dud. Gournay; Pierre Louvel, pour le t. e. de la vic. de Montivilliers, et Charles Desrouche, pour la vic. de Neufchastel; — Pierre Patry, escuier, sʳ de Ste Marie, d. pour les gens nobles du baill. de Caen; noble et discrète personne mᵉ Isaac Leconte, prebstre, chanoine et doien en l'église collégiale du Saint-Sépulcre de Caen, d. pour les ecclésiastiques dud. baill.; Gaspar Le Peletier, esc., sʳ de la Fosse, l'un des eschevins de la ville de Caen, d. pour le corps commun de lad. ville; Pierre Fouet, pour le t. e. de la vic. de Caen; Laurent Robillard, pour le t. e. de la vic. de Fallaize; Thomas Huber, pour le t. e. de la vic. de Baïeux, et Jacques Perin, pour la vic. de Vire; — noble et discrète personne mᵉ Gilles Le Cartel, chanoine en l'église de Coustances, d. pour l'église du baill. de Costentin; Philippe Harasse, pour le t. e. de la vic. de Coustances; Jean Gaudin, pour le t. e. de la vic. d'Avranches; Isaac Le Guailz, pour le t. e. de la vic. de Carentan; Robert Le Cappelain, pour la vic. de Vallongnes, et Julien Le Got, pour le t. e. de la vic. de Mortaing; — noble et discrète

---

(¹) Nommé le 22 novembre.
(²) Bourgèois de Louviers, nommé le 4 novembre.
(³) Nommé le 12 novembre.
(⁴) Nommé le 6 novembre.

personne mᵉ Adrian Symon, prebstre, curé de S.-Marc-des-Fresnes, d. pour les ecclésiastiques du baill. d'Evreux; mᵣᵉ Tanneguy de Clinchamp, chevalier, sᵣ de Pommereul, gouverneur pour le Roy de la ville et chasteau de Conches, capitaine des chasses du baill. d'Évreux, d. pour la noblesse du baill. dud. Évreux; Guill. Lorde, pour le t. e. de la vic. d'Évreux; Thomas De Fougy, pour la vic. de Conches; Pierre Le Challeux, pour la vic. de Beaumont-le-Roger; Nᵃˢ Mailloc, pour le t. e. de la vic. d'Orbecq; — noble et discrète personne mᵉ Nᵃˢ Osmont, presbtre, curé du Couldrai et doien de Gisors, d. pour l'église du baill. dud. Gisors; Thomas d'Ossemont, escuier, sʳ de Martagny, d. pour la noblesse dud. baill.; Claude Guillet, pour le t. e. de la vic. de Gisors; Robert De Chérences, pour le t. e. de la vic. de Vernon; Pierre Le Clerc, pour le t. e. de la chastellenie de Maigny; Jean Thiberge, pour la vic. de Lyons; Gabriel Houon, d. pour le t. e. de la vic. de Pontoise, et Hector Ancel, pour le t. e. de la vic. d'Andely; — noble et discrète personne mᵉ Jacques Daudin, prebstre, curé de la Magdalleyne et bachelier en théologie, d. pour les gens d'église du baill. d'Allençon; mʳᵉ Charles de Chevestre, chevalier, sʳ de Sintray, d. pour la noblesse dud. lieu; Vincent Tulièvre, pour le t. e. de la vic. d'Allençon; Artur Maucorps, pour le t. e. de la vic. de Verneuil; Prothès Perrel, pour le t. e. de la vic. de Damphront, et Marin Gudouin, d. pour le t. e. de la vic. d'Argenten.

Tous les dessus dits déléguez représentantz les gens des trois Estatz de la province de Normandie, assemblez en ceste ville de Rouen en la présente année 1627, suivant la convocation faite par le voulloir du Roy notre sire, lesquelz, ès dictes qualitez et suivant le pouvoir des procurations par chacun d'eulx respectivement portez, ont depputé, nommé et establi leurs procureurs généraulx et spéciaulx, c'est assavoir : mon dit s^r l'archevesque, après la supplication à lui faite par toute l'assemblée de voulloir, à l'exemple de ses prédéceseeurs, accepter la charge de présenter au Roi le Cahier de leurs remonstrances, led. s^r Le Conte pour les gens d'église, led. s^r de Ste Marie et de Pommereul pour les gens nobles, lesd. Le Got et Tulièvre pour le t. e., et noble homme m^e N^{as} Echart, s^r de Gourrel, procureur sindic desd. Estats.

Ausquels et à chascun ou l'un d'eulx, portant la présente, lesd. delléguez, ès dits noms et qualitez, ont donné et donnent plain pouvoir, puissance et auctorité, commandement et mandement spécial de poursuivir, vers la Majesté du Roy et Nos seigneurs de son Conseil, la responce et expédition des articles du Caier arresté et signé desd. députez, sans aucune chose augmenter ny diminuer, et généralement promettent et obligent les biens et revenus dud. païs de Normandie, en tant que faire le peuvent, à la charge que lesd. s^{rs} députez par la présente seront tenus, chascun d'eulx, de prendre certificat et attestation, du procureur desd. Estatz, du jour de leur arrivée en la ville de Paris, pour l'effet du contenu en la présente procuration. »

Acte du même jour par lequel les mêmes nomment, pour l'audition des comptes : Le Cartel et Daudin, pour l'église; — de Lintot et de Sintray, pour la noblesse; — Gaillard et Mailloc pour le tiers état, avec Nic. Echard, procureur syndic.

IV.

PIÈCES DIVERSES.

Harangue faite aux États de Normandie le 9 déc. 1627 par Mons. Anzeray, s^r de Courvaudon ([1])*, second pré-*

([1]) Gilles Anzeray de Courvaudon, nommé président en 1607.

sident au Parlement de Rouen pour l'absence du premier président.

« Messieurs, la condition des choses humaines a ceste vicissitude et continuelle inconstance, que l'adversité naist souvent de la prospérité, et la prospérité, de l'adversité, comme sy la divine providence, dont les jugemens sont incompréhensibles, avoit voulu cacher ou enclore soubs mesmes ou diverses espèces, des causes et semences contraires de malheur et de félicité, d'ennuy et de contentement, pour confondre la providence et sagacité des plus sages, qui, establissans leurs desseings sur la force de leur jugement et s'apuians sur leur propre vertu, recueillent ordinairement, au lieu de roses, des espines très-dures et très-poignantes.

La France n'a que trop souvent esprouvé la certitude de ceste proposition; et depuis six mois nous en avons receu un tesmoignage sy certain et sy manifeste que les moins sensez et clairvoyans le peuvent facilement veoir et recognoistre. L'an passé, en ce mesme lieu(¹), nous vous tesmoignames le contentement que le Roy et toute la France recepvoient du mariage de la sérénissime Reyne de la Grande-Bretaigne (²). Nous croyions que l'union de ces deux puissantes couronnes, comme la conjonction de deux grandes planettes, verseroit abondamment sur notre Estat des influences de bonheur et de félicité. Nous espérions que l'Angleterre serviroit de rampart à la France contre les entreprises et usurpations de nos voisins, d'aide et de suport contre la perfidie des subjectz rebelles et séditieux; bref, nous ne présagions, en cette alliance, que l'advancement de la gloire de Dieu, l'accroissement de notre religion et la con-

---

(¹) Il faut conclure de ces mots, que Anzeray de Courvaudon avait également porté la parole, au nom du Roi, dans l'assemblée des États de décembre 1626.

(²) Le mariage de Henriette de France avec Charles Ier, roi d'Angleterre, 11 avril 1625.

servation de cest Estat. Mais nous avons esté grandement trompés de nos desseings, déceus de nos espérances ; nos joyes sont tournées en tristesses, et nos contentemens, en déplaisirs. Car quels effets plus contraires à une amitié sy saintement jurée, à une alliance sy religieusement contractée, que d'avoir honteusement chassé tous les officiers de ceste grande princesse, contre les conventions et accords arrestés par son traité de mariage, d'avoir pris et emmené 250 navires, vollé et déprédé plus de 7 millions de livres, entré à main armée dans l'isle de Ré, assiégé et battu les fortz de la Prée et de S. Martin ([1]), assisté les rebelles et mutins de vivres, de munitions, d'hommes; bref, d'avoir commis tous actes d'hostilité, sans injure receue, sans déclaration précédente, sans dénonciation de guerre, contre le droit des gens et la forme observée parmy toutes les nations de la terre ? Je ne doute point que, lorsque Soubise et ses adhérans furent en Angleterre pour induire ce jeune prince à prendre les armes et protéger par son authorité, soubz un prétexte de religion, leur perfidie et désobéissance, s'il se fust rencontré quelque sage et vertueux milort, poussé d'affection envers son prince et son païs, qui luy eust représenté fidellement le sage et véritable précepte du feu roy son père, au livre qu'il fist pour l'instruction du feu prince de Galles, lequel précepte il a toujours sy exactement et ponctuellement observé, qu'il a desnié tout support, assistance et protection au comte palatin, son gendre, en la guerre de Bohême contre l'Empereur, son prince légitime et souverain, il eust facillement destourné le roy de la Grande-Bretaigne et autres de son Conseil d'une entreprise sy injuste et téméraire. « Gardés tousjours, dit-il, mon filz, la loi et règle chrestienne de ne faire à autruy que ce que vous voudriez vous estre fait, surtout en la rébellion des subjects

---

([1]) Forts de l'Ile de Rhé. Les Anglais, sous les ordres de Buckingham, s'étaient établis en l'île de Rhé le 22 juillet 1627.

contre leur prince souverain, que vous interpréteriés un crime commis contre vous-mesme à cause de l'exemple. Ne prenez donc la protection des rebelles, et ne vous fiez jamais à eux. Au contraire, prestez aide, confort et faveur aux roys et princes affligez, principallement par leurs subjects rebelles. » Sy, pendant ses veilles et aux heures de son loisir, il s'estoit fait lire les Annales d'Angleterre, il auroit remarqué les commandements que le Roy Henry septième fist à Henry huictième, son filz, peu avant son décèds, de vivre en paix, union et concorde avec les roys de France, ayant, disoit-il, recogneu, par les choses advenues durant son reigne, que c'estoit le seul et unique moyen aux roys d'Angleterre de régner seurement et heureusement.

Messieurs, tous les plus grands hommes qui ayent jamais esté au monde demeurent d'accord qu'il y a trois choses qui rendent les guerres justes et conséquemment heureuses : le chef, la cause et la fin. Nous les avons toutes trois avantageusement concurrentes en cette guerre. Le chef est notre Roy, par le pouvoir, commandement et authorité duquel les armes se peuvent justement et légitimement prendre ; la cause, notre deffence contre l'invasion et injuste entreprise de nos voisins. Et qui ne sçayt que contre l'invasion les armes sont non-seulement justes, mais nécessaires ? et de repousser la violence par la force, la raison le prescrit au sage, la nécessité, au barbare, la coustume, au peuple, et la nature, aux bestes. La fin, le repos, la tranquillité des subjects. Le debvoir d'un sage et puissant monarque et le comble de sa gloire, dict le prince des philosophes, escrivant à son disciple Alexandre le Grand, c'est procurer, par la force et puissance des armes, le repos et la sécurité de ses subjects, et le principal fruit de la guerre consiste au repos et à la tranquillité des peuples. L'empereur Auguste disoit que les guerres estoient justes, quand elles estoient entreprises pour l'honneur et la gloire des Dieux et justifiées par les lois ; et l'Histoire romaine nous apprend que Trajan, seul des empereurs, n'a jamais esté deffait en combat ny bataille rangée, à cause que ses guerres estoient justes, et qu'il mettoit tousjours le droict et la raison de son costé. Nous pouvons dire le semblable de notre Roy, et qu'à l'exemple de ce grand empereur, il n'a jamais ni craint ni recherché les guerres. Que si les armes de notre Roy sont justes et légitimes, nous debvons nécessairement conclure que les armes de nos ennemis sont injustes et conséquemment malheureuses. Tous les mutins et rebelles qui s'élèvent contre les puissances supérieures establies de Dieu pour leur commander, et qui taschent, par leurs conspirations secretes et pernicieux conseils, de secouer le joug du respect et de l'obéissance, demeurent enfin accablés soubs les ruines de leur audace et perfidie, comme le pionnier, qui creuse le pied d'une muraille, se cave à soy-mesme le sépulcre. Car les fautes commises contre le pouvoir et autorité des roys sont autant de crimes d'infidellité contre l'autheur de toute puissance, au tribunal duquel, quand personne ne se présenteroit pour les accuser, les anges s'en rendroient dénonciateurs ; mesmes les créatures insensibles s'élèveroient pour les faire condamner. Mais quelque juste et légitime guerre que le Roy puisse entreprendre, il ne la peult toutefois continuer sans votre ayde, votre assistance, votre secours. Les grandes et excessives despences qu'il a esté contrainct supporter, tant pour les guerres de la Valteline que pour les mouvements advenuz dans son royaume, ont tellement espuisé ses finances que la source en est presque tarie, et la prochaine année est tellement anticippée qu'il lui est impossible de subvenir aux frais de la guerre, sans votre secours et de ses autres bons et fidelles subjectz. Car vous sçavez que le fonds d'une si grande et excessive despence, qui se monte à plus de trois millions de livres par mois ([1]), ne se peult prendre sur le

([1]) A lui seul « le siége de la Rochelle avait coûté 40 millions. Pour revenu ordinaire de son Domaine. Les rentes, les gabelles, les garnisons en consomment plus de la moitié, et l'autre moitié n'est pas de beaucoup près satisfaisante pour acquiter ses autres charges ordinaires et nécessaires. Messieurs, il est vray ce que dit, en l'Ecclésiaste, ce grand roy d'Israel, à qui Dieu donna la sagesse pour partage, que les peuples sont heureux qui vivent soubz des Roys ausquelz le sceptre est deub, tant par la naissance illustre de leur sang que par l'éminence de leurs vertus, celle-là les relevant avec honneur et authorité sur le trosne de leur père, et celle-cy les y maintenant avec seureté (¹). Pouvons-nous doubter du bonheur et félicité de cest Estat, gouverné depuis plus de douze cens ans par la plus noble et la plus illustre et la plus puissante maison du monde et commandé par le plus juste et plus victorieux monarque qui ayt jamais régné sur la terre? Aux autres princes la curiosité a fait rechercher quelques vertus; en notre Roy, la curiosité mesme a peine de rencontrer quelque vice. A-t-on jamais veu prince d'une plus fervente piété, d'un zèle plus ardent au bien de la justice, d'une saincteté de mœurs plus innocente, ny plus réglée, d'une tempérance plus constante, d'une valeur plus généreuse, ayant, en l'avril de son aage, en l'orient de son règne, par la grandeur de son courage et le bonheur de ses armes, plus donné de combats, deffait de troupes, conquis et forcé de villes que trois roys ses prédécesseurs n'ont faict dans tout le cours de leur vie, quelque vaillans et magnanimes qu'ils ayent esté? Il n'a jamais faict la guerre par ses lieutenants; il s'est tousjours trouvé à la teste de ses armées, plus espouvantable luy seul que tout le resté de ses troupes. Il s'est exposé aux périls, comme s'il estoit invulnérable, et, en vé-

---

trouver cet argent, il avoit fallu recourir à des moyens extraordinaires. Le clergé fournit 3 millions : on créa de nouveaux offices et l'on emprunta le fond de 300,000 l. de rente qui furent constituées sur l'hôtel-de-ville de Paris. » Griffet, *Hist. de Louis XIII*, I, p. 625.

(¹) *Beata terra, cujus rex nobilis est,* Eccles. ch. X, 17.

rité, le Dieu des batailles, protecteur des roys et des royaumes, a pris en sa garde et sa personne et sa couronne. Il a fortifié son bras, asseuré son cœur, conduit ses pieds dans les hazards, dans les dangers, dans les combats, l'a couvert du bouclier de sa grâce contre les traits et les embûches de ses ennemis. Voyons-nous pas qu'aussitôt qu'il est arrivé dans son armée, Dieu luy a donné une entière victoire sur les Anglois ? Ilz ont esté honteusement chassés, non seulement de l'isle de Ré (¹), mais aussy de l'isle de Loues (²) où ils s'estoient retirés et fortiffiés. Ils ont perdu plus de 2,000 hommes, 45 drappeaux; et plusieurs de leurs chefs sont demeurez ou morts ou prisonniers; et ceste victoire, sans aulcun secours ny assistance de nos voysins ou alliés. Or, Dieu ayant miraculeusement assisté notre Roy en ceste haulte et généreuse entreprise, conduite par sa prudence, exécutée par son bonheur, l'ayant choisy pour replanter l'estandart de la croix et remettre son culte et son service dans le païs de Béarn et villes de son obéissance, devons-nous pas espérer qu'il luy réserve la prise de la Rochelle pour comble de sa gloire et pour récompense de tant de grandes et éminentes vertus qui combatent dans son âme pour triompher les unes des autres ? Qui ne sçait que de la prise de ceste place dépend le repos et la tranquillité de cest Estat, qui, depuis 65 ans qu'elle s'est soustraite du debvoir et de l'obéissance et soumise à la conduite et commandement de ceux qui la détiennent, ç'a esté plus tost un interrègne et une suppression de la légitime et souveraine puissance de nos roys que la véritable suite de l'ancien ordre du gouvernement ? Qui ne sçait qu'elle a esté

(¹) Le *Te Deum* pour la défaite des Anglais en l'Ile de Rhé fut chanté en la cathédrale de Rouen le lundi 22 nov. 1627. Par lettres datées de Dieppe le jour précédent, le duc de Longueville s'excusa auprès des échevins de Rouen de ne pouvoir assister à cette cérémonie. Il lui fallait achever de pourvoir à la sûreté de la place et s'en aller, le lendemain, le long de la côte de Caux jusques à St-Valery et à Fécamp pour donner ordre aux portes. *(Registre des délibérations de l'Hôtel-de-Ville de Rouen).*

(²) L'île de l'Oie qui tient à l'île de Rhé et n'en est séparée par la mer qu'à marée haute.

ou mère ou nourice de tous les troubles et factions que nous avons veues ou entendues, qu'elle a servy de retraite aux meschans, de refuge aux rebelles, d'azille aux criminels de lèze-majesté et perturbateurs du repos publicq? Croyez, croyez certainement, Messieurs, que, lorsque le Roy partit de Paris pour aller à son armée, ayant à peine recouvré sa santé, l'ange tutélaire de la France et jadis du peuple de Dieu luy prédit ce que la prophétesse Debora avoit prédict à Barach, au 3º chapitre des Juges : « Venez, Seigneur, venez promptement. Car Dieu veult livrer la ville de Lizara entre vos mains, » et, au chapitre ensuivant : « Suivez moy suivez moi promptement. Car Dieu se veut aujourd'hui venger de ses ennemis et les livrer entre vos mains [1]. » Combatez à l'envy qui de vos ordres le servira plus fidellement et plus volontairement en une guerre si juste et si sainte et sy nécessaire. Nous sçavons tous que le Roy est de pareille énergie au corps de son Estat que le cœur est au corps de l'homme; et, comme le cœur est au corps de l'homme le prince ou principe de vie, le Roy donne l'estre et le mouvement en son royaume; et comme l'employ du cœur est de former les espris vitaux qui nous font respirer et entretiennent notre vie, aussy le Roy, par ses soings assidus et continuelles pensées, maintient et conserve le repos et la tranquillité de ses peuples. Il veille, quand nous dormons, et travaille, quand nous nous reposons. Puis donc que le Roy est notre cœur, devons-nous pas, à la rencontre d'une guerre sy pressante et périlleuse, l'assister, le secourir de nos biens, de nos fortunes, de nos personnes, ainsi que le sang, espandu dans le corps et aux veines les plus esloignées, accourt promptement au cœur comme à l'autheur de la vie, lorsque nous sommes blessés, pour le consoler, le secourir,

---

[1] *Dixitque Debora ad Barac: Surge, hæc est enim dies in qua tradidit Dominus Sisaram in manus tuas.* Jud. Ch. IV, 14. — La citation du président ne brille pas par l'exactitude : Sisara, général de l'armée des Chananéens a été pris pour un nom de ville.

le fortifier? C'est donc, je vous supplie de toute affection, de vous y employer selon que vos ordres, vos conditions et voz qualitez vous y obligent.

Messieurs de l'Eglise, qui avez l'honneur de tenir le premier rang parmy les trois ordres de cest Estat, les yeux des royaumes, les astres du firmamant, vous estes ellevez sur le pinacle du temple par l'éminence et dignité de vos conditions pour servir de phare et de lumière à ceux qui sont soubsmis soubz votre conduite et gouvernement ; instruisez les par votre doctrine, aprenez leur par votre exemple l'honneur, le respect et l'obéissance que Dieu commande estre rendue aux puissances supérieures establies par son authorité. Les Platoniciens ont escrit que tout l'ordre du monde dépend des intelligences qui gouvernent les mouvements du premier ciel. L'on peult dire le semblable de votre ordre, puisque les histoires nous apprennent que, aux royaumes et Estats chrestiens, l'exemple et la conduite des ecclésiastiques y apporte ou leur ruine ou leur conservation. Sy la profession que vous faites de piété et de charité vous oblige, par la voix du Saint Esprit, d'exposer vos vies pour sauver votre troupeau, et que l'Histoire sainte vous apprend que quelques évesques se sont vendus et livrés eux-mesmes pour délivrer leurs diocésains captifs et tenus ès mains des infidèles, pourriez-vous avec raison alléguer voz immunitez et vos priviléges pour vous exempter de la contribution des frais d'une guerre entreprise pour la gloire de Dieu, acroissement de notre religion et conservation de cet Estat ? Les Romains, qui ont honoré leurs prestres et sacrificateurs par dessus toutes les nations de la terre, les avoient exemptés par leur loy des frais et contributions de la guerre ; mais lorsque les Gaulois descendoient en Italie, qui avoient conduit leur empire à deux doigts de sa ruine, ils estoient contraints de prendre les armes et d'exposer leurs biens et leurs vies pour le salut de leur païs. Aurés-vous moins d'ardeur et de zèle qu'ils n'en avoient pour la conservation de leurs idolles? aurez-vous moins d'affection pour le salut de votre Roy qu'il n'ont eu pour le salut de leur païs? Contribués donc volontairement et libérallement vos biens publics et particulliers pour un subject sy sainct, sy juste et sy nécessaire, et faictes une baze pour la conservation de la personne sacrée de notre Roy et éternité de son empire, du secours de vos ardentes prières. Liez à ses cornettes, à ses drapeaux les faveurs des assistances célestes, présentés des vœux efficaces à la divine bonté pour l'honneur et la gloire de ses armes et pour l'heureux succès de ses haults et généreux desseings. Mais, sy vous souhaitez que vos prières soient agréables à Dieu, sy vous désirez que vos vœux soient exaucez, fuiés et évités les deffauts et manquements que saint Bernard remarque aux ecclésiastiques de son temps. « C'est une chose monstrueuse, dit ce saint personnage, d'avoir le plus hault degré et le courage le plus bas, la première chaire et la dernière vie, la langue magnifique et la main oisive, beaucoup de bruit et peu de fruit. » Et au contraire, imités les vies et éminentes vertus de ces anciens Pères de l'église qui avoient la piété et la dévotion au cœur et en la bouche, la charité et miséricorde dans les mains. Apprenés, par le tonnerre de votre parole, par l'éclair et la splendeur de votre vie, aux peuples que vous conduisés, que la crainte de Dieu est le commencement de toute sagesse et félicité, et qu'il n'y a au monde liberté plus douce que de servir fidellement un bon prince, ny un bonheur plus grand que son obéissance.

Messieurs de la Noblesse, qui possédez en partage et à droit d'hoirie les fiefs conquis sur les Anglois par vos généreux devanciers, et qui lisés dans nos Histoires et vos monuments domestiques les preuves de leur valeur et magnanimité, suivés leurs exemples, imités leur courage, et servés fidellement votre prince et votre païs. Permettez-moi de vous dire que votre ordre semble plus estroitement obligé à servir le Roy, notre souverain seigneur, que les deux autres ordres. Vous estes son bras droict, les mains qui soutiennent son Estat et l'empeschent de renverser. Il me souvient d'avoir leu que ce grand Clovis, qui le premier adjousta au titre de Roy l'auguste nom de Chrestien portoit en sa devise deux mains jointes soustenues de plusieurs autres mains, avec cette inscription : « Un pesant fardeau est facilement soustenu par plusieurs », pour donner à cognoistre que la Noblesse luy aydoit à soustenir le fais de son empire, et que par sa valeur et fidellité il l'avoit conquis et le conservoit. Nous voyons, au revers des médailles de plusieurs Césars, des fleurs-de-lis appuyées sur deux mains jointes, présages certains et pronostics infaillibles de la valeur et loyauté de la Noblesse française que Guichardin, l'un des plus fameux et renommés historiens, dict avoir esté tousjours très-dévote et très-affectionnée envers ses Roys, et que de tout temps elle a eu en pareille vénération leur personne, que les autres peuples, la divinité. Je ne m'arresterai point à vous faire voir l'ardente et fidelle affection de vos devanciers par leurs haults et généreux exploitz soubz lez roys Philippe, Jean, Charles V et Charles VII. Je me contenteray de vous représenter l'immortelle gloire et l'éternel honneur de cette brave et généreuse noblesse, qui a combatu, deffait et chassé les Anglois, pour vous exciter par leur exemple de sacrifier vos vies à l'honneur et à la gloire de votre Roy et au salut de votre païs. Quoy ! Messieurs, imprimeriez-vous cette honte sur votre front, laisseriez-vous cette tache à votre postérité, de demeurer, dans vos maisons, couchés mollement dans vos lits parmy la douceur de vos familles, pendant que que le Roy dort soubz la tente, soubz les pavillons, au milieu des tranchées, s'exposant dans les périls, comme un simple soldat, pour chasser les antiens ennemis de la France, venger la mort de vos ancêtres, chastier les rebelles et séditieux et procurer à ses bons et fidelles serviteurs le repos et la tranquillité? Vous contenterez-vous de suivre, avec le menu peuple, le char de son triomphe, sans combattre près de sa personne ou au lieu qu'il vous ordonnera et pousser de l'espaule et des mains à la roue de ses victoires? Non, non, vous avez trop d'honneur, trop de vertu, vous le suivrez dans les périls, vous l'accompaignerez dans les combats et cimenterez de votre noble et généreux sang l'ardeur et la fidellité de votre courage. Vous serez conduitz et assistez, en cette haulte et généreuse entreprise, par Monsr notre gouverneur, illustre rejeton de l'Invincible comte de Dunois, et plus digne héritier de ses vertus que de ses biens. Brave et généreux prince, je ferois tort à votre naissance et à votre vertu de vous voulloir exciter par mes parolles. L'immortelle gloire de vos devanciers, les lauriers et les trophées qui couronnent leurs testes vous exciteront plus ardémment que les triomphes de Miltiade ne réveillèrent jadis Thémistocle, et nous sommes très-certains que vous emploierez libérallement vos biens, espandrez courageusement votre sang, exposerez généreusement votre vie pour le service de votre Roy et le salut de votre païs.

Messieurs du tiers état, vous avez entendu les justes demandes du Roy par la justice et nécessité de la guerre qu'il est contrainct de soutenir. C'est à vous qu'il demande assistance, c'est de vous qu'il attend son secours. Aussi avez-vous le principal inthérest à l'heureux succedz de ses armes, puisqu'elles sont levées pour conserver vos biens, restablir vostre commerce, procurer votre repos. Considérez, Messieurs, que l'assiette de cette province et le sort de votre naissance vous rendent plus exposés que les deux autres ordres aux dépradations et volleries des Anglois et incursions des gens de guerre. Considérez que les deux grandes et puissantes armées, tant de mer que de terre, ne se peuvent entretenir sans un grand fonds de finance, ny les finances s'amasser sans ayde et contributions. Vous sçavez que les mines et le Pérou de nos Roys sont le cœur et la bourse de ses subjectz. C'est là qu'ils prennent l'argent pour la solde de leurs troupes, c'est de là qu'ils tirent le secours en leurs urgentes nécessités. Le Roy Louis douzième disoit qu'il avoit de sy bons et loyaulx subjectz qu'il ne luy refuseroient chose aucune qu'il leur peut demander; faites que le Roy puisse dire le semblable de vous par une contribution libéralle et volontaire. Je sçay bien que les grandes et excessives tailles dont vous estes surchargés, les subsides et impôts dont vous estes travaillés, les commissions extraordinaires dont vous estes vexés, les déprédations innombrables et inestimables que vous avez souffertes, vous devroient avec juste raison descharger de cette demande; mais nous sommes agités à une si forte et violente tempeste que vous debvez, ainsi que les bons et sages pilotes, par le jet d'une partie de la marchandise, soulager votre vaisseau et le sauver de la perte du naufrage dont il est menacé. C'est dont je vous supplie et conjure par mes plus ardentes prières et de toûtes les puissances de mon âme, et d'imiter l'exemple des députés des Estatz tenus à Tours, sous Charles huitième, lesquels, après avoir fourny au Roy l'argent qu'il leur demandoit, luy offrirent de luy en bailler à son plaisir, et que, s'il avoit guerre ou que quelqu'un le voullust offenser, ilz mettroient leurs biens, leurs personnes et leurs vies pour son service sans rien luy refuser.

Or, Messieurs, puisque la condition des choses humaines a ceste vicissitude que l'adversité est suivie de la prospérité, et que le cours ordinaire des affaires du monde nous apprend que le passage d'un siècle dépravé et calamiteux à un siècle heureux et bien fortuné ne se fait qu'avec de grandes et fâcheuses convulsions d'Estat, et avec des pertes et ruynes déplorables, nous devons augurer comme les anciens ont dit, par leur fabuleuse théologie, que du mariage de Junon et de Jupiter tonnant furent produits des monstres et des serpens, et de Jupiter sauveur avec la déesse Pithargie fut engendré félicité, de mesmes apprès les vains et audacieux effortz des foudres et tonnerres du roy de la Grande-Bretagne, nostre Roy, nostre Jupiter et la déesse Pithargie, c'est-à-dire la fidélité, obéissance de ses subjects, feront renaistre le bon heur et la félicité de cet Estat; les grandes misères que nous souffrons, les fléaux de peste, de guerre et de famine que nous endurons depuis tant d'années, seront enfin les doulleurs et les tranchées de l'enfantement d'une paix ferme, constante et assurée, estant impossible que, soubz un sy bon, sy juste et si vertueux prince, comme est notre Roy, nos misères, nos calamités, nos afflictions n'opèrent pour luy une immortelle gloire, et pour nous une perdurable félicité (1). »

Arrêt du 22 juin 1627 entre Édouard Henriques et les gardes du métier de teinturier et les conseillers échevins de Rouen (Imprimé). — « Par De Cahaignes, plaidant pour les teinturiers a esté dit que les advantages que les estrangers, naturalisez ou autres, prennent chaque jour en la ville sont tels et si grands que non-seulement ils font perdre aux bourgeois leurs priviléges, mais aussi ruinent entièrement le commerce, n'y ayant invention dont ils ne s'avisent pour empescher la visitation des marchandises qu'ils font apporter de pays estranger. » (Voir l'art. XVII du Cahier des États de 1627.)

Opposition du procureur des États à une augmentation des tailles. — « 18 juin 1627. Veu l'arrest du Conseil et lettres-patentes du Roy sur icelluy, du 12ᵉ du présent moys et an, par lesquels S. M. a évoqué en son Conseil l'opposition couchée en ce Bureau par le Procureur scindicq des Estatz de Normandie sur l'exécution de ses lettres-patentes du 6 de may dernier, par lesquelles elle ordonne qu'à l'ave-

(1) Bib. de Rouen, F. Martainville, Y/4 p 112, — 118.

nir, il sera imposé et levé sur ses subjets contribuables aux tailles de ceste Généralité la somme de 60,000 l. conjointement avec les deniers du taillon et par augmentation sur icellui, outre et par dessus ce qui se lève à présent pour employer à partie du payement des gens de guerre, et qu'en la présente année, il sera assis, imposé et levé, aux quartiers de juillet et octobre, la somme de 30,000 l. avec les fraiz, droictz et taxations ordinaires des officiers, et, sans s'arrester à lad. opposition, ordonne qu'il sera passé outre à l'exécution desd. lettres-patentes et que lad. somme sera levée, — A esté ordonné que commissions seront expédiées aux Elleuz de ceste Généralité pour la levée de lad. somme de 30.000 l. ausd. quartier de juillet et octobre de la présente année avec les fraiz » (*Plumitif du Bureau des Finances*).

Surséance accordée au procureur des États pour se pourvoir auprès du Roi, afin d'obtenir la révocation d'un édit portant augmentation du prix du sel. — « 2 août 1627. Sur la requeste présentée par le Procureur des Estats de Normandie contenant que, suivant l'ordonnance de ce Bureau, du 28 de juillet dernier, intervenue sur sa réquisition, il auroit eu communication de copie collationnée de l'éedit du Roy, du moys de juin dernier et lettres-patentes de S. M. sur icelui données à Paris, le 29ᵉ dud. moys, adressantes au Bureau, pour imposer et faire lever, à commencer du 25ᵉ juillet dernier, 6 l. pour augmentation du prix de marchand sur chacun minot de sel, outre et par dessus ce qui se lève à présent, tant pour les antiens droits de gabelle, augmentation d'iceulx que pour led. prix de marchand et autres droictz imposez sur led. sel, laquelle levée, si elle avoit lieu, causeroit la ruyne entière des habitans de ceste Province, outre ce qu'elle est sans exemple, tant pour la forme par laquelle on la veult imposer que pour l'excez de la somme qui presque double les imposts qui ont esté jusqu'à ce jour mis sur led. sel, ce qui est de très-grande conséquence, tant pour le service de S. M. que bien et soulagement de ses subjectz, et partant requéroit temps luy estre donné jusques à la prochaine assemblée des Estatz de ceste Province pour en communiquer, et cependant surseoir l'exécution desd. éedict et lettres-patentes.

Se retirera led. procureur des Estatz vers le Roy et Nos seigneurs de son Conseil, pour faire ses remontrances, ainsy qu'il advisera bien estre, et cependant lesd. président et Trésoriers généraulx de France à Rouen supplient très-humblement S. M. et Nos seigneurs de son Conseil, les dispencer de l'exécution desd. lettres jusqu'à ce que l'éedict adressé et envoyé en la Court des Aydes de lad. Province touchant lad. imposition y ait esté registré. » Suivent les paraphes des Trésoriers du Bureau (*Ibidem.* Voir l'art. VII du Cahier des États de 1627).

Opposition du procureur des États à la distraction de quelques paroisses, dépendant des Élections de la Généralité de Rouen. — « Lundi, 24 janvier 1628. Sur la remonstrance du procureur scindicq des Estatz de Normandie qu'il a eu advis que quelques particuliers auroient obtenu lettres pour distraire aucunes parroisses des Ellections de ceste Province et les réunir à d'autres qui ne sont de ceste Généralité, ce qu'estant de très-grande et périlleuse conséquence et devant apporter grand charge aux habitans de ceste Province, requéroit y estre pourveu, et à ceste fin enjoinct aux Elleuz faisant le département des tailles cottiser toutes les parroisses de leurs Ellections, ainsy qu'ils ont faict aux années dernières, et aux receveurs des tailles, de faire le recouvrement des sommes à quoy elles seront imposées et continuer à l'advenir, nonobstant arrest et déclarations et lettres quelconques, jusques à ce qu'elles ayent esté présentées, vériffiées et registrées en la Court des Aydes de ceste Province et en ce Bureau, A esté ordonné, ayant esgard à la conséquence que cette distraction apporteroit, que les Elleuz, faisant l'assiette des tailles de la présente année, cottiseront toutes les parroisses de leur Ellection, ainsy qu'il ont accoustumé, et que lesd. receveurs des tailles feront le recouvrement des deniers à quoy lesd. paroisses seront imposées, sans s'arrester à la prétendue distraction, pour la révocation de laquelle led. procureur scindicq se retirera vers S. M. et Nos seigneurs de son Conseil » *(Ibidem).*

Opposition du procureur des États au droit de 6 deniers attribué aux receveurs des tailles. — « Lundy, 24 janvier 1628. Ouy au Bureau m° N^{as} Eschard, procureur scindiq des Estats de Normandie, sur ce qu'il a remonstré qu'en la dernière assemblée desd. Estats, il auroit esté employé, dans le Cahier des plaintes dressé pour présenter au Roy, articles par lesquels S. M. est supplyée de révoquer les menus droictz de 4, 8, 6, 10 et 12 d. attribuez à plusieurs officiers par divers édictz comme estant à charge à son peuple, n'empeschant toutes foys lesd. Estatz, jusques à ce qu'ils ayent obtenu la responce qu'ils espèrent de S. M. sur lesd. articles, que lesd. droictcz soient receuz par les receveurs particuliers des tailles pour la commodité des collecteurs, à condition que ce soit sans aucun droict, requérant à ceste fin led. procureur scindiq le recevoir opposant au droict de 6 d. qui leur est pour ce attribué, et, faisant droict sur lad. opposition, qu'il soit ordonné que lesd. receveurs des tailles feront, conjoinctement avec les deniers de la taille, la recepte desd. menus droictz, sans attribution néantmoins desd. 6 d., A quoy ayant esgard, il est ordonné que, pour le soulagement des collecteurs, et éviter à la multiplicité de personnes que les acquéreurs desd. droictz employent au recouvrement d'iceulz, les receveurs des tailles, conformément aux-lettres patentes de S. M. expédiées pour la convention des Estatz de ceste Province et autres lettres-patentes pour la levée de la creue des garnisons, en feront la recepte, avec et conjointement les deniers desd. tailles et creues, sans que, pour ce, ils puissent prétendre le droict de 6 d. à eulx attribué par lesd. lettres » *(Ibidem).*

« *Ont esté receues les lettres-patentes du Roy données au camp devant la Rochelle, le 11ᵉ jour de décembre dernier, pour la levée de la creue des garnisons de la présente année.* A esté ordonné que commissions seront expédiées aux Elleuz de ceste Généralité pour la levée des sommes contenues auxd. lettres, excepté pour celle de la somme de 6,000 l. ordonnée à Pierre Batignon, marchand des Sables d'Olonne, laquelle sera surcize, attendu l'opposition du procureur scindiq des Estatz de Normandie, comme aussy demeurera surcize la levée de 6 d. attribuez à deux Elleuz nouvellement créez, jusques à ce que par S. M. autrement en ayt esté ordonné; et ne pourront les receveurs des tailles prétendre les 6 d. pour livre à eulx attribués par lesd. lettres pour la recepte des menus droictz mentionnés en icelles.

Se sont présentez au Bureau aucuns receveurs des tailles des Ellections de ceste Générallité sur l'advis qu'ils ont eu qu'en la commission expédiée par le Roy, pour la convention des Estatz de ceste Province, tenue au mois de décembre dernier et aux lettres-patentes de S. M. pour la levée des creues des garnisons de la présente année, il est porté que lesd. receveurs feront recepte des menus droictz alliénés èsd. Ellections, avec attribution de 6 d. pour livre de lad. recette, moyennant la finance qu'ils seront tenus payer aux parties casuelles, lesquels receveurs ont remonstré que, par l'édit du moys de décembre 1626, le Roy avoit créé en tiltre d'office, en chascune des Ellections de ce royaume, trois receveurs payeurs des Elleuz, ausquels il avoit donné faculté de recevoir, privativement à tous autres, les droictz aliénez dans lesd. Ellections, avec attribution, sur iceux droictz, de 6 d. pour livre de taxations héréditaires, lequel édit a esté vériffié en la Chambre des Comptes de Paris et présenté en celle de ceste Province ; depuis lequel temps, aucuns receveurs des tailles de France, mal affectionnez envers leurs confrères, desquels ils n'ont jamais eu pouvoir, auroient, soubz le nom du général, présenté requeste au Conseil, tendant à supplier S. M. de révoquer led. éedict ; sur la délibération de laquelle requeste et de celle présentée par aucuns inthéressés en la propriété desd. droictz aliénez, s'estoit ensuivy arrest dud. Conseil, le 24ᵉ jour de juillet dernier, par lequel S. M. révocque led. éedict pour le regard de la recepte desd. droictz alliénez, et ordonne qu'à l'advenir, à commencer du 1ᵉʳ jour de janvier dernier, lesd. receveurs des tailles en feront le recouvrement, à la charge d'en fournir les deniers ausd. propriétaires et de leur en rendre compte, comme de clerc à maître, de quartier en quartier...., sur lesquels droictz il leur attribue lesd. 6 d. pour livre de taxations héréditaires..., en payant par eulx la finance à laquelle ils seroient pour ce taxez, et ordonne que les offices de receveurs des tailles demeureroient spécialement affectez et obligez envers les propriétaires desd. droictz alliénez, en exécution duquel arrest ils ont esté advertis que, par les lettres-patentes addressez au Bureau pour le département de la taille et cellui de la creue des garnisons de l'année présente, il estoit porté que lesd. receveurs des tailles feroient lad. recepte aux conditions cy-dessus, ce qui leur estoit de très-grande conséquence, d'autant que lesd. receveurs des tailles de ceste Générallité n'eurent jamais intention de faire aucunes offres pour la révocation dud. éedict du moys de décembre 1626 et encores moins de financer pour l'attribution desd. 6 d. pour livre, désadvouant formellement ceux qui auroient pour ce présenté requeste au Conseil et faict des offres pour lad. révocation ; que si telle chose avoit lieu, elle les porteroit en une totale ruyne de leurs fortunes pour plusieurs raisons : la première, à cause de la finance que l'on leur demanderoit pour une atribution qu'ilz n'ont jamais recherchée et qu'ils sont impuissans de payer, estans de sorte incommodez, pour la finance de la taxe qu'ils ont payée, en l'année dernière, pour l'attribution des taxations héréditaires d'un denier pour livre, en la jouissance desquelles ils sont troublez et empeschez par MM. des comptes, qu'ils n'oseroient avec liberté se descouvrir, à cause de leurs debtes; la seconde est, que, ne comptant desd. droicts alliénéz qu'avec les propriétaires d'iceulx, ils seroient obligez de garder leurs comptereaux et acquits à perpétuité; la troisième, qu'obligeant spéciallement leurs offices envers aultant de personnes qu'il y a de particulliers qui jouissent desd. droictz alliénéz dans lesd. Ellections, il se rencontreroit que tel auroit ung office de commissaire des tailles en une paroisse de revenu de 40 ou 50 l. par an, lequel prétendroit avoir spécialle hypothèque sur des offices de valeur de plus de 25 ou 30,000 l., au préjudice des créanciers anciens desd. receveurs des tailles, ce qui empescheroit à l'advenir leur crédit et de pouvoir trouver de l'argent, en cas de nécessité, sur l'obligation de leurs offices; d'ailleurs, que ce ne sont les formes ordinaires de faire des attributions héréditaires par ung arrest du Conseil, mais bien par éedicts ou déclarations deuement vérifiez aux Cours souveraines; ayans déclaré lesd. receveurs des tailles, pour les raisons cy-dessus, qu'ils renonçoient, comme de faict ils ont renoncé, de faire la recepte desd. droicts alliénez, ainsy qu'il est porté par led. arrest du Conseil dessus daté, n'empeschant que le Roy y commette telles personnes qu'il advisera bien estre, ausquelles il face attribution des dictes taxations de 6 d. pour livre; que sy toutefois S. M. désire, pour le soulagement du peuple, que lesd. receveurs des tailles facent le recouvrement desd. droicts alliénez, et qu'en exécution desd. lettres-patentes expédiées pour le département de la creue des garnisons, il soit ainsi ordonné par le Bureau, ils sont prestz d'obéir aux commandements du Roy et aux ordonnances d'icellui, sans pour ce prétendre ny demander à S. M. aucune taxation desd. 6 d pour livre héréditaires, pour laquelle l'on leur puisse faire payer finance, à quoy ils ont renoncé, à condition que l'obéyssance qu'ils ont faicte de faire lad. recepte ne pourra spécialement obliger leurs offices aux débets desd. droicts alliénez ny les assubjetir de garder les acquits et papiers des payemens qu'ils feront ausd. propriétaires en plus avant que six moys après l'année expirée, requérant leur accorder acte de leur déclaration et protestation et d'avoir égard à icelles, en procédant aux départemens des creues de la présente année,

A esté ordonné, pour le soulagement des collecteurs des tailles et éviter au retardement des deniers du Roy, qui adviendroit, si les acquéreurs desd. menus droicts bailloient le recouvrement à faire d'iceulx à plusieurs et diverses personnes, que lesd. receveurs, et de leur obéyssance, feront chacun, en l'année de son exercice, la recepte desd. droictz avec et comme des deniers de la taille et creues, sans que pour ce ils puissent prétendre lad. taxation de 6 d. pour liv. sur iceulx droictz, desquels ils seront tenus faire recepte et despence en leurs estats au vray » *(Ibidem)*.

Indemnité accordée nonobstant l'opposition du procureur des États. — 26 février 1628. Le Roi, par ses lettres-patentes pour la levée extraordinaire de la crue des garnisons des années 1626, 1627 et 1628, avait ordonné la levée de 6,000 l. pour dédommager Pierre Batignon de la perte de son navire. La levée avait été sursise sur l'opposition du procureur des États. Le Bureau accorda enfin la demande de Batignon. Plus tard, cependant, le 23 février 1629, il parut se montrer favorable à une nouvelle réclamation du procureur syndic contre ce particulier *(Ibidem)*.

Retard dans l'envoi des Commissions de la taille, causé par l'époque tardive de la réunion des États de 1627.
— « 28 février 1628. Sur ce qui a esté remonstré par le receveur général des finances à Rouen, m° David Danviray, estant, la présente année, en exercice, que, les Estatz de ceste Province n'ayant esté convoquez que sur la fin du mois de décembre dernier, les commissions de la taille n'auroient pas été envoyées, et les Elleuz n'auroient pu procéder à l'assiette et envoi de leurs mandemens par les paroisses si promptement qu'il eust esté nécessaire pour payer par les collecteurs les deniers de la taille du premier quartier dans le temps de l'ordonnance, »......... le Bureau ordonne, « pour les considérations ci-dessus, que les receveurs des tailles, incontinent que l'assiette et département leur aura esté délivré par les Elleus, ce qu'il leur est enjoint faire promptement, si jà ne l'ont faict, décerneront leurs exécutoires et contrainctes à l'encontre des collecteurs pour le paiement du premier quartier de la taille » *(Ibidem).*

Acte accordé par le Bureau des Finances au procureur des États de son opposition à la levée de nouveaux droits.
— « 24 mai 1628. Sur la requeste présentée par le procureur scindiq des Estats de la Province de Normandie, à ce que, pour les considérations y contenues, (il fust reçu opposant à) l'arrest du Conseil et lettres-patentes du Roy sur icelluy du 29e mars dernier, par lesquelles S. M. a ordonné que les acquéreurs des droictz attribuez aux gardes des petits sceaux, greffiers des Ellections, greffiers des affirmations, commissaires des vivres, greffiers et maistres clercz alternatifs et triennaux, premiers et seconds commissaires des tailles, jouiront desdictz droictz en la présente année et à l'advenir, ainsy qu'en l'année dernière et autres précédentes, tant sur ce qui revient de net à S. M. desd. tailles, taillon et creue extraordinaire que sur les 600 et 400,000 l.

dont il a pleu à S. M. descharger ses subjectz en l'année dernière et la présente, conformément à l'estat de la creue extraordinaire et commissions de S. M. expédiées pour lad. année dernière, ensemble sur toutes les autres descharges et levées extraordinaires,

Acte est accordé au procureur scindiq de son opposition, et cependant se pourvoira vers S. M. et Nos seigneurs de son Conseil pour lui estre pourveu sur le contenu en lad. requeste selon son bon plaisir » *(Ibidem).*

Paiement des messagers et de l'imprimeur des États. — « Du lundi 17ᵉ juillet 1628. Sur la requeste présentée par Guill. Le Clerc et Nᵃˢ Bonnechose, messagers ordinaires des Estatz de la province de Normandie, à ce qu'il soit ordonné que, par Mᵉ Constantin Heudebert, trésorier desd. Estatz, ils seront payez de la somme de 99 l. pour leurs gaiges, droictz et taxations d'avoir porté aux delléguez d'iceulx Estatz les Cahiers des remonstrances faictes au Roy en l'assemblée desd. Estatz tenue en ceste ville de Rouen l'année dernière 1627,

Veu lad. requeste, ensemble la certiffication du procureur scindicq desd. Estatz, du 12ᵉ du présent moys et an, il est ordonné que par ledit Heudebert les supplians seront payez de lad. somme etc.... »

« Du lundy 7 août 1628. Sur la requeste présentée par Martin Le Mesgissier, imprimeur pour le Roy en ceste ville de Rouen, à ce que taxe luy soit faicte pour avoir imprimé en grand cahyer les articles des Remonstrances faictes en la Convention des Estatz de ceste Province tenus à Rouen le 14ᵉ décembre dernier, avec la responce et ordonnance sur ce faicte par S. M., et pour cest effect imprimé jusques au nombre de 200 desd. articles, plus pour avoir aussi imprimé la Commission des estapes de lad. Province,

Veu la certiffication du procureur scindicq des Estatz de Normandie, du 5ᵉ du présent moys, au bas de ladite requeste, taxe a esté faicte au suppliant, pour lesd. impressions, de la somme de 50 l., ainsy qu'il est accoustumé, de laquelle il sera payé par Mᵉ Constantin Heudebert trésorier desd. Estatz » *(Ibidem).*

Interruption des États de Normandie en 1628.

Il est certain qu'il n'y eut point d'assemblée d'États en 1628. Il n'en faut pour preuve que les deux pièces qui suivent, extraites, la première, du plumitif du Bureau des Finances, la seconde, du plumitif de la Chambre des Comptes de Normandie.

« Du mercredy, 13ᵉ jour de juin 1629. Veu les lettres-patentes du Roy données au camp devant Suze, le 16ᵉ jour d'avril dernier, par lesquelles S. M. mande et ordonne asseoir, imposer et faire lever sur les contribuables des Élections de ceste Généralité, la somme de 12,000 l., avec les fraiz ordinaires, pour le don qui a accoustumé d'estre faict chacun an par les Estats de ceste Province à Monsieur le duc de Longueville, gouverneur d'icelle, et ce nonobstant que lesd. Estats n'ayent tenu en la présente année, ainsy qu'il est plus amplement contenu ausd. lettres-patentes, A esté ordonné que coppies collationnées seront envoyées, avec commissions, aux Elleuz de ceste Généralité, pour la levée de lad. somme de 12,000 l. avec les frais ordinaires. »

« 17 avril 1630. Sur les lettres-patentes données à Paris le 29ᵉ janvier dernier, par lesquelles S. M. mande à la Chambre que, *nonobstant qu'il n'y ayt point eu d'assemblée d'Estatz en lad. Province pendant l'année 1628,* son intention n'a néantmoins esté d'apporter pour cella aucun changement aux affaires du pays et à l'ordre qui y a de tout temps esté gardé, et que sa volonté est que les deniers destinez pour les affaires de la Province qui ont esté levez en lad. année soient mis ès mains du Trésorier des Estatz, pour estre par luy employez au faict de sa charge, ainsi qu'il est accoustumé, veu lesd. lettres, requeste présentée par Mᵉ Constantin Heudebert sʳ du Buisson, trésorier desd. Estatz, affin de procéder au registrement desd. lettres, conclusions de l'advocat général du Roy pour le procureur général et tout considéré, la Chambre a ordonné que lesd. lettres-patentes seront registrées pour estre exécutées selon leur forme et teneur et sans tirer à conséquence, et parce que, sy, pour l'avenir, ne se tenoit en quelques années d'assemblée des Estats de ceste Province, la levée qui aura pour ce esté faicte servira pour la prochaine assemblée. »

En l'absence de remonstrances des États, nous croyons intéressant de rapporter ici quelques actes qui constatent l'intervention du procureur syndic, auprès des Trésoriers généraux de France, dans l'intérêt des contribuables de la Province.

Surséance de paiement à faire à un particulier tenant la poste au Havre. — « Du mercredy, 23 mai 1629. Sur ce qui a esté remonstré par le procureur des Estatz de Normandie que, le 19 mars dernier, il auroit esté dellivré une ordonnance en ce Bureau à Sanson Bride, fils et héritier de Guill. Bride, vivant tenant la poste au Havre-de-Grace, par laquelle, en conséquence du don à luy fait par Mʳ le duc de Longueville, le 6ᵉ juin 1628, il est ordonné que, par le trésorier des Estatz de Normandie, il sera payé des gaiges attribuez à lad. charge, des années 1625 et 26 et depuis le 1ᵉʳ de janvier 1628 jusques au 5 juillet ensuivant, et pour le regard des gaiges de l'année 1627, rayés au compte desd. Estats de lad. année, qu'il sera employé au premier compte qui sera rendu, requérant led. procureur des Estats que lad. ordonnance fust surcise, attendu que led. sʳ de Longueville a aussy faict don desd. gaiges à ung nommé Claude Delaistre, en vertu duquel led. trésorier des Estatz a payé, veu lequel don en date du 18 juin 1628, ensemble la quittance dud. Delaistre du 4ᵉ décembre aud. an, a esté ordonné que lad. ordonnance du 19 mars dernier demeurera surcise jusques à ce que par led. sʳ de Longueville et le Bureau autrement en ayt esté ordonné, avec deffenses aud. trésorier des Estats d'acquitter à l'advenir aucuns gaiges des postes sans ordonnance dud. Bureau » *(Plumitif du Bureau des Finances).*

Communication, au procureur syndic, de l'état pour les réparations des ponts et chaussées. — « 20 juin 1629, S'est présenté au Bureau le procureur syndicq des Estatz de Normandie, qui auroit requis luy estre donné communication de l'estat du Roy envoyé en ce Bureau pour le recouvrement des deniers imposez en ceste Générallité, en la présente année, pour les réparations des ponts, chemins et chaussées de lad. Générallité : A esté ordonné que, par le greffier de ce Bureau, communication sera donnée dud. estat aud. procureur des Estatz pour dire ce qu'il advisera bien estre, vendredy prochain » *(Ibidem).*

« Vendredy, 22 juin 1629. Sur la requeste présentée par le procureur syndicq des Estatz de Normandie contenant que, suivant l'ordonnance de ce Bureau, du 20ᵉ du présent moys, il auroit eu communication de l'estat du Roy envoyé en icellui pour le recouvrement des deniers imposez en ceste Générallité en la présente année pour les réparations des ponts, chemins et chaussées d'icelle, par lequel estat est ordonné que lesd. deniers seront portez à l'Espargne, qui est un moyen pour les divertir et ne les employer à l'effect auquel ils sont destinez, ce qui contreviendroit aussy à la volonté de S. M. portée par la responce sur l'onzième article du Cahyer desd. Estats de l'année dernière, à quoy ayant esgard, mesme à l'estat des chemins, ponts et chaussées de lad. Générallité, qui tombent journellement en ruyne, requéroit estre ordonné que la somme de 18,000 l. qui se lève en ceste dicte Générallité pour lesd. réparations, demeurera ès mains du receveur général, pour estre employée à l'effect auquel elle est destinée : Veu le contenu en lad. requeste et sur ce ouy led. procureur des Estatz, a esté ordonné que le receveur général des finances à Rouen, estant en exercice la présente année, fera le recouvrement des deniers imposez en ceste Générallité pour les réparations des ponts, chemins et chaussées d'icelle, lesquels demeureront en ses mains jusques à ce que par le Roy et le Bureau autrement en ayt esté ordonné, et cependant se pourvoiera led. procureur des Estatz vers S. M. et Nos seigneurs de son Conseil pour faire ses remonstrances ainsy qu'il advisera bien estre » *(Ibidem).*

ÉTATS DE DÉCEMBRE 1629.

I.

Extraits des Registres de l'Hôtel-de-Ville de Rouen.

Lettres du Roi au bailli, fixant la réunion à Rouen, au 28 nov., Fontainebleau, 18 sept. 1629 ; — du gouverneur au même, pour le même objet, Paris, 20 sept. — Les dites lettres « leuz et publiéz en jugement devant nous Ch. Boullays, lieutenant particulier au bailliage de Rouen, le mercredy 3º jour d'oct., et ordonné, ce requérant le procureur du Roy, parlant par Deshébertz, advocat de S. M., qu'elles seront enregistrées ès registres du greffe de ce lieu, publiées à son de trompe par les carrefours, sur les quais et autres lieux accoustumez à faire proclamations publiques en ceste ville, et les vidimus envoyez ès vicomtés de ce ressort, pour y estre pareillement leuz et publiez, et le contenu en icelles exécuté, mesmes aux sieurs conseillers eschevins de l'hostel-commun de ceste ville pour les advertir et leur faire

sçavoir le contenu ès dictes lettres, et mandemens à ce nécessaires délivrez aux sergents royaulx des sergenteries de ceste vicomté pour les mettre à exécution, à ce que aucun n'en prétende cause d'ignorance. Signé : Boullays et Molart. »
— Nouvelles lettres du Roi au bailli, remettant les États au 3 déc., parce que le duc de Longueville ne pouvait être à Rouen, au jour précédemment marqué, Paris, 16 nov.; — du gouverneur au même, pour le même objet, Paris, 15 nov.; — de messieurs du bailliage aux échevins de Rouen, 21 nov.

Assemblée générale en la salle ordinaire du Conseil de l'hôtel-commun, sous la présidence de Scipion Marc de la Ferté, lieutenant général, pour l'élection des députés.

« L'official, comme vicaire de l'archevêque, prit place au bout du bureau en une chaire qui est la place de l'archevesque. » On note qu'il n'avait droit de prendre cette place « qu'aux assemblées qui se tiennent dans la grande salle, et que, s'il l'occupa dans la salle du Conseil, cela tenoit à ce que l'autre salle n'étoit en état de recevoir la compagnie. »

« Nota que M. le procureur syndic (de la ville) a esté au chapitre pour semondre MM. de député en lad. assemblée, et M. le grand vicaire de s'y trouver. »

Prirent part à l'élection, 51 ecclésiastiques (entre autres les prieurs de Ste-Catherine, de S.-Gervais et de Bonne-Nouvelle), 2 nobles, 30 bourgeois dont le nom est indiqué, sans compter les autres. — On nomma pour l'église, Pierre Acarie, official, vicaire général de l'archevêché ; — pour la noblesse, Robert de Hanyvel, écuyer, s^r de la Chevalerie, et de S.-Étienne du Rouvray ; — comme conseillers échevins, n. h. N^{as} Pouchet et Ch. Pavyot.

Proposition des États. — Lundi 17 déc. En faveur des consuls et de leur juridiction, contre les courtiers de change et de toute sorte de marchandises dont les offices, inutiles et préjudiciables, ont déjà été supprimés deux fois ;

— contre la levée de 20 s. pour muid de vin, destinés à la construction du pont de Rouen : le pont de bateaux étant parfait, la levée n'a plus d'objet. — « Le Roy sera très-humblement supplié de ne permettre aux estrangers d'apporter en ce royaume aucunes marchandises manufacturées en leur pays, afin que ses pauvres subjectz y estant employez évitent par ce moyen la mendicité à laquelle ils sont réduicts, quand les estrangers y apportent leurs manufactures, et particulièrement les Anglois qui, non contens d'y apporter les marchandises comprises dans le tarif et sur lesquelles se perçoivent les droits du Roy, ensemble les droits octroyez à la ville par S. M., y apportent encore autre grand nombre de marchandises déguisées à dessein pour frauder lesd. droits. S. M. sera très-humblement suppliée de leur interdire l'apport desd. marchandises déguisées, ou bien les obliger à en payer le droict, et pour cest effect qu'il luy plaise députer des Commissaires pour dresser un nouveau tarif. La ville de Rouen a tousjours rendu des tesmoignages de son obéissance, comme de son affection et fidélité au service du Roy ; et néantmoins, par des mauvaises impressions que quelques partisans ont données au Conseil de S. M., il s'y est donné un arrest le 10e de novembre dernier, en vertu duquel tous les deniers de lad. ville doibvent estre saisiz et arrestez. S. M. sera très-humblement suppliée d'empescher ce désordre, et pour cest effect de faire surseoir, pour quelque temps, l'exécution dud. arrest, pendant lequel les eschevins d'icelle ville satisferont à l'intention de sa dicte Majesté et de messieurs de son dit Conseil. »

II.

Extrait du registre du greffier-commis des États.

« Du lundy, 17e jour de déc. 1629, ouverture s'est faite des Esats en la grande salle du manoir archiépiscopal de l'archevêché de Rouen devant Mgr de Villars, duc et pair de France.

Après la lecture faite en l'assemblée des lettres-patentes de S. M., les s^rs députés se sont assemblés en la manière accoustumée, où a esté par moy appelé tous lesd. s^rs députés, lesquels se sont comparus, excepté le député de Ponthoise et le député du Perche, sur lesquels a esté prins deffault.

Et, ce fait, lesd. s^rs se sont assemblées par les bailliages, ainsy qu'il est accoustumé, pour délibérer et arrester entre eux qui debvoit présider en lad. assemblée, et, d'ung advis uniforme, ont supplié discrète personne messire Pierre Acarie, prestre et official de Rouen, de présider en lad. assemblée et faire la responce jeudy prochain.

Et à l'instant il a prins sa séance et fait prester le serment auxd. s^rs députés, ainsy qu'il est accoustumé, de tenir secret ce qui seroit arresté et résolu en icelle assemblée, ce qu'ils ont tous ainsy juré et promis, et que tous s'assembleront à une heure et demie ou deux heures pour commencer à délibérer de leurs affaires.

Et led. jour après-midy, a esté faict plainte par aucuns desd. s^rs députés que le député du tiers estat de la vic. de Caen estoit de la R. P. R., et qu'il estoit raisonnable d'assembler par les bailliages pour savoir sy led. député devoit sortir hors de lad. assemblée, à cause que c'est chose inaudite que ceux de lad. Religion ayent aulcune entrée en lad. assemblée ; et après s'estre lesd. s^rs assemblés par les bailliages, a esté arresté, d'un advis uniforme, que cette affaire debvoit estre termynée et jugée par Mgr. de Villars et MM. les Commissaires, et qu'à ceste fin, le s^r député d'église de Costentin, le s^r de Hanyvel, député de la noblesse de Rouen, l'un des s^rs eschevins de la ville de Rouen et le député du tiers Estat de la vic. de Bayeux se transporteront à l'issue de l'assemblée aujourd'hui, par devers led. s^r de

Villars pour luy en faire rapport, et en rapporter demain en l'assemblée ce qu'ils en auront apprins.

Et, ce fait, a esté fait lecture des lettres-patentes de S. M, et arresté qu'il sera employé article dans le Cayer des Remonstrances pour demander la révocation du doublement du taillon avec la suppression de tous édits et offices contenans exemption de taille.

Qu'il sera employé article pour demander la révocation de la fonction des commissaires des tailles et autres levées attribuées aux greffiers des Eslections, maistres clercs et aultres et ordonner que les titulaires desd. offices seront remboursés des deniers qu'ils ont payés, à raison du denier six, sept, ou huit ou neuf, et jusqu'à la raison du denier quatorze, suyvant l'ordonnance en ceste Province, et que insensiblement, lesd. titulaires se trouveront remboursés de leurs mesmes deniers.

Qu'il sera aussy employé article touchant les greffiers des roolles, le sol pour livre et 40 sous à eux attribués à prendre sur chacune parroisse, et que MM. les Commissaires seront suppliés de prononcer qu'il ne sera fait aulcune levée des deniers attribués par édits non vérifiés.

Qu'il sera demandé la révocation de 9 deniers attribués aux trois receveurs des tailles.

Pareil pour les receveurs des tailles, et ce d'aultant que les édits ne sont encore vériffiés.

Demander la révocation des 3 d. pour livre attribués aux controlleurs des tailles.

La révocation attribuée aux collecteurs des tailles des anciens droits de 3 d. pour livre.

Demander aussy la révocation des 3 s. attribués par édit non vérifié aux receveurs des tailles, taillon, et greffiers pour la signature des roolles.

Sur ce qui a esté représenté par tous ou la plus grand part desd. s^{rs} députés, et particulièrement par ceux des bailliages éloignés, que, suyvant le 1ᵉʳ termement desd. Estats, qui estoit au 28 de novembre dernier, ils se seroient rendus en ceste ville dès le 26 dud. moys, là où ils auroient actuellement séjourné depuis led. temps, et ceux des bailliages et vicomtés plus proches fait trois voyages en ceste ville avec grands frais et despence, et le tout, faulte d'avoir receu en temps le différement desd. Estats; qu'en ceste considération il seroit juste de leur accorder double taxe suivant la distance chacun de sa vicomté, à prendre sur les deniers revenant bons qui sont ès mains de n. h. Constantin Heudebert, sʳ du Buisson, trésorier desd. Estats, *à raison qu'il n'y en eut aulcuns tenus l'année dernière;* et après que led. sʳ du Buisson a recongneu avoir deniers suffisans en ses mains pour satisfaire à leur demande, en luy donnant ordre et l'asseurant de luy faire bien et valablement descharger et allouer à la despence de ses comptes, lesd. sʳˢ députés se sont assemblés en la manière accoustumée, et arresté que lesd. sʳˢ députés auront chacun, pour leurs doubles voyages, séjour et retardement extraordinaire, pareille taxe qu'ils ont accoustumé d'avoir pour leur voyage ordinaire, qui leur sera payée, par led. sr du Buisson, sur les deniers qu'il a en ses mains revenans bons, les charges ordinaires au préalable payées, laquelle lui sera allouée en la despence de ses comptes de l'année présente par les sʳˢ commissaires qui seront à ce députés pour l'audition d'iceux, en rapportant quittance desd. sʳˢ députés et copie de l'estat du payement des voyages des délégués de la présente année, deuement collationné par le greffier de l'assemblée, avec autant (1) de la présente ordonnance. Signé : Pierre Acarie, président aux Estats.

Du mardy, 18ᵉ dud. mois, de matin, s'est présenté le syndic de Ponthoise, par lequel a esté présenté une lettre de

(1) *Autant,* synonyme de copie.

cachet de S. M., en considération des services et mérite de Mgr le duc de Villars, par laquelle S. M. mande auxdits s^{rs} députés luy faire quelque gratification, laquelle lettre a esté leue par led. s^r official, après laquelle lecture ils ont assemblé par les bailliages, et arresté que lesd. s^{rs} députés confèreroient plus particulièrement ensemble pour donner leurs advis à ce dit jour après midy, et cependant que lad. lettre seroit registrée.

« De par le Roy. Très-chers et bien amés, les services que nous a cy-devant rendus, et que nous fait encore à présent notre cousin le duc de Villars, notre lieutenant général au gouvernement de Normandie, nous sont de telle considération, et sa personne sy recommandée, que nous aurons très-agréable que les députés des Estats de notre dite province de Normandie, y ayant esgard en leur assemblée prochaine, luy facent quelque gratification pour luy aider à supporter la despence extraordinaire qu'il est obligé de faire pour se maintenir selon la dignité et mérite de sa dite charge, et que vous y contribuiez, en général et en particulier, tout ce qui sera nécessaire de votre part. Donné à Paris, le 3e jour de déc. 1629. Signé : Louis ; et plus bas : Phélippeaux· — Et sur le dos est écrit : A nos très-chers et bien amés les députés des trois Estats de notre pays et duché de Normandie. »

Et, ce fait, a esté arresté, par ung advis uniforme, que S. M. sera suppliée d'accorder la tenue des grands jours ainsy que S. M. l'a cy-devant accordé.

Qu'il sera dressé article pour demander qu'il soit défendu à tous notaires, tabellions, huissiers et sergents de faire aulcuns contrats et exploits à jour de feste et dimanche, réservé pour les décrets d'héritage, bénéfice d'inventaire, prinse de corps et autre chose pour crime (1).

(1) L'art. II du Cahier mentionne bien les défenses à faire aux huissiers et sergents ; mais il n'est pas question des notaires et des tabellions, qui, de tout temps, avaient passé des contrats, même le dimanche.

Qu'il sera employé article pour les ecclésiastiques, chanoines prébendés aux églises cathédrales, pour leur permettre de posséder des bénéfices avec leurs prébendes, attendu le peu de revenu d'icelles (1).

Qu'il sera employé article par lequel les curés seront dispensés de faire lecture d'aucuns mandements, soit pour la taille, le sel ou autres choses de quelque qualité qu'elles soient, ains déclarer à leur prosne la qualité desd. mandements, à la porte de l'église, à l'issue de la messe (2).

Que les appellations comme d'abus seront libellées, et que l'on ne puisse interjeter haro sur ung sergent qui aura arresté quelque homme d'église (3).

Qu'il sera emploié article pour supplier le Roy d'ordonner que les prestres qui desserviront les bénéfices en déport (4) auront pareille pension que celuy réglé par la dernière ordonnance pour les curés (5).....

Dud. jour après midy, a esté mis en délibération de quelle somme l'on debvoit gratifier M. le duc de Villars : lesd. s^{rs} députés se sont assemblés par les bailliages, et, d'ung avis à la pluspart, ont arresté que led. s^r seroit gratifié de la somme de 6,000 l., en considération de la despence

---

(1) Voir l'art. III du Cahier. Ce privilége fut défendu jusqu'à la fin par les chanoines de Rouen, nonobstant l'opposition de l'archevêque Fr. de Harlay, et le vœu formel des États généraux.

(2) Dans l'art. Ier du Cahier, il n'est pas question de lecture à la porte de l'église, mais seulement de lecture à l'issue de la messe.

(3) Dans l'art. XX, on se borne à exprimer le vœu, conformément à la demande du clergé, qu'il ne fût reçu aucun haro au préjudice des sentences ecclésiastiques. Voir aussi l'art. II du Cahier.

(4) Le déport était le droit pour l'évêque de prendre le revenu d'un bénéfice pendant l'année, à partir de la vacance, à charge de le faire desservir.

(5) On fait allusion ici aux nouvelles ordonnances (le Code Marillac ou Michau) qui venaient d'être envoyées aux parlements de France, et qui règlaient les portions congrues des curés à la somme de 300 l. Une déclaration du Roi, de 1634 disposa que les curés du royaume qui étaient de deçà la rivière de Loire jouiraient de 300 l. de rente qui leur seraient payées par ceux qui prenaient les dîmes, et que les curés des diocèses de Bretagne et de delà la rivière de Loire n'auraient droit qu'à 200 l. seulement.

qu'il a faite, tant en son voyage d'estre venu exprès de la ville de Paris pour tenir les Estats, que pendant la tenue d'iceux, et sans que cela puisse tirer à conséquence, soit en considération de sa personne ou de sa qualité de lieutenant général de S. M. au gouvernement. Signé : Pierre Acarie, président.

Qu'il sera dressé article pour le fonds des rentes assignées sur les receptes générales.

Autre article pour la draperie d'Angleterre, et depuis arresté qu'il n'en sera rien employé aud. Cahier..........

Sur ce qui a esté représenté par aucuns des députés des villes et vicomtés de ceste Province, dans lesquelles il y a eu des estapes et garnisons, mesme grande mortalité de peste par ung long temps, lesd. s^{rs} députés ont assemblé et renvoyé lesd. députés desd. villes et vicomtés par devers MM. les Trésoriers et Eslus, et les supplient très-humblement d'avoir esgard aux pertes qu'ils ont souffertes, et, en ceste considération, les soullager de la taille, et qu'il leur en sera délivré acte.........

Article pour défendre aux nobles de chasser sur les terres pendant qu'il y a des grains (1)..........

Du mercredy, 19° dud. moys, de matin. Le s^r Du Busc, prévost général de Normandie, est entré en l'assemblée, ainsy qu'il est accoustumé, pour entendre les plaintes que le peuple a à faire contre ses lieutenans et archers ; et, après que led. s^r prévost général a rendu raison de plusieurs plaintes et s'estant retiré, lesd. s^{rs} se sont assemblés par les bailliages et arresté que le s^r Donnest, controlleur de leur monstre, sera mandé pour donner aultant du roolle des lieutenants et archers qui se sont trouvés à la monstre. Et s'est aussy présenté le sr de la..., lieutenant dud. s^r grand prévost au bailliage de Rouen, lequel auroit remonstré que led. bailliage de Rouen seroit de plus grande estendue et

(1) Cet article ne passa pas dans le Cahier.

plus chargé de forests, lesquelles aboutissent jusque dans les portes de ceste dicte ville de Rouen; il auroit néantmoins moins d'archers qu'aucun des autres lieutenants, n'en ayant que huit, suppliant la compagnie, attendu qu'il y a huit archers, lesquels, pour n'avoir gaiges, ne rendent aucun service et jouissent néantmoings des priviléges, qu'il leur pleust intercéder pour luy envers led. s^r prévost général, à ce que dud. nombre il luy en baillast quatre, offrant en nommer qui l'assisteront et rendront aultant de service que ceux qui ont gages, ce qui auroit esté à l'instant remonstré aud. s^r prévost général par l'assemblée, à laquelle il auroit promis de donner toute sorte de contentement pour ce regard.

Et, incontinent après, est entré en l'assemblée le s^r Du Boys, commis de l'adjudicataire général des gabelles de France, pour entendre les plaintes du peuple pour le sel non gabellé et de l'incommodité du peuple proche de la mer, qui, pour sa commodité et raison de sa pauvreté, se sert de l'eau de mer au lieu de sel, et que les archers du sel les tourmentent, et cassent leurs vaisseaux avec plusieurs autres violences ; led. Du Boys (assure) que ce n'a jamais esté l'intention des adjudicataires d'empescher la liberté du peuple de se servir de l'eau de la mer, pourveu qu'ils n'en vendent à leurs voisins, affin de ne frauder les droits de gabelle (1).

Ce fait, lesd. s^{rs} se sont assemblés par les bailliages, et arresté, par leurs advis à la pluspart, qu'il sera augmenté, à l'article de MM. les ecclésiastiques, de demander à S. M. leur permettre exécuter le concile provincial de Rouen en tout son contenu (2).

Dud. jour après midy, le s^r de la Fontaine, commissaire

(1) L'usage de l'eau de mer au lieu de sel est un signe assez caractéristique de la misère du peuple.
(2) Il s'agit du concile provincial de 1581.

des guerres, et secrétaire de Mgr le duc de Longueville, a représenté en l'assemblée ung estat et ordre signé et arresté de Mgr le duc de Longueville pour l'ordre qu'il faut tenir pour faire vivre les gens de guerre, tant de pied que de cheval, suppliant l'assemblée de délibérer sur led. estat, à laquelle fin lesd. s^{rs} députés se sont assemblés par les bailliages, lesquels, d'ung advis uniforme, ont arresté que l'ordre et estat de mon dit seigneur le duc de Longueville sera imprimé et envoyé par les bailliages et vicomtés de ceste Province pour y estre observé et gardé ; et, touchant ung commissaire général des guerres en ceste Province pour faire observer led. ordre, lesd. s^{rs} députés ont arresté qu'il en sera usé en la manière accoustumée, qui est de nommer, à l'issue de l'assemblée, ung gentilhomme, qualifié et capable, avec ung receveur approuvé, pour faire observer lad. ordonnance.

Et tost après, lesd. s^{rs} députés se sont de rechef assemblés pour délibérer, suyvant qu'il avoit esté remis avant midy, sy on debvoit employer au Cayer un article touchant la pension des prestres qui sont employés à desservir les bénéfices pendant l'année qu'ils sont en déport ; et suivant les advis à la pluspart, il a esté arresté que led. article n'y sera employé, bien qu'il eust esté arresté, le jour d'hier, qu'il y seroit employé.

Du 20e dud. mois, de matin. A esté remis en délibération sy on devoit employer au Cayer article pour les manufactures de draperies d'Angleterre, qui avoit esté cy-devant arresté qu'il n'y seroit employé ; et à ceste fin, assemblé par les bailliages et d'ung advis à la pluspart, il a esté arresté que led. article y sera employé (1).

Et led. jour après midy, lesd. s^{rs} députés se sont à l'accoustumée transportés au Vieux-Palais par devant Mgr le duc de Villars et MM. les Commissaires pour délibérer les

(1) Voir l'art. xxxv du Cahier.

articles contenus au Cayer des Remonstrances et recevoir leurs advis sur chacun article.

Du jeudy, 20ᵉ jour de déc. 1629, viron neuf heures du soir, en l'hostel archiépiscopal de l'archevesché de Rouen, en la salle de l'assemblée des Estats de la province de Normandie. Comme les sʳˢ députés, à la pluspart, se seroient rendus en lad. salle de l'archevesché pour procéder, suivant qu'il est accoustumé, à la nomination des députés, tant pour le port du Cayer que audition des Comptes, et après avoir attendu jusques à neuf heures du soir led. jour, ne s'estant trouvé nombre suffisant pour faire lad. nomination, d'ung advis uniforme, ils auroient résolu de remettre à demain huit heures de matin lad. délibération, et à cet effect il a esté enjoint aux huissiers desd. Estats d'advertir lesd sʳˢ députés de se trouver demain, huit heures du matin, en lad. salle de l'archevesché, pour procéder à lad. nomination, et deffenses ont esté faites au sʳ du Buisson, trésorier desd. Estats, de payer à aucun des sʳˢ députés les taxes, tant de leur voyage que de l'augmentation pour leur séjour extraordinaire, jusques après que lad. nomination soit faite; et comme lesd. sʳˢ députés estoient prests de se séparer, seroit comparu le sʳ ecclésiastique député pour le bailliage de Gisors, qui auroit dit qu'on lui avoit donné advis qu'il auroit esté nommé pour porter le Cahier, dans le chasteau du Vieil-Palais, sur billets qui auroient esté faits et tirés, de laquelle nomination faite par billets il déclare ne se vouloir servir et y renoncer, estant prest de procéder à la nomination desd. sʳˢ députés, ainsy qu'il est accoustumé, suivant les formes ordinaires.

Et au mesme temps seroit comparu le sʳ ecclésiastique député du baill. d'Allençon, lequel auroit fait pareille renonciation et déclaration que celle ci-dessus.

Seroit aussy comparu à l'instant Robert de Hanyvel, escuyer, sʳ de la Chevalerie, député pour la noblesse du baill. de Rouen, lequel a dit que M. le président de Bernières luy auroit mis en la main ung billet, par lequel il estoit nommé pour porter et présenter le Cahier au Roy, lequel billet il auroit à l'instant rompu en la présence d'une partie de MM. les Commissaires et quelques ungs des s^{rs} députés desd. Estats, leur déclarant qu'il ne se vouloit ayder de ceste nomination, ainsy faite par billet et au préjudice de la liberté des Estats de la province de Normandie, et que ce n'étoit à eux à faire cette nomination, déclarant qu'il est prest, pour son regard, de procéder à la nomination desd. s^{rs} députés, ainsy qu'il est accoustumé de faire, renonçant à tout ce qui a esté fait à lad. prétendue nomination par billet.

S'est aussi comparu François de Droullin, escuyer, s^r d'Aveynes, député de la noblesse du baill. d'Allençon, lequel a fait pareille déclaration que celle cy-dessus, déclarant ne se vouloir ayder de la nomination par billet pour porter le Cayer, qui auroit esté faite de sa personne, estant prest de procéder à la nomination des s^{rs} députés en la forme ordinaire, dont de tout ce que dessus acte a esté accordé; et suivant ce que dessus ont déclaré qu'ils se trouveroient demain à lad. heure de huit heures de matin, en lad. salle de l'archevesché, pour procéder à lad. nomination, suivant les formes accoustumées. Signé : Meriet, Mahot, R. de Hanyvel, F. de Droullin, et Pierre Acarie, président aux Estats.

Et le lendemain, de matin, 20e dud. moys, en lad. assemblée, s'est présenté honorable homme François Savary, député de la vic. d'Allençon, lequel a déclaré qu'il est vray que, le jour d'hier, il auroit esté nommé par billet pour le port du Cayer, déclarant néantmoings qu'il ne se veult ayder de lad. nomination ainsy faite, estant prest pour son regard de procéder à nouvelle députation, ainsy qu'il est accoustumé; et depuis, interpellé de dire et déclarer si la renonciation qu'il faisoit présentement estoit pas sur l'asseurance et promesse qu'il avoit, de plusieurs de l'assemblée, de le renommer ou au port du Cayer ou aux comptes, et après que le sʳ président de lad. assemblée a prins par serment led. sʳ Savary, il a déclaré faire lad. renonciation pour l'honneur de l'assemblée, et non pour aucune promesse qui luy ait esté faite d'aucun desd. sʳˢ députés. Signé : Savary.

S'est aussy comparu honorable homme François Hertier, député de la vic. de Gournay, lequel a déclaré ne se vouloir ayder de la nomination qui auroit esté faite, le jour d'hier, de sa personne, pour le port du Cayer, estant prest de procéder, avec les autres sʳˢ députés, à nouvelle nomination, ainsy qu'il est accoustumé, et a signé. Signé : F. Hertier.

S'est aussy présenté honorable homme Robert Coquet, député de Gisors, qui a remis son billet et déclaré qu'il ne veult ni n'entend point préjudicier à la liberté accoustumée des Estats, et a signé. Signé : R. Coquet.

Et depuis s'est aussy présenté André Le Cointe, escuyer, sʳ des Loges, député de la noblesse de Costentin, lequel a fait pareille déclaration et renonciation (à la nomination) ainsy faite par billet, congnoissant que ceste forme de députation par billet est contraire à la liberté ordinaire des Estats. Signé : A. Le Cointe.

Et à l'instant s'est présenté Jacques de la Berquerie sʳ du lieu, député pour la noblesse du baill. de Caux, lequel a fait pareille (déclaration) que led. sʳ des Loges cy-dessus, et a signé. Signé : J. de la Berquerye.

Du vendredy de matin, 21ᵉ jour dud. mois. Lesd sʳˢ députés se sont assemblés, et après que tous ceux qui prétendoient avoir esté nommés par billets, tant pour le port du Cayer que pour l'audition des comptes, ont déclaré qu'ils ne se vouloient ayder desd. nominations, suyvant qu'ils l'avoient signé par acte particulier, et ce, soubs le bon plaisir de MM. les Commissaires, fors et réservé le sʳ ecclésiastique du baill. de Caux et le député du tiers estat de la vic. de Moustivilier, lesquels ont dit qu'ils avoient esté nommés par lesd. billets pour assister à l'audition des comptes, déclarant qu'ils entendoient persister à lad. nomination, le surplus desd. s^{rs} députés auroient assemblé par bailliages et résolu, d'ung advis uniforme, de procéder à la nomination desd. s^{rs} députés, ainsy qu'il est accoustumé après s'estre purgés tous de procéder en ceste nomination librement et sincèrement, renonçant à toutes brigues et sollicitations, et que à l'advenir, avant que faire lesd. nominations, lesd. s^{rs} députés feront pareil serment et déclaration.

Et, ce fait, ils se sont de rechef assemblées par les bailliages et nommé pour le port du Cayer, le député de l'église de Gisors, pour assister le s^r official ; et pour le noble, le s^r de Hanyvel et le s^r d'Aveynes ; pour le tiers estat, le député de S. Lô et le député de Gisors ;

Pour les comptes, les députés de l'église de Caen et d'Allençon ;

Pour le noble, les députés de Baïeux et de Gisors ;

Pour le tiers estat, les députés de Neufchastel et d'Évreux.

Fait et arresté en lad. assemblée, l'an et jour que dessus.

Signé : Pierre Acarie, président, et Echard.

Et au dessous : Par lesd. s^{rs}, signé. De la Court. »

III.

NOMINATION DES DEUX COMMISSIONS POUR LE PORT DU CAHIER ET POUR L'AUDITION DES COMPTES.

« Du vendredy après midy, 21e jour de décembre 1629, au palais archiépiscopal de Rouen.

Furent présens noble et discrète personne m^e Pierre Acarie, prebstre, official en l'archevesché de Rouen, et vicaire général au spirituel et au temporel de M. l'archevesque de Rouen, délégué pour les gens d'église du bailliage de Rouen, Robert de Hanyvel, escuier, s^r de la Chevallerie, seigneur et patron de S. Estienne du Rouveray et autres seigneuries, d. pour les gens nobles dud. baill., nobles hommes N^{as} Pouchet, et Ch. Payvot, conseillers eschevins de ceste ville de Rouen, d. pour lad. ville, N^{as} Du Til, de Branville, d. pour le tiers estat de la vicomté de Rouen, Claude Doublet, d. pour le t. e. de la vic. de Pont-de-l'Arche, Jean Blondel, d. pour le t. e. de la vic. de Pont-Autou et Pont-Audemer, Olivier Pellerin, d. pour le t. e. de la vic. d'Aulge ; — m^e Thomas Talmyc, prebstre, curé de Graincourt, d. pour les gens d'église du baill. de Caux, Jacques de la Berquerie, esc., s^r du lieu, d. pour les gens nobles dud. baill., Robert Dumouchel, d. pour le t. e. de la vic. de Caudebec au siége de Cany, Georges Durant, d. pour le t. e. de la vic. de Montivillier, Jean Pigné, d. pour le t. e. de la vic. d'Arques, Franç. Hertier, eschevin de la ville de Gournay, d. pour le t. e. de la vic. de Gournay, Simon de Lasnier, d. pour le t. e. de la vic. de Neufchastel ; — noble et discrète personne m^e Anthoine de Crametot, chantre en l'église N. D de Baïeux, d. pour les gens d'église du baill. de Caen, m^{re} Gabriel Eude, chevalier, s^r de Tourville et de Lisle, cappitaine et gouverneur de la ville et chasteau de Baïeux, d. pour les gens dud. baill., m. Ch. Dupont, l'un des eschevins de la ville de Caen, d. pour lad. ville, Pierre Osmont, d. pour le t. e. de la vic. de Caen, Pierre Le Quesne, l'aisné, d. pour le t. e. de la vic. de Fallaize, Richard Maze, d. pour le t. e. de la vic. de Vire ; — noble et discrète personne m^e Robert Brisoult, bachelier en théologie, chanoine pénitencier en l'église cathédrale d'Avranches, grand vicaire et promoteur du s^r évesque dud. Avranches, d. pour les gens d'église du baill. de Costentin, André Le Cointe, esc. s^r des Loges, d. pour les gens nobles dud. baill., m^e N^{as} Le Nepveu, s^r du Vaurenaut, d. pour le t. e. de la vic. de Coustances, Jean Barbe, pour le t. e. de la vic. de S. Lô et Carentan, Meaux (?) Gréard, d. pour le t. e. de la vic. de Vallongnes, m^e Jean De Royer, d. pour le t. e. de la vic. d'Avranches, Jacob Le Rouyer, s^r de la Blinière, d. pour le t. e. de la vic. de Mortaing; — noble et discrète personne m^e Michel Costard, prebstre, chanoine en l'église cathédrale N. D. de Lisieux, d. pour les gens d'église du baill. d'Évreux, N^{as} Le Noury, esc., s^r du Mesnil, La Rue et le Tilleuil, d. pour les gens nobles dud. baill., Mathieu Labbé, d. pour le t. e. de la vic. d'Évreux, N^{as} Le Mansel, d. pour le t. e. de la vic. de Beaumont-le-Roger, Jacques Le Pelletier, d. pour le t. e. de la vic. de Conches et Breteuil, Alexis Fouques, d. pour le t. e. de la vic. d'Orbec ; — noble et discrète personne m^e Antoine Mériet, prebstre, curé de Hennesis, d. pour les gens d'église du baill. de Gisors, messire Franç. de Sybouville, chevalier, s^r de Hennesis et des Marestz, d. pour les gens nobles dud. baill., Robert Coquet, d. pour le t. e. de la vic. dud. Gisors, Cardin Allain, d. pour le t. e. de la vic. de Vernon, Gabriel Honoré, d. pour le t. e. de la chastellenie de Pontoise, N^{as} Le Febvre, procureur syndic des habitants de Magni, d. pour le t. e. de la prévosté de Chaumont et accroissement de Magni, Jean Desmoulins, d. pour le t. e. de la vic. d'Andeli, m^e Jean Thibergue, d. pour le t. e. de la vic. de Lyons ; — m^e Christophe Mahot, prebstre, curé d'Argentan, d. pour les gens d'église du baill. d'Alençon, Franç. de Droullin, escuier, s^r d'Avoynes, d. pour les gens nobles dud. baill., Franç. Savary, d. pour le t. e. de la vic. dud. Allençon, Franç. Cavey, d. pour le t. e. de la vic. d'Argentan et Exmes, Jacques Du Boullay, s^r du lieu, d. pour le t. e. de la vic. de Dompfront, et Pierre Thierry, d. pour le t. e. de la vic. de Verneuil »   nomment pour le port du Cahier, pour l'église, Acarie et Meriet ; pour la noblesse de Hanyvel et de Droullin ; pour le tiers estat, Barbé et Coquet, avec Echard procureur syndic ; — pour l'audition des comptes, pour l'église de Crametot et Mahot; pour la noblesse Eude et de Sybouville; pour le tiers estat, de Lasnier et Labbé, avec Echard procureur syndic.

IV.

Pièces diverses.

Après bien des délibérations, bien des démarches auprès des cours souveraines, plusieurs voyages à Paris, les échevins de Rouen avaient fini par obtenir, comme faveur exceptionnelle, la révocation, en ce qui les concernait, de l'édit portant création de l'office de receveur des deniers patrimoniaux et d'octroi des villes, office dont le Roi avait pourvu un nommé Antoine Tallon. Ce n'avait pu être toutefois qu'à charge de rembourser cet officier (13 juillet 1624). Un arrêt du Conseil l'avait maintenu dans sa fonction, malgré l'opposition des échevins, qui, de leur côté, avaient confié la recette à Jacques Boullaye (16 sept. 1623), et même s'étaient refusés à fournir au gouvernement l'état de leurs revenus, ce qui avait donné lieu à un arrêt du Conseil qui ordonnait la saisie desdits revenus (22 mai 1624) et avait amené la suspension des rentes dues, aux habitants de Rouen, sur la recette générale de cette ville.

On voit que l'opposition des conseillers dans cette circonstance ne fut pas sans inspirer d'assez sérieuses inquiétudes au gouverneur de la Province et au parlement.

En 1627, la ville de Rouen se vit, de nouveau, inquiétée dans la jouissance du droit qu'elle prétendait avoir de nommer un receveur pour ses deniers patrimoniaux et d'octroi. Un arrêt du Conseil donné à Paris, le 29 mai de cette année, enjoignit aux receveurs des deniers d'octroi et autres de la ville de Rouen, de compter par état, audit Conseil, dans le délai d'un mois.

Le 17 juillet, la ville délibéra que, « si on estoit poursuivy pour l'effect dud. arrest, deux de MM. les eschevins en confèreroient à M. le procureur général de la Chambre des Comptes, attendu l'intérest dud. arrest, pour estre fait ce qu'il appartiendroit. »

Au mois de décembre, on reçut l'avis que les Trésoriers de France au Bureau des finances avaient entre les mains un nouvel arrêt du Conseil qui leur enjoignait de saisir et de mettre en régie tous les deniers d'octroi et patrimoniaux de la ville pour les faire porter à l'Epargne, faute par les échevins d'en avoir compté, par état, au Conseil, depuis l'année de la concession des octrois. Le 18 décembre, on décida de demander encore une surséance et la permission de convoquer une assemblée générale. Un mois de délai fut seulement accordé, et malgré la répugnance qu'il éprouvait à se prêter à une pareille mesure de rigueur, le Bureau se vit dans la nécessité d'obtempérer aux ordres du Roi et d'opérer la saisie des fonds de la ville.

Le 11 mai de l'année suivante les échevins entendaient le rapport de leur procureur syndic M. de Gueudeville, qu'ils avaient député, auprès de la Reine, avec MM. de Maromme et de Heudebouville à l'occasion de cette fâcheuse affaire. Ceux-ci avaient eu audience de M. du Houssay, Intendant de la Province, et n'avaient pu rien obtenir. La ville autorisa ses députés à ne pas épargner les présents de confitures afin de se rendre ses protecteurs plus favorables et d'exciter leur zèle.

Un nouveau rapport eut lieu le 26 mai 1628. On avait obtenu à grand peine mainlevée de 50,000 l. pour le paiement des rentes de la solde et de 30,000 l. pour subvenir aux nécessités les plus urgentes de la ville. Un arrêt récent avait enjoint aux conseillers d'apporter les titres, lettres d'octroi et concessions ci-devant accordées, ainsi que les comptes. Encore un rapport le 6 octobre 1628. On avait obtenu de la Reine mainlevée pour 120,000 livres. (Voir l'art. XXIX des États de déc. 1629; Cf. l'art. XIX des États de 1623).

Quelque temps après, le Conseil d'État nommait un receveur pour la ville et se réservait à lui-même le droit de recevoir et de vérifier les comptes. Dans cette nouvelle phase de ce long différend, la ville de Rouen se sentit soutenue par la Chambre des Comptes, comme on le voit par cet arrêt du 28 janvier 1630.

« Les conseillers eschevins de la ville de Rouen viennent faire plainte à la Chambre d'un arrêt du Conseil, du 10 nov. dernier, portant commission à M° Claude Cousturier, commis par le Roy à faire la recette des deniers des fermes, patrimoniaux et d'octroy de la ville de Rouen suivant led. arrest sur lequel led. Cousturier, s'estant retiré par devers les Trésoriers généraulx de France de ceste Généralité pour faire registrer led. arrest et commission au greffe des Trésoriers généraulx de France, se seroit ensuivy ordonnance desd. Trésoriers généraulx, par laquelle auroient ordonné, le 14ᵉ de déc. audit an, qu'elle seroit registrée en leur Bureau pour faire la recette, par led. Le Cousturier, de tous lesd. deniers patrimoniaux et d'octroy de lad. ville, à la charge de bailler caution de la somme à laquelle se trouveroit monter le quartier de lad. recepte, qui seroit receue par le bailly de Rouen ou son lieutenant, en présence et du consentement du procureur général de S. M.,.. enjoint en outre aud. Cousturier d'établir un Bureau aud. Rouen, et ne pourra faire recepte et dépence qu'en vertu des estats et ordonnances expédiéz par lesd. Trésoriers généraulx, et mettra, ès mains du receveur des deniers communs, la somme de 266,503 l. 9 s. par chascun an, de quartier en quartier, pour le paiement des rentes deues par lad. ville que autres affaires pressées, à laquelle se sont trouvé monter les rentes et charges estant sur lesd. deniers; sur laquelle ordonnance led. Cousturier se seroit retiré au Conseil, et auroit obtenu autre arrest, sur requeste par luy présentée, du 9 du présent mois et an, par lequel seroit ordonné que, sans avoir esgard à l'ordonnance des Trésoriers de France, auroit descharge led. Cousturier du contenu en icelle, et que sa commission sera exécutée de point en point, selon sa forme et teneur, et que, des deniers qu'il recepvra en vertu d'icelle, il mettra ès mains du receveur de lad. ville la somme de 100,000 l. pour employer ainsy qu'il est porté par led. arrest du 10 nov., et que du surplus de son maniement, il comptera par estat au Conseil de 3 mois en 3 mois, faisant inhibition et deffence au procureur général en ceste Chambre et Trésoriers généraulx de France et tous autres qu'il appartiendra de faire contre ledit Cousturier aucunes poursuites pour la reddition dud. compte ailleurs qu'audit Conseil, ny le troubler en l'exécution de sa dite commission, à peine de tous despens... l'ayant sa dite M., par son dit arrest, prins en sa protection et sauvegarde et mis en celle des Eschevins et habitans de la ville; la signification duquel arrest les ayant obligez de se présenter en ceste Chambre, comme ils ont fait au Parlement, pour leur représenter l'inthérest général qu'ont toutes les compagnies et particulièrement ceste-cy à la conservation du bien général de toute la ville et bien publicq des habitans d'icelle, il luy plaise, par sa prudence ordinaire, pourveoir à telles viollences, qui ne peuvent estre qu'à la ruine généralle de la ville et bien commun de plusieurs bonnes familles qui se trouveroient grandement inthéressées, si led. arrest avoit lieu, et, plus encore, de plusieurs pauvres particuliers qui n'ont autre bien que ce qu'ils ont, de succession de leurs prédécesseurs, à prendre sur le revenu des assignations qui sont en lad. ville, supplyant de rechef la Chambre de leur pourvoir. (Les Echevins retirés), la Chambre a ordonné que très-humbles remonstrances seront faictes au Roy, et cependant enjoinct aux eschevins de lad. ville de continuer l'exercice de leurs charges et faire faire la recepte de leurs deniers patrimoniaux et d'octroy et des rentes par leurs recepveurs et préposés, et deffenses aud. Le Cousturier de s'immiscer à la recepte des deniers jusques à ce que par lad. Chambre en ayt esté ordonné. »

Les échevins rentrés, par le P. P. leur est donné connaissance de l'arrêt qui venait d'être rendu : ils se retirent « en remerciant très-humblement la compagnie » (*Plumitif de la Chambre des Comptes*).

Dépôt à la Chambre des Comptes du Cahier des États. — « Mercredi, 17° jour d'avril, 1630, au matin. Sur la requeste présentée par le procureur sindic des Estats de ceste Province, contenant qu'il auroit pleu au Roy donner responce sur le Cahier contenant les articles des plainctes que les depputés desd. Estats auroient dressées en la dernière assemblée d'iceulx tenus en ceste ville le XX° jour de déc. dernier; et, d'autant qu'entre iceulx articles, il y en a plusieurs qui concernent le bien et soulagement des habitans de ceste Province, qu'il pleust à lad. Chambre ordonner que led. Cahier sera mis au greffe d'icelle pour, ez occasions, y avoir tel esgard que de raison, la Chambre a ordonné que led. Cahier sera mis au greffe pour s'en servir aux occasions » (*Plumitif de la Chambre des Comptes*).

Opposition du Bureau des Finances à certaines levées. — « Le 11 mars 1630. Ont esté receues ce jour d'huy lettres missives de MM. de Chevry, du Houssay et des Noyers, du 5 du présent mois, par lesquelles ils mandent au Bureau qu'il aye à imposer et faire lever toutes les sommes contenues en la Commission de S. M. envoyée aud. Bureau pour la creue des garnisons de la présente année. Veu lesquelles missives, a esté ordonné que les commissions expédiées pour lad. creue des garnisons seront réformées, et que la somme de 70,000 l., qui n'y avoit esté comprise, y sera employée, et, pour le regard des autres sommes particulières, n'en sera fait aucune levée, soubz le bon plaisir du Roy, conformément à l'ordonnance de ce Bureau, du premier du présent moys.

Le sr de Hanyvel a déclaré qu'il estoit d'advis que lad. somme de 70,000 l. ne fust imposée jusques à ce que le procureur des Estats de Normandie eust fait remonstrance à S. M. » *(Ibidem).*

Taxe à l'imprimeur des Etats. — « 3 juin 1630. Sur la requeste présentée par Mesgissier à ce que taxe lui soit faicte pour avoir imprimé, en grand cahier, l'ordre et règlement arresté aux Estats par M. le duc de Longueville pour faire vivre par estapes les régiments et compagnies de gens de guerre (desquels règlemens il auroit délivré jusques au nombre de 200), mesme aussy pour avoir imprimé une ordonnance de ce Bureau, du 24 d'avril dernier, portant deffenses, aux officiers des Ellections et Greniers à sel de ceste Généralité, de faire aucunes levées de deniers sans lettres-patentes de S. M. et commissions du Bureau sur icelles (1) et auroit délivré 200 desd. ordonnances, taxe lui est accordée d'une somme de 40 livres *(Ibidem).*

Ordonnance du Bureau des finances pour la levée des gratifications accordées par les États aux lieutenants généraux de la Province. — « 19 juin 1630. Veu les lettres-patentes du Roy données à Lyon, le 27e mai dernier, par lesquelles S. M. mande imposer sur les contribuables de ceste Généralité 16,000 l. pour leur part de 24,000 l., de

---

(1) Cette ordonnance ne faisait, je crois, que renouveler celle du 13 juin 1629 : « Sur l'advis donné qu'au préjudice des éedicts, arrestz et règlement de S. M., les officiers d'aucunes Ellections de ceste Généralité prétendent imposer et faire lever quelques droicts sans lettres-patentes du Roy et commissions de ce Bureau sur icelles, ce qui est contre la volonté de S. M. et au mespris de ses ordonnances, A esté ordonné que deffences seront faictes, aux officiers desd. Ellections, d'asseoir ny faire lever aucuns droictz ny levées de deniers, pour quelque cause et occasion que ce soit, sans lettres-patentes du Roy et commission de ce Bureau sur icelles, à peine d'en respondre en leur propre et privé nom et de radiation de leurs gaiges et droictz. »

laquelle les gens des trois Estats ont fait don à M. le duc de Longueville et au sr duc de Villars, savoir : 18,000 l. et 6,000 l., comme aussi imposer 400 l. taxées par lesd. lettres-patentes pour l'obtention d'icelles, avec les fraiz de la levée et recouvrement des dictes sommes de 16,000 l. et 400 l. du droit de recette du trésorier desd. Estats, et outre encore faire asseoir 7,314 l. pour la part de 10,968 l. pour employer, tant au payement et entretènement de 15 carrebines ordonnées par S. M. pour la garde de M. le duc de Longueville, gouverneur de sa dite Majesté en ceste Province et des appointements de Robert Raoult, sr de la Fontaine, secrétaire ordonné en icelle », ordonnance conforme (*Ibidem*).

Consentement donné par le procureur des États à la levée de la crue des garnisons. — « 14 juin 1630. Sur la communication donnée au procureur des Estatz de Normandie de l'arrest du Conseil, du dernier jour de mai dernier, est comparu led. procureur des Estatz, après avoir ouy lequel en ses remonstrances et qu'il a déclaré n'empescher la levée des sommes contenues, tant en la commission de la creue des garnisons qu'audit arrest et autre du 30 mars dernier, a esté ordonné que département sera fait des sommes de 25,000 l., 10,200 l., 6,000 l., 23,000 l. 6 s. 8 d., 39,700 l., et 7,312 l. » *(Ibidem).*

Intervention du Procureur des États auprès des Trésoriers généraux de France dans l'intérêt de la Province. — « 8 juillet 1630. Veu la responce du procureur des Estatz de Normandie sur la communication à luy donnée de la requeste présentée en ce Bureau, le 3e du présent moys, par Robert Du Gard et Isaac Le Roux, greffiers en icelui, afin de leur estre fait taxe pour avoir, en exécution de l'ordonnance dud. Bureau, du 24 avril dernier, et à la diligence dud. procureur des Estatz, faict et faict faire inhibitions et deffenses aux officiers des Ellections et Greniers à sel de ceste Généralité, de faire ny ordonner aucunes levées de deniers sans lettres-patentes du Roy et commission de ce Bureau, a esté ordonné que, par led. procureur des Estatz, les supplians seront payez de la somme de 80 l. »

« Lundi, 2 déc. 1630. Sur ce qui a esté remonstré, par le procureur des Estatz de Normandie, qu'il auroit eu advis qu'en quelques Ellections de ceste Province, en vertu d'un arrest du Conseil du 2 février dernier, l'on prétend faire lever les 2 sols pour livre attribuez aux commissaires des tailles sur les 6 d. attribuez aux Elleuz, 12 d. aux greffiers et maîtres clercs gardes des rolles, 1 d. ob. aux receveurs généraulx, 2 d. aux receveurs particuliers des tailles et taillon, 3 d. aux collecteurs des menus droicts et autres dont les éedictz n'ont esté vérifiez en la Court des Aides ny en ce Bureau, et ce au préjudice des ordonnances d'iceluy du 28 avril et ..... octobre dernier,..... la première ayant esté signifiée aux Elleus des Ellections de ceste Généralité, qui est une chose extraordinaire que l'on lève des droicts sur des sommes imaginaires et dont les principales ne furent jamais imposées sur le peuple, requérant led. procureur des Etats que deffenses feussent faictes aux Elleus d'imposer lesd. 2 sols pour livre sur aucunes natures de deniers que sur celles vérifiées tant en la Court des Aydes qu'en ce Bureau, à peine de 1,000 l. d'amende et autres portées par les ordonnances, a esté ordonné que les srs Hallé, Puchot, et Louvet seront advertis de se trouver mercredy prochain au Bureau, auquel jour sera délibéré sur la remonstrance dud. procureur des Estatz, sur laquelle on a différé d'ordonner, attendu leur absence.

« Mercredy 4 décembre 1630.... Veu laquelle remonstrance, ensemble les ordonnances de ce Bureau des 24 avril et 10 sept. dernier et l'interprétation de lad. ordonnance du 18 sept., a esté ordonné que, nonobstant la signification d'icelle et conformément à lad. interprétation, les Elleuz de ceste Généralité imposeront les 2 s. pour livre desd. commissaires des tailles sur les droictz cy-dessus spéciffiez, après toutesfoys que les éedictz pour l'attribution d'iceulx auront été vériffiés où besoin est, et sera à ceste fin la présente signifiée à la diligence dud. procureur des Estatz.

« Le sʳ Le Seigneur (l'un des trésoriers du Bureau) a déclaré, sur la remonstrance dud. procureur des Estatz, que, pour le respect qu'il porte aux ordonnances du Bureau, il ne peult estre d'autre advis..... mais que, s'il estoit question de délibérer sur l'enregistrement de l'arrest du Conseil du 26ᵉ de juillet dernier, il ne seroit aucunement d'advis qu'il fut registré, tant pour la considération du soulagemeut du peuple que parce que la plus grande partye des droictz sur lesquels il est ordonné, en vertu dud. arrest du Conseil, d'imposer et faire lever les droictz du premier et second commissaires, ne sont encore establiz en ceste Généralité ny les éedictz d'attribution d'iceulx vériffiez, et mesme que, par les Commissaires depputez par le Roy pour la convention des Estatz de ceste province de l'année dernière, la levée d'iceulx droictz a esté surcise jusques après la vériffication des édicts d'attribution d'iceulx.

« Le sʳ Hallé a déclaré qu'il estoit d'advis que les deniers revenans bons des 6 d. des Elleuz feussent renduz et distribuez au peuple *(Plumitif du Bureau des Finances)*. .

Hostilité de la ville de Rouen contre les nouvelles communautés religieuses. — La ville de Rouen se montrait, en général, assez peu disposée à admettre dans son sein de nouvelles communautés religieuses, et il faut dire qu'elle fut habituellement secondée dans sa résistance, non seulement par le parlement, mais par les communautés d'ancienne fondation. Louis XIII avait permis aux religieuses de Saint-Paul de s'établir dans l'intérieur de la ville de Rouen. Les conseillers s'y opposèrent, et force leur fut de rester dans le faubourg (18 déc. 1627). Au mois d'octobre 1628, la Reine recommande aux députés de Rouen, venus près d'elle pour l'affaire de la saisie des deniers d'octroi, l'établissement des filles de la Visitation. Les conseillers ne consentirent à les admettre que le 6 mars, en même temps que les religieuses Minimes, que protégeait la même princesse. « A la fin de 1631, encore des Augustins déchaussés se voulant établir à Rouen, l'avocat général Du Vicquet s'y opposa. — Depuis 20 ou 30 ans (disait-il) se sont en ceste ville introduits tant et si divers ordres de religieux surtout mendiennes, que le nombre excède tout ce qui avoit esté institué mille ans auparavant...... la ville en est moins peuplée et dénuée de personnes qui portent les charges. — Un arrêt du 18 déc., conforme aux conclusions de Du Vicquet, ordonna aux Augustins déchaussés de sortir dans 3 jours de la ville et des faubourgs. » (Floquet. *Hist. du parlement*, IV. p. 431). Cependant, plus tard, les Augustins déchaussés réussirent à faire approuver leur établissement à Rouen (*Voir l'art. III du Cahier des États de septembre 1631*).

Délibération du chapitre de Rouen contre la réponse du Roi à un article du Cahier relatif aux chanoines-curés. — « 26 avril 1630. M. Vendenger l'aisné a faict veoir une copie de l'advis du Conseil que M. Martin avoit consulté sur ce que M. Acarie, official et grand vicaire, faisant la grande kalende, publioit par les doyennés deux articles du Cahier des remonstrances faictes naguères à Rouen par les députés des Estats de ceste Province, et de la responce aux dits articles, touchant la résidence sur les cures et l'incompatibilité prétendue d'icelles avec les chanoinies » *(Registre du chapitre de Rouen. Voir l'art III du Cahier des États de déc. 1629).*

ÉTATS DE DÉCEMBRE 1630.

I.

Extraits des registres de l'Hôtel-de-Ville de Rouen.

Lettres du Roi au bailli fixant la réunion à Rouen, au 9 déc., Lyon, 21 sept. 1630 ; — du gouverneur au même, pour le même objet, Paris, 6 oct., « les dites lettres lues et publiées en jugement devant Scipion Marc, lieutenant général du bailliage, le jeudi 10 oct., enregistrées ès registres du greffe, publiées à son de trompe par les carrefours » etc. — Lettres de Messieurs du bailliage aux échevins de Rouen, 30 oct.

Assemblée générale, à l'hôtel-de-ville de Rouen, en la salle ordinaire du conseil, sous la présidence du lieutenant général, le 2 décembre. Prirent part à l'élection, 45 curés, 35 bourgeois dont le nom est indiqué, sans compter les autres. « Nota qu'il ne se présenta aucun de la part de la noblesse. » Le droit d'élection, méprisé par la noblesse, fut dans la mesme réunion, revendiqué par une partie du clergé : « Nota qu'avant de procéder à l'élection des députés ausdits Estats, se sont présentez plusieurs curez de ceste ville, lesquels, parlant par le curé de S. Erblanc, doyen de la Chrestienté, ont dit qu'ils avoient autrefois assisté à pareilles assemblées comme les autres curez de la Province ; qu'il est vray, néantmoins, que depuis quelques années, ils n'y avoient esté appelez, dont ils avoient fait leurs plaintes ; mais qu'y ayant esté ce jour d'huy assignez par l'ordonnance de M. le lieutenant général, ils requéroient d'y estre admis et d'y donner leurs suffrages, attendu qu'ils avoient beaucoup de choses importantes à représenter pour le peuple de leurs paroisses, et qu'ils ne debvoient pas estre de pire condition que les autres curez. A quoy par mons. le grand vicaire a esté dit qu'il s'opposoit, de la part de Monsr. l'archevesque, à la prétention desd. curez ; qu'il avoit appris qu'en pareille assemblée que celle-cy ils avoient meu la mesme contestation, sur laquelle, suivant l'antien usage, il avoit esté résolu que lesd. curez n'y assisteroient point ; qu'il requéroit lecture estre faite de ce qui estoit porté sur les registres de la ville, ce qui a esté faict et trouvé conforme à ce que dessus. Et par MM. les chanoines députez du chapitre a esté dit qu'ils s'opposoient, de leur part, aux prétentions desd. curez, attendu qu'ils représentoient lesd. curez ; que l'usage y estoit conforme, contre lequel on ne debvoit rien innover, autrement qu'ils demandoient d'estre renvoyez au Roy sur ce subject. Et par le curé de S. Nicolas, pour lesd. curez, a esté soustenu, comme cy-dessus, qu'ils y avoient autrefois assisté, comme il estoit bien raisonnable, attendu qu'ils ne pourroient estre représentez par MM. les députez du Chapitre, qui représentoient seulement le corps dud. Chapitre, et que eux curez représentoient le corps de leurs paroisses ; qu'ils n'estoient appelez aux assemblées que faisoit tenir Mons. l'archevesque pour élire lesd. députez du Chapitre (1), ce qu'il conviendroit faire, s'ils estoient représentez par lesd. s^{rs} du Chapitre ; sur quoy a esté résolu de suivre l'ordre et l'usage accoustumé, conformément auquel les curez n'y ont esté admis, leur accordant néantmoins acte de leurs soustiens, et, à MM. les grand vicaire et députez du chapitre, de leurs protestations au contraire, sauf ausd. curez à se pourveoir ainsy qu'ils adviseront bien (2). »

(1) Il n'était pas juste de dire que l'assemblée où se nommaient les délégués de chapitre se faisait tenir par l'archevêque. Ainsi, cette même année 1630, le 2 déc., les chanoines écrits sur la table *ad beneficia conferenda* furent délégués par le chapitre, sur l'avertissement qui lui fut donné de la part de MM. de l'hôtel commun.

(2) Il fut question de ce différend à l'assemblée capitulaire du 4 décembre. Rapport de l'archidiacre Hallé : « En lad. assemblée de l'hostel-de-ville se seroient présentez les curez de cette ville, aians esté assignez, soit par mesgarde ou autrement, afin d'y donner leurs suffrages

ÉTATS DE DÉCEMBRE 1630.

Le curé de Brucourt, doyen du doyenné de Beaumont, et celui de S. Denys, doyen du doyenné du Bourgtheroude, présentèrent procuration au nom des curés de leurs doyennés respectifs. On leur fit entendre qu'ils ne pouvaient comparaître et prendre part à l'élection qu'en leur nom personnel, qu'ils s'étaient rendus passibles d'amende, en acceptant des procurations si contraires à l'usage. On voulut bien toutefois leur faire grâce pour cette fois.

On usa pareillement d'indulgence, mais avec avis que c'était pour cette fois seulement, envers les curés, les nobles et les bourgeois qui avaient fait défaut. — On décida qu'en faisant les semonces, « on leur feroit signifier que doresnavant les défaillants sersient condamnés à l'amende. Mesme il a esté résolu que, huit jours avant pareille assemblée générale, on feroit une publication par la ville, par laquelle on feroit savoir que les défaillants seroient condamnés à l'amende sans aucune grâce. »

Le curé de Tourville-la-Rivière renouvela ses plaintes contre les sergents.

et voix comme les autres curez des champs resséantz aud. bailliage, à quoy Mons. l'abbé d'Eu, assistant en lad. assemblée pour et au nom de Mgr l'archevesque, comme son grand vicaire, et lesd. s^{rs} Hallé et Sanson s'estoient opposez, aians empesché que lesd. curez de ceste ville eussent séance ny voix aucune, attendu que c'estoit une nouveauté qu'ils voulloient introduire, n'ayans esté jamais receus par le passé en pareilles assemblées, à raison que, la ville de Rouen ne faisant qu'un clocher, mon dit seigneur et le chapitre représentoient le clergé de lad. ville ; sur quoy le doïen de la Chrétienté et lesd. curez de ceste ville ayans esté oys, après que le greffier de la ville avoit fait apparoir par les registres d'icelle que, sur pareille question arrivée en 1613 ou 14, sur l'opposition faicte par Mons. de Breteville, au nom du chapitre, lesd. curez avoient esté renvoiez de pareille assemblée, l'affaire mise en delibération, faisant droit sur lad. opposition et conformément à lad. résolution, il avoit esté ordonné que lesd. curez se retireroient de lad. assemblée sans y donner leurs suffrages, et qu'ils n'y seroient receus, sauf à eux à se pourvoir comme ils adviseront bon estre, en exécution de laquelle ordonnance, lesd. curez de ceste ville estans sortis de lad. assemblée, avoit esté procédé à lad. nomination, et M. Marc de la Ferté, chanoine en cette église, pour le clergé, et M. du Catelier, pour la noblesse, avoient esté nommez affin d'assister, pour led. bailliage de Rouen, en lad. assemblée, oy lequel rapport, lesd. s^{rs} Hallé et Sanson ont esté remerciez, et ce qu'ils ont faict en lad. assemblée approuvé et ratifié. »

Furent nommés pour l'état de l'église Émery Marc, sieur de Braquemont, professeur en théologie de la faculté de Paris, chanoine de Rouen; — pour la noblesse, Jean-Jacques de Brèvedent, écuyer, s^r du Catelier; — comme conseillers échevins de Rouen, Charles Dufour, écuyer, gentilhomme ordinaire de la maison du Roi, et Pierre Languedor.

Proposition des États. — Lundi 9 déc. 1630. « Interdire aux estrangers l'apport de toutes marchandises manufacturées en leur pays, et surtout aux Anglois, qui, outre lesd. manufactures, apportent encore en ce royaume, grand nombre de marchandises déguisées, non permises par les concordats, sur quoy il avoit pleu à S. M., par la responce au 35e article des Cahiers de l'année dernière, nous promettre que, traitant avec les Anglois sur le fait du commerce, il auroit esgard au contenu en cest article pour le bien et advantage de ses subjectz.....

.... Il n'est raisonnable que ceux qui employent leur travail et industrie pour servir le public sans aucune rescompense soient encore subjectz à estre traittés indignement par les partisans et autres, qui, soubz prétexte de quelques prétentions qu'ils peuvent avoir contre les villes et communautez, font saisir et arrester leurs députez contre toute sorte de justice. S. M. sera très-humblement suppliée d'empescher telles violences, et pour cest effect ordonner que défenses seront faictes, à toutes personnes, d'exécuter et faire étendre contre lesd. députés aucunes condamnations qui auroient peu estre données contre les villes et communautés ; autrement, il n'y auroit plus personne qui voulust accepter lesd. députations, ce qui seroit cause que les affaires publiques demeureroient indéfendues et abandonnées, en quoy le service du Roy se trouveroit souvent intéressé. »

Ce dernier article fut adopté en l'assemblée des Vingt-quatre, tenue le 10 déc., sur l'avis des députés étant alors à Paris.

II.

Extrait du registre du commis-greffier des États.

« Du lundy, 9ᵉ jour de déc. 1630, ouverture a esté faite au manoir archiépiscopal de l'archevesché de Rouen devant Mgr le duc de Longueville.

Après la lecture faite des patentes, lesd. sʳˢ députés se sont assemblés par les bailliages en la forme ordinaire pour nommer l'ung de MM. les ecclésiastiques, et, d'ung advis uniforme, ont nommé M. Marc sʳ de Braquemont, prestre, chanoyne en l'église cathédrale N. D. de Rouen, (lequel) présidera en la présente assemblée et fera la responce jeudi prochain.

Et, ce fait, il a esté fait prester le serment auxdits sʳˢ députés, ainsy qu'il est accoustumé.

Et après, aulcuns des députés se sont plaints qu'il y avoit ung député de la vicomté de Verneuil qui estoit advocat, et par conséquent, à raison de sa qualité et suivant l'intention de S. M. et les lettres pour la tenue des Estats, il est défendu aux juges et officiers et gens de justice d'assister auxdits Estats, ainsy qu'il a esté cy-devant arresté en l'assemblée de l'année 1620; et, l'affaire mise en délibération, il a esté arresté que le député de la noblesse et les députés du bailliage d'Allençon se retireront par devers Mgr le duc de Longueville.

Et après midy, suyvant le commandement de la compagnie, je me suis retiré par devers mondit sʳ, et après luy avoir fait veoir ce qui fut arresté en l'an 1620, il a commandé au sʳ Aubourg, greffier des Estats, advertir lesd. sʳˢ Commissaires de se trouver ce dit jour, 6 h. du soir, pour en délibérer.........

Article pour le transport des blés (1).....

Du mardy matin, 10ᵉ jour dud. moys. A esté de rechef remis en délibération sy le député de Verneuil doibt, à raison de sa qualité d'advocat, entrer en l'assemblée, à raison qu'en l'année 1620, il y eut ung advocat, député de Vire, qui fut rejeté de lad. assemblée; et, après avoir esté aux advis, ils ont arresté que led. député de Verneuil se retirera de lad. assemblée et se pourvoira, si bon luy semble, par devers Mgr le duc de Longueville et MM. les Commissaires pour luy accorder sa taxe, et, auparavant la recevoir, led. député sera tenu nommer ung commissaire et ung receveur des estapes..........

Dud. jour après midy, arresté qu'il sera dressé article pour demander la révocation d'une commission extraordinaire, depuis ung an exécutée en ceste Province, touchant le dénombrement des fiefs, revenu des bénéfices et des terres labourables.

A esté arresté que l'assemblée gratifiera Mgr. le duc de Longueville de 18,000 l. par an, et ce, par l'advis uniforme de toute lad. assemblée.

Et sur ce qui a esté proposé dans l'assemblée de quelle somme l'on debvoit gratifier Mgr. de Matignon pour raison des longs services qu'il a rendus à la Province, et à ceste fin

---

(1) « Dans Rouen, sous les yeux du Parlement, avertie qu'on allait enlever des blés, la multitude, accourant sur le port, et s'en prenant aux officiers : — Eh bien, enquesteurs (disaient-ils), voilà noz blez qu'on va encore enlever; craint-on point la descente des Reîtres et des Allemands? entendant par là les *purins* et artisans de S. Nicaise, logés sur les hauteurs de la ville. Quand ces grains passeront (continuaient-ils), nous en pourrons bien avoir chacun une mine pour notre part et la porter au moulin. — On devine assez que le Parlement, averti, avait aussitôt empêché ces enlèvements et prévenu ainsi ce mouvement populaire. (Reg. secr., 27 juillet 1630.) Le duc de Longueville, après cela, voulant encore (le croira-t-on) envoyer en Anjou et en Guyenne des blés de la province, « le pauvre peuple (lui disait Faucon de Ris) est en telle appréhension de cherté et nécessité, qu'il est à craindre, si on luy donne connoissance de quelque enlèvement, qu'il n'entre en désespoir et cause quelque sédition, à laquelle on ne pourroit pas aisément remédier » (Reg. secr. 11 déc. 1630; Floquet, *Hist. du Parlement*, IV, p. 456).

lesd. s^rs députés se sont assemblés par les bailliages à la manière accoustumée, et l'affaire remise à demain.

Et le lendemain matin, l'affaire de rechef remise en délibération, et lesd. s^rs députes assemblés par les bailliages, ont déclaré qu'ils ne pouvoient entendre à faire aulcune gratification aud. s^r, attendu la misère des affaires et levées qui se font annuellement sur la Province.

Du mercredy matin, 11e dud. mois, sur les requestes présentées par Le Got, député de Tinchebray, et le député de Verneuil, touchant les taxes de leur voyage, a esté arresté par l'assemblée que le s^r de la Bardouillière, député de la noblesse d'Évreux, se retirera par devers Mgr. le duc de Longueville pour luy faire entendre ce qui est desd. affaires.

A esté arresté qu'il sera employé article dans le Cayer pour supplier S. M. d'ordonner que le Cayer des remonstrances, après qu'il sera respondu par S. M., sera leu aux assises mercuriales de ceste Province, à ce que les habitans d'icelle n'en ignorent et jouissent des favorables responces qu'il aura pleu à S. M. leur donner.

Et, ce fait, M^r Du Busc, prévost général de ceste Province, est entré en l'assemblée, auquel l'on a fait les plaintes du nombre effroyable de voleurs qui sont en ceste Province et jusques dans les portes de ceste ville, après lesquelles remonstrances led. s^r a promis y donner un ordre au contentement du peuple.

Et, ce fait, l'assemblée a suplié led. s^r prévost général de faire et parfaire le procès par luy commencé pour le meurtre et assassinat commis en la ville de Fallaize à ung prestre, et ce dans trois moys.......

Du jeudy, 12e dud. moys, de matin, lecture a esté faite, en l'assemblée, du Cayer des plaintes, ainsy qu'il est accoustumé.

Et led. jour, après midy, MM. les Commissaires ont donné leur advis sur chascun article desd. plaintes.

Et, ce fait, lesd s^{rs} députés se sont rassemblés en la chambre ordinaire affin de nommer ceux de l'assemblée des trois ordres qui debvoient porter le Cayer et assister à l'audition des comptes, et aprés s'estre assemblés par les bailliages en la forme ordinaire, ils ont nommé, assavoir, pour le port du Cayer, le s^r député de l'église de Costentin pour assister M. de Braquemont, président en lad. assemblée etc...

Fait et arresté en lad. assemblée, le 12e jour de décembre 1630. Par mes dits sieurs, signé : De la Court. »

III.

Nomination des deux commissions pour le port du Cahier et pour l'audition des comptes.

« Du vendredy avant midi, 13e jour de déc. 1630, au logis du s^r du Buisson, trésorier des Estats.

Furent présents noble et discrète personne m^e Hémery Marc, s^r de Bracquemont, bachelier en théologie de la faculté de Paris, chanoine en l'église cathédrale N. D. de Rouen, délégué par les gens d'église du bailliage de Rouen, Jacques de Brévedent, escuier, s^r du Castelier, délégué pour les gens nobles dud. baill., Ch. Dufour, esc., et n. h. Pierre Languedor, conseillers eschevins de la ville de Rouen, déléguez pour lad. ville de Rouen, Georges Castel (1), député pour le tiers estat de la vicomté de Rouen, Guill. Dubourg (2), pour le t. e. de la vic. de Pont-de-l'Arche, Jean Foutel (3), pour le t. e. de la vic. de Pont-Autou et Pont-Audemer, Jean Ferey, pour le t. e. de la vic. d'Auge (4); — m^e Jean Soret, prestre, curé du Couldray, d. pour les gens

---

(1) Tabellion de Pavilly ; nommé député, 20 nov. 1630.
(2) Nommé le 21 nov.
(3) De la par. S. Georges du Vièvre; nommé le 23 nov.
(4) De la par. d'Annebault ; nommé le 16 nov.

d'église du baill. de Caux, Abraham de Thiboutot, esc., s^r de Levemont, d. pour les gens nobles dud. baill., Guill. Le Poulletier, d. pour le t. e. de la vic. de Caudebec, Fleurimont Canyvet, d. pour le t. e. de la vic. de Montivilliers, Jean Castel, d. pour le t. e. de la vic. d'Arques, Jean Langlois, d. pour le t. e. de la vic. de Gournay, Claude de Huit mille, d. pour le t. e. de la vic. de Neufchastel ; — m^e Jean de la Haye, prestre, curé de la Sainte Trinité de Fallaise, d. pour les gens d'église du baill. de Caen, Guill. de la Lande, esc. s^r de Douilly, d. pour les gens nobles dud. baill., m^e Ch. Dupont, d. pour lad. ville de Caen, Louis Daulphin, d. pour le t. e. de la vic. de Caen, Pierre de Colleville, d. pour le t. e. de la vic. de Baïeux, Ch. Corbet, d. pour le t. e de la vic. de Fallaise, Michel Le Pelletier, d. pour le t. e. de la vic. de Vire ; — noble et discrète personne m^e Raoul Le Pileur, chanoine théologal de Coustances, d. pour les gens d'église du baill. de Costentin, Jean-Antoine de Franquetot, esc., s^r de S. Joire, d. pour les gens nobles dud. baill., Guill. Beaufils, d. pour le t. e. de la vic. de Coustances, Guill. Darot, pour le t. e. de la vic. de S. Lô et Carentan, Guill. Saultier, d. pour le le t. e. de la vic. de Vallongnes, Michel Guérin, d. pour le t. e. de la vic. d'Avranches ; — noble et discrette personne m^e Ch. Le Biche, presbtre, chanoine en l'église cathédrale Notre-Dame d'Évreux, d. pour les gens d'église du baill. d'Évreux, Louis de Bardouil, esc., s^r de la Bardouillière, d. pour les gens nobles dud. baill., Pierre Le Duc, d. pour le t. e. de la vic. d'Évreux, Ch. Barberet, d. pour le t. e. de la vic. de Beaumont-le-Roger, Taneguy Le Pelley, d. pour le t. e. de la vic. de Conches et Breteuil, Pierre Haymery, d. pour le t. e. de la vic. d'Orbec ; — noble et discrette personne m^e Jean Le Vendenger, presbtre, curé de Puché, et chanoine de l'église N.-D. de Rouen, d. pour les gens d'église du baill. de Gisors, Philippes de Pilavoine, escuier, s^r du Couldray, d. pour les gens nobles dud. baill., Pierre Hillaire, d. pour le t. e. de la vic. de Gisors, Robert Le Prevost, d. pour le t. e. de la vic. de Vernon, Ant. Thiboult, d. pour le t. e. de la chastellenie de Pontoise, N^{as} Le Febvre, d. pour le t. e. de la vic. et prévosté de Chaumont et accroissement de Maigny, Jean Desmoullins, d. pour le t. e. de la vic. d'Andeli, Martin Robillard, pour le t. e. de la vic. de Lyons; — noble et discrette personne m^e Noël Couppel, prebstre, curé de Rouellai, official du Mans au siége de Dompfront, d. pour les gens d'église du baill. d'Allençon, Claude de Cormière, esc., s^r de la Bindelière, d. pour les gens nobles dud. baill., Michel Guillart, d. pour le t. e. de la vic. d'Allençon, Ch. Dupuys, d. pour le t. e. de la vic. d'Argentan, Jean Pellerin pour le t. e. de la vic. de Dompfront, et m^e Pierre Thierry, procureur syndic de la ville de Verneuil, d. pour le t. e. de la vic. dudit Verneuil, nomment pour le port du Cahier, pour l'église, Marc et le Pileur; — pour la noblesse, de Franquetot et de Bardouil; — pour le tiers état, Le Pelletier et Thibout, avec N^{as} Echard, s^r de Bucordé, procureur syndic; — pour l'audition des comptes, pour l'église, Couppel et La Biche; — pour la noblesse, Pillavoine et de la Lande; — pour le tiers état, Huit mille et Le Pellerin. »

IV.

Pièces diverses.

Les États, en général, se montrèrent fort hostiles aux archers du sel, et s'exposèrent, plus d'une fois, par des plaintes inopportunes à exciter le peuple contre ces agents

---

(1) « 1630, 3 nov. sous la présidence de M. de Cocherel, lieutenant général du baill. d'Evreux, on élit les députés aux États provinciaux devant être tenus à Rouen, le 9 déc. suivant. Sont élus M. La Biche, chanoine, pour l'état ecclésiastique, le s^r de la Bardouillère pour la noblesse, et Pierre Le Duc, premier échevin, pour le tiers estat » (Bonnin, *Notes pour servir à l'histoire d'Évreux*, p. 16).

de l'État. On leur reprochait des actes de violence; pourquoi ne parlait-on pas de ceux dont eux-mêmes n'étaient que trop souvent les victimes? Je ne citerai qu'un fait, à titre d'exemple. — Charles Lescot, capitaine des archers des gabelles, et quatre archers à sa suite, s'étaient transportés au pont de la Motte de Mers; ils y trouvèrent une certaine quantité de sel blanc qu'ils saisirent et firent mettre dans une hôtellerie. Survinrent le s^r des Rables et plusieurs autres particuliers, ses complices, qui soufflettèrent Lescot, le battirent, ainsi que ses compagnons, à coups de carabines et de pistolet. Lescot et un des archers restèrent morts sur la place; un autre avait reçu un coup d'épée dans les reins, un troisième, un coup d'épée dans le bras. Ce fait ne mériterait pas d'être rappelé, s'il n'avait donné lieu à la Cour des Aides de constater que les auteurs de ces assassinats étaient des personnes d'autorité, « contre lesquelles les officiers des lieux n'auroient osé informer, ni mesmes les parents de ceux qui avoient esté tuez, coucher par escrit leur plainte. » Il fallut qu'un conseiller de la Cour se transportât exprès sur les lieux pour procéder à l'instruction du procès jusques à sentence de torture ou définitive (*Voir arrêt de la Cour des Aides,* 22 oct. 1631).

L'article XXV du Cahier des États de 1630 fait vraisemblablement allusion à l'emprisonnement du s^r de Gueudeville, procureur syndic de la ville de Rouen, député par elle à la Cour des Aides. — « 27 mars 1629. S'est présenté (devant le Conseil de la ville de Rouen) le s^r de Gueudeville, receveur général du taillon, lequel a faict plainte à la compagnie que le s^r de Gueudeville, procureur syndic de ceste ville, son frère, ayant esté trouver M. le procureur général de la Court des Aydes pour luy recommander, de la part de la ville, quelque affaire pendant en lad. Court des Aydes, il y avoit esté cruellement offensé, tant par led. s^r procureur général (Le Pesant) que par ses domestiques, et qu'ensuitte, par ordonnance de M. Des Hameaux, 1er président en lad. Court des Aydes, et au préjudice du renvoy demandé, par led. s^r procureur syndic, au parlement, mesmes sans avoir esgard au haro par luy interjetté pour ce sujet, il avoit esté traisné indignement, avec toutes sortes de violences, aux prisons de lad. Court des Aides. » La ville, se tenant pour offensée d'un pareil procédé, décide qu'elle se pourvoira au Parlement. Le lendemain, elle députe vers la Reine pour lui faire plainte « des excès commis à la personne de Gueudeville. On exposera que le s^r de Pinterville n'a voulu permettre à personne de visiter le prisonnier, ni même au chirurgien de le soigner et médicamenter. On a poussé la cruauté jusqu'à lui dénier les aliments. » — 25 mai, rapport des députés envoyés près de la Reine ; ils se louent des bons offices du s^r de Villars, de l'archevêque de Rouen et du sieur de Blérancourt, lieutenant général en Normandie. Ce ne fut pourtant que le 18 sept 1631, qu'un arrêt de la Cour des Aides fut rendu entre le malheureux procureur syndic et le s^r procureur général de la Cour des Aides de Rouen. La satisfaction accordée au premier fut médiocre ; elle parut toutefois assez avantageuse à la ville de Rouen pour que les conseillers municipaux crussent utile de faire transcrire l'arrêt dans leurs registres de délibérations : ordre était donné de rayer et de biffer l'écrou d'emprisonnement de Pierre de Gueudeville (*Registres des délibérations de l'Hotel-de-Ville de Rouen*).

Opposition du procureur syndic des États à une levée pour la guerre d'Italie. — « 20 mars 1630. Veu les lettres-patentes du Roy, données à Paris le dernier jour de janvier dernier, par lesquelles S. M. mande et ordonne faire imposer et lever par ceulx qu'il appartiendra, sans aucuns fraiz, aux quartiers de janvier et avril de la présente année, sur les habitans des villes dépendantes de ceste Généralité, mentionnées en l'estat attaché ausd. lettres-patentes, les sommes ez quelles chacune desd. villes a esté cottisée, revenans lesd. sommes à la somme de 29,700 l. pour leur part de la somme de 400,000 l. qui a esté advancée aux entrepreneurs de la fourniture de 20,000 habitz, autant de paires de souliers et autres nécessités que S. M. a ordonné estre distribuez aux soldatz qui ont tenu garnison durant l'année dernière 1629 ez villes de Cazal et Suze et qui servent à l'armée que sa dicte Majesté a esté obligée d'envoyer en Italie soubz la charge de monsieur le cardinal de Richelieu, a esté ordonné que le Roy sera supplyé de dispenser le Bureau de faire lad. imposition, attendu qu'elle est de très-grande importance et peult aporter un soubzlèvement dans la Province, à laquelle fin sera rescript à MM. d'Effiat et du Houssay.

« 11 mars 1630. Sur la requeste présentée par le procureur scindicq des Estatz de Normandie, à ce qu'attendu que, suivant l'ordonnance de ce Bureau, du 20 du présent moys, il auroit eu communication des lettres-patentes du Roy, du dernier jour de janvier dernier, par lesquelles S. M. mande faire imposer et lever sur les habitans de plusieurs villes de ceste Généralité la somme de 29,700 l. et que lad. levée est fort extraordinaire et de très-grande importance, requéroit temps luy estre donné jusques aprèz les festes pour y dire ce qu'il advisera bien pour le soulagement du peuple, temps est donné aud. procureur des Estatz jusques au prochain jour aprez Quasimodo, auquel jour il comparoistra en ce Bureau pour dire, sur lesd. lettres-patentes, ce qu'il advisera bien estre » (*Plumitif du Bureau des Finances. Voir l'art. I*^{er} *du Cahier des États de 1630*).

Ordonnance du Bureau des Finances pour faire payer au sieur de Villars sa gratification de 6,000 livres. — 13 déc. 1630. Charles de Mendy s^r de Billy, gentilhomme ordinaire du s^r duc de Villars, lieutenant pour S. M. en la

Province, avait demandé, au nom de son maitre, à Constantin Heudebert, trésorier des États de Normandie, la somme de 6,000 l. dont les députés avaient fait don, cette présente année, à Villars. Heudebert avait refusé, en faisant apparoir de plusieurs arrêts faits sur les deniers en question, le 4 juillet et 12 nov., à l'instance de Gilles Gaveau, contrôleur provincial de l'extraordinaire des guerres, et de Paris Turquet, joaillier, demeurant à Paris. — Le Bureau, ordonne que, nonobstant ces arrêts, Heudebert paiera au duc ladite somme de 6,000 l. (*Ibidem*).

Intervention du procureur des États, dans l'intérêt de la Province. — « Mercredy, 24 avril 1630. Sur la requeste présentée par le procureur scindiq des Estatz de Normandie contenant qu'il a esté envoyé un arrest du Conseil aux officiers des greniers à sel de ceste Générallité pour imposer et faire lever sur le peuple 3 d. pour livre cy-devant attribuez aux gardes des petits sceaux desd. greniers à sel et 12 d. pour livre aux commissaires collecteurs de l'impost du sel sur les 6 l. 16 s. et autres augmentations mises sur le prix du sel depuis l'establissement desd. charges, mesmes qu'il auroit esté aussy adverty que les Elleuz de ceste dicte Générallité veulent faire des levées de deniers sans ordonnance de ce Bureau, à quoy ayant esgard, requéroit que deffences feussent faictes aux susdits officiers de faire aucune imposition de levée sans ordonnance de ce Bureau, à peine d'en respondre en leur propre et privé nom. » Ordonnance rendue conformément à la requeste ; elle sera signifiée aux Éluz, à la diligence du procureur des États (*Voir l'article VIII du Cahier des États de 1630*).

« 24 avril 1630. Sur ce que le procureur des Estats de Normandie seroit comparu aujourd'huy au Bureau et demandé communication des arrests du Conseil des 21ᵉ fév. et 36ᵉ de mars derniers, envoyez en icellui, touchant plusieurs levées de deniers ordonnés sur le peuple, a esté ordonné que, par le greffier, communication sera donnée desd. arrestz aud. procureur des Estatz pour en venir vendredy prochain en ce Bureau et y dire ce qu'il advisera bien estre; et cependant les commissions ordonnées estre expédiées pour la levée des sommes contenues aud. arrest du 30ᵉ mars dernier demeureront surcises. »

« Vendredy, 26 avril 1630. Requête présentée par le procureur scindicq des Estatz de Normandie contenant qu'il auroit eu communication d'un arrest du Conseil du 21 fév. dernier, par lequel est mandé d'imposer le droit de 2 s. pour livre cy-devant attribué aux commissaires des tailles sur les 6 d. attribuez aux Elleuz des Élections de ceste Généralité, 12 d. aux greffiers des rolles, 3 d. aux receveurs collecteurs des droictz aliénés sur la taille, 1 d. obole aux receveurs généraux des finances et 2 d. aux receveurs des tailles, d'où il résultoit une surcharge considérable pour le peuple, bien que l'arrest en question n'eût pas été vérifié, ledit procureur syndic demandant à être reçu opposant à l'exécution de cet arrêt jusqu'à la prochaine convention des Estats, « le Bureau lui donne acte de son opposition, et l'engage à se pourvoir vers S. M. et Nos seigneurs de son Conseil, et cependant sera écrit à Mons. le surintendant sur lad. opposition et importance des levées de deniers portées par led arrêt » *(Voir l'art. VIII du même Cahier).* — « Requête présentée par le procureur des Estatz, contenant qu'il auroit eu communication d'un arrest du Conseil du 30 mars dernier, par lequel est mandé faire imposer et lever la somme de 25,000 l. pour le remboursement des advances faictes pour la nourriture de l'armée de S. M. passant de la Rochelle en Piedmont, 10,200 l. pour estre payées aux munitionnères de l'armée de la Rochelle, 23,333 l. 6 s. 8 d. pour employer aux réparations des turcies et levées de la rivière de Loire, et 29,700 l., pour le remboursement des advances faictes pour les habits qui ont esté fournis aux soldatz de l'armée d'Italie, lequel arrest ne peut estre exécuté sans apporter la ruyne entière des habitans de ceste Province, lesquels sont accablez de toutes sortes d'impositions, à quoy ayant esgard, mesme que la creue des garnisons a esté augmentée de la somme de 70,000 l. en la présente année, requéroit estre receu opposant à l'exécution dud. arrest et différer la délibération d'icellui jusqu'à la prochaine convention des Estats, Acte a esté accordé aud. procureur des Estats de son opposition, et temps de deux mois à luy donné pour se pourveoir sur icelle vers S. M. et Nos seigneurs de son Conseil ; et cependant sera escript à Mons. le surintendant sur lad. opposition, et demeurera l'ordonnance de ce Bureau, du 22ᵉ du présent moys, surcise. »

« Vendredy 10 mai 1630. Sur la requeste présentée par les propriétaires des offices de commissaires des vivres de ceste Généralité, à ce qu'attendu que les Elleus desd. Ellections font difficulté d'imposer les 3 d. pour livre attribuez à chacun desd. officiers sur la creue du don de M. le duc de Longueville, attendu que, par la commission de ce Bureau, il n'est mandé faire lever les droictz ordinaires, ainsi qu'aux années précédentes, requéroit estre ordonné que lesd. Elleus feront la levée des 3 d. pour livre…..Sera pourveu sur lad. requeste, lors de la présentation des lettres patentes pour le don de M. le duc de Longueville » (*Plumitif du Bureau des Finances*).

« Vendredi, 10 mars 1630. Ont esté reçeues lettres missives de Mons. le surintendant, du 28 avril dernier, sur lesquelles a esté résolu qu'il ne sera faict responce.

« 17 mai 1630. Ont esté receues lettres missives de Mons. le surintendant, du 21 avril dernier, auxquelles a esté résolu qu'il sera faict responce *(Ibidem)*. »

ÉTATS DE SEPTEMBRE *1631*.

I.

Extrait des registres de l'Hôtel-de-Ville de Rouen.

Lettres du Roi fixant la réunion des États à Rouen, au 9 sept.. Mouceaux, 3 août 1631 ; — du duc de Longueville pour le même objet, Mouceaux, 4 août ; — de Messieurs du bailliage aux conseillers de la ville de Rouen, 17 août.

« De par MM. les conseillers eschevins de la ville de Rouen, en exécution de l'ordonnance faicte en assemblée générale tenue en l'hostel-commun de ceste ville, le 3ᵉ jour de déc. 1630, on faict sçavoir, à tous bourgeois et habitans de ceste dicte ville, qu'assemblée génerallle sera tenue aud. hostel-commun pour la convention des Estatz de la présente année 1631, à ce que tous lesd. bourgeois ayent à s'y trouver en personne lundy prochain, 1 heure après midy précisément, pour nommer et députer une personne ecclésiastique, un noble et deux conseillers eschevins de lad. ville pour assister à la tenue desd. Estatz termez à tenir au 9ᵉ jour de sept. prochain, sur peine de 10 l. d'amende pour chacun défaillant ; et, à ce qu'aucun n'en prétende cause d'ignorance, que la présente sera leue et publiée, à son de trompe, par les carfours et autres lieux accoustumez. Faict aud. hostel-commun, ce XXXᵉ jour d'aoust 1631. Signé : Baudren, commis, un paraphe ; et plus bas est escript : Isaac Gasset, sergent royal vendeur à Rouen, certifie que le samedy, 30ᵉ jour d'aoust 1631, il a fait publication de la présente. »

Assemblée en la salle ordinaire du Conseil, sous la présidence du lieutenant particulier du bailliage, pour l'élection des députés, le lundi 1ᵉʳ sept. 1631. — Prirent part à l'élection 74 curés, 6 nobles, 28 bourgeois dont le nom est cité, sans compter les autres. On nomma pour l'église m° Pierre Hallier, prêtre, docteur en théologie, chanoine pénitencier et théologal en l'église cathédrale de Rouen et vicaire général de l'archevêque (1); pour la noblesse, messire Louis de Giffart, chevalier, s^r de la Pierre, Saint-Maclou et la Rivière-Fresnel ; — comme conseillers échevins, nobles hommes Nicolas Pouchet, et Jean Piperay, écuyer, s^r de la Villaye. N^{as} Féron, député du tiers état de la vicomté de Rouen, fit défaut ; on décida qu'on passerait outre à l'élection, qu'on l'assignerait à comparaître le jeudi suivant, à l'hôtel-commun, devant les conseillers échevins, pour faire apparoir de sa procuration; autrement, qu'il y serait contraint, et par corps. Féron se présenta, en effet, devant les échevins, le mercredi 3 sept. Il avait précédemment prêté serment devant le lieutenant général du bailliage.

Proposition des Etats. — « Mardi 9 sept. Il a esté arresté que le Roy sera très-humblement supplié, comme il a esté par plusieurs années précédentes, d'interdire aux estrangers l'apport de toutes sortes de marchandises manufacturées en leur pays, et ce particulièrement aux Anglois, qui, soubs prétexte des concordats faits entre les deux couronnes de France et d'Angleterre, entreprennent d'apporter en ce royaume grand nombre de marchandises déguisées et non permises par lesd. concordats, fraudans par ce moyen les droits du Roy et de la ville de Rouen : et, non contents encor de l'apport desd. marchandises, pour oster absolument tout employ aux pauvres subjectz de S. M., lesd. Anglois y apportent maintenant jusques à des habits tout faits, mesme des souliers et vieils et neufs. Et cependant il

---

(1) Reçu à la prébende de théologal et de pénitencier vacante par le décès de Jean Quatresols, 13 août 1627 ; — décédé le dernier mars 1632 ; enterré en la cathédrale, proche la chapelle St-Pierre et St-Paul, vis-à-vis de son confessionnal, suivant sa dernière volonté. — Hallier était du diocèse de Chartres.

y a tout de nouveau défenses en Angleterre, à peine de confiscation, d'y apporter aucune marchandise manufacturée en autre royaume afin de faire, par ce moyen, travailler et vivre les originaires du pays ; et partant ils n'auront aucun subjet de plainte, quand il plaira à S. M. faire les mesmes défenses en ce royaume pour employer ses pauvres subjets, qui, par les manufactures desd. Anglois, restent inutiles et sans employ, ce qui les réduit à une extresme nécessité, de laquelle nous voyons tous les jours trop de tesmoignages en ceste ville. » — Contre les lettres de naturalité. « Par le moyen de ces lettres, les estrangers jouissent des priviléges des bourgeois, et mettent, par la correspondance qu'ils ont avec ceux de leur pays, tout le commerce entre leurs mains, ce qui tourne à la ruine des subjets du Roi. Entre lesd. estrangers, il y en a un grand nombre qui se disent Portugais, et de ceux-cy quelques-uns, s'estant enrichis par toutes sortes de voyes, ont puis après fait leur retraite aux villes d'Amsterdam et de Hambourg, où ils professent maintenant le judaïsme (1), y ayans transporté tout le bien qu'ils y ont amassé en ceste Province. — Ne plus accorder de lettres de naturalité aux estrangers, si ce n'est au moins sous les conditions de l'art. 22 du Cahier des Estats de l'année 1626. »

Contre les pirates d'Alger, Tunis, Sallé et autres villes de la côte d'Afrique. Déjà les États en ont fait plusieurs plaintes ; « mais ce que ces pirates ont fait jusqu'ici n'est rien en comparaison des pirateries et ravages qu'ils ont exercés depuis un an ou deux sur les subjets du Roi et particulièrement de cette Province, lesquels y ont perdu plus de 100 navires chargés de marchandises. Les pirates ont enlevé plus de 4,000 hommes qu'ils ont réduit à une ser-

---

(1) 24 janvier 1633. On se plaindra au cardinal de Richelieu et à Messieurs du Conseil de quelques Portugais de Rouen accusés de judaïsme. L'affaire avait été évoquée. La ville de Rouen en demande le renvoi au parlement de Normandie.

vitude insupportable. Les États demandent que S. M. y pourvoie. — Contre l'emprisonnement injurieux fait en la personne d'un échevin de Rouen, député pour les affaires publiques. »

II.

Extrait du registre du greffier-commis des États.

« Du mardy, 9e jour de sept. 1631, ouverture des Estats a esté faite devant Mgr de Longueville, au manoir archiépiscopal de l'archevesché de Rouen.

Après la lecture faite par devant et en la présence de Mgr le duc de Longueville et de MM. les Commissaires, lesd. s^{rs} députés se sont assemblés par les bailliages, et, d'ung advis uniforme, ont nommé pour présider en la présente assemblée, M. le pénitencier de Rouen et faire la responce jeudy prochain en cette qualité; a prins et receu le serment desd. s^{rs} députés en la manière accoustumée.

Et, après ce fait, lesd. s^{rs} députés se sont assemblés par les bailliages pour nommer et pourveoir ung procureur scindiq au lieu et place de feu n. h. m^e N^{as} Echard, en son vivant, pourveu de lad. charge; et, d'un advis uniforme, ont nommé n. h. m^e Jacques Bauldry, advocat en la court de parlement; et, après qu'il a presté le serment en tel cas requis et accoustumé, a esté arresté qu'il luy en sera délivré provisions, aux gaiges de 1,800 livres et taxations ordinaires.

Signé: Hallier, président en la présente assemblée, et J. Baudry, et au-dessus: Par mesdits s^{rs}, signé: De la Court.

Et sur l'empeschement ce matin donné par m^e Guill. Aubourg, greffier des Estats, à m^e Jacques De la Court, clerc et greffier commis de la présente assemblée, et à ceste fin les pièces mises ès-mains de mon dit s^r Baudry, et les ayant veues, et après en avoir fait son rapport à l'assemblée, mes dits s^{rs} les députés ont arresté que led. De la Court sera maintenu en l'exercice de lad. charge et que, pour faire entendre, à Mgr le duc de Longueville et à MM. les Commissaires, le préjudice qu'apporteroit à l'assemblée le commis dud. Aubourg, les s^rs députés de l'église de Caen, le noble du bailliage de Caux et (le député du) tiers estat de la vicomté du Pont-de-l'Arche se retireront par devers mon dit s^r pour représenter ce que dessus, et qu'en ceste action m^e Daniel Sorin, ancien huissier en ceste assemblée, ayant servy de greffier en ceste affaire à raison dud. différend, signera, en ce registre, ce qui a esté cy-dessus arresté.

Signé : Sorin, commis par mes dits s^rs pour greffier en ceste partie.

Et led. jour après midy, a esté arresté qu'il sera employé article pour les marchandises manufacturées......

A esté aussy arresté que m^e Baudry, procureur sindiq, se présentera tant à la Court des Aydes qu'au Conseil pour maintenir l'exécution de l'art. XXIVe (du Cahier) des Estats de l'année 1629, accordé par S. M. en faveur de son peuple, au préjudice des habitants du bourg d'Yvetot et autres villes amodiées.

Qu'il sera aussi employé article pour demander l'exécution de l'article XIe des Estats de l'année 1626, et en conséquence d'icelluy demander la révocation (de l'arrest), depuis peu de jours donné au Conseil, à la poursuite des adjudicataires des quatrièmes, par lequel il leur est permis d'établir ung bureau au Pont-de-l'Arche.

Du mercredy matin, 10e dud. mois, a esté arresté que ceux qui seront députés pour poursuivre la responce, tant des Cayers de l'année dernière que de la présente, poursuivront vers Mons. le Cardinal de la Rochefoucault, affin de le supplier de donner son advis sur le fait du revenu des léprosaries de ceste Province, ainsy que S. M. l'a respondu aux Cayers précédents.

A esté aussy arresté qu'il sera employé article affin de

supplier S. M. que, en conséquence de la favorable responce qu'il luy a pleu donner au XXIVe article des Estats de l'année 1629, touchant le bourg d'Yvetot et autres villes amodiées de ceste Province, et sans s'arrester à l'arrest de la court des Aydes du mois de juing dernier, il n'y aura que les habitans du bourg d'Yvetot exempts de la taille, et non les habitans des hameaux dud. Yvetot, ny des autres villages, fiefs et paroisses qui relèvent dud. Yvetot.

Sur la requeste présentée par le procureur sindiq de Ponthoise, tendant à ce qu'il fust employé article dans le Cayer des remonstrances, pour demander la révocation d'ung édit, vérifié en la cour des Aydes de Paris, contenant l'érection, en tiltre d'office, des offices de prud'hommes, marqueurs et allotisseurs de cuirs, avec attribution d'un sol pour livre, ou, du moins, que les habitans de Ponthoise en seront deschargés, attendu que led. édit n'a esté vérifié en la cour des Aydes de Normandie, et l'affaire mise en délibération, après que lesd. s^{rs} députés se sont assemblés par les bailliages, et, d'ung advis uniforme, a esté arresté qu'il sera employé article pour demander qu'ils seront deschargés de la dite levée, qui n'a esté vérifiée en la cour des Aydes de ceste Province.

Signe : Thiboult, procureur sindiq de Ponthoise.

Il a esté aussi arresté que m^e Baudry, procureur sindiq, poursuivre l'exécution de l'article XIXe des Estats de l'année 1626, contenant la révocation des Élections et signatures, et se retirera par devers mons. du Vicquet, advocat général, qui est saisy des patentes de S. M., lesquelles luy ont esté baillées par feu m^e Echard, procureur sindiq.

Il a esté mis en délibération sy on debvoit employer article au Cayer en faveur des ecclésiastiques, à ce que, sans s'arrester aux arrests de la cour de Parlement qui permettent aux curés de posséder bénéfices sans que auparavant ils ayent esté examinés et trouvés capables par les grands vicaires, après s'estre assemblés par les bailliages, arresté, par leur advis à la pluspart, qu'il en sera dressé article et employé dans le Cayer des remonstrances.

Et, ce fait, les s^rs vice-baillifs de Rouen, Caux et Gisors sont entrés en l'assemblée, auxquels a esté demandé par m. le Président où estoit le s^r prévost général de Normandie, lesquels ont fait responce qu'il estoit à Allençon pour le service du Roy, et par le commandement de Mgr. le duc de Longueville ; et n'ayant envoyé aulcune excuse ny escrit à l'assemblée, elle a contre luy (pris) deffault, et pour le profit d'iceluy arresté que ses gages luy seront arrestés jusques à ce qu'il ait comparu.

Pareil deffault a esté donné à l'encontre de l'adjudicataire (du sel) et ses commis.

Il a esté aussy arresté que ceulx de l'assemblée qui seront députés pour l'audition du compte ne passeront, en la despence d'icelluy, la somme de 300 l. de gratiffication que les Estats font, selon les occurrences, au receveur général de Caen, pour n'avoir comparu en la présente assemblée, ny en l'assemblée de l'année dernière, et ce, attendu qu'il n'a payé, ès-mains du s^r du Buisson, trésorier des Estats, les deniers de la Généralité destinés pour la despence des Estats, six semaines après le premier quartier, et deffenses faites par l'assemblée, aud. s^r du Buisson, de payer lad. somme de 300 l. cy-dessus, tant pour la séance dernière que pour la présente.

Et depuis, est entré en l'assemblée m^e Guill. Aubourg, greffier des Estats, de la part de Mgr. le duc de Longueville qui a prié de tenir excusé le s^r du Busc, prévost général et le relever du deffault contre luy donné, ce qui a esté ainsy arresté, et que son greffier mettra ès-mains de m. le procureur sindiq le roolle et procès-verbaux des captures et exécutions que luy et ses lieutenants ont faites depuis les derniers Estats, et que la présente ordonnance luy sera signifiée.

Dud. jour après midy, les s^rs députés ont arresté que le don de 18,000 l., de laquelle somme ils ont accoustumé gratifier Mgr. le duc de Longueville, sera levé, cette année prochaine, soubs le bon plaisir de S. M.

Signé : Hallier, président en la présente assemblée.

Du jeudy matin, 11me dudit mois, il a esté arresté et enjoint à mons. le procureur sindiq se joindre au procès pendant en la cour des Aides, entre les habitans de la par. d'Yvecrique, d'une part, et ung nommé Vivet, prétendant vouloir jouir des privilléges des habitans du bourg d'Yvetot, mesme se présenter au Conseil, en cas de besoing.

Dud. jour après midy, après l'advis donné par MM. les Commissaires sur les articles contenus au Cayer, ainsi qu'il est accoustumé, lesd. s^rs députés se sont rassemblés dans la chambre ordinaire, pour nommer ceux qui debvoient porter le Cayer et entendre l'audition des Comptes, et ont nommé assavoir : le s^r ecclésiastique député du bailliage d'Evreux etc.

Fait et arresté en lad. assemblée, l'an et jour que dessus. Par mes dits sieurs, ainsy signé : De la Court. »

III.

Nomination des deux commissions pour le port du Cahier et pour l'audition des Comptes.

« Du vendredi avant midi 12 sept. 1631, en la maison du s^r trésorier des Estats.

Furent présens noble et discrète personne m^e Pierre Hallier, prebstre, docteur en théologie, pénitencier et théologal en l'église cathédrale N. D. de Rouen, vicaire général de Mgr l'archevesque dud. Rouen, délégué pour les gens d'église du bailliage de Rouen, Louis de Giffart, chevalier, s^r de la Pierre et de la Rivière Fresnel, délégué pour les gens nobles dud. baill. de Rouen, n. h. N^as Pouchet, et

Jean Piperey, esc., s^r de la Villaie, conseillers eschevins de l'hostel commun de ceste ville de Rouen, délégués pour lad. ville, Nic. Feron, de la par. de Lœuilly, délégué pour le tiers estat de la vicomté de Rouen, Marin Santerre, de la par. de S. Désir, d. pour le t. e. de la vic. de Pont-de-l'Arche (1), Pierre Lemoine, de la par. de Vatteville, d. pour le t. e. de la vic. du Pont-Autou et Pont-Audemer (2), Olivier Drieu, du Pont-Lévesque, d. pour le t. e. de la vic. dud. lieu (3); — noble et discrète personne m^e Anthoine Boessel, prebstre, curé de Beaufresne et doien d'Aumalle, d. pour les gens d'église du baill. de Caux, messire Louis Mallet, chevalier, s^r et patron de Cramesnil, d. pour les gens nobles dud. baill., Adrian Cotterel, de S. Valleri, d. pour le t. e. de la vic. de Caudebec, Pierre La Roche, du hameau de Montcandon, par. de Basqueville, d. pour le t. e. de la vic. d'Arques, m^e Jean Langlois, procureur sindic de la ville de Gournay, d. pour le t. e. de la vic. de Gournay, Jacques Le Blond, de Neufchastel, d. pour le t. e. de la vic. dud. lieu; — m^e Claude Desert, curé de Clinchamp, d. pour les gens d'église du baill. de Caen, Gaston-Jean-Baptiste de Renty, esc., s^r et baron de Landelle, d. pour les gens nobles dud. baill. de Caen, Olivier Du Bois, esc., s^r du Taillis, d. pour la ville de Caen, Thomas Macé, de la par. d'Évrécy, d. du t. e. de la vic. de Caen, François La Niepce, de Baïeux, d. du t. e. de la vic. de Baïeux, Nic. Beruier, de Falaize, d. du t. e. de la vic. de Falaize, Jean Marie, de Vire, d. du t. e. de la vic. de Vire; — noble et discrète personne m^r Charles Perier, prebstre, chantre et chanoyne en l'église cathédrale d'Avranches, d. pour les gens d'église du baill. de Costentin, Guill. Basan, chevalier, baron de Flamanville, d. pour les gens nobles dud.

(1) Nommé le 28 août.
(2) Nommé le 19 août.
(3) Nommé le 23 août.

baill., Jean L'Hermitte, bourgeois de Coustances, d. pour le t. e. de la vic. de Coustances, Robert Mercent, de la par. de Genebosville, d. pour le t. e. de la vic. de Vallongnes, Pierre Direois, bourgeois d'Avranches, d. pour le t. e. de la vic. d'Avranches, Pierre Darian, de la par. de Lapentix, d. pour le t. e. de la vic. de Mortaing ; — noble et discrète personne m^e Jacques Liberge, prebstre, curé de S. Aubin de Tanney, d. pour les gens d'église du baill. d'Évreux, Louis de Loubert, esc., s^r de Martainville, d. pour les gens nobles dud. baill., Jean Le Vaigneur, bourgeois d'Ivry, d. pour le t. e. de la vic. d'Évreux, Thomas Andrieu, d. pour le t. e. de la vic. de Beaumont-le-Roger, Guill. Sireulde, de Bretheuil, d. pour le t. e. de la vic. de Conches et Bretheuil, Nic. Mailloc, d. pour le t. e. de la vic. d'Orbec ; — noble et discrète personne m^e Ch. Guyot, prebstre, curé de Beauficel, d. pour les gens d'église du baill. de Gisors, Ch. d'Ouville, esc., s^r dud. lieu, d. pour les gens nobles dud. baill., Jean Soultil, d. pour le t. e. de la vic. et chastellenie de Gisors, Anthoine Thiboult, d. pour le t. e. de la chastellenie de Pontoise, Jean Le Sauvage, demeurant à Andeli, d. pour le t. e. de la vic. d'Andeli, Nic. Lissot, demeurant à Lyons, d. pour le t. e. de la vic. de Lyons ; — noble et discrète personne m^e Réné d'Erard, prebstre, prieur du Roy, d. pour les gens d'église du baill. d'Allençon, Jacques Du Mesnil, chevalier, s^t de Melland, d. pour les gens nobles dud. baill., Isaac Despierres, d. pour le t. e. de la vic. d'Allençon, Réné Biard, d. pour le t. e. de la vic. d'Argentan et Exmes, Mathieu Petion, d. pour le t. e. de la vic. de Dompfront, et Noël Lemercier, d. pour le t. e. de la vic. de Verneuil et Chasteauneuf en Thimerais, nomment, pour le port du Cahier : pour l'église, Hallier et Liberge ; pour la noblesse, De La Pierre et de Cramesnil ; pour le tiers estat, La Niepce et Despierres, avec Jacques Baudry, procureur syndic ; — pour l'audition des comptes, pour l'église,

Boessel et Guiot ; pour la noblesse, de Martainville et d'Ouville ; pour le tiers état, Direois et Andrieu, avec Jacques Baudry, procureur syndic. »

IV.

PIÈCES DIVERSES.

Altercation entre les gens du Parlement et Turgot, commissaire du Roi, à l'assemblée des États. — Parmi les Commissaires désignés par le Roi pour assister, en son nom, aux États de Normandie, se trouvait Turgot de Saint-Clair, qui avait été envoyé en Normandie, comme Intendant de justice et de police. Dès lors commença cette longue lutte des cours souveraines contre les Intendants, de la magistrature contre l'administration, qui dura jusqu'à la Révolution. Le premier grief qu'on eut à alléguer contre Turgot, fut son refus de communiquer au Parlement, où pourtant il avait siégé comme conseiller, les pouvoirs qu'il avait reçus du Roi ; mais, comme aucun Intendant, dans la suite, ne se soumit à cette vérification, qui n'eût pas manqué d'être considérée comme un aveu de dépendance, il est juste de ne point s'arrêter à ce reproche ; il est clair que ce Commissaire agissait conformément aux instructions du gouvernement. Un autre grief fut qu'il s'était cru en droit d'envoyer une bande d'archers contre des gentilshommes qui assiégeaient dans son château le s^r de Lannoy. Le fait de ces gentilshommes paraît assez peu favorable, et, si les sergents ordinaires mis à la disposition de la magistrature étaient impuissants pour les mettre à la raison, l'acte de vigueur dont Turgot prit la responsabilité paraît plutôt louable que blâmable. Le Parlement en jugea autrement : il y vit une usurpation de pouvoir, et décréta Turgot de comparence personnelle. Celui-ci se défendit avec vivacité ; il écrivit contre le Parlement un *factum* qu'il envoya aux gens du Roi, et dans lequel il accusait ses anciens collègues de favoriser des factieux. Assigné à la barre de la cour, il se garda d'y comparaître, et, quand vint l'époque de la réunion des États, fort de la commission qu'il avait reçue du Roi, il n'hésita pas à venir à Rouen pour y prendre séance, au rang des Commissaires. Le parlement fut irrité de cette assurance, qui lui semblait un défi à son autorité; il insista auprès du duc de Longueville pour que Turgot n'assistât point aux États, parce qu'il eut été, à tout le moins, étrange que les présidents, dans une cérémonie publique, se trouvassent à côté d'un homme qu'ils avaient décrété d'ajournement personnel. Le duc de Longueville ne crut pas pouvoir aller contre la volonté du Roi. Mais à l'entrée de Turgot dans la salle des États, le premier président se leva, ainsi que les autres présidents, et déclara nettement qu'un Commissaire, contre lequel il y avait un décret, ne pouvait pas assister à l'assemblée des députés, et que, dans le cas où il resterait, eux se retireraient. Le duc de Longueville, dans cette circonstance, donna une nouvelle preuve de cette faiblesse de caractère qui si souvent lui fut reprochée. Turgot dut se retirer, et les États se tinrent sans lui, « le duc de Longueville en étant demeuré d'accord. » (Voir M. Floquet, *Histoire du Parlement*, IV, p. 497, 498 ; — d'après les Registres secrets et les rapports civils du parlement, des 5, 14, 11, 12 sept. 1631, 17 janv. 1632.)

Vers le même temps, la Cour des Aides eut, de son côté, une difficulté d'un autre genre avec Turgot. « 14 août 1631. Sur la remonstrance du procureur général du Roy, que Jacques Turgot, s^r de S. Clair, conseiller du Roy, maistre des requestes ordinaire de son hostel, disant avoir commission d'Intendant de la justice en cette Province, a fait commandement à aucuns des greffiers des Élections du ressort de la Cour de lui mettre entre les mains tous les procès dont ils seroient saisis, pour par luy estre tiré oultre à l'instruction et jugement d'iceulx, laquelle commission extraordinaire n'a esté veue ni vérifiée, — la Cour défend à Turgot de prendre connaissance des procès, aux Éleus et Grènetiers, de luy assister et obéir, à peine d'interdiction » *(Registre du Conseil de la Cour des Aides).*

Misère de la Province de Normandie. — On peut rapprocher de l'art. XIV des États de sept. 1631 ce passage d'une lettre du duc d'Orléans au Roi, son frère, à la date du 30 mai 1631 : « Une partie de vos sujets, dans la campagne, meurt effectivement de faim, l'autre ne subsistant que de gland, d'herbes et de choses semblables, comme les bêtes; et les moins à plaindre de ceux-ci ne mangent que du son et du sang qu'ils ramassent dans les ruisseaux des boucheries. J'ai vu ces misères de mes yeux en divers endroits depuis mon partement de Paris » — (Cité par M. Floquet, *Histoire du Parlement,* IV, p. 457, 458, d'après le *Recueil de pièces concernant l'Histoire de Louis XIII,* t. III, p. 52).

Scènes séditieuses à Rouen par suite de l'importation de marchandises anglaises. — L'importation à Rouen par les Anglais, de draps fabriqués dans leur pays et de marchandises *contrefaites à celles de France,* causa deux émeutes qui fournirent à l'auteur de la *Muse normande* le sujet de deux *chants royaux,* dont voici les arguments ou prologues : « Les Anglois deschargeoient un vaisseau remply de toutes sortes de draps d'Angleterre, et jà deux grandes balles estoient pour estre visitées devant la Romaine, quand mille ou douze cens Purins ou Drapiers vindrent sur le quay, bruslent les deux balles entièrement, prennent des petites barques, entrent dans le vaisseau, rompent et deschirent les draps qu'ils trouvèrent par lambiaux, et jettent le tout à la rivière, sans qu'on y peut apporter aucun ordre. L'autheur y estant présent en fit ces vers suivans. Double cant Rial sur le grabuge des drapiers. » — « Les Drapiers se souslèvent de rechef à cause que quelques Drapiers tailleurs se servoyent de marchandises d'Angleterre et furent à la Cour mil ou douze cens, et le Parlement fut contraint d'envoyer quérir la Cinquantaine et les Harquebusiers pour les faire retirer : l'autheur les nomme Reistres d'Allemagne à cause qu'ils sont en un lieu montueux. 1632. » On voit par quelques vers de ces singulières poésies que, si répréhensibles que fussent ces émeutes, elles avaient pourtant une excuse auprès du parlement, dans la situation déplorable faite à l'industrie de la ville de Rouen.

I. Por ches mutins qui noz ont fait troubler
No lez eut fait avant l'er brinbaler ;
Mais la Jutice en chela offencée
Prenant pitié de leuz enfans pourez
Usa de grace, et fit cesser après
Des Grip-nodins la diantre de hémée.

II. Quay ! disest ty, faut ty que no permette
A ses Gogots (1) ruyner les ouvriez :
Y vende ichy l'ouurage toutte fette ;
Car y n'est pas jusques ô chavetiers
Qui n'est trouvé bouts neufs ô vieux souliers.

Il envayront en menant tieulle vie .
Au brelinquet toute la Drapperie.
Tou ses peugnets préfèrent leur cresel
A notre drap, et voire au sien d'Espagne.
N'est-che pas là pour faire à leur musel
Le houragan des Reistres d'Allemagne.

Vers su Palais (2) y courent la guenette
Où y priest Présidents conseillers
Disant : Messieurs, songez à la disette
Si vo rendez les Anglois familiers
No verra bien encor les Bons-croutiers.

Dans su malur si no ny remédie
Adieu les draps qu'o fait en Normandie,
Les poures gens iront en vn troupel
Se plaindre à vous par paix ou par engagne,
Ne permettez donc en un cas aintel
Le houragan des Reistres d'Allemagne.

Les pu hupez près S. Lo (3) font retrette
Ou y disoit i'avon tort les prumiers
Su président qui a ouy notte Requeste
Est juste et dreict, chest ty qui ses Blatiers
Derrainement fit mettre cantonniers.

(1) Sobriquet des Anglais, analogue à *Goddem* ou Godons.
(2) Le Palais de justice.
(3) L'hôtel du premier président était rue St-Lô.

No le connet porté pour la patrie,
En le lorgnant no voit qu'il a envie
Pour notte bien de faire un escritel :
Retournons tous le bon Dieu l'accompagne
Et dénichons hors de notre chervel
Le houragan des Reistres d'Allemagne.

Irritation causée dans la Province par l'abus des lettres de naturalité accordées aux Espagnols et particulièrement aux Portugais. — Dès le moyen-âge le commerce avait établi des relations très-suivies entre la Normandie, Rouen en particulier, et l'Espagne. Mais à partir de Louis XII, par suite des conquêtes et des découvertes des Espagnols dans le nouveau monde, ces relations devinrent plus importantes, et Rouen fut le siége d'une véritable colonie espagnole, dont le développement se trouva encore favorisé par les événements politiques qui marquèrent la fin du XVIe siècle. — Plus d'une fois, les États se plaignirent du préjudice causé au commerce de la Normandie par les Espagnols et les Portugais, et de la facilité avec laquelle ceux-ci obtenaient des lettres de naturalité. (1) Nous croyons intéressant de rapporter à ce propos quelques passages d'un arrêt du parlement de Rouen sur un procès, entre les maîtresses et gardes du métier de lingères en linge neuf et Diego Dacosta, pour avoir, contre les priviléges de la bourgeoisie de cette ville, fait acheter hors foire, dans les halles et marché ordinaires, 31 pièces de toile écrue, ce qui n'était, paraît-il, permis qu'aux seuls bourgeois.

(1) On voit en effet, en parcourant un registre de la Chambre des Comptes de Normandie, contenant les lettres de naturalité de 1623 à 1630, combien il y en eut d'obtenues par des Portugais, des Espagnols et des Flamands. En revanche, il est juste de reconnaître que les Français affluaient dans les pays soumis au Roi d'Espagne. On put le constater en 1625, lorsque la cour d'Espagne, pour punir la France du secours qu'elle accordait au duc de Savoie, fit saisir, au mois d'avril, tous les effets qui appartenaient aux Français. « On en fit la recherche, et il se trouva, dit l'auteur du *Mercure*, qu'il y avoit dans la seule ville de Madrid environ 18,000 françois qui y étoient venus pour trafiquer ou qui s'y étoient établis et que l'on en comptoit plus de 200,000 dans toute l'étendue de l'Espagne » (Griffet, *Histoire de Louis XIII*, I, p. 444).

Ce procès fut remarquable en cè que l'on y vit paraître les premiers avocats de Rouen, Sallet, pour les lingères, Jacques Coquerel (1), pour la ville de Rouen, de Cahaignes, pour la communauté des marchands, Baudry, qui plus tard fut procureur syndic des États, pour Diego Dacosta.

Celui-ci se prétendait fils d'un autre Diego Dacosta qui avait été naturalisé français. Sallet affirmait que l'acte de baptême produit par ce particulier était faux, « ce qui est, disait-il, si ordinaire à la plus part de cette nation (d'Espagne) qu'ils le réputent à gentillesse d'esprit et souplesse. Et pour monstrer qu'ils y surpassent tous autres ont composé exprèz des livres de leurs bons traicts, comme une *Servante*, un *Gusman* et autres, aussi bien qu'ils en ont faict de leurs vanitez, et se moquent des pays où ils passent, s'en retirent aussy tost qu'ils y ont faict le butin qu'ils désirent, comme recentement on en a veu nombre se retirer, nonobstant leurs lettres de naturalité, à Amstredam et ailleurs : Pourquoy Platon avoit avec bonne raison fait distinction de ceux qui venoient comme oyseaux passagers en une saison et pour la pasture seulement, et des autres qui venoient pour s'y establir et leur postérité et dit que ceux-ci estoient dignes de la cité et les autres d'estre rejetez...... Les services rendus par la ville de Rouen aux rois de France, dont les loyers doivent estre particuliers, seroient-ils maintenant pour une si petite finance rendus communs aux Estrangers, jusques aux Espagnols, dont les desseins et entreprises sur l'Estat doivent tousjours estre suspectes, qui, en ce siècle n'ont rien espargné pour l'ébranler, et ceste petite et vile somme de taxation de naturalité recompenseroit-elle le sang et la vie de tant de personnes ?... Diego n'a jamais eu l'intention d'estre français puisqu'en 27 à 28 ans qu'il dit avoir demeuré en France, il n'a peu ou plus tost ne luy a

---

(1) Il avait été nommé avocat pensionnaire de la ville de Rouen, le 2 septembre 1628.

pleu comprendre la langue ny l'orthographe. *Lingua,* dit la loy, *nuntia cordis est.*

« Il n'est plus temps de permettre et dissimuler, par tant de fourbes que font les estrangers à l'Estat en général et aux priviléges particuliers de ceste ville. Les juges de ce parlement, qui sont souverains et les principaux, ne vouldroient pas permettre qu'en leur siècle et soubs leurs authoritez elles passassent plus outre, et que tirans à eux tous le proffict et trafic de la ville ils la rendissent enfin pauvre et déserte...... et que le dire du sçavant Alain y advint de ce temps : *non sibi sed reliquis aries sua vellera portat.* Il ne faut plus endurer qu'ils se rient et moquent de nos simplicitez, et donnera la Cour, s'il luy plaist, un arrest exemplaire qui retienne les richesses et priviléges du pays et apprenne à ces excentriques de se contenter à ce que dans tous autres Estatz l'on leur permet. »

Coquerel supplia la Cour, au nom des Échevins, de maintenir les priviléges de Rouen et, « chastiant les entreprises et les abus de ces estrangers dont ceste ville n'est que trop plaine, de remettre le commerce ès mains des bourgeois desquels ils l'ont arraché et s'en sont rendus maistres, et la ville en sa première splendeur. » — « On peut dire, poursuivait-il, que ceste ville, outre la commodité et usage de son assiette, ayant mérité de nos premiers ducs et de nos prédécesseurs (roys) beaucoup de beaux priviléges, a esté une des plus considérables et la première pour le commerce de toutes les villes de France, prérogatives qu'elle peut conserver aisément par le maintien desd. priviléges, entre lesquels est l'advantage qu'ont les bourgeois, par dessus les forains et estrangers, qu'eux seuls peuvent achapter les marchandises en escreu et dans les halles et pour leur compte particulier, auquel on prétend que ledit Dacoste a contrevenu, ayant fait achapter les toiles dont est question bien qu'estranger. Non-seulement son père et mère, mais toutes les familles de ce nom Dacoste, qui est commun à beaucoup, sont Portugais, et ne se trouvera point, de plus de cent de ce nom qui ont demeuré quelque temps en France pour y trafiquer, un seul qui y ait transféré sa famille pour y demeurer à perpétuité...... C'est une chose estrange que non-seulement lui, mais de tous les Portugais qui sont en ceste ville, un seul, ne peut monstrer de registre de baptistaire, qui est la preuve de l'Ordonnance. Aussi ils n'ont pas si tost quitté la ville qu'ils ne se glorifient de la circoncision, et à présent deux ou trois familles de Portugais, qui ont depuis six ans vescu parmi nous comme chrestiens, professent le judaïsme ouvertement dans Amstredam... »

L'arrêt du Parlement rendu sur cette contestation, prononça, par voie de disposition générale, « que nul étranger ne pourroit jouir des droits et priviléges de bourgeois de la ville de Rouen, qu'il n'y eût fait actuelle résidence par l'espace de 12 ans et fait immatriculer son nom et ses lettres de naturalité en la maison de ville ; ensemble fait apparoir qu'il possédait en la ville et bailliage de Rouen 300 l. de rente en fonds », 19 déc. 1630.

Cet arrêt fut compris dans une publication ordonnée par la ville de Rouen, intitulée : *Recueil des arrests et règlements donnez pour la conservation des priviléges des bourgeois de la ville de Rouen, concernant le fait de la marchandise* (A Rouen, chez Eustache Viret, 1682, in-4).

Alliance des Hollandais avec les Algériens. — Ce n'était pas sans quelque apparence de raison que les États, et, avant eux, la ville de Rouen, reprochaient aux Hollandais leurs traités avec les pirates d'Alger. Nous citerons comme preuve de ces relations, plus ou moins compromettantes, la lettre suivante adressée par Maurice de Nassau au vice-roi d'Alger :

« Illustrissimo y muy bellicoso Señor. Conforme a mi precedente que yo he escripto a V. Ex. al 1º d'abril, les altos y poderosos SS^es Estatos de las Provincias Unitas, embian al magnifico S^r su ambaxador Cornelio Pynackero con poder y facultad complida para tratar, capitular y assentar con V. Ex. una pax firme y estable y assigurar V. Ex. mas particularmente de la buena y sincera volontad delles et de mi. Supplico portanto a V. Ex. de oyr le con la atencion y cuydado que la qualidad del negocio pide, y en lo que referira dar le credito, como a mi mismo, paraque se consiga el frutto, que se espera desta buena obra. Y remitiendo me por lo demas a la relacion del dicho S^r ambaxador quedare rogando a ñro Señor Dios guarde y prospere la Ills^ma pesona de V. Ex. en salud y larga vida.

A La Haye, 4 de julio 1622.
     Servidor de V. Ex^cia.
     Maurice de Nassau. »

(Archives de la Seine-Inférieure. Série I.)

Priviléges des habitants d'Yvetot. — « Du samedi, XXIXe jour de mars 1621. Sur la requeste présentée par les habitants en commun de la parr. de Vallemont, Ellection de Montiviller, maistres Jehan Picard et Guill. Bouchard, deux d'iceux, remonstrantz que la Court, par son arrest du 3e de déc. dernier, envoié par les Ellections de ceste Province, portant vériffication ou registrement de l'art. 24e du Cahier des Estats de Normandie pour l'année 1629 et responce sur icelluy, par laquelle S. M. déclare voulloir et entendre que les personnes originaires des parroisses et lieux taillables de lad. Province, s'estantz retirez depuis dix années en ça au bourg d'Yvetot soient privez de jouir à l'advenir de la franchise dud. lieu d'Yvetot et exemption par eux prétendue de la contribution des tailles, qu'ils soient imposez aux lieux dont ils sont originaires, pour l'exécution duquel arrest, donné sans aucune modiffication, les Elleuz de l'Ellection de Montiviller, pour satisfaire à la volonté de S. M., déclarée par led. art. 24e dud. Cahier des

Estatz, ont, par le mandement par eux envoié en lad. paroisse de Vallemont, enjoint et chargé auxditz suppliantz y satisfaire de leur part et, ce faisant, imposer et comprendre en leur rolle à taille année présente, selon leurs biens et facultez, les personnes qui depuis dix ans se sont retirez de lad. parroisse pour aller faire leur demeure tant aud. lieu d'Yvetot qu'aux villes amodiez de lad. Province, à quoy les suppliantz prétendant satisfaire, attendu qu'en ceste considération ils ont eu, en ceste année présente, de grandes augmentations, ils en ont esté empeschez par la signification qui leur a esté faicte, le 22ᵉ jour de ce mois, instance d'Adrien Lemarchand, se disant bourgeois dud. lieu d'Yvetot, d'un arrest du Conseil, du 6ᵉ de ce dit mois, donné sur requeste présentée au Roy en son Conseil par le sʳ de Belley, prince dud. bourg d'Yvetot, aux fins d'estre maintenu en la franchise et privilége dud. bourg, sans s'arrester aud. 24ᵉ article du Cahier des Estatz et responce sur icelluy ny mesmes à la vériffication de la court, par lequel arrest le Conseil a ordonné que lad. requeste sera communiquée au procureur sindicq des Estats de ceste Province, pour, sa responce veue, estre ordonné ce que de raison, et cependant toute contrainte pour le paiement de la taille surcise contre lesd. habitants d'Yvetot jusques à ce que, par sa dite M., en son dit Conseil en soit ordonné, à ces causes et qu'en conséquence dud. arrest 3ᵉ de déc.. lesd. Elleuz de Montiviller ont grandement augmenté lesd. suppliantz en leur impost à taille et néantmoings sont privez des impotz desd. prétendus bourgeois, attendu led. arrest du Conseil, requéroient lesd. supplians qu'il pleust à la Court sur ce leur pourveoir aux fins de leur indemnité et décharge,

Veu par lad. Court lad. requeste, coppie dud. arrest du 6ᵉ de ce dit mois et de la commission expédiée en conséquence d'icelluy, dud. jour, signiffiée auxd. suppliants le 22ᵉ d'icelluy mois, led. mandement des tailles envoié par lesd. Elleuz en lad. parroisse de Vallemont du 15° dud. mois et aultres pièces jointes à lad. requeste, la conclusion du procureur général du Roy, tout considéré,

La Court a ordonné et ordonne que très-humbles remonstrances seront faictes au Roy de la conséquence dud. arrest du Conseil, 6° dud. mois, comme estant contre son service et bien public, et enjoint au procureur sindicq des Estatz de ceste Province en faire les poursuites et diligenccs, et, cependant, que led. arrest du 3° décembre dernier sera exécutté et à ceste fin le présent arrest envoié aux Elleuz desd. Ellections de Montiviller et Caudebec, auxquels est enjoinct y tenir la main et aux substituts dud. procureur général de l'advertir des contraventions, si aucunes y sont faictes. »

Signé : Diel et Duval. »

(*Registre du Conseil de la Cour des Aides. Voir l'art. XVIII du Cahier des États.*)

Arrêt de la Cour des Aides en faveur d'un bourgeois d'Yvetot, contre les paroissiens d'Yvecrique. — « 20 nov. 1631. Entre Guill. Vivet, se disant bourgeois d'Yvetot, impétrant du mandement de la Court, incidamment demandeur en preuve et deffendeur en autre preuve, d'une part, et les habitans en commun de la parr. d'Yvecrique, Élection de Caudebec, chargez du faict de leurs assietteurs, cette année présente, adjournez en vertu dud. mandement, deffendeurs en la preuve dud. Vivet, et, de leur chef, demandeurs en preuve, d'autre part, Veu par la Court le mandement d'icelle, du 5° de may an présent 1631, obtenu par led. Vivet pour faire assigner lesd. assietteurs collecteurs pour procéder sur l'opposition qu'il entendoit former à l'encontre de l'impost par eux faict de sa personne en leur roolle de ceste dicte année, et voir ordonner qu'il en sera rayé et maintenu eu son prévillége et quallité de bourgeois, attendu son actuelle demeure et résidence aud. lieu d'Yvetot depuis l'année 1619 qu'il s'y seroit habitué, après avoir longuement demeuré en ceste ville de Rouen, et acquis son an et majorité en icelle, sans avoir jamais commis aulcune desrogeance à son privillége, exploict dud. mandement faict ausd. assietteurs icelle année, le 7º jour dud. mois de may, arrestz de lad. Court du 18ᵉ jour de juing en ce dit an, par lequel, après avoir ouy les parties sur lad. impétration et faits affermez respectivement posez et mis en avant, assavoir lesd. habitants ayant soustenu led. impost bien faict, à raison que led. impétrant est originaire de lad. parr., faisant valloir les biens qu'il y possède par la démission de son père contribuable en icelle et cy-devant imposé à 90 l. du corps de la taille ; qu'il possède aussy les meubles de son dit père de la valleur de 5,000 l. dont il s'est rendu adjudicataire pour empescher le paiement dud. impost en conséquence de sa prétendue qualité de bourgeois d'Yvetot, encor que les baulx par luy représentez contiennent la prise à ferme de plusieurs héritages mesmes à jouyr de la disme de la paroisse d'Arcanville, soubz laquelle les terres de plusieurs desd. habitans d'Yvecrique sont assis, ayant engrangé lesd. dixmes aud. lieu d'Yvecrique, et d'ailleurs, aux termes du règlement de la Court du 3ᵉ déc. 1630, il n'a fait sa résidence en la paroisse S. Marie des Champs, quand elle seroit de lad. principauté d'Yvetot, par l'espace de 10 ans, mais seulement 6 ou 7 ans, et davantage que la maison en laquelle il demeure est sur la partye taillable de lad. parr. ainsi que le fief assis en la parr. d'Escalles Alix et autres terres, appartenant au sʳ et prince d'Yvetot, dont les dicts paroissiens auroient offert faire preuve ; et ledit Vivet, au contraire, après avoir desnié toute desrogeance, voullu vériffier par lettres et tesmoings, son actuelle résidence dans la principauté d'Yvetot, et franchise d'icelle, assavoir les années 1619, 1620, 1621, et 1622, en lad. parr. Sᵉ.-Marie, sur lad. franchise, et, les suivantes comprins l'année 1628, dans led. bourg d'Yvetot et, aux années

1629, 1630 et présente, en la parr. S. Clair, sur icelle franchise, La Court dit à bonne cause l'imprétation dud. mandement ; ce faisant, a maintenu et maintient led. Vivet en son privillége et quallité de bourgeois d'Yvetot, a ordonné et ordonne qu'il sera rayé et distrait des roolles et controlles à taille de lad. parr. d'Yvecrique et restitué de ses imposts, sy aucune chose a payé, avecq despens à luy adjugez sur lesd. habitans. Signé : Dyel et Duval *(Ibidem)*.

Injonction, par la Cour des Aides, aux Élus d'employer, dans les mandements des tailles, les droits attribués aux commissaires des tailles. — « 1er avril 1631. Sur la requeste présentée par les propriétaires des offices de premier et second commissaires des tailles des paroisses dépendant des Ellections du ressort de la Génerallité de Rouen, remonstrants qu'encor que, par les éedits de création desd. offices, arrests et réglements du Conseil du Roy, et de la Court, intervenus à la vériffication desd. éedits et en conséquence d'iceux, et toutes les commissions de S. M. pour la levée de ses tailles, soit ordonné que lesd. propriétaires ou leurs procureurs jouiront des droictz de 12 d. pour livre attribuez à chacun desd. offices, par les mains des collecteurs des tailles de chacune paroisse, néantmoins les commissions envoiez à chacune desd. Ellections pour le département de la taille de l'année présente, expédiez par les Trésoriers généraulx de France et de lad. Génerallité de Rouen, portent que les receveurs desd. tailles estants en exercice feront la recepte desd. droitz de 12 d. pour être paiez par leur ordonnance, ce qui est non-seullement à l'oppression des suppliants, mais aussi contre et au préjudice de la volonté de S. M. et des règlements de lad. Court, à ces causes requéroient lesd. suppliants qu'il pleust à la Court faire défense aux présidents et Elleuz de chacune desd. Ellections de délivrer leurs assiettes et départemens pour les droictz desd. commissaires des tailles auxd. receveurs des tailles, et aux receveurs de s'entremettre à en faire la recepte et recouvrement en vertu des procurations et consentement desd. suppliants,

Veu par la Court lad. requeste, vidimus des éedits de création desd. offices et de plusieurs arrests dud. Conseil donnez en conséquence d'iceux en faveur des propriétaires desd. offices de commissaires des tailles, coppie de la commission expédiée en la convention des Estats de ceste Province tenue à Rouen, le xiii décembre 1630, et autres pièces jointes à icelle requeste, la conclusion du procureur général du Roy, tout considéré,

La Court, aiant esgard à lad. requeste, sans s'arrester à la clause portée par lad. commission, ordonne et enjoint ausd. Elleuz employer en leurs mandements des tailles lesd. droitz de 12 d. attribuez ausd. commissaires, avec deffense aux receveurs des tailles de s'entremettre sans leur consentement » (*Registre du Conseil de la Cour des Aides*).

Opposition du procureur des États à certains droits levés en vertu de lettres-patentes non vérifiées. — « 5 nov. 1631. — Sur la requeste présentée par me Jacques Baudry, procureur scindiq des Estats de Normandie, contenant qu'il auroit eu advis que, depuis peu de jours, il auroit esté présenté en ce Bureau lettres et déclarations portant attribution à quelques officiers de leurs droits sur les autres droitz aliénez sur les tailles, autre déclaration obligeant les possesseurs des terres du domaine du Roy, d'obtenir lettres de ratification et attribution à toutes mutations, et faire controller et registrer tous contractz par les gardes des papiers du Conseil, autre déclaration portant attribution en hérédité aux Grènetiers et controlleurs des Greniers à sel de 2 d. chascun pour minot de sel, ensemble quelques arrestz dud. Conseil concernant lesd. déclarations, requéroit communication luy estre donnée desd. lettres pour icelles

veues, requérir ce qui sera du devoir de sa charge, »...
communication accordée.

7 nov. 1631. Baudry vient dire que « il n'auroit veu que lesd. lettres eussent été vérifiées ny présentées en aucune des cours souveraines de ceste Province, encore que l'une d'icelles, assavoir la déclaration touchant les droictz sur les droictz porte adresse à la Court des Aydes de Normandie, et que, par l'ordonnance des Commissaires des Estatz de la derraine assemblée, surcéance a esté accordée de toutes les sommes dont l'establissement n'est point porté par les éedictz vériffiez ausd. cours souveraines, et, d'autant que le supliant espère que S. M. révocquera lesd. déclarations, requéroit qu'il pleust au Bureau surseoir l'exécution d'icelles jusques à ce que le Cahier des Estatz ait esté respondu.

Se retirera led. procureur des Estatz, vers le Roy et Nos seigneurs de son Conseil pour luy estre pourveu par S. M., selon son bon plaisir, sur les fins de lad. requeste » *(Plumitif du Bureau des Finances)*.

FIN DU TOME DEUXIÈME.

TABLE

Pages.

Cahiers des Etats de décembre 1620....	1 à 21
— de janvier 1623.....	23 48
— de décembre 1623....	49 70
— de septembre 1624...	71 90
— de décembre 1626....	91 120
— de décembre 1627....	121 139
— de décembre 1629....	141 168
— de décembre 1630....	163 193
— de septembre 1631...	194 212
Documents relatifs aux États de déc. 1620..	213 232
Interruption des États en 1621........	232 242
Docum. relatifs aux États de janvier 1623..	242 259
— — de déc. 1623..	259 280
— — de sept. 1624..	280 294
Interruption des États en 1625........	294 306
Docum. relatifs aux États de décembre 1626.	306 325
— — de déc. 1627..	325 361
Interruption des États en 1628........	361 364
Docum. relatifs aux États de décembre 1629.	364 391
— — de déc. 1630..	391 406
— — de sept. 1631..	407 431

FIN DE LA TABLE.

www.ingramcontent.com/pod-product-compliance
Lightning Source LLC
Chambersburg PA
CBHW070620230426
43670CB00010B/1594